홀리점퍼스 ^{Holy Jumpers}
19세기 미국 성결 운동의 역사

홀리 점퍼스
19세기 미국 성결 운동의 역사

초판 1쇄 발행 2025년 2월 28일

지은이	윌리엄 코슬레비(William Kostlevy)
옮긴이	김상기 · 오주영 · 장혜선
펴낸이	윤관백
펴낸곳	선인
등록	제5-77호(1998.11.4)
주소	서울시 양천구 남부순환로 48길 1, 1층
전화	02) 718-6252/6257
팩스	02) 718-6253
이메일	suninbook@naver.com

ISBN 979-11-6068-962-4 93200
값 32,000원

홀리 점퍼스
19세기 미국 성결 운동의 역사

윌리엄 코슬레비(William Kostlevy) 지음
김상기 · 오주영 · 장혜선 옮김

HOLY JUMPERS: EVANGELICALS AND RADICALS IN PROGRESSIVE ERA AMERICA, FIRST EDITION © 2010 by Oxford University Press, Inc.

HOLY JUMPERS was originally published in English in 2010. This translation is published by arrangement with Oxford University Press. Sunin Publishing is solely responsible for this translation from the original work and Oxford University Press shall have no liability for any errors, omissions or inaccuracies or ambiguities in such translation or for any losses caused by reliance thereon.

Korean translation copyright © 2025 by Sunin Publishing

Korean translation rights arranged with Oxford University Press through EYA Co.,Ltd.

이 책의 한국어판 저작권은 EYA(에릭양 에이전시)를 통해 Oxford University Press사와 독점계약한 도서출판 선인에 있습니다.

저작권법에 의하여 한국 내에서 보호를 받는 저작물이므로 무단전재 및 복제를 금합니다.

추천사

『홀리 점퍼스: 19세기 미국 성결 운동의 역사』에서 성결신앙의 유산을 발견하다

『홀리 점퍼스』는 성령의 강력한 임재로 기쁘고 감격한 나머지, 예배시간에 조용히 앉아있을 수 없어, 뛰고, 구르며, 찬양했던 사람들에 관한 이야기이다. 이러한 신체의 격렬한 반응으로 성령충만 또는 성령세례의 증거를 드러내려고 했던 사람들의 이야기는 사실 부흥운동, 특히 체험적 복음주의운동의 일반적인 현상에 속한다.

책을 저술한 윌리엄 코슬레비(William Kostlevy)는 동료 학자이자 성결운동 역사가인 멜빈 디터, 도널드 데이튼, 데이빗 번디와 함께 애즈베리 도서관과 풀러 도서관 등에서 아카이브 작업을 하면서, 성결운동에 관한 자료를 정리하고, 시리즈를 제작하며, 성결운동의 역사와 신학을 추적하는 일에 참여하였다. 그리고 이 분야의 탁월한 역사가이며 저술가로서, 평생 괄목할 기여를 해 온 분이다.

머리말에서 밝히는 것처럼, 저자는 19세기 성결운동이 감리교의 체험적이고 실용적인 경향을 계승하고 있다^(티모시 스미스의 주장)는 전제에서 출발하여, 시간이 흐르면서 감리교회가 감당하기 힘든 새로운 급진적인 성향이 드러났다^(도널드 데이튼의 주장)는 명제를 구체적으로 증명하기 위해 메트로폴리탄교회연합^{MCA}에 주목하고 있다. 그런 점에서, 이 책은 MCA를 중심으로 여러 성결운동가들이 주도한 부흥집회, 저널, 기관 등을 촘촘하게 재구성하면서, 그들의 연합, 분열 그리고 새로운 섭리의 과정을 충실하고 객관적으로 진술하고 있다.

각주와 참고문헌에서 확인할 수 있는 편지, 저널, 일기 등은 성결운동가들의 솔직한 진술과 간절한 신앙고백을 표현한 백미이며, 후속 연구자를 위한 안내서의 역할을 한다. 전통교단의 잘 알려진 영웅만을 주목하는 사람이라면 쉽게 흘려버릴 것이지만, 이 자료들을 찾아내 감격하고, 각 문서 사이의 인과관계를 추적하며, 뜨거운 신앙인들의 활동을 이해하려고 노력하면서, 수년을 "폭싹 속았을" 역사가의 손길과 숨결을 느낄 수 있는 목록이다. 또한 저자는 신문기사, 광고문안, 만화, 노래가사 등도 쉽게 지나치지 않고 이야기의 씨줄과 날줄로 엮는 단서로 활용하면서, 여러 성결운동가들의 삶과 신학을 독자의 눈앞에서 생생하게 살려내어 재담이 있는 이야기꾼으로서 독자들의 흥미를 유발하며 가독성을 높이고 있다.

급진적 성결운동의 대표적인 예인 MCA는 한국성결교회 발생에 직접적인 기여를 한 "국제성결연맹 및 기도동지회"(IHUPL, 후에 IAHU)와 함께 미국 중서부 부흥운동 전선을 형성 했다. 특히 신유와 재림의 신학을 강조하면서, 감리교회가 중심이었던 전국성결연합과 필연적으로 결별할 수밖에 없었던 사회적 배경과 역사를 기술하여, 저자는 MCA라는 한 그루 나무에 집중하는 미시사 연구를 충실하게 수행하면서도, 감리교회로부터 탈퇴하여 오순절운동으로 발전하는 과정에서 세계기독교(World Christianity) 형성에 직접 기여하고 있는 커다란 숲을 가리키면서, 거시적인 흐름을 함께 포착할 것을 자상하게 조언한다. 다시 말해, 저자는 성결운동이 감리교와 오순절운동 사이에서 기여한 역사적인 사실과 함께, 현재에도 계속 성장하는 글로벌 사우스에 대한 신학적 지분이 있음을 밝히고 있는 것이다. 아울러 오순절운동이 발생했을 때, 급진적 성결운동이 이 운동과 갈등을 빚을 수밖에 없었던 실제적인 이유도 설득력 있게 전하고 있다. 저자에 따르면, 단순히 방언의 문제였다고 알려진 이유 이전에, 두 운동은 체험, 신학 그리고 역사의 많은 부분을 함께 공유하고 있었기에 서로에 대한 애증은 그만큼 더 컸던 것이다.

한국성결교회와 관련하여 우리가 알고 있는 거의 모든 사람들의 이름을 확인하고, 서로의 관계를 발견하는 것은 이 책을 읽는 동안 느끼는 또 다른 기쁨 가운데 하나이다. 웨슬리로부터 시작하여, 피비 팔머, 찰스 피니, 마틴 냅, 셋 리스, 윌리엄 갓비, 에이 엠 힐스, 하나님의 성경학교의 세 여인(미니 냅, 메리 스토리, 베시 퀸), 헨리 클레이 모리슨 그리고 MCA와 IAHU의 지원을 받아 신앙선교의 모범인 동양선교회를 세우고 헌신한 찰스 카우만과 레티 카우만, 이 에이 길보른 등의 활동을 엿볼 수 있기 때문이다. 그런 의미에서 마틴 냅 사후에 본격적인 활동을 편 MCA는 한국성결교회의 형제이면서, 보다 급진적인 활동을 펼쳐나갔다. 죄사함의 확신, 그리스도인의 완전, 신유와 재림의 신학과 죄의 공개적 고백, 여성 사역인정, 가난한 사람들에 대한 보살핌 등의 활동을 공유하면서, MCA는 더 급진적으로 발전했다. 한국성결교회와 공통분모를 구체적으로 실현할 실천방안을 모색하면서, 현대의학에 의존하지 않는 신유, 종말론적 공동생활 등을 실행에 옮겼기 때문이다. 그런 점에서, 사중복음에는 사도행전의 성령충만을 통하여 새로운 사회질서를 구현하고자 하는 급진적인 요소가 있음을 분명히 확인할 수 있다.

전국성결연합의 한계를 넘어, MCA의 사중복음이 시카고와 보스턴 지역에서 대단히 성공적이었고, 대체로 사회의 중하층에게 더 호소력이 있었다는 저자의 분석은 귀담아 들어야 할 내용이다. 특히 미국교회사 연구에서는 전국운동과 지역운동의 차이점을 알아야 하며, 어떤 측면에서는 지역운동이 전국운동보다 더 적극적이고, 자기확장성이 크기에, 그 만큼 평범한 사람들에게 영향력이 있었다는 사실을 일깨운다. 실제로 NHA의 활동은 북동부의 뉴잉글랜드를 중심으로 펼쳐졌으나, MCA는 더 자주 모이고, 더 많이 모였으며, 세계적인 연결망을 구축하여 선교를 하였다.

MCA와 IAHU 그리고 오순절운동 사이의 차이를 통해서 부흥운동이 사람들이 예측하는 모습 그 이상으로 다양한 형태와 방향으로 발전하였다는 점도 살필 수 있다. 부흥운동은 전형적인 대중운동이었기에, 지속가능하기 위해서 인력과 재원을 어떻게 배치하여 대중과의 관계를 세울 것인지 늘 고민해야 했다. 책을 읽으면서, 여러 성결운동가들이 어떻게 회심을 했으며, 성령세례를 통해 어떻게 완전성화를 체험하고, 결국 능력있는 사역자들이 되었는지를 알게 되고, 특히 운동을 실제적으로 지속하기 위해, 자신의 재산을 내어놓을 정도로 적극적으로 활동한 이야기를 계속 듣게 된다. 결국 이들은 하나 같이 신자와 교회를 변화시키고 개혁하는 것이 성결교회의 사명임 알고 있었다. 그리고 그 과정에서 성결운동가의 세계관이 후천년설에서 전천년설로 바뀌는 과정도 이해할 수 있다.

　　마지막으로, 성결운동은 문화운동이었음을 저자는 반복적으로 지적한다. 저널 (리바이벌리스트와 버닝 부시), 달력, 방문판매, 가스펠 음악, 음식 등을 통해 성결운동은 중산층 미국문화에 파고들었고, 그만큼 생명력이 있었음에 주목하여야 한다는 것이다. 성결운동은 그런 의미에서 단순히 부흥회에서 참석한 몇몇 열정적인 사람들만의 이야기가 아니라, 사회의 보통 사람들이 여러 매체의 메시지를 자신들에 관한 이야기로 받아들였고, 결국 그들이 회심의 순간에 도달했음을 알리고 있다. 그만큼 성결운동가들이 복음전파를 위해 대중매체를 적극적으로 활용하는 얼리어답터였음을 증명하고 있다.

　　급진적 성결운동은 결국 예배갱신운동이었다. 뛰고, 구르고,

울고, 간증과 찬양이 넘치는 살아있는 예배에서, 성결운동가들은 사도행전의 성령충만이 지금 여기에서 반복적으로 일어난다는 것을 알리고자 하였다. 때로 과격해 보이는 육체적인 동작은 성령충만을 지속적으로 체험하고자 하는 몸부림이었다. 그들에게 예배는 성령의 인도하심에 맡기는 순종의 자리였으며, 그런 성령임재의 기쁨은 너무나 강해서 적극적으로 알릴 뿐만 아니라, 스스로 모든 것을 내어놓고 복음전파에 인생을 헌신하는 진정한 신앙인들로 변화되었다.

 이 아름다운 이야기를 한국에 전하기 위하여 번역에 참여한 이들에게 감사한다. 번역이 쉽지 않은 미국교회사의 작은 퍼즐 한 조각을 우리에게 전해주면서, 성결운동의 족보를 들추어 성결 신앙의 유래와 유산을 소개한 노고에 깊은 경의를 보낸다. 성결운동의 역사, 한국성결교회의 기원, 세계기독교(World Christianity)의 동력에 관심 있는 역사학도만이 아니라, 대중운동, 문화운동 그리고 교회와 사회의 개혁운동에 관심 있는 이들이 읽고 인식의 지평을 넓히는 계기가 되길 바란다.

2025년 2월
서울신학대학교 교회사 교수 박 창 훈

한국 독자에게 드리는 글

이 책은 15년 전에 북미와 영국의 영어권 학자들을 위해 처음 출판된 책입니다. 하지만 이 책의 시작은 그보다 더 오래되었습니다. 이 책은 15년 전 노트르담 대학교에서 박사 논문으로 처음 만들어졌습니다. 처음에는 위스콘신과 미국 중서부 역사에만 관심을 가졌던 주제였고, 그리 중요하지 않다고 생각했던 다양한 성결 공동체의 역사를 남기는 것이 목표였습니다.

저는 도널드 데이턴 교수의 제자로서, 오벌린 대학교, 웨슬리안 감리교회, 자유감리교회 등 19세기 초 인간의 완전함을 추구했던 운동에 더 관심이 있었습니다. 반면, 훗날 감리교가 주도한 전국성결연합 NHA: National Holiness Association 에는 별로 관심이 없었습니다.

하지만 메트로폴리탄교회연합[MCA: Metropolitan Church Association]이 20세기 초 성결 운동뿐 아니라 오순절 운동의 시작과 20세기 복음주의의 탄생에도 결정적인 역할을 했다는 사실을 알게 되어 매우 놀랐습니다. 잡지와 신문 등 주요 자료를 더 조사하면 할수록, 제대로 된 역사적 진실은 영국과 미국에서 시작된 이 운동이 전통적인 감리교회나 다른 교단의 틀을 넘어서 새롭고 급진적이고 다양한 교단을 통합하는 운동으로 변화했다는 것을 확신하게 되었습니다.

이 책 『홀리 점퍼스』에서는 이러한 변화가 예수 그리스도를 구원하시는 분, 성결케 하시는 분, 치유하시는 분, 다시 오실 분으로 믿는 '사중복음'에 헌신하는 새로운 급진적 성결 운동의 탄생으로 이어졌다고 설명하고 있습니다. MCA는 단순히 흥미로운 종교 공동체가 아니라, 이러한 변화의 중심에 있었습니다. 마틴 웰스 냅, 셋 리스, 찰스와 레티 버드 카우만 등 MCA와 관련된 많은 인물들이 MCA에서 깊은 영향을 받았습니다. MCA는 성결 운동을 넘어서 아주사 부흥 운동과 오순절 운동의 시작에도 중요한 역할을 했습니다. MCA의 영향을 받은 사람들은 나사렛교회, 필그림성결교회 그리고 특히 한국의 기독교대한성결교회의 창립에도 핵심적인 영향을 끼친 인물들이었습니다. 저는 MCA를 이해하는 것이 20세기 이후 성결 운동을 이해하는 데 꼭 필요하다고 확신하게 되었고, 지금도 그렇게 믿고 있습니다.

『홀리 점퍼스』에 담긴 이야기는 훨씬 더 큰 이야기의 일부일 뿐입니다. 저의 책은 월리스 손턴 주니어의 『성령의 불이 떨어질 때』, 데이빗 번디와 도널드 데이턴의 연구물 그리고 최근 글로벌

사중복음연구소의 최인식, 오성욱 그리고 박창훈 등 여러 학자들이 쓴 연구를 통해서 보완되어야 합니다. 이러한 연구가 없다면 이 책은 완전하지 않습니다.

마지막으로, 이 책을 한국의 기독교인들에게 소개하고 번역해준 글로벌사중복음연구소의 김상기, 오주영, 장혜선 박사들에게 감사드립니다. 그분들의 도움은 우리 모두의 과거를 연구하는 일을 더욱 보람 있게 만들어주는 축복 중 하나입니다.

2025년 2월
윌리엄 코슬레비 William Kostlevy

머리말

이 책의 부제인 "19세기 미국 진보 시대의 복음주의와 급진주의 운동의 역사"는 의도적이고 도전적인 제목이다. 따라서 명확한 정의가 필요하다. 특히 복음주의라는 용어가 문제다. 2차 세계대전 이후 보수적인 개신교도들에 의해 유명세를 얻은 이 단어는 때론 빌리 그래함의 에큐메니칼 사역과 관련지어졌는데, 분명히 경멸적인 표현이자, 근본주의를 대체하기 위해 의도적으로 만들어진 표현이다. 1980년 이후 이러한 미묘한 이해는 적어도 공공 정치의 담론에서는 아주 다른 용도로 사용되었다. 일반적으로 공화당 우파에서 활동하는 개신교 보수주의자들을 지칭하는 용어로 축소되었다.

이 책에서 나는 노틀담 대학교의 마크 놀^{Mark Noll} 교수가 사용한 것과 동일한 방식으로 이 용어를 사용하고 있다. 놀은 더 광범위하고 역사적으로 뿌리 깊은 이해를 사용하여 복음주의자를 "회심, 성결한 삶, 나아가 교회 형태와 종교적 전통에 대해 유연하게 집중하는 사람"으로 정의한다. 놀은 복음주의를 조나단 에드워즈^{Jonathan Edwards}, 조지 휫필드^{George Whitefield} 그리고 존 웨슬리와 찰스 웨슬리^{John and Charles Wesley}가 영미 세계에 이어준 독일 경건주의의 선례와 연결 짓는다. 이 정의는 보다 구체적인 교리적 신념에 어느 정도의 자유를 허용하면서 회심과 성결한 삶을 강조하는 모든 사람과 연합을 형성하려고 적극적으로 노력했던 성결 전도자 헨리 클레이 모리슨^{Henry Clay Morrison}이 20세기 첫 30년 동안 사용한 정의와 매우 유사하다.[1]

나는 "급진적"이라는 말을 미국 좌파와 관련된 불연속적이고 상반되는 것처럼 보이는 충동으로 사용하고 있다. 캐리 맥윌리엄스^{Carry McWilliams}의 말에 따르면, 그것은 "운동이라기보다는 태도이자 전통"이다. 이는 주로 가치와 관련된 전통이다. 도스토옙스키에 이어 맥윌리엄스는 급진파를 부의 평등한 분배, 일종의 기독교 인본주의 그리고 예술 창작의 자율성을 옹호하는 사람들로 본다.[2] 이 정의에 기초하여 20세기 초에 메트로폴리탄교회연합^{MCA: Metropolitan Church Association}을 비롯한 많은 단체가 설립되었다. 성결 운동은 정말로 복음적이면서도 급진적이다. 또한 MCA 공동 창립자인 듀크 파슨^{Duke Farson}의 아들과 손자들이 존경받는 복음주의 단체의 이사회에서 봉사하든, 유니테리언 보편주의 교회의 교인으로 봉사하든, 성결 운동 연구는 북미 사회에 대한 성찰과 사회에 대한 비판적 태도를 어떻게 유지할 수 있었는지 이해하는 데 도움이 된다.

이 책 『홀리 점퍼스Holy Jumpers』는 미국 복음주의에 대한 두 가지 획기적인 연구인 티모시 스미스Timothy L. Smith의 『부흥과 사회변혁Revivalism and Social Reform』(1957)과 도널드 데이턴Donald W. Dayton의 『복음주의 유산의 발견Discovering an Evangelical Heritage』(1976)에서 처음 제기된 질문에 답하려는 시도다. 스미스처럼 나도 초기 감리교로부터 20세기 성결 운동의 전환기에 이르기까지 큰 연속성을 본다. 그럼에도 나는 데이턴의 의견에 동의하며, 스미스는 전천년 종말론의 확산과 1900년까지 성결 운동 흐름의 장악이 성결 기독교를 크게 변화시켰다는 이 주장에 대해 확실히 이의를 제기하지 않을 것이다. 그의 주장은 이 시기에 감리교의 경험적이고 실용적인 경향에 집착하면서도, 전통적인 기독교의 많은 요소를 거의 고려하지 않는 새로운 급진적 성결 운동이 탄생되었다는 것이다.[3]

마지막으로 『홀리 점퍼스』는 작지만 헌신적인 기독교 급진주의자들의 공동체가 어떻게 20세기 미국 사회의 형성에 심오한 영향을 미쳤는지 말하고자 한다. 새로운 기술 문명을 수용하고 새로운 홍보 전략을 채택함으로써 성결 급진주의자들은 세계적인 오순절 운동을 시작하고 형성하는 데 도움을 주었다. 그들은 불의한 사회 질서를 재편하기 위해 예수의 재림을 갈망하면서도 약속된 그리스도의 천년왕국을 이 땅에서 성취하기 위해 헌신하는 의도적인 공동체를 만들었다. 이 책은 그들의 이론적 비전뿐만 아니라, 이 땅에 다가올 하나님의 통치를 미리 맛보기 위해 그들이 창조한 일상생활도 묘사하고 있다. 워케샤^{Waukesha}에 공동체를 설립하는 과정에서 위스콘신 MCA는 메시지를 전파하기 위해 새로운 미디어, 특히 성경 본문과 복음이 담긴 그림 달력을 만들었다. 워케샤 공동체가 사라진 후에도 오랫동안 MCA에 활력을 불어넣었던 성결의 정신은 20세기를 진정으로 "성결 오순절" 세기로 만든 전 세계 토착 종교 단체의 혁신적이고 공격적인 복음주 속에 여전히 살아있다.

감사의 말

나는 이 원고의 작성과 완성에 도움을 준 많은 분께 감사의 마음을 전한다. 애즈베리^{Asbury} 신학대학원에서 웨슬리안 성결 연구 프로젝트의 아카이브스트로 일한 것은 나에게 흔치 않은 행운이었다. 그곳에서 나는 뛰어난 학자요 프로젝트 디렉터인 멜빈 디터$^{Melvin\ E.\ Dieter}$와 프로젝트에 대한 영감을 준 전문가 도널드 데이턴의 도움을 받았다. 책 뒤의 각주를 자세히 읽어보면 알 수 있듯이, 나의 연구는 디터, 데이턴 그리고 나의 다른 친구이자 멘토인 찰스 존스$^{Charles\ E.\ Jones}$의 통찰력에 크게 의존하고 있다. 존스는 영감과 격려의 원천이었다. 나는 노틀담 대학교 박사 과정의 지도교수이자 신사이자 학자였던 필립 글리슨$^{Philip\ Gleason}$에게 특별한 빚을 지고 있다.

    이 프로젝트는 애즈베리 신학대학원, 풀러 신학대학원 그리고 타보르 대학에 있는 동료들의 도움으로 크게 촉진되었다. 애즈베리에서의 나의 지도교수인 윌리엄 파우펠$^{\text{D. William Faupel}}$(현재 웨슬리 신학대학원 교회사 교수이자 도서관장)은 학문적 분위기를 가능하도록 유연한 업무 환경을 조성해 주었다. 풀러 신학대학원의 도서관 서비스 담당 부학장이자 역사학과 부교수인 데이빗 번디$^{\text{David Bundy}}$는 MCA와 적극적으로 협력하여 MCA의 논문이 미래 세대의 연구자를 위해 보존되도록 하는 동시에 내 연구를 지원해 주었다. 타보르 대학의 학술 담당 부사장인 로렌스 레슬러$^{\text{Lawrence Ressler}}$는 풀러 신학대학원의 MCA 논문에 대한 3주간의 연구에 대한 재정 지원을 담당했다.

    내가 감사하는 다른 학자와 기록관 중에는 하나님의 성회 아카이비스트 담당자인 왈레스 손톤 주니어$^{\text{Wallace Thornton Jr.}}$, 제니퍼 우드러프-태잇$^{\text{Jennifer Woodruff-Tait}}$, 대린 로저스$^{\text{Darrin Rodgers}}$, 나사렛교회 아카이비스트인 스탠 잉거솔$^{\text{Stan Ingersol}}$, 애즈베리 신학대학원의 아카이비스트 그레이스 요더$^{\text{Grace Yoder}}$가 있다. 타보르 교수진 동료, 특히 도서관 서비스 부교수인 로빈 오토슨$^{\text{Robin Ottoson}}$과 역사학 교수인 리차드 케일$^{\text{Richard Kyle}}$이 내 연구를 돕고 영감을 주었다. 타보르 대학의 부서 비서인 엘리 렘펠$^{\text{Ellie Rempel}}$은 여러가지 형식적인 문제를 해결하는 데 친절하게 도움을 주었다. 수년간 나의 학생들, 특히 여행 중에 나와 함께 웃었던 애즈베리와 타보르의 학생들에게 이 책은 진지한 학문이 결코 기쁨을 배제하지 않는다는 것을 이해하는 데 도움을 줄 것이다.

수많은 전현직 MCA 회원들과 회원들의 후손들이 나에게 격려와 통찰력, 환대를 베풀었다. 특히 나는 〈버닝 부시Burning Bush〉의 전 편집자였던 고故 에바 아담스Eva Adams, 고故 릴리안 하비Lillian Harvey, 고故 헨리 하비Henry L. Harvey, 고故 아서 브레이Arthur L. Bray의 공헌에 감사를 표하고 싶다. 특히 듀크 파슨의 손자인 앨런 파슨Allan Farson과 인도 MCA 선교사인 크레오 피터스 하비Creo Peters Harvey의 통찰력이 중요했다. 에드윈 에프 하비Edwin F. Harvey의 손자이자 역사가인 에드윈 우드러프 테잇Edwin Woodruff Tait과의 우정은 내 삶을 풍요롭게 해주었다.

마지막으로, 아내 게리 안네 패츠왈드Gari-Anne Patzwald는 엄격한 비평가이자 훌륭한 친구이자 끊임없는 영감을 주는 사람이었다. 아내의 영감이 이 책을 완성하는 데 핵심이기는 했지만, 완성된 작품은 아내의 비평에 많은 영향을 받았다.

이 작품은 MCA 회장 엘버트 아이슨Elbert Ison에게 헌정되었다. 아이슨 목사는 MCA의 기록이 후세를 위해 보존되도록 책임을 맡은 용기와 성실성을 지닌 사람이다. 또한 나는 이 책을 소외되었지만 현대 세계를 실제로 창조하는 자들, 20세기 초 미국과 전 세계에서 성결의 깃발을 짊어진 평범한 사람들을 이해하기 위해 노력하는 디 파우펠과 데이빗 번디, 친구들, 감독자 그리고 동료들에게 바친다.

**일러
두기**

각 장의 소제목은 원서에는 존재하지 않는 것으로, 한국어판 독자의 가독성을 돕기 위해 옮긴이가 작성해 붙인 것입니다.

차례

- 005 추천사
- 011 한국 독자에게 드리는 글
- 015 머리말
- 019 감사의 말
- 022 일러두기

서론

19세기 미국 진보 시대 성결 급진주의 운동의 흐름

035

- 039 급진적 천년왕국 전통
- 041 급진적 성결 운동의 그늘
- 042 버닝 부시 운동과 성결 공동체 급진주의
- 045 자유감리교회
- 048 구세군
- 051 남감리교 성결급진주의

01

055

마틴 웰스 냅과 급진적 성결 운동의 기원

- 055 급진주의자 마틴 냅
- 058 홀리 점퍼스와 MCA의 등장
- 060 에이 비 심슨^{A. B. Simpson}과 사중 복음
- 063 남북전쟁 이후 성결 신학의 흐름
- 068 보든 보운의 자유주의 대(對) 대니엘 스틸의 성결주의 그리고 리스와 갓비
- 072 성결 운동의 핵심 인물, 마틴 냅의 사역과 사상
- 075 마틴 냅의 감리교와 헤어질 결심
- 078 국제 성결 연맹 및 기도 동지회 창립과 MCA
- 080 『하나님의 오순절 번갯불』에서 밝힌 성결의 급진성
- 082 마틴 냅 사역의 분신 <리바이벌리스트>
- 085 마틴 냅과 NHA의 결별
- 088 MCA의 세 영웅
  : 프랭크 메신저, 에드윈 하비 그리고 듀크 파슨

02

091

진주 빛 하얀 도시를 향한 행진
: 메트로폴리탄 감리교 선교부의 탄생

- 095 비버리 캐러딘의 성결 운동
- 096 MCA 공동창립자 에드윈 하비의 성결 체험
- 098 시카고 세계 박람회와 무디의 관용 정신
- 103 감리교의 중심지, 시카고
- 105 데스 플레인스 캠프 미팅 사역
- 109 시카고 감리교에 대한 스테드의 비판
- 111 MCA의 전신 메트로폴리탄 감리교 선교부 탄생
- 115 에드윈 엘 하비와 듀크 파슨의 초기 성결 운동
- 121 메트로폴리탄 감리교회의 실증적 예배 스타일
- 126 시카고 선교 대회와 찰스 카우만
- 127 마틴 냅의 감리교회 탈퇴와 MCA의 탄생

03
화이트 시티에 임한 오순절 역사
: 시카고 부흥과 1901년 성결 총회

133

- 133   MCA 주도의 시카고 부흥 운동
- 139   무명의 기관사 출신 평신도 설교가, 이 에이 퍼거슨^{E. A. Fergerson}
- 140   전직 프로 권투 선수 출신 평신도 설교가, 앤디 돌보우
- 142   텍사스 출신의 "걸어다니는 성경", 루벤 버드 로빈슨
- 145   시카고 부흥 운동의 정점, 화려한 안수식
- 148   지금은 웨슬리, 휫필드, 피니의 시대다!
- 149   성결 급진파 MCA와 성결 온건파 NHA의 대결 속에 시작된 부흥 운동
- 155   성결 급진파의 승리로 끝난 시카고 부흥 운동

04
보스턴을 침공하다
: "오순절 댄서들"

159

- 162   시카고에 이어 보스턴에서 일어난 부흥 운동
- 164   마틴 냅의 죽음과 내부 권력 투쟁
- 168   냅의 유산 <리바이벌리스트> 사역
- 170   MCA와 셋 리스의 결별
- 174   논란의 중심 "점프", 성령 세례의 특별한 증거인가

05

179

"사람들을 위한 표준"
: 버닝 부시와 MCA의 선교 조직

179 마틴 냅의 <리바이벌리스트>의 후속작, MCA의 <버닝 부시>
184 <버닝 부시>의 초기 목적: 죄의 폭로와 복음 전파
191 성결 운동의 이데올로기 형성과 공동체 연대를 이끈 <버닝 부시>
194 존 리와 앨마 화이트 그리고 셰퍼드
197 MCA와 <버닝 부시>의 급진주의와 확장
207 MCA가 낳은 평신도 흑인 여성 설교가, 수잔 포그
208 조직 관리 천재, 프랭크 메신저와 MCA

06

213

"예수를 위해 모든 것을 버리다"
: 프랭크 메신저와 버닝 부시 공동체주의

213 사유 재산 포기와 십일조 신앙의 급진성
221 워케샤에 세워진 최초의 성결 공동체, 파운틴 스프링 하우스
225 파운틴 스프링 하우스의 공동체 생활
228 MCA가 낳은 성결 운동의 음악가들
231 MCA 공동체 신학의 뿌리, 누가복음과 사도행전
236 공동체의 발전과 계속되는 사유 재산 포기 논란
242 MCA의 내부 리더십 갈등과 분화

07

MCA와 현대 미국 종교 문화의 형성 — 249

- 249 　최초로 방언을 받은 백인 전도자, 에이 지 가르^{A. G. Garr}
- 254 　MCA 지도자들과 가르의 갈등 그리고 오순절주의
- 257 　성령 세례를 의미하는 하늘의 언어, 방언
- 261 　오순절주의를 낳은 MCA, 그러나 다른 길을 걷다
- 264 　MCA의 공격적 예배와 지역적 저항들
- 267 　위기 속에서 성장하는 워케샤 성결 공동체
- 269 　자신의 재산을 드리다 겪는 혼란
     : 리드 부인과 파슨 부부
- 274 　공동체 천재 운영가, 프랭크 메신저의 리더십
- 277 　미국 문화에 끼친 메신저의 복음 달력 사업

08

꺼졌다 다시 불타오르는 불
: 버닝 부시 운동, 1913~1931 — 281

- 282 　MCA의 두 번째 유토피아의 꿈, 텍사스 불라드 공동체 탄생
- 287 　MCA 재정 위기와 메신저의 탈퇴
- 290 　워케샤 공동체에 불어닥친 전염병의 위기
- 292 　MCA 공동창립자 듀크 파슨의 파산과 〈버닝 부시〉의 전투성 약화
- 295 　히치콕의 사역과 에드윈 하비의 죽음
- 298 　MCA 3대 지도자가 된 히치콕
- 301 　히치콕의 재정 개혁과 새로운 리더십
- 306 　히치콕이 주도한 변화와 교리 혁신
- 309 　MCA 성결 운동에 대한 역사적 평가

후기

311

311 히치콕의 해임과 분열
312 1970년대 이후 <버닝 부시> 운동의 경향
315 듀크 파슨과 그의 후손들
317 MCA가 낳은 유명 인물들

311 후기
319 주
383 참고문헌
409 찾아보기

사진 및
그림 차례

094   에드윈 엘 하비(E. L. Harvey)

135   인기 소설을 쓴 비버리 캐러딘을 비판하는 만화

161   데릭과 함께 목소리를 높이는 에릭슨 형제를 보여주는 킹, 담배 장작 주위에서 춤추는 홀리 점퍼스

181   애즈버리 대학(Asbury College)의 설립자 존 웨슬리 휴즈(John Wesley Hughes)가 총장 B. F. 헤인즈(Haynes)로 교체되는 만화, L. L. 피켓(Pickett)이 대학의 열쇠를 손에 쥐고 있다(버닝 부시 신문 6권, 위스콘신주 워케샤, 1907년 1월 17일)

216   1906년부터 1956년까지 MCA의 본거지였던 위스콘신주 워케샤에 있는 파운틴 스프링 하우스

251   로스앤젤레스 MCA 부흥 캠페인의 핵심 강조점, 특히 이혼하고 재혼한 사람들에게 교회 회원이 되도록 허용하는 나사렛 관행을 보여주는 버닝 부시 만화

283   듀크 파슨과 그의 아들들

HOLY † JUMPERS

설교자와 노예

긴 머리의 설교자들은 매일 밤 나와서
무엇이 잘못되고 무엇이 옳은지 말하려고
애씁니다.
하지만 먹을 것이 어떠냐고 물으면
그들은 매우 감미로운 목소리로
대답할 것입니다

합창:
당신은 하늘 위의 영광스러운 땅에서
식사를 하게 될 것입니다.
일하고 기도하고, 건초로 살아가고, 죽으면
하늘에서 파이를 얻을 것입니다.

그들이 연주하는 굶주린 군대,
그들은 노래하고 박수를 치며 기도합니다.
그들이 드럼에 동전을 모두 넣을 때까지,
그러면 그들은 당신이 부랑자일 때
말할 것입니다.

홀리 롤러와 홀리 점퍼가 나와서 소리치고,
뛰고, 소리칩니다.
예수님께 돈을 드리십시오.
예수님께서 오늘 모든 질병을
고쳐 주실 것이라고 합니다.
자식과 아내를 위해 열심히 싸우면,
이생에서 좋은 것을 얻으려고 노력하면,
죄인이고 나쁜 사람이다,
죽으면 반드시 지옥 간다고 합니다.

모든 나라의 노동자들이여, 단결하라.
우리는 자유를 위해 함께 싸울 것입니다.
우리가 세상과 그 부를 얻었을 때
접붙이는 자들에게 우리는 다음의 후렴을
부를 것입니다.

당신은 요리하고 튀기는 법을 배웠을 때
먹게 될 것입니다.

나무를 좀 자르세요.
그러면 당신에게 좋은 일이 될 것입니다.
그리고 당신은 달콤한 작별 인사를 하며
식사하게 될 것입니다.

- 조 힐, 세계산업노동조합 <리틀 레드 송 북>
  19판, 위키피디아에서 인용.
  선율: "달콤하게 안녕, 또 안녕"

서론

19세기 미국 진보 시대 성결 급진주의 운동의 흐름

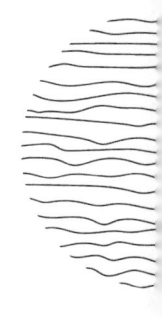

소설가 잭 런던$^{Jack\ London}$은 1905년 보스턴에서 열린 MCA $^{Metropolitan\ Church\ Association(메트로폴리탄교회연합)}$ 예배에 참석한 후 이렇게 썼다. "여기에 행복의 복음이 있다. 만약 내가 종교를 갖게 된다면 나는 이 특별한 종교의 브랜드를 갖고 싶다." 기성 종교에 대한 경멸 때문에 런던은 20세기 초 가장 논란이 많았던 종교 단체 중 하나인 MCA에 대해 유난히 동정적인 관찰자였다. 문학가로서 런던은 "형편없는 옷을 입은" 회심자들의 얼굴에 나타난 기쁨에 주목했다. 특히 그는 MCA 전도자들의 "상식적인" 발언과 "신랄한 은유"에 대해 높은 평가를 하며, 보스턴에 대한 묘사에 대해 특히 기뻐하는 것 같았다. 교회는 "뾰족한 클럽하우스"다. 19세기 미국 진보 시대의 가장 논란이 많은 종교 단체 중 하나인 MCA는 외부인으로부터 그러한 칭찬을 거의 받지 못했다. 그럼에도 불구하고 MCA는 통찰력이 있었다. 성결 급진주의에서 의미를 추구했던 젊은 노동계급의 남성, 특히 여성의 삶의 경험과 투쟁에 관심을 가졌던 런던은 종교적 또는 비종교적 형태의 급진주의라는 표현의 힘과 매력을 이해했다.[1]

MCA나 성결 급진주의에 대한 런던의 열정은 미국 성결 운동에서 성장한 성결 교파의 지도자나 역사가들과 공유되지는 않았다. 그들은 성결 공동체주의의 현상을 일탈로 묘사하고 성결 기독교에 대한 가장 널리 퍼진 대중적 고정관념인 '홀리 롤러'Holy Roller(예배 중에 구르는 사람들을 일컫는 당시의 경멸적 표현: 옮긴이 주)의 이미지에 특별한 혐오감을 가지고 있었다. 그들은 성결 신자들이 세속주의의 침입에 맞서 싸우는 정통 복음주의자라고 주장해 왔다. 특히 신학적 자유주의가 그렇다. 훌륭하고 사려 깊은 티모시 스미스와 같은 역사가들에게 '홀리 롤러'의 이미지는 예술, 문학, 영화에는 뿌리를 두고 있지만, 미국 종교의 표준적이고 학문적이고 역사적인 맥락에는 뿌리를 두지 않고 있다는 이유로 조롱과 비난을 불러일으켰다.[2]

스미스와 다른 사람들이 알고 있듯이, 홀리 롤러의 행동은 일반적으로 가난한 사람들, 종종 시골에 있는 사람들, 항상 사회적으로 소외된 사람들의 종교적 표현으로 간주되었다. 그들은 동정심과 심리학 연구의 대상이었으며, 존 스타인벡의 고전『분노의 포도』에 나오는 조드 가족의 경우처럼 계몽적인 뉴딜 사회 프로그램의 대상이었다. 시카고 대학교의 역사학자 윌리엄 워렌 스위트

William Warren Sweet는 대공황이 한창일 때 "이생에서 더 나은 시대를 맞이할 가능성이 거의 없다. 그들은 불의와 빈곤이 더 이상 존재하지 않는 미래를 바라보고 있다."고 말했다.³

  대중문화에서 홀리 롤러의 이미지는 아마도 가장 인기 있는 미국 노동가인 조 힐의 워블리(세계산업노동조합 조합원을 일컫는 말: 옮긴이 주) 클래식 "설교자와 노예"에서 훌륭하게 활용되었다. 힐의 가사는 여러 면에서 주목할 만하다. 그는 다른 급진주의자들이 진한 기독교인들의 잘못된 희망을 묘사하기 위해 자주 반복되는 "하늘의 파이"라는 문구를 사용하고 대중화했다. 그뿐만 아니라, 20세기 초반의 독특한 풍경에 대한 상당히 정교한 지식도 보여준다. 미국 종교 문화를 연구하는 많은 후대 학자와 달리 힐은 "굶주린 군대", 즉 "구세군"을 신유에 헌신하는 그룹과 유사한 그룹으로 혼동해서는 안 된다는 점을 이해하고 있다. 부적절하지는 않지만, 힐은 "홀리 롤러스와 점퍼스"Holy Rollers and Jumpers(홀리 롤러스와 함께 사용된 홀리 점퍼스는 예배 중에 뛰며 환호하는 사람들을 일컫는 말: 옮긴이 주)로 구별되는 그룹에서 특별한 펀치를 날린다. 잭 런던과 미국 대중문화에 익숙한 다른 사람들이 알고 있듯이 "홀리 점퍼스"는 정기 간행물 〈버닝 부시〉The Burning Bush(불타는 덤불이라는 뜻으로 MCA 성결 급진주의자들이 만든 잡지: 옮긴이 주)의 이름으로도 알려진 MCA에 대한 구체적인 표현이다. 흥미롭게도 힐은 "점퍼들"이 "당신의 돈을 예수께 바치라"고 외치지만 가장 악명 높은 관행인 사유 재산 소유를 거부하는 "홀리 점퍼스"에 대해서는 아무런 공격도 하지 않는다고 지적한다. 그러나 힐은 신유에 대한 그들의 헌신을 정확하게 패러디한다.⁴

세계산업노동조합 Industrial Workers of the World: IWW 의 〈리틀 레드 송북〉에 나오는 노래를 작곡한 힐과 다른 작곡가들은 대중적인 복음주의와 성결 찬송의 선율과 이미지를 활용했을 뿐만 아니라, 성결 운동 문화와 단체, 특히 구세군에 대한 상당한 지식을 보여주었다. 이 지식은 이론적이거나 책에서 나온 것이 아니라 직접적인 접촉을 통해 얻은 것임을 강조해야 한다. 그들은 길모퉁이, 술집, 롱비치, 산페드로, 시애틀의 연단, 심지어는 이주 노동 수용소에서도 위트가 넘치는 유머 싸움을 벌이는 경쟁자였다. 세계산업노동자연맹 작곡가들이 홀리 롤러 대회의 메시지를 왜곡했다는 것은 말할 필요도 없다. 워블리처럼 약속된 성결한 자들의 완전함은 죽음 이후의 하늘에 있는 것이 아니라, 현재 살아 있는 사람들 가운데 새로워진 땅에 있기 때문이다.[5]

워블리는 홀리 롤러스를 패러디할 이유가 있었다. 세계산업노동조합의 모집 전략, 거리 집회, 공공연한 체포, 노동조합이나 사회주의 정당과 유사하지만 덜 급진적인 집단에 대한 공격, 잘 정리된 전도지나 값싸게 인쇄된 책, 시각적 이미지의 사용 그리고 무엇보다도 대중적인 곡으로 작곡된 감동적인 노래가 그들의 성결 경쟁을 통해 완성되었다. 더 나쁜 것은, 홀리 점퍼들은 노동자들의 미래 유토피아를 여는 총파업을 기다리지 않았다는 점이다. 그들은 실제로 북미 전역의 위스콘신주 워케샤와 같은 도시에서 유토피아를 시작하고 있었다. 예컨대, 콜로라도주의 덴버, 뉴저지주의 자레파스, 텍사스주의 불라드 등이다. 그들은 칼 마르크스를 추구하기보다는 종말론 지향적인 기독교인들이 거의 2,000년 동안 해

왔던 것처럼, 사유 재산을 거부하고 공동 나눔의 사례를 찾기 위해 사도행전 2장에 기록된 예수의 가르침과 최초 기독교인의 실천을 추구하고 있었다.

급진적 천년왕국 전통

워블리와 홀리 점퍼는 기독교 역사 전반에 걸쳐 종파적 종교 쇄신 운동에서 발견된 급진적인 천년왕국 신앙의 공통 상속자였다. 프랭클린 로즈몬트Franklin Rosemont와 같이 워블리에 동조하는 사람들도 인정하듯이 세계산업노동조합 IWW는 "급진적인 개신교 종파의 현재 지상천국 전통"에 서 있었다. 로즈몬트의 관찰은 에릭 홉스바움Eric Hobsbawm, 크리스토퍼 힐Christopher Hill, 이 피 톰슨E. P. Thompson과 같은 유명한 최근 좌파 역사가들의 상당한 학술적 결실에 기초한다. 역사가 오스카 아날Oscar Arnal은 특히 홉스바움의 통찰력을 바탕으로 1970년대 후반에 다음과 같이 언급했다. "이념적으로 워블리는 모든 형태의 천년왕국 신앙에 내재된 급진적 이원론을 보여준다. 현재의 사악한 세계에 대한 심오하고 완전한 거부와 더 나은 세상을 향한 열정적인 갈망이 그것이다."[6]

사실, 호전적인 홀리 점퍼들과 워블리는 공통적으로 반교권주의를 공유한다. 성직자들은 부자와 지배계층의 대리인 역할을 자주 수행했기 때문에 의심과 조롱과 폭로를 받아 마땅했다. 워블리는 선지자 아모스를 최초의 "노동자 계급의 연속극 배우"라고 불렀고, 예수는 "나사렛 출신의 부랑자 목수"라고 불렀다. 더욱이 두 운동 모두 전략과 전술 면에서 확실히 현대적이고 혁신적이었다. 그들 모두 종종 폭력적이고 심지어 잔혹한 억압을 극복함으로써 공공장소에서 자유롭게 말할 권리를 얻었다. 둘 다 노래책, 출판물, 회원 카드를 배포하기 위해 고도로 숙련된 선교 조직원들을 고용했다. 마지막으로 워블리와 홀리 점퍼들은 팜플렛, 간증, 시, 희곡, 신조, 소설 등 다양한 공통 매체를 사용했다.[7]

워블리와 성결 급진주의자들은 순교에 의한 구원의 힘을 믿었다. 아날이 지적했듯이, 워블리는 고통과 죽음이 "황금 시대의 더 빠른 새벽을 보장할 것"이라고 믿었다. 그것은 1차 세계대전 이전 20년 동안 워블리와 급진적 성결교회의 표준을 따르던 노동자 계층과 중하층 사람들과 공유했던 믿음이었다.[8]

사실상, 성결 운동의 좌파는 역사가들이 오랫동안 그 선구자들, 남북전쟁 이전 완전주의자들을 급진적으로 취급해 온 똑같은 이유 때문에 급진적이었다. 이는 근본적으로 변화된 사회 질서를 예상했다. 찰스 피니Charles G. Finney와 존 험프리 노이스John Humphrey Noyes의 글을 급진적인 선집에 포함시키는 것이 적절하다면, 20세기 초 완전주의자에게도 동일한 예우를 베푸는 것이 적절하다. 두 시대 모두에서 가장 일관된 급진주의자는 사유 재산과 전통적인 가족 구조를 거부하고, 자주 모이는 사람들이었다.[9]

급진적
성결 운동의 그늘

복잡하고 다양한 기독교 쇄신의 흐름인 성결 운동은 결코 하나의 실체로 나타나지 않았다. 우파는 다른 중산층 감리교, 침례교, 장로교, 성공회, 회중교회와 거의 다르지 않은 종파에 충성하는 사람들로 구성되었다. 메릴 가디스$^{Merrill\ Gaddis}$가 1929년 시카고 대학교의 선구적인 박사 학위 논문에서 언급했듯이, 가장 빠르게 성장하는 성결교단은 빠르게 미국 주류 문화에 동화되고 있었다. 실제로 그는 여러 방면에서 나사렛교회 교인과 중산층 감리교회 교인을 구별하는 것이 어렵다는 사실을 발견했다.[10]

어떤 운동의 흐름을 이해하는 가장 좋은 방법은 그 중심이나 좌우가 아니라, 가장 일관적으로 진행되는 주변부의 급진성을 살펴보는 것이 나의 관점이다. 알 로렌스 무어$^{R.\ Laurence\ Moore}$가 처음으로 만든 용어를 사용하는 것은 이러한 "외부인" 중 하나이며, 전통적인 아이디어와 관행에 얽매이지 않는 문화 혁신가에 의해 미래가 창조되는 곳이다. 이것은 확실히 미국이나 현대에만 국한된 현상은 아니다. 지난 2세기 동안 사막의 교부들, 프란치스코회, 재세례파, 잉글랜드 내전 반대자들과 같은 기독교 쇄신 운동, 노예폐지론자 및 민권 운동과 같은 개혁 운동의 경우에도 마찬가지였다. 그러한 운동에서 우리는 복음서에 나타난 예수의 무저항 논리와 사도행전 2:44-45에서 "모든 것을 공동으로 갖는 것"으로 묘사된 경제적 공유가 신실한 기독교인들에게 규범으로 남아 있다는 주장을 가장 분명하게 발견한다. 분명해지겠지만, 자유감리교회, 구세군, 비공동체 남부 감리교 성결급진파, MCA의 홀리 점퍼스 등을 포함하는 성결 급진 그룹은 단순하게 시대에 반응하여 나타난 현상이 아니다. 오히려 그들은 경제-사회-정치적 제도를 급진적으로 재편하고자 하는 혁신적이고 풍부한 비전가들이었다.[11]

버닝 부시 운동과 성결 공동체 급진주의

1차 세계대전 이전 30년 동안 성결 그리스도인들은 적어도 12개의 공동체 사회를 조직했다. 그 공동체들은 전혀 독특하지 않았으며 실제로 미국 전역에서 번성했던 다양한 공동체 중 일부에 불과했다. 역사가 글렌 포터Glenn Porter에 따르면 "인생 최고의 목적이 새롭고 풍부한 물질적 재화를 획득하고 즐기는 것"이었던 환경에서 공동체주의자들은 현대 세계의 혜택을 '모든' 사람이 공유할 수 있는 급진적인 삶의 구조 조정을 제창했다.[12]

성결 공동체주의는 성결 운동의 논리를 온전히 구현하는 자연스러운 현상이었다. 남북전쟁 이전 가장 위대한 급진적 완전주의자였던 존 험프리 노이스는 1870년 오순절에 "진리의 성령"이 부어졌을 때 즉각적인 반응으로 공동체적 소유관념이 도입되었다는 것을 간파했다. 노이스는 오순절에 처음 발생한 일이 그의 멘토인 찰스 피니를 포함하여 남북전쟁 이전 완전주의자에 의해 그대로 이어졌다고 주장했다. 노이스는 종교적 완전주의와 밀레니엄 세대의 열정이 휩쓸고 있는 바로 그 지역에서 공동체주의가 번성할 것이라고 예상할 수 있었다고 주장했다. 그리고 그는 "부흥주의자"와 "사회주의자"가 서로를 경멸할 것이라고 보았다. 그는 그들이 서로의 통찰력 없이는 서로가 실패할 것이라는 사실을 인정하기를 거부하는 경쟁자라고 믿었다. "마음의 거듭남 없는 사회주의와 사회의 거듭남 없는 부흥주의는 동일하게 막다른 골목에 이르렀다."[13]

부분적으로 그 지속 기간 때문에 20세기 초 성결 공동체주의의 가장 중요한 현상은 메트로폴리탄교회연합이었으며, 이는 MCA라고도 알려져 있다. 〈버닝 부시〉 운동은 역설적이게도 두 명의 성공적인 사업가인 에드윈 엘 하비^{E. L. Harvey(1865-1926)}와 듀크 파슨^{Duke M. Farson(1863-1929)}에 의해 창설되었고, 1890년대 시카고의 니어 노쓰 사이드에서 전통적인 감리교 교회로 조직되었다. 1890년대 중반에 성결 운동에 휩쓸려 감리교에서 분리되어 1899년에 MCA로 통합되었다. 1901년에 MCA는 온건한 성결 그룹과 차별되는 세 가지 논란의 여지가 있는 요소 중 첫 번째 요소인 '홀리 점프'를 채택했다. 예배당에서 껑충껑충 뛰는 예배자들의 모습은 멀리 영국 런던의 신문들에서까지 다채로운 만화로 조롱을 받았다. 종종 임대 교회와 홀에서 금지되거나 추방되었던 홀리 점퍼들은 1902년까지 일상적인 것이 되었지만 경멸당하기도 했다.

MCA 예배가 존경받는 교회 신자들을 당황하게 만들었다면, 그 그룹의 악명 높은 출판물인 〈버닝 부시〉는 그들을 격분시켰다. 1902년에 처음 출판된 이 신문은 추악한 저널리즘이 갖는 속성들을 빠르게 채택했다. 그래서 어떤 사람들은 대도시 일간지의 "황색 저널리즘"이라고 말했다. 점잖은 성결과 기타 인기 있는 종교 인사들을 조롱하는 전면 만화를 사용하면서 〈버닝 부시〉는 진지한 분석만큼이나 오락적인 저널리즘 브랜드로 빠르게 악명을 떨쳤다.

셋째, MCA는 특히 1906년 위스콘신주 워케샤의 오래된 휴양지로 이전한 후 최초 그리스도인의 모범을 따라 진정으로 성결한 그리스도인은 사유 재산 없이 공동생활을 해야 한다는 가르침을 받아들였다. 예수의 임박한 재림을 기대한 회심자들은 소유물을 팔고 워케샤로 이주하여 성경 훈련을 받았으며, 인도 대륙, 영국 제도, 아프리카까지 복음을 전하기 위해 파송되었다. 1912년까지 500명 이상의 사람들이 워케샤 지역에 모여들었고, MCA는 텍사스 동부 과일 재배 지역의 불라드에 두 번째 공동체를 설립했다.

성결 운동의 무정부주의자로서 MCA는 19세기 미국 진보 시대 노동 운동의 급진적 주변인이라 할 워블리와 매우 유사한 스타일과 전략 및 전투성을 사용했다. 둘 다 소규모 회원을 기반으로 보장할 수 있는 수준을 훨씬 넘어서는 분노와 두려움을 불러일으켰다. MCA와 마찬가지로 워블리는 온건주의자들, 혹은 투표를 통해 변화될 수 있다고 믿는 투표옹호자들에게 가장 큰 분노를 표했다. 이들 급진주의자에 따르면, 순진한 개혁가들은 전통적인 정치 방식으로, 혹은 계몽된 중산층 온건파와 협력하면 진정한 변화가 일어날 것이라고 믿는다고 보았다. 그 결과, MCA와 워블리 두 그룹은 모두 유머, 조롱, 직접적인 대결을 통해 현 질서를 붕괴시키려 했고, 워블리의 경우 방해 행위와 폭력을 사용했다. 진정한 천년왕국주의자로서 두 그룹 모두 역사의 피할 수 없는 과정이 자신들의 편이라는 것을 확신했다. MCA는 최소한 윌리엄 부스 장군의 관찰에 대한 답을 갖고 있었다. "무덤 반대편에서 지불할 수 있는 협상 불가능한 청구서를 발행함으로써 고통받는 인류의 모든 인내를 끊어버리는 종교적 위선은 사회주의적 허풍쟁이보다 더 실행 불가능하다. 이들은 인류의 고통에 대한 구제를 대대적인 전복 이후로 연기한다." 결국 MCA의 새천년은 위스콘신의 실제 지역 사회에서 시작되었다.[14]

자유감리교회

대부분의 성결 기독교 단체는 사유 재산에 계속 집착했지만, 아마도 대부분은 자신을 초기 사회 복음의 온건한 복음주의에 만족하는 계몽된 진보적 개혁가로 여겼다. 가장 흥미로운 것 중에 하나는 자유감리교회다. 남북전쟁 전 급진주의와 진보 시대의 사회 급진주의 사이의 중요한 연결고리는 비 티 로버츠와 엘렌 스토우 로버츠[B. T. and Ellen Stowe Roberts] 부부에 의해 교회가 설립되었을 때 형성되었다. 그들은 노예폐지론자이자 페미니스트였으며 존경할 만한 북부 감리교의 풍요를 비판했다. 로버츠는 포퓰리즘의 선구자인 농민동맹의 창립자였다. 자유감리교인들은 교회 건축, 예배, 의복 분야에서 스파르타식 단순함을 엄격하게 옹호했다. 그들은 20세기 중반까지 악기를 사용하지 않았고, 남성들은 넥타이, 즉 남성의 사회적 존경심을 나타내는 표식을 불필요한 장식으로 여겼다.[15]

"급진적"이라는 꼬리표를 자랑스럽게 받아들인 자유감리교인들은 자신들이 여성의 완전한 평등, 인종 차별의 종식, 하루 8시간 근무제의 확립, 주류 거래 근절, 노동법 철폐를 특징으로 하는 미래의 천년왕국 나라와 연결된 진보적 운동이라고 믿었다. 많은 자유 감리교인들에게 이는 처음으로 여성의 참정권을 요구했던 정당인 금지당에 대한 전폭적인 지지를 의미했다.[16]

자유감리교회 창립의 핵심 쟁점은 좌석 임대를 통한 새 교회 건축을 포함한 교회 자금 조달 관행이었다. 로버츠는 그러한 교회를 "표준 교회"라고 불렀다. 그가 1872년에 썼듯이, "좋은 시장을 찾는 시스템, 높은 가격에 좌석을 찾는 시스템은 그리스도에게서 나온 것이 아니다." 로버츠는 '예수님은 돈 없이, 값없이 와서 먹으라'고 모든 사람을 초대하셨다고 지적했다. 그가 1865년에 썼듯이, 사도행전 2장에 묘사된 사도적 모델은 "모든 것을 공동으로 소유하는 것"이었다.[17]

보다 급진적인 공동체 단체와는 달리 자유감리교회는 재산 양도를 회원 자격 요건으로 만드는 것을 거부했다. 예수를 따르는 로버츠는 가난한 사람들이 특별한 관심과 대우를 받아야 한다고 주장했다. 이것은 이 운동의 기초 문서인 자유감리교회 규율집에 직접 표현되어 있다. 규율집은 이 운동의 사명을 "기독교의 성경적 표준을 유지하고 가난한 사람들에게 복음을 전파하는 것"이라는 두 가지로 정의했다. 가난한 사람들을 복음의 특별한 수용자로 지정하고 복음의 근거를 제시한 분은 바로 예수님이셨다. "누가 특별히 보살핌을 받아야 합니까? 예수께서는 이 질문을 해결하셨습니다. '시각장애인이 보게 되고 저는 사람이 걷고 한센인이 깨끗해지며 청각장애인이 들으며 죽은 자가 살아나느니라.' 요한은 자신의 주장이 타당하다는 점을 만족시키기에는 불충분하다고 덧붙였습니다. 그리고 가난한 사람들에게 복음이 전파되었습니다."[18]

진보 시대 초기에 목사이자 교육자인 씨 엠 데이먼[C. M. Damon]과 같은 많은 자유감리교인들은 "기독교 사회주의하에서 가능한" 새로운 질서를 계속해서 기대했다. 데이먼이 자서전에서 썼듯이, 그는 노동을 억압하는 "땀 시스템"이 폐지되고, 여성이 "고양되고, 교육받고, 참정권이 부여"되고, 아프리카계 미국인, 아메리카 원주민, 중국인이 다른 미국인과 완전한 평등을 누리기를 기대했다. 1916년 말까지 자유감리교회의 오하이오 연회는 식량, 의복, 주거지의 가격을 결정하는 독점 자본주의, 노동을 강요함으로써 안식일을 모독하는 것 그리고 가난한 나라들의 부를 빼앗기 위해 전쟁을 벌이는 것에 대해 공격했다. 그러나 초기 자유 감리교인들과는 달리, 이제 회원들은 압제자들을 대신해 주실 예수의 재림을 기다리면서 그러한 불의를 일시적으로 받아들이라는 촉구를 받게 되었다.[19]

구세군

프리드리히 엥겔스는 『사회주의: 유토피아와 과학』에서 구세군은 초기 기독교의 정신을 되살리고, 선택된 자들인 가난한 사람들에게 관심을 가지며, 종교적인 방식으로 자본주의에 맞서 싸우고, 그리하여 초기 기독교가 갖고 있던 계급에 대한 적대적 태도를 불러일으키고 있다고 썼다. 엥겔스의 견해는 구세군에 의해 일반적으로 받아들여지지는 않지만, 최근 구세군에 대한 역사적 해석에서는 지지를 받아왔다. 릴리안 타이즈Lillian Taiz와 파멜라 워커Pamela Walker의 연구에서 군대는 도시 노동계급 문화의 종교적 현상으로 묘사된다. 이러한 연구는 군대가 그 자체를 하나의 독특한 운동으로 조심스럽게 구축한 이미지를 액면 그대로 받아들이면서, 군대의 계급 구성과 사회 사역이 다른 많은 성결 단체에서 발견되는 정도를 인정하지는 못한다. 사실, 가난한 이들 가운데 봉사하고 살아가는 것을 강조하는 것 자체가 남북전쟁 이후 성결 운동의 핵심 특징이다. 결과적으로 구세군은 여러 면에서 남북전쟁과 1890년대 후반 전천년 종말론의 발흥 사이에 있었던 성결 운동의 전형적 현상이다.[20]

구세군은 교파적 제한과 전통적인 영국 웨슬리안주의의 유연성 부족에 지친 영국의 웨슬리안이었던 윌리엄 부스William Booth와 캐서린 부스Catherine Booth가 창설한 조직이었다. 두 사람 모두 성결 운동의 지도자 피비 팔머Phoebe Palmer와 미국의 완전주의 부흥 운동가

찰스 피니로부터 깊은 영향을 받았다. 처음에는 〈크리스챤 미션〉이라는 이름으로 조직되었지만, 부스가 설립한 운동은 1878년에 군 계급, 군복, 어휘를 갖춘 "구세군"이 되었다. 도널드 데이턴이 주장한 바와 같이, 그 사명은 "대중으로부터 생명이 단절된 이른바 '존경받는 교회'에 대한 항의였다. 그 주된 관심은 '부요하시지만 우리를 위하여 가난한 자가 되신 그리스도'를 따르는 것이었다. 가난함은 그의 가난함을 인하여 우리로 부요케 하려 하심이니라. 또 그가 우리에게 본을 끼쳐 그 자취를 따라오게 하려 하셨느니라."[21]

워커와 타이즈의 연구는 에릭 홉스바움과 이 피 톰슨의 전통을 따르지만, 전통적인 마르크스주의의 유물론적 환원주의를 넘어섰다. 이들 모두 구세군을 그 문화의 본질, 종교적 신념, 성별에 따른 구조에 대해 우리에게 많은 것을 가르쳐 주는 도시 노동계급 문화의 현상으로 본다. 워커는 구세군이 종교 직분의 유일한 기준은 성결이며, 성결은 성별, 부, 교육 수준에 관계 없이 모든 사람이 누릴 수 있다고 주장했음을 지적한다. 두 연구의 많은 장점 중 하나는 군대가 처음 20년 동안 겪었던 폭력적인 저항을 설명하는 데 도움이 된다는 것이다. 실제로 1889년 12개월 동안 699명의 구세군이 공격을 당했고, 56개의 군대 건물이 투석되었으며, 86명의 구세군이 투옥되었다.[22]

이후 구세군 안팎에서 이 작전이 완전히 중산층 빅토리아 시대의 것이라고 주장하는 비판에도 불구하고, 입대한 사람들, 주로 젊은 여성들에 대한 실제 연구는 매우 다른 그림을 제시한다. 타이즈의 세심한 연구에서 알 수 있듯이, 초기 구세군은 전체 인구를 구성하는 것보다 노동자로 고용된 사람들의 비율이 더 높았다. 많은 사람이 하층 범죄 계층 출신이었다. 교회의 구세군의 이름을 가진 한 초기 군대는 48명의 군인 중 47명이 감옥에 갇힌 기록이 있다고 보고되었다. 〈뉴욕 타임즈〉는 1892년 사설에서 "구세군에 입대하는 사람은 마치 버라이어티 쇼 무대에 오르는 것과 마찬가지로 기존의 존경심에 작별을 고하는 것"이라고 썼다. 워커가 지적한 것처럼, 1세대 구세군 사람들의 증언은 공통된 반문화적 관점을 가정한다. 사실, 군대가 보드빌 쇼에서 모방한 것들을 포함하여 노동계급 문화의 요소를 쉽게 채택하고, 대중음악을 사용하고, 공공 주택, 극장 및 거리 모퉁이에서 설교하는 것은 군대가 노동 계급 문화의 규범에 잘 순응하는 능력을 보여준다. 특히 논쟁의 여지가 있는 것은 여성에 대한 설교였다. 한 육군 평론가는 "복되신 동정녀 마리아가 탬버린을 들고 행진하는 모습을 상상할 수 있습니까?"라고 신랄하게 불평했다.[23]

더욱 흥미로운 질문 중 하나는 구세군과 영국 사회주의 그리고 노동 운동의 성장 사이에 관계가 있었는지 여부다. 대답은 복잡하며 여기서는 확실히 불가능하다. 중요한 초기 육군 지도자이자 아마도 부스의 가장 유명한 사회 계획이었던 이른바 "암흑의 잉글랜드 기획"의 주요 설계자인 프랭크 스미스Frank Smith는 영국 노동당의 주요 창립자 중 한 명이었다. 타이즈는 "부스 장군은 자유방임주의 정치경제학을 거부하고 그 옹호자들을 '반기독교 경제학자'라고 불렀다."고 썼다. 실제로 부스는 사회주의의 출현에 세심한 주의를 기울였으며 사회주의의 일부 요소를 인정했다. 데이턴은 부스가 프롤레타리아 혁명 이후까지 의미 있는 개혁을 연기하는 것과 같은 특정 사회주의적 개념은 배제했다고 지적한다. 그의 마음속에서 사회주의자들은 "인간의 고통에 대한 모든 개혁을 총체적인 전복 때까지 연기하는 일부 전천년 신앙을 가진 기독교인들의 비관주의와 공유했다."[24]

사회복음Social Gospel을 배운 초기의 사람들은 구세군을 사회적 기독교의 중요한 현상으로 정확하게 인식했다. 이러한 연구의 장점은 구세군을 단순히 더 큰 성결 운동의 단일한 현상이 아니라, 단일한 실체로 보았다는 것이다. 독특한 스타일과 노련한 자기 홍보에도 불구하고 사회 개선 사역은 자유감리교회와는 조금 달랐다. 둘 다 19세기 진보 시대 미국 기독교 내의 사회적 추동 현상이었다.[25]

남감리교 성결급진주의

특히 애팔래치아나 남부 시골 지역에 있는 것이라고 고정관념을 갖고 있는 성결 운동은 19세기 마지막 20년 동안 옛 남부 연합의 심장부를 통과했을 뿐이다.[26] 남부의 문화적 관습에 적응하고 확산되면서 한때 북부의 성결 운동은 상당한 변화를 겪었다. 첫 번째 피해 가운데 하나는 북부와 서부 지역의 자유감리교회와 구세군 성결 운동의 특징이었던 낙관주의였다. 특히 천년왕국 마지막 때에 예수의 재림으로 정점에 달하는 점진적인 사회 개선을 기대했던 일반적인 후천년 신앙은 새롭게 정제된 전천년 신앙으로 바뀌었다. 북쪽으로 퍼져나간 새로운 천년왕국주의는 20세기에 들어서면서 전국 모든 지역의 성결 운동을 지배하게 되었다.[27]

성결을 경험한 많은 사람은 이 천년왕국의 변화를 성결 운동의 초기 계몽주의적 개혁을 강조하는 것을 포기한 것과 연관시켰다. 이러한 상식적 해석은 불행하게도 19세기 후반 성결의 기독교를 받아들인 남부 세대의 미묘함과 지속적인 사회적 참여를 많이 놓치고 있다. 그것은 북부의 남북전쟁 승리를 새천년을 향한 관문으로 해석한 성결 지지자들을 포함하여, 많은 북부 성직자의 징조주의적 낙관주의에 대한 일반적인 거부를 보여주었다. 또한 1880년대 후반의 농산물 가격 폭락, 1890년대 초반의 파괴적 불황, 1896년 대선에서 윌리엄 제닝스 브라이언 William Jennings Bryan과 포퓰리즘의 참패는 이른바 '위대한 서민' the Great Commoner으로 상징되는 복음주의에 기초한 도덕 경제가 거부되었다는 점에 주목해야 한다. 남부인과 브라이언 지지자로서 남부의 성결 기독교인들은 정서적으로 만족스러운 믿음과 예수께서 상황을 바로잡기 위해 곧 오실 것이라는 성경적 약속 외에 낙관할 이유가 거의 없었다. 전천년설을 받아들인 최초의 자유감리교인 중 한 사람이 1900년에 썼듯이, 부의 위대한 생산자들은 "오직 노동에 의해서만 생산된 부의 상당 부분을 소수의 호의를 받는 사람들의 금고로 몰수하는 법

체계의 희생자들이다."²⁸

잉글랜드 내전 시 천년왕국의 정신은 가장 초기이자 가장 집요한 남부 성결 전천년주의자 중 한 사람인 엘 엘 피켓^{L. L. Pickett}의 말을 통해 생생하게 살아난다. 노스캐롤라이나와 켄터키에 살았던 텍사스 출신인 피켓은 가난한 노동자들의 운명이 문자 그대로 반전될 것이라고 예상했다. 피켓은 "예수님은 자기를 부인하시고 가난하고 겸손해지셨습니다… 그러나 저 사람들은 다른 사람들이 굶주릴 때 비축하고, 다른 사람들이 구걸할 때 배불리고, 다른 사람들이 굶주릴 때 살찌게 하는 탐욕과 이기심으로 가득한 사람들입니다. 주님은 인간의 구원을 위해 심판하실 것입니다."라고 말했다. 1903년에 그가 주장한 재림은 "이 땅과 작별하고 먹는 하늘에 있는 파이"가 아니라, "재생된 지구"에 관한 것이었다. 피켓의 생각은 그의 친구이자 동료이자 영향력 있는 성결 편집자인 헨리 클레이 모리슨과 공유되었다. 모리슨은 널리 읽히는 그의 책 중 하나에서 "하나님이 이 땅에 그의 왕국을 세우셨나요?"라고 물었고, 모리슨은 "예"라고 대답하면서, 하나님의 통치하에서 "땅은 막대한 부를 가진 소수의 사람에 의해 소유되거나 지배되지 않을 것이며, 사람들 사이에서 사이좋게 나누어질 것이며 평안하고 넉넉하게 그 땅을 차지할 것입니다."라고 말했다.²⁹

피켓의 종말론적 재구성에서 충실한 자들에게 약속된 미래는 "땅의 겸손하고 가난한 자들이 나라의 소유자가 되고 그것은 열방의 영광과 명예와 부를 얻게 될" 이 땅에서의 실제 미래였다. 더욱이 브라이언 민주당원, 피켓, 모리슨 그리고 기타 많은 사람은 신실한 기독교인들이 진보적인 농민과 노동자 친화적인 정책을 지지할 것이라고 믿었다. 그러나 그들에게 "복된 희망"은 노동자와 농부들의 삶을 일시적으로 더 좋게 만드는 온건한 사회 프로그램에는 없었다. 위대한 히브리 선지자들이 "자기 포도나무와 무화과나무 아래서" 두려움 없이 사는 것으로 묘사한 약속된 농업 낙원이 문자 그대로 현실이 되는 곳은 "새롭게 된 땅"이었다.

남감리교 성결 급진주의의 지속적인 유산은 이 스탠리 존스 E. Stanley Jones의 사역과 증언에서 표현되었다. 모리슨에 의해 회심한 사람이자 성결 교육의 열매인 존스는 인도에서 유명한 선교사이자 베스트셀러 작가이자 마하트마 간디의 친구가 되었다. 1942년 논란의 여지가 있는 저서 『미국의 그리스도』를 홍보하던 중 존스는 애틀랜타의 에벤에셀 침례교회에서 연설을 했으며, 그곳에서 담임목사의 13세 된 아들 마틴 루터 킹 주니어 Martin Luther King Jr.에게 간디의 생각을 처음으로 소개했다. 비폭력적인 시민 불복종을 통해 인도의 독립을 달성하기 위한 전략은 아프리카계 미국인들에게 특별한 영감을 주었다. 사회주의와 미국 노동 운동에 동조하는 평화주의자인 존스는 유명한 기독교 사회 이론가인 라인홀드 니버 Reinhold Niebuhr에 의해 전통적인 개신교 자유주의의 순진함을 보여주는 삽화로 자주 사용되었다. 니버가 올바르게 지적했듯이, 존스의 "자유주의"의 뿌리는 전통적인 개신교 인류학의 비관주의와 결별한 인간 본성에 대한 관점에 있었다. 존스, 피켓 그리고 모리슨의 성결 급진주의는 윌리엄 제닝스 브라이언의 세계에서 마틴 루터 킹 주니어의 세계로 옮겨졌다.[30]

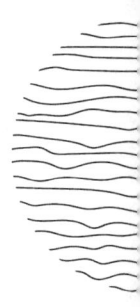

01

마틴 웰스 냅과
급진적 성결 운동의 기원

급진주의자
마틴 냅

　오늘날의 성결 운동과 오순절 기독교인들은 현상 유지적이고 보수적인 수호자로 보는 것이 일반적이다. 그러나 이러한 평가를 20세기 초 성결 운동의 위대한 인물 중 한 명인 마틴 웰스 냅Martin Wells Knapp이 들었다면 놀랄 일이다. 1900년까지 냅은 전통적인 감리교의 방식과 메시지에 대해 비판적이었다. 냅은 전통적인 정통 교리의 기반인 사도신경을 단순한 인간 문서로 일축하면서

"지성을 가진 일반적인 기독교인이라면 좀 더 성경적인 문서를 만들 수 있다."고 주장했다. 사실 현대 세계의 급변하는 기술적, 영적 필요를 고려할 때, 하나님께서 사도신경 같은 신조들과 성스러운 존재로 인정받는 교황을 전혀 두려워하지 않는 새로운 "성령 운동"을 부르고 계시다는 것은 자명해 보였다. 새로운 성령 운동은 예수의 삶과 신약성서의 원리와 실천에 따른 주제를 다루고 있다. 마치 이 시대는 냅에게 철도도, 전기도 모르는 구세계에 아무런 희망 없이 인간의 신조와 전통적인 교회에 의존하는 것처럼, 옛날에 쓰던 "수지 양초"tallow candle(소나 고래같은 동물성 기름으로 만든 구시대의 양초: 역자 주) 시대에 머물러 있는 것과 같았다.[1]

냅은 그리스도에 의해 물질적으로 시작될 천년왕국 시대를 미리 맛봄으로써, 급진적인 성결의 혁명군들이 새로운 문명의 흐름을 쉽게 받아들인 것을 보여주는 살아있는 화신이었다. 미시간주 칼훈 카운티 시골 지역의 젊은 전도자였던 냅은 전기 랜턴 슬라이드, 그림 및 만화를 사용하여 학교, 시청, 교회 그리고 캠프 미팅에서 복음을 전달했다. 점점 더 논란이 되고 있는 성결 운동에 푹 빠져 있던 냅은 감리교가 주도하는 전국성결연합[NHA: National Holiness Association]의 보수적인 지도력에 점차 지쳐갔다. 전국성결연합 추종자들이 신유와 예수의 재림이 임박했다는 새로운 천년왕국설과 같은 혁신적인 가르침을 받아들이는 것을 주저하는 것에 냅은 좌절했다. 그는 현대 세계와 마찬가지로 교회도 전기의 힘보다 더 큰 힘에 의해 급진적으로 변화될 것이라고 믿었다.

자신의 중요한 초기 저서인 『하나님의 오순절 번갯불』[(1897)]에서 냅은 전통적인 성결의 가르침, 원시주의, 종말론적 초자연주의, 현대 기술의 이미지를 훌륭하게 종합했다. 냅은 "우리는 물질계와 정신계 모두 전기의 시대에 살고 있다."고 썼다. 전국성결연합의 지도부와 달리 냅은 감리교의 신학 엘리트주의자들의 합리주의가 확장되는 것에는 관심이 거의 없었다. 그는 "오순절 전력발전기"의 혁명적 결과에 대해 강조했다. 오순절의 전력발전기는 "많은 사람이 촛불을 쓰던 낡은 형식과 의식으로 가득찬 역마차의 시대, 건조한 신조와 비뚤어진 경험의 시대에서 벗어나 찬란하게 빛나고 신속하게 추진되는 완전한 구원의 자동차로 돌진하게 만드는 것입니다. 이것은 하나님의 능력에 의해 '영광에서 영광으로' 상승하는 승리라고 할 수 있습니다."[2]

전국성결연합[NHA]에 충성하는 사람들에게는 성결 급진주의의 오만함은 매우 골치 아픈 일이었다. 충성스러운 감리교인으로서 그들은 전통적 정통주의의 범위 내에서 성결의 흐름을 억제하기 위해 오랫동안 투쟁해 왔다. 교회 내의 보수주의자로서 그들은 전통적인 감리교 교리와 경험을 더 이상 믿지 않는 자유주의자들과 많은 부분의 감리교 전통을 확인했지만, 그 교리가 현대 세계에 부적절하다고 생각하는 급진주의자들에 맞서 싸우다 패배했다는 사실을 깨달았다. 1890년에서 1910년 사이에 이 급진주의자들은 전통주의자들, 심지어 감리교 내의 성결을 지지하는 사람들 사이에서도 승리를 거두었다. 이 투쟁의 과정에서 그들은 북미뿐만 아니라 세계의 종교적 풍경을 변화시키면서 성결과 오순절 기독교를 창조하게 될 것이다. 성결 급진주의가 오순절주의로 변화되는 지

점은 일리노이주의 시온, 메인주의 실로, 위스콘신주의 워케샤의 공동체주의 사회에서 자주 발생했다.

홀리 점퍼스와 MCA의 등장

"홀리 점퍼스"라고도 알려진 MCA에서 절정에 달하게 될 성결 공동체주의의 뿌리는 신시내티에서 냅과 함께 시작되었다. 그는 성결한 기독교인들을 반동적인 교회 구조에서 벗어나 사도행전 2장에 묘사된 최초의 사유 재산 없는 기독교인을 모델로 한 교회로 인도하기 위하여 투쟁했다. 냅과 그의 MCA 후손을 이해하려면 성결 운동 자체부터 시작해야 한다.

성결 운동의 핵심 교리는 모든 그리스도인이 두 번째 종교 경험이라 할 성결과 함께 회심 이후에 임하는 능력이 필요하다는 것이다. 일반적으로 그리스도인의 완전성, 온전한 성화, 두 번째 축복, 더 높은 그리스도인의 삶 등의 용어로 지칭되는 이 경험은 성결 운동의 독특한 특징과 교리로 남아 있다. 그것은 사실상 웨슬리안 전통의 모든 교파와 전통 밖의 여러 교파뿐만 아니라 찰스 피니, 디 엘 무디, 빌리 그래함과 같은 유명한 미국 전도자들의 사역과 그 추종자들에게도 영향을 미쳤다.

MCA는 성결 운동이 심각한 내부 갈등을 겪고 있던 시기에 등장했다. 이러한 갈등은 이 운동의 중요한 제도적 기관이라 할 수 있는 NHA에서 예민하게 감지되었다. 감리교가 주도하는 NHA는 남북전쟁의 사회, 경제적 영향을 극복하기 위해 고군분투하는 미국인들 사이에서 성결에 대한 추구를 되살리고, 감리교인들의 물질적 풍요로움이 증가하면서 감리교의 전통적 경건을 훼손할 것이라는 두려움을 극복하기 위해 1867년에 설립되었다.[3]

뉴저지주 바인랜드에서 열린 첫 번째 NHA 후원을 위한 캠프 집회의 성공으로 이 연합은 다른 캠프 집회를 후원하게 되었다. 또한 NHA는 신속하게 출판부, 정기 간행물 그리고 최종적으로는 선교위원회를 설립했다. NHA의 성공은 지역, 주, 지역 성결 연합의 설립으로 이어졌다. 20세기까지 감리교 충성파들의 영역으로 남아 있던 NHA와는 달리, 이들 지역 연합 단체는 기존 교단 구조를 넘어서는 경향이 있었다. 사실상 그들은 준교단이 되어 목사들에게 안수증을 발급하고, 정기 간행물을 출판하고, 선교위원회를 설립하고, 그들 자신의 연례 캠프 미팅을 조직했다. NHA가 동부에서 조직화된 성결 운동을 지배하는 동안, 이 새로운 단체들은 중서부, 남동부 및 남서부 지역에서 이 운동의 지도적 역할을 했다. NHA는 그곳에서 독립적인 성결 교단을 설립하려는 운동이 알려지면서 "탈퇴주의^(혹은 탈퇴파)"의 온상이 되었다.[4]

이 기간 동안 영국에서는 성결 운동의 영향력이 감지되고 있었다. 그곳에서는 "더 높은 그리스도인의 삶"을 장려하기 위한 모임이 1876년 이래로 영국의 레이크 디스트릭트에서 매년 소집되어 온 케직 총회에서 영구적인 제도적 단체가 등장했다. MCA에

지대한 영향을 끼친 케직 운동은 감리교가 지배하지 않았으며, 결과적으로 웨슬리안 신학에 의존하는 미국의 성결 운동과 구별되는 독특한 색채를 발전시켰다. 케직의 가르침은 두 가지 중요한 문제에서 성결 운동의 강조점에서 벗어났다. 첫째, 성결 운동과는 달리, 성결의 경험은 죄에 대한 성향을 상쇄하기는 하지만 그것을 제거하지는 못한다고 가르쳤다. 둘째, 미국 성결 운동은 일반적으로 감리교 선조들의 후천년주의에 헌신한 반면, 케직은 전천년설 종말론을 옹호했다.[5]

케직의 가르침은 전도자 무디에 의해 북미로 수입되었는데, 무디의 유명한 매사추세츠 노스필드 컨퍼런스는 북미 복음주의자들 사이에서 케직 견해를 전파하는 중심지가 되었다. 무디는 점점 커져가는 새천년 세대에 대한 기대와 더 깊은 기독교적 생활에 대한 탐구를 개인 회심에 대한 전통적인 부흥주의와 결합하여, 한 세기 이상 미국 복음주의 기독교를 지배하게 될 강력한 신학적 통합을 이루어 냈다.[6]

에이 비 심슨[A. B. Simpson]과 사중 복음

무디의 노스필드 컨퍼런스에 자주 참석했던 장로교 목사 에이 비 심슨[A. B. Simpson]은 성결 운동, 특히 MCA에 간접적이기는 하지만 심오한 영향을 미쳤다. 1874년 완전 성결 체험을 주장한 심슨은 1879년 뉴욕 13번가 장로교회의 목사가 되었다. 교회의 전도 열정의 부족과 육체적, 정서적 피로로 인해 낙담한 심슨은 1881년 여름에 교회를 떠났다. 메인주 올드 오차드에서 요양하는 동안 그는 동종요법 의사이자 뉴잉글랜드 성결 운동의 지도자였던 찰스 컬리스Charles Cullis의 사역을 통해 기적적으로 치유되었다. 활력을 되찾은 심슨은 뉴욕으로 돌아와 목사직을 사임하고 장로교와의 관계를 끊었다. 그는 독립 교회, 정기 간행물, 서점, 선교사 훈련 대학, 신유를 위한 집, 뉴욕에 기반을 둔 일련의 구조 사역(Rescue mission), 독일 이민자들을 위한 선교 사업을 시작했다. 심슨의 평가에 따르면, 가장 중요한 것은 해외 선교를 홍보하고 전 세계에 선교사를 파송하기 위해 팔을 뻗는 것이었다.

1887년에 공식적으로 통합된 심슨의 활동은 1897년에 기독교 선교 연합Christian and Missionary Alliance으로 알려지게 되었다. 처음에는 자신의 교파 회원 자격을 유지하는 복음주의자들의 느슨한 연합으로 이해된 이 동맹은 스스로를 19세기의 다섯 가지 "섭리 운동"의 산물로 여겼다. 이른바 피니와 무디의 복음 전도 운동, 피니와 유명한 뉴욕 감리교 평신도 전도자 피비와 월터 팔머의 가르침으로 대표되는 성결 운동, 신유 운동, 선교에 대한 새로운 관심 그리고 최근 부흥하고 있는 전천년 종말론이 그것들이다.[7] 심슨은 이러한 서로 다른 신학적 요소들을 훗날 "사중 복음"으로 알려지게 된 통일된 교리 체계로 훌륭하게 엮어냈다. 즉 구원자이신 그리스도, 성화자이신 그리스도, 치유자이신 그리스도, 장차 오실 왕이신

그리스도다.⁸

심슨의 생각은 NHA 지도부에는 즉각적인 영향을 미치지는 않았지만, 일반 회원들에게 미치는 영향은 뚜렷했다. 영향을 받은 사람 중에는 형제회$^{Society of Friends}$의 전도자 셋 리스$^{Seth C. Rees}$와 리스의 동료이자 감리교 전도자 마틴 냅이 있었다. MCA 회원들을 포함하여 성결 운동의 많은 사람에게 사중 복음을 소개한 사람은 바로 냅이었다.

1880년대 후반과 1890년대 초반, 신유와 전천년 종말론에 관한 사상이 신자들 사이에 급속히 파고들고 있었음에도 불구하고, 모든 복음주의 단체에서는 성결의 가르침에 대한 반대가 심해졌다. 갈등이 커지는 이유는 다양했지만 MCA의 발전 측면에서 주목할 만한 몇 가지 이유가 있다. 첫째, 성결 운동의 폭발적인 성장은 정상적인 제도적 체제를 위협했다. 1888년까지 200명 이상의 전도자들은 사실상 아무런 감독도 받지 않은 채 두 번째 축복, 즉 성결이라는 성장 산업을 만들어 점점 더 많은 수의 캠프 미팅과 지역 교회 부흥을 섬겼다. 성결 운동과 일반 회중 생활의 분리가 점점 더 커지는 것은 사실상 모든 복음주의 교단이 리더십에서 세대 전환을 겪고 있던 시기에 일어났다. 평신도 리더십의 오랜 역사에도 불구하고 성결 운동은 항상 교단이라는 구조와 북미 전역에 산재해 있는 최근 설립된 교육 기관과 긴밀한 관계를 유지해 왔다.⁹

남북전쟁 이후
성결 신학의 흐름

　　남북전쟁 직후 몇 년 동안 게렛 신학교^(일리노이주 에반스톤), 드류 신학교^(뉴저지주 매디슨), 밴더빌트 대학교^(테네시주 내슈빌) 그리고 보스턴 대학교와 같은 신학교 및 대학교에는 성결 교육에 호의적인 교수진이 있었다. 그들 중에 얼함 대학^(인디애나주 리치몬드)은 감리교 성결 옹호자이자 보스턴 대학교 교수인 대니엘 스틸^{Daniel Steele}이 쓴 교과서와 에프 비 메이어^{F. B. Meyer}와 무디 같은 케직 작가들의 저술을 사용했던 성결 옹호자인 두간 클락^{Dougan Clark}의 지시에 따라 1884년에 성서학과를 설립했다.¹⁰

　　그러나 보스턴 대학교는 독일에서 교육받은 보든 보운^{Borden P. Bowne}을 고용한 1876년부터 상황이 바뀌기 시작했다. 체험주의를 미화하고 종교적 경험에 대한 경건주의적 강조를 무시하는 환경에서 훈련받은 보운은 성결의 영성, 성경적 주석, 성화된 개인의 간증을 변증적으로 사용하는 운동을 경멸했다. 1880년 이후 보스턴 대학교의 경험은 거의 모든 감리교 고등 교육 기관에서 다양한 형태로 반복되었다. 1894년 대니엘 스틸이 은퇴하고 성결 친화적인 감리교 신학자인 올린 커티스^{Olin A. Curtis}가 1895년 드류 대학교로 떠나면서 성결 운동은 뉴잉글랜드에서 감리교의 미래 지도자들을 훈련시키는 사람들로부터 동정적인 이해를 거의 기대할 수 없었다. 얼함 대학에서는 시카고 대학교에서 훈련을 받은 엘버트 러셀Elbert Russell이 1895년 두간 클락의 후임으로 고용되었다. 현대 성서 연구에 대한 열정을 교실에만 제한하지 않은 러셀은 1897년에 최초의 얼함 연구소를 조직하여 이를 "초복음주의적" 사중 복음이라고 불렀다.[11]

갈등은 특히 조지아주 남감리교회에서 극심했다. 성결 운동 지도자들은 자주 고립된 시골 구역으로 재배치되어 반복적인 언어폭력을 당했다. 반대는 에모리 대학교를 중심으로 이루어졌는데, 그곳의 총장이자 감리교 주교인 애티커스 헤이굿Atticus Haygood은 성결 교리를 "괴짜주의화"cranktification라고 비꼬았다.[12]

감독을 받지 않는 성결 전도자들과 평신도들이 주도하는 성결 연합 단체들이 늘어나는 흐름을 저지하기 위해, 1894년에 남감리교회의 지도자들은 성결 선동자들을 강력하게 비난했다. 감독들의 구두 경고를 충실히 이행하기 위해 교회의 교리 장정은 모든 예배가 목사의 감독하에 본당에서 이루어지도록 수정되었다. 이는 어떤 지역의 목사라도 자신의 교회 주변 지역에서 승인되지 않은 예배를 드린 남감리교회의 전도자들의 목회 자격을 위협할 수 있다는 것을 의미했다. 이러한 갈등의 측면은 특히 북텍사스와 북서텍사스 연회가 감리교인들이 모든 성결 연합의 회원 자격을 중단할 것을 요청한 텍사스에서 분열을 일으켰다.[13]

텍사스의 경험에서 영감을 받아 성결 복음전도자이자 남감리교회 회원인 피켓은 성결 운동에 대한 한 권 분량의 변론서를 썼다. 여기에서 그는 그들의 이름에 "D. D."를 붙이고 결코 부흥을 경험하지도 않고 멸망하는 자들을 구하기 위해 어떠한 노력도 하지 않는 "당시 주류 교회 속에 뿌리박고 있는 이기주의 정신"을 배양한 목회자들의 손에 성결 운동의 신자들이 겪은 반복적인 불의를 생생하게 묘사했다. 피켓은 "보통의 일반 교회는 현장을 떠나 부자 동네로 가려고 하지만, 구세군과 성결의 사람들은 위험과 공격에 직면했을 때뿐만이 아니라, 세련되고 환영받는 곳에서도 거리, 빈 술집, 감옥과 교도소, 광장과 공유지에서 모임을 갖는다."라고 말했다. 갈등의 계급적 측면에 대한 이러한 견해는 인기 있는 성결 복음전도자 헨리 클레이 모리슨이 공유했는데, 그는 텍사스 더블린에서 평신도가 후원하는 캠프 집회에서 승인 없이 설교한 후 목사 자격이 정지되었다. 자서전에서 그는 "진정한 영적 각성에 대해 죽어 있는 형식적 성직자들보다 더 빨리 흥분하고 더 격렬하게 반대하는 사람들은 없다."고 썼다.[14]

조지아와 텍사스에서 일어난 성결 운동에 대한 격렬한 반대가 즉시 새롭고 독립된 성결 교회의 형성으로 이어지지는 않았다. 그러나 뉴잉글랜드에서는 1882년부터 여러 개의 독립 교회가 조직되었다. 뉴잉글랜드에서 나타난 결정적 현상은 종종 목회자의 지원을 받는 "사회적으로 야심 찬 평신도 그룹"과 성결 운동의 경직된 문화적 관습과 체험주의를 옹호하는 급진적 분파 사이의 갈등이다. 전자는 전문 합창단, 더 크고 정교한 교회, 기금 모금 만찬 및 세속적 형태의 오락을 포함하는 활동적인 교회 내 친교 생활과 같은 요소를 통해 예배에 품위와 아름다움을 더하려고 하였다. 반면 후자는 전통적인 감리교의 엄격한 행동 강령, 단순한 교회 건축, 보다 더 논란적인 것은 NHA가 가르치는 완전 성화 교리의 옹

호자였다는 것이다.[15]

로드아일랜드주 프로비던스에 있는 세인트 폴 감리교회는 분쟁으로 인해 감리교회에서 분리된 후 뉴잉글랜드에서 독립적인 성결 운동의 중심지로 떠올랐다. 독립적인 성결 교단을 향한 첫 번째 단계는 1888년 9월에 세인트 폴 교회의 전 주일학교 교육감이었던 프레드 힐러리Fred Hillery가 정기 간행물인 〈뷸라 아이템스〉Beulah Items를 창간하면서 시작되었다. 두 번째 단계는 1889년 3월 보스턴에서 열린 제1회 뉴잉글랜드 연합 성결 대회에서 일어났다. 비록 탈퇴주의에 대해서는 비난했지만 대회는 "공감"을 표명하고 완전 성화의 경험을 고수하는 "눈에 보이는 교회에서 제외된 사람들"과 "교제"를 유지하겠다고 약속했다. 1년 후, 뉴잉글랜드에 있는 대부분의 독립 성결 교회 대표자들은 중앙 복음주의 성결 연합CEHA: Central Evangelical Holiness Association을 조직했다. 결과적으로 새로운 성결 교단이 탄생한 것이다.[16]

사회적 지역성에 뿌리를 둔 텍사스에서의 갈등과는 달리, 뉴잉글랜드 감리교인들 사이의 성결 논쟁은 감리교의 가장 뚜렷한 세 가지 특징인 그리스도인의 삶에서 체험의 역할에 대한 강조, 그리스도인의 완전 교리 그리고 소위 "세속적 오락"에 대한 감리교의 오랜 적대적 태도를 둘러싼 문화적 위기에 뿌리를 두고 있다. 성결을 옹호하는 사람들에게 이 세 가지 서로 맞물리는 요소는 전통적 감리교의 타협할 수 없는 본질이었다. 서로 공유할 수 있는 통일적인 요소는 신자들의 삶에서 그리스도인의 체험이 수행하는 역할이었다. 이 부분에 대해서는 성결 운동의 독특한 문학 장르인 개인적 간증과 함께 기독교 고전으로부터 영향을 받는다. 성결 변증론자들은 토마스 아 켐피스, 프란시스코, 마담 귀용, 프란시스 페넬롱, 제레미 테일러 그리고 윌리엄 로우와 같은 훨씬 고전적인 기독교 신앙 작품과 존 웨슬리 및 초기 감리교인의 자서전을 활용하였는데, 이것들은 더 높은 그리스도인의 삶, 즉 감리교 "완전 성화"의 경험에 대한 간증을 담고 있는 문헌이다.[17]

특히 성결을 옹호하는 사람들을 당황하게 만든 것은 존경받는 전 인도 선교사이자 감리교회 뉴잉글랜드 연회의 전 서기였던 제임스 머지(James Mudge)가 완전 성화의 경험을 거부한 것이었다.

머지는 죽기 전의 완전한 구원의 가능성을 부인하면서 적어도 이생에서의 성화는 "빛에 이르기까지…주어진 것"이지만, 경험이 깊어짐에 따라 "다음의 일이 완성되어야 한다."고 주장함으로써 갈등을 가중시켰다. 머지는 "신학은 진보적인 과학"이라고 말했다. "확실히 100년간의 경험과 관찰, 조사를 통해 유익한 결과가 나왔을 것이다." 특히 존 웨슬리에 대한 머지의 대우는 성결 신자들에게 불쾌감을 주었다. 머지의 말에 따르면, "웨슬리는 빛을 찾기 위해 애쓰며 더듬었지만 그의 주변에는 안개가 짙게 깔려 있었다." 머지의 작업은 성결 용어가 부정확하고, 주요 지지자들이 모순되며, 주석이 혼란스럽다는 것을 보여주었다.[18]

머지의 책 제목 페이지 반대편에 "지식까지 성결하게 됨"이라는 문구가 등장한 가부장적 성결 주석가 대니엘 스틸은 책 한 권 분량의 답변을 썼다. 스틸은 감리교의 첫 번째 신학자인 리처드 왓슨(Richard Watson)의 말을 인용하여 "기독교 신학에서 본질적으로 새로운 것은 모두 본질적으로 거짓이다."라고 주장했다. 결론 부분에서 스틸은 감리교 쇠퇴의 첫 번째와 두 번째 징후는 세속적인 것과의 타협과 성결한 삶에 대해 점점 더 거부하는 것이라고 지적했다. 교회의 이른바 "진보주의자들"에 대해 맹렬히 공격하면서 스틸은 성결 운동을 비판하는 자들은 "세속성을 불쾌하게 하고 극장, 카드 테이블, 연회장으로 가는 길을 막는 교리를 스스로 제거하기를 원했다."고 지적했다. 마지막으로 스틸은 감리교의 교리적, 경험적 일치가 후퇴하면서 교회는 "예식을 찬양하는 고교회$^{high\ church}$, 이성을 찬양하고 자유주의 사상의 진보를 고양하는 광교회$^{broad\ church}$ 그리고 회심시키고 성화시키는 능력이 여전히 남아 있는 저교회$^{low\ church}$"를 포함하여 미래를 향해 돌진하고 있었다고 언급했다. 스틸의 눈에는 그리스도인의 완전에 대한 성결 운동의 이해에서 후퇴하는 것은 체험적 경건에서 멀어지고 세속을 향해 나아가는 운동으로 보였다.[19]

보든 보운의 자유주의 대(對) 대니엘 스틸의 성결주의 그리고 리스와 갓비

기독교 체험의 본질과 의미를 둘러싼 투쟁에서 중심 인물은 보든 보운이었다. 보운은 복음주의 기독교, 특히 감리교가 감정적으로 파괴적이고 윤리적 발전을 방해한다고 확신했다. 그는 또한 율법주의와 감정주의가 교육받은 젊은 가족을 불안하게 하고 사려 깊은 젊은이들을 한 두 세대 이상 유지하지 못하는 주요 원인이라고 믿었다. 특히 "영의 증거"라는 전통적 감리교 교리를 비판했던 보운은 감리교 부흥회에 대한 탐구자들의 대다수가 믿음으로 그리스도께 항복하는 대신 체험을 목표로 삼고 있다며 문제를 제기했다. 그의 친구 윌리엄 제임스$^{William\ James}$가 지적했듯이, 보운의 철저한 조사를 통해 고대 감리교 정신은 거의 살아남지 못했다.[20]

보운은 순진해 보이는 감리교에 대해 긍정적인 대안을 제공하고 싶은 열망으로 감리교 전통주의자들을 화나게 할 몇 가지 교리적 혁신을 시도했다. 최근의 진화론적 관점을 바탕으로 보운은 인류의 특별한 창조에 대한 전통적인 기독교적 관점을 일축했다.[21]

성결 운동을 하는 사람들에게 특히 문제가 되는 것은 보운이 회심에 대한 복음주의적 이해를 거부했다는 사실이다. 그는 "구원받은 것"과 "구원받지 못한 것" 사이의 구별 자체가 보편적 타당성이 거의 없는 신학적 추상이라고 주장했다. 그는 "다른 사람이 아니라 한 사람이 소유한 것으로 생각되는 구원은 도덕적인 내용은 없고…결국에는 마법의 수준으로 떨어진다."고 말했다.[22]

이 보스턴 대학교 교수에 대한 두 차례의 공격 중 첫 번째에서, 뉴잉글랜드 성결 운동의 지도자인 조지 윌슨$^{George\ W.\ Wilson}$은 보운의 "하나님의 보편적 아버지 되심" 교리가 "비성경적"이고 "비방법론적"이라고 대담하게 비판했다. 윌슨은 "하나님의 아들이 되려면 거듭나야 한다."고 결론지었다.[23] 이 해석은 다른 성결 운동 인물들과 공유되었다. "하나님의 아버지 되심" 교리를 "현대 사유주의의 근본 뿌리"로 일축하면서 대니엘 스틸은 "시간을 섬기는 설교자"가 "그의 부유하고 화려한 회원들이 그것들을 욕망하고, 교회에서 금지한 오락"에 전념했기 때문에 보운의 이러한 강조는 "복음주의적 회심"의 감소와 "표류하는 세계 교구"의 증가를 초래할 것이라고 주장했다. 평소와 같이 솔직한 태도로 스틸은 자신의 삶이 두 가지 목표, 즉 교회의 세속성에 대한 저항과 "우리 신학의 제방을 통해 흘러내리기 시작하는 자유주의의 조류"에 의해 추진되었다고 결론지었다.[24]

자유주의에 맞서는 투쟁은 NHA 지도자들의 관심사 중 하나에 불과했다. 마찬가지로 문제가 되는 것은 1890년대 중반까지 NHA 회원들 사이에 신학적인 자유주의 보다 그들 사이에 훨씬 더 심각하게 침투한 두 번째 교리의 발전 즉, 예수의 임박하고 실제적인 육체적 재림에 대한 믿음이었다. 이른바 "전천년주의"로 널리 알려진 이 천년왕국적 혁신은 성결 운동의 신학적 자유주의에 대한 가장 분명한 반대자인 대니엘 스틸과 조지 윌슨으로부터 가장 광범위한 비판을 받았다.[25]

이 논쟁은 보기보다 덜 놀랍다. 왜냐하면 자유주의와 전천년설은 둘 다 전통적인 기독교 가르침에서 급진적인 교리적 이탈을 나타내기 때문이다. 어떤 의미에서 두 운동은 비록 근본적으로 다르지만, 이민, 도시 빈곤, 성경 비판, 종교적 회의주의의 성장과 같은 심각한 문화적 위기에 대한 혁신적 대응이었다. 둘 중에서 전천년주의는 성경에 대한 확증, 복음주의적 회심, 더 깊은 그리스도인의 삶 그리고 역사 속에서 펼쳐지는 하나님의 계획에 대한 실제적인 역사적 증거를 가지고 있으며, 자유주의 신학자들보다 성결 운동의 신자들에게 훨씬 더 설득력 있는 사례를 제시했다.²⁶

성결 운동에서 전천년 종말론의 확산은 1890년대 교단 지도자들의 성결 메시지에 대한 저항이 커지는 것과 동시에 일어났다. 1890년까지만 해도 퀘이커교도였던 셋 리스와 데이비드 업데그라프David B. Updegraff를 제외하고, 사실상 이 운동의 주요 전도자들은 모두 후천년주의에 헌신했다. 불과 8년 후, 다채로운 성결 복음 전도자 윌리엄 갓비W. B. Godbey는 다음과 같이 썼다. "이 주제⁽재림⁾가 세상에 넘쳐나고 있습니다! 불과 2년 전만 해도 비버리 캐러딘Beverly Carradine 형제가 이에 대해 영감을 받아 설교했고, 조지 왓슨 박사Dr. George D. Watson가 이에 대한 첫 설교를 했으며, 지난 몇 년 동안 이 주제에 대한 정기적인 계시가 있었습니다. 당신은 주님의 속히 오심을 기대하지 않는 성결한 사람을 천 명 중에 한 명도 찾을 수 없을 것입니다."²⁷

사실, 갓비는 성결 운동에 대한 반대가 커지는 이유를 종말론적인 차원에서 발견하기도 했다. "예수께서 자기가 오시기 전에 사람들이 너희를 회당 곧 교회에서 쫓아내리라 말씀하신 것을 알지 못하느냐? 성화를 고백하는 교회의 놀라운 변화가 보이지 않느냐?"²⁸ 1900년까지 스틸, 윌슨, 영향력 있는 아이오와 주 성결협회 회장 이사야 리드Isaiah Reid의 단호한 노력에도 불구하고 전천년주의가 중서부와 남부 지역의 성결 운동을 지배하게 되었다.²⁹

성결 운동의 핵심 인물,
마틴 냅의 사역과 사상

이러한 전환의 중심 인물은 성결 전도자이자 편집자이며, 하나님의 성경학교^{God's Bible School: GBS} 설립자인 마틴 냅이었다. 냅은 1853년 미시간 주 칼훈 카운티 시골 농장에서 태어났다. 1830년대에 서부 뉴욕에서 미시간으로 이주한 그의 부모는 감리교회의 충실한 회원이었다. 상대적으로 빈곤 속에서 자랐음에도 불구하고 냅은 미시간 주 앨비언 인근에 있는 감리교 학교인 앨비언 대학에 다녔다. 졸업을 2년 앞둔 1877년에 그는 자신의 회심에 중요한 역할을 했던 대학 시절 연인인 루시 글렌^{Lucy Glenn}과 결혼했고, 대학을 떠나 감리교회 미시간 연회에서 목사로 일했다. 1882년, 두 번째 책임을 수행하는 동안 마틴 냅과 루시 냅의 후속 사역을 결정적으로 형성하는 세 가지 사건이 발생했다. 몇 달간의 강렬한 자기성찰 끝에 그는 온전한 성결을 체험하고, 육체적으로 고침을 받았으며, 아내와 함께 전도자가 되라는 부르심을 받았다.[30]

냅의 성화 직후 몇 년 동안 그는 미시간 전역에서 부흥 예배를 이끌면서 목회 사역을 계속했다. 루시 글렌 냅은 남편의 사역만을 지지했고, 남편의 사역과 별도로 예배를 드리는 경우가 많았다. 1885년 냅은 그의 첫 번째 책인 『면류관을 쓰신 그리스도』를 출간했다. 1888년까지 3판을 거쳐 나온 이 책에는 젊은 작가의 진지함이 반영되어 있다. 값비싼 옷차림과 담배 사용을 거부했으며 심지어 커피와 민스 파이가 완전 성화를 추구하는 데 방해가 될 수 있다고 주장했다. 냅은 교단의 배타성은 비판했지만, 감리교회가 비록 불완전함에도 불구하고 강력히 지지했으며, 커져가는 탈퇴주의 흐름에 대해서는 강력히 반대했다.[31]

1888년 7월, 냅은 부흥과 완전 성화에 전념하고 "세상적인" 광고가 없는 월간 정기 간행물인 〈리바이벌리스트〉Revivalist를 출판하기 시작했다.[32] 감리교회, 특히 미시간 연회에 대한 깊은 충성심에도 불구하고 냅은 자신을 현대의 예레미야로 여기고 부흥교회의 사역을 주로 부정적인 용어로 정의했다. "모든 시대에 참된 복음을 전하는 사람은 오류를 '근절'하고, 형식과 세속적인 것과 가짜 종교를 '파괴'하며, 마귀의 일을 '파괴'하고, 부흥의 진리를 가로막는 모든 것을 '타파'해야 합니다."[33]

2년 후 냅은 그의 가장 오래 지속된 책인 〈임프레션스〉Impressions를 출판했다. 성결 운동에서 나타나는 광신주의에 대한 비판에 대응하는 글을 쓰면서 냅은 겉으로는 하나님의 명령의 타당성을 확인하기 위해 간단한 네 가지 테스트를 제안했다. 즉 추구하는 것이 성경적, 윤리적, 섭리적, 합리적인가? 그러나 광신주의의 위험에도 불구하고 냅의 가장 큰 관심은 "형식의 빙산"에 남아 있었다.[34] 1892년은 냅에게 특히 중요한 해였다. 9월에 그는 가족과 출판 사역을 오하이오주 신시내티로 옮겼다. 미시간 중남부에서 퀸 시티로 이주하면서 냅은 이전에 미시간의 감리교 교회에만 국한되었던 그의 사역 범위를 크게 확장했다. 서부 감리교의 초기 중심지이자 감리교회 지역과 접해 있는 도시인 신시내티에서 냅의 사역은

진정한 초교파적 성격을 띠었다.³⁵

신시내티에 도착하자마자 냅은 신시내티 성결 협회로 빠르게 발전하게 될 주간 기도회를 조직했다. 1893년 5월 협회는 신시내티의 대규모 트리니티 감리교회에서 일주일간 성결 대회를 후원했다. 참석한 사람 중에는 필라델피아 출신의 감리교인인 NHA 지도자 존 톰슨John Thompson, 또 다른 필라델피아 출신의 인기 있는 침례교 성결 전도자 이 엠 레비E. M. Levy 그리고 저명한 감리교회 남부의 비버리 캐러딘 목사가 있었다. 대회에서 캐러딘은 성결 운동의 초교파적, 횡단적 성격을 확인했다. 캐러딘은 "내 마음이 깨끗해졌을 때 메이슨 딕슨 라인을 모두 쓸어버렸습니다."라고 말했다. 캐러딘은 환호와 기쁨의 눈물을 흘리며 대회 지도자인 존 톰슨을 껴안으며 자신의 메시지를 강조했다. 대회는 중앙 성결 연맹의 조직으로 마무리되었다. 뉴잉글랜드의 감리교에 충성하는 조직인 동부에 기반을 둔 일반 성결 연맹을 본뜬 중앙 성결 연맹은 냅의 성장하는 복음 전도 및 출판 사역을 지원할 조직 구조를 제공했다. 연맹의 회원 조건인 은혜의 두 번째 사역으로서의 완전 성화에 대한 믿음과 "복음주의" 교단 멤버십으로 중앙 성결 연맹은 반탈퇴주의 운동인 NHA 진영에 확실히 배치되었다.³⁶

1893년 11월 냅은 부흥을 위해 매일 기도하겠다고 약속한 개인들의 비공식 조직인 국제 부흥 연맹International Revival League의 결성을 발표했다. 게다가 〈리바이벌리스트〉는 공인된 전도자의 정기적인 목록을 출판하기 시작했다.³⁷ 1895년 6월까지 냅이 최근 이름을 바꾼 국제 부흥 기도 연맹International Revival Prayer League은 부흥 결과를 보고하는 모든 회원에게 연맹 레터헤드를 배포했다. 연맹은 시작되면서 조용히 감리교라는 교회의 틀 밖으로 나갔다. 목사들에게 안수증을 제공하고, 선교부 설립, 캠프 집회 그리고 1894년 켄터키 남동부의 뷸라 하이츠에 학교를 세우는 등의 교단적 기능을 맡았다.

마틴 냅의
감리교와 헤어질 결심

감리교에 대한 냅의 충성심이 쇠퇴하기 시작한 것은 1894년 가을에 처음으로 명백해졌다. 그는 "교회에 대한 진정한 충성심은 바울, 루터, 웨슬리가 그랬던 것처럼 사람들로 하여금 교회 관습에 불충실한 일을 하도록 이끌 수 있습니다."라고 썼다.[38] 그것은 그들의 발전을 방해할 지푸라기 같은 구조물을 밟게 만들 수도 있지만, 그들은 그리스도와 그분의 교회에 대한 진정한 충성심으로 그렇게 할 것입니다." 텍사스에서 냅은 전통적인 교단의 적들과 NHA의 보수적 지도부에 맞서 성결 반란군을 이끌 준비가 구조적으로나 지적으로 준비되어 있었다.

냅이 1896년 11월에 만난 셋 리스와의 접촉을 통해 감리교로부터 점점 더 멀어지는 것은 더욱 가속화되었다. 당당하고 다채로우며 실증적인 설교자인 리스는 "퀘이커 신자"로 널리 알려졌다.

그는 전천년 종말론의 초기 옹호자였으며, 미시간주 건포도 계곡 친구 모임의 목사로 봉사하면서 기독교 및 선교사 연합 보조 회장으로 봉사했다. 동료 퀘이커 복음주의자인 그의 아내 홀다 존슨 리스$^{\text{Hulda Johnson Rees}}$는 협력 비서로 봉사했다. 1890년에 리스 가족은 로드 아일랜드주 포츠머스로 이주했으며, 그곳에서 리스는 형제단 교회의 목사로 봉사했다. 1894년에 리스 부부는 사중 복음에 헌신하는 프로비던스의 독립 교회인 임마누엘 교회의 공동 목사가 되었다. 리스 부부는 교회에 구조적 혁명을 일으켰다. 매우 퀘이커답지 않은 방식으로 교회 회원들은 슬럼가 군단, 선원 군단, 감옥 군단, 도시 선교 군단, 병원 군단, 야외 군단 등 6개의 군대 형태의 군단으로 조직되었다.[39] 결과는 놀라웠다. 30개월 동안 1,000건 이상의 회심이 일어났다. 1896년 가을에 리스 부부는 전임 전도 목회에 들어가기 위해 프로비던스에서의 사역을 포기했다.[40]

프로비던스에서의 놀라운 사역을 마치고 리스 부부는 1896년 11월 신시내티에 도착했다. 냅과의 영구적인 관계를 확고히 한 일련의 대담한 메시지에서 리스는 "오순절 성령을 받은 교회"의 특징을 생생하게 묘사했다. 그러한 교회에서는 오순절 교회에 대한 이야기가 교회의 비전을 형성하는 것처럼 "구식의 회심으로 인한 구식의 외침"이 흔했다. 구체적으로 사도행전 2장을 바탕으로 리스는 성적 차별이 없고, 도움이 필요한 사람들에게 관대하고, 예배에 기쁨과 실천이 있고, 봉사에 연합하고, 선교 봉사에 헌신하는 교회를 묘사했다. 에이 비 심슨의 전통에 따라 "이상적인 오순절 교회"는 신유에 헌신했다. 더욱이 교회 관료들과의 타협도 없었다.

리스는 "수많은 종교적 혀놀림꾼들의 주식과 거래를 구성하는 '사랑과 일치'에 대한 이 달콤하고 역겹고 감상적인 분출은 움츠러들고 예민하고 연약한 기독교인 종족을 낳고 있습니다. 뜨거운 태양 아래서 몸을 웅크리세요…인간의 마음 속에 널리 퍼져 있는 하나님의 사랑은…모든 죄를 개탄하고 비난하며, 세속적인 것을 책망할 것입니다."[41]

냅에게서 『이상적 오순절 교회』라는 이름으로 출판한 리스의 시리즈에는 전천년 종말론을 제외하고 심슨의 사중 복음의 모든 요소가 포함되어 있다. 냅은 아직 예수의 임박한 재림 교리를 공개적으로 받아들이지 않았기 때문에 이러한 생략은 의도적이었을 수 있다. 아마도 1897년 2월 리스의 참석으로 용기를 얻은 냅은 "〈리바이벌리스트〉의 목표"라는 제목의 사설에서 임박한 재림 그리스도의 교리에 대한 자신과 출판물의 확실한 입장을 발표했다.[42]

편집 정책의 변화와 기독교 교단에 대한 의심이 커졌음에도 불구하고 냅은 적어도 공개적으로는 NHA에 대한 지지를 확고히 유지했다. 오순절 성결 연합과 국제 기도 연맹의 목적 선언문에서 밝혔듯이, 냅은 NHA와의 동역과 "오순절 경험을 전파"하고 세상과 명목상 기독교인들 사이에 퍼져 있는 "풍부한 외식, 냉담, 세속성, 자기 만족성 그리고 죄"에 저항하려는 열망을 재확인했다.[43]

이러한 공언된 일치는 1897년 8월 NHA가 후원하는 캠프 집회와 대회에서 신유와 전천년 종말론에 부여된 중요성을 감소시키려는 의도로 NHA가 일련의 결의안을 발표했을 때 심각한 시험을 받았다. 냅과 리스의 반응은 신속했다. 다음 달 신시내티에서 그들은 국제 성결 연맹 및 기도 동지회[IHUPL: International Holiness Union and Prayer League]를 조직했다. 기독교 선교 연합[CMA: Christian and Missionary Alliance]과 분명한 유사점을 지닌 이 새로운 단체는 "깊은 영성"을 장려하고 신유와 전천년주의를 지지하는 성결 운동 신자들에게 지원을 제공하기 위해 고안된 초교파적 친교조직이었다. 첫 회장은 리스였으며 냅이 부회장이었다. 〈리바이벌리스트〉 지지자들에게 새로운 조직이 교회 조직을 반대하지 않는다는 점을 확신시키면서, 그 헌법은 "모든 문제에 있어서 개인의 양심의 자유는 … 죄가 아니다."라고 단언하면서도 "교회의 교황권"은 명시적으로 거부했다.[44]

국제 성결 연맹 및
기도 동지회 창립과 MCA

국제 성결 연맹 및 기도 동지회[IHUPL]의 창립은 성결 운동의 역사에서 중요한 사건이었다. 이는 MCA와 연관될 신유와 전천년 종말론의 급진적인 옹호자들을 보수적인 감리교가 지배하는 NHA로부터 공식적으로 분리시키는 것을 의미했다. 분리 자체는 고통과 상당한 복잡성을 안고 이루어졌다. 새천년 세대에 대한 기대감이 고조된 개인들이 전투의 열기 속에서 형성된 동맹은 흔히 단명했다. 이것은 특히 1897년 이후 10년 동안 냅 및 리스와 연합하게 된 잡다한 성결 운동 급진주의자들에게 해당되었다. 이 시기는 일련의 성결 종파, 특히 오순절 나사렛 교파^(훗날 나사렛교회로 알려짐)의 형성으로 절정에 달하는 놀라운 종교적 동요의 시기였다. 냅, 리스 그리고 그들의 직접적인 동료들은 필그림 성결교회를 조직하고 아마도 가장 중요한 것은 전 세계 오순절 운동의 기원에 결정적인 역할을 할 것이다. 이러한 모든 종교 운동은 MCA의 영향을 크게 받는다.

이후의 현대주의와 근본주의 투쟁에 비추어 볼 때, 학자와 참가자들이 성결 운동의 더욱 급진적인 국면을 현대성에 반항하는 반체제적이고 반동적인 개인에 의한 전통적 감리교의 단순한 재진술로 이해하는 것은 드문 일이 아니다.⁴⁵ 그러한 해석은 1890년대 10년 동안 NHA 지지층의 큰 부분이 기본 신학 개념을 혁명적으로 변화시킨 것을 오해한다. 더욱 주목할 만한 특징 중에는 새로운 밀레니얼 세대에 대한 기대와 함께 글로벌 선교에 대한 긴급성이 커지고 있다는 점이다. 초자연적인 현상에 대한 욕구가 증가한다. 그리고 유혹을 견디고 자신의 신성한 사명을 완수하기 위한 영적인 힘에 대한 갈망이 커진다. 몇몇 학자들이 제안한 바와 같이, 이러한 변화는 점점 더 강한 신념을 강조하고 교회 권위에 대한 무시가 커지는 것을 강조하는 종교적 용어에 반영되었다.⁴⁶

실제로 MCA가 속한 성결 운동의 급진적인 전천년파는 감리교의 전통보다는 성경에 대한 혁신적인 해석과 종말론적 기대에 뿌리를 둔 새로운 신앙을 형성하는 과정에 있었다. 급진적인 성결 반란자들은 그리스도께서 곧 물질적으로 시작하실 천년왕국 시대를 미리 맛보는 것으로 현대성의 특징을 기꺼이 받아들였다. 리스의 『이상적인 오순절 교회』와 밀접하게 연결되어 있는 것은 "오순절 성령의 부어 주심에 대한 약속"의 결과에 대한 체계적 설명서라 할 냅의 『하나님의 오순절 번갯불』다. 리스의 저작에서와 마찬가지로 사도행전, 특히 사도행전 2장은 결정적이었다. 방언, "지식의 말씀", "치유의 은사", "기적 행함"과 같은 오순절주의의 특징과 고함, 울음, 뛰어오르는 것과 같은 신체적 표현보다 앞서 냅은 계급, 성별, 국적 또는 교육에 관계없이 주어지는 신성한 권한을 강조했다. 냅은 독자들에게 "학자들은 억울하고 바리새인들은 당황스럽겠지만, 기독교의 창시자들은…대학 출신의 사람들이 아니었습니다."라고 상기시켰다. 실제로 그리스도께서는 "학자들을 무시하시고 오히려 학교를 다니지 못한 일꾼들에게 지상에서 가장 높은 학위를 수여하셨습니다."[47]

『하나님의 오순절 번갯불』에서 밝힌 성결의 급진성

『하나님의 오순절 번갯불』의 세 가지 특징은 성결 운동 급진파, 특히 MCA의 중요한 새 방향을 반영했다. 이것은 이 책의 비판적 태도, 시각적 이미지의 사용 그리고 사도행전에 기록된 초기 기독교 교회의 공동 나눔이 규범적이었다는 암시였다. 냅에게 특히 중요한 것은 부패, 부도덕, 위선 및 가식을 폭로하는 예언적 책임이었다. 냅은 "오순절 번개는 피부색, 풍토, 신조, 사회적, 정치적 또는 교회적 입장에 반항하는 것입니다."라고 자신만의 독창적인 스타일로 썼다. "오순절의 번개는 거짓과 죄가 발견되는 곳마다 떨어지며, 이름과 신조에 관계 없이 오류가 사라지기를 바라는 모든 사람에게 빛과 위안을 줍니다." 이 동일한 번개는 종종 신성 모독적인 것으로 나타났다. "그들은 종종 교회를 공격합니다."라고 냅은 썼다. "실제로 많은 현대 사원의 높은 첨탑이 그들을 초대하고 있습니다. 가짜 교회와 설교자들은 비슷한 방식으로 오순절 하늘에서 불타는 책망과 폭로의 화살을 끌어 내립니다."[48]

"오순절 사기꾼들"이라는 적절한 제목의 장에서 냅은 신실한 예언 사역의 주요 기능 중 하나가 사탄의 거짓 교회 체제를 탐지하고 폭로하는 것이라고 주장했다. 사탄은 여러 시대에 걸쳐 "하나님의 위대하고 천상적인 연합"에 참여한 관료라고 공언하는 사람들을 고용했다. 사탄의 이러한 임무는 고위 관료들이 화려한 의상, 돈, 직함, 명예, 학위를 좋아했기 때문에 쉽게 이루어졌다. 냅은 "그들의 조상, 교회의 재산과 명성, 국가에서의 교육과 지위를 자랑스러워하며 인간적인 자만심으로 가득 차서…그들에게는 예수를 위한 자리가 없었고 겸손한 목수의 메시지를 환영할 의향도 없었습니다. 그러면서도 회개와 자기 포기를 기본 원칙으로 하는 종교를 받아들입니다."[49]

『하나님의 오순절 번갯불』의 두 번째 특징은 냅의 그림을 통한 설명 방법이었다. 여러 가지 날카로운 스케치에서 냅은 책의 중심 메시지를 묘사했다. 여기에는 오순절 번개에 의한 "죄의 나무"

의 파괴가 포함되었다. 이 그림에는 그리스도의 재림에 대한 두 가지 묘사가 있고, 세 가지 영, 이른바 세상과 육신을 보여주는 종교적, 사회적 허영에 대한 노골적 공격이 그려져 있고, 데무스 목사의 위선 위에 맴도는 악마가 있고, 세 가지 계층의 인간에 대한 묘사가 있다. 그리고 타락한 자들은 지옥에 떨어지려 하고, 구원받은 자는 회개와 중생의 문을 통과하고, 성화된 자는 성령 세례의 문을 통과하여 영광을 향해 가는 전차에 탑승하는 모습들이 그려져 있다.[50]

이 책의 세 번째 급진적인 측면은 재산과 청지기직에 대한 기독교적 견해에 대한 새로운 이해였다. 성결 운동의 일반적인 십일조 관행을 뛰어넘어 냅은 오순절 성령 세례의 영향을 받아 확실히 그리스도인들이 필요에 따라 소유물을 팔고 자원을 분배했다고 주장한다. 냅이 쓴 것처럼, "신약의 청지기직은 농장이나 상점을 빌려 주인에게 일정 부분을 지불하는 것과는 다릅니다. 그것은 예수 그리스도의 소유권을 인정하고 오직 그분의 지시에 따라 일하며 모든 것을 그것을 소유하신 그분께 바칩니다."[51]

마틴 냅 사역의 분신
< 리바이벌리스트 >

그 후 3년 동안 냅은 사유 재산에 대한 전통적인 정의에 점점 더 의문을 제기하기 시작했다. MCA의 견해의 특징을 예상하여 냅

은 예수의 소유권, 즉 1899년부터 하나님의 소유권을 언급하기 시작했다. 1899년에 하나님은 공식적으로 〈리바이벌리스트〉의 소유자로 등재되었다. 1900년에 냅이 성경학교를 열었을 때 냅을 단독 수탁자로 삼아 이 학교는 하나님의 성경학교로 명명되었다. 적절하게도 〈리바이벌리스트〉는 1901년에 〈갓스 리바이벌리스트〉^{God's Revivalist}로 이름을 바꿨다. 이례적으로는 리스의 도움으로 "성령 자신"이 1900년에 하나님의 성경학교에서 가을 성결 대회를 진행하도록 초대받았다고 발표되었다. 냅은 개인적인 이익을 위해 재산을 축적하는 것 자체가 죄악이라고 믿었다. 냅이 이 원칙을 해석한 바에 따르면, 이는 어떤 근로자도 급여를 받을 수 없다는 것을 의미한다.[52]

특이한 점에도 불구하고 냅의 사역은 1890년대 후반에 급속히 성장했다. 1897년 10월, 그는 신시내티 시내의 한 오래된 술집에서 구조 사역을 시작했다. 매일 두 번씩 예배를 드리고 아직 출판되지 않은 『하나님의 오순절 번갯불』의 원고를 가지고 직접 설교하면서 냅은 그의 전도 경력 중 가장 광범위한 각성을 경험했다. 회심자가 하나님께서 인증하신 사역의 확실한 표시라고 굳게 믿는 사람으로서 그는 자신의 설교에 대한 긍정적인 반응에서 그 내용에 대한 하나님의 승인을 발견했다. 그는 첫 해에만 이 선교 사업을 통해 750명이 구원을 받거나 성화되었다고 추산했다.[53]

그러나 냅의 전투력이 커져 신시내티에서 회심자가 나왔음에도 불구하고 그것은 감리교에 충성하는 사람들 사이에 분쟁을 일으켰다. 1898년 가을, 냅이 목사직 자격을 계속 보유하고 있던 감리교회의 미시간 회의는 냅이 자신의 국제 성결 연합의 지부인 체사피크 성결 연합의 후원으로 모임을 진행한 것을 놓고 냅을 비난했다. 냅은 자신의 신념을 호소하면서도 1899년 체사피크 성결 연합 모임을 인도하기 위해 당황하지 않고 메릴랜드주 보웬스로 돌아갔다. 냅의 비서가 설명한 대로 회의 장면은 매우 기대되는 장면이었다. 그의 첫 번째 메시지에서 한 남자가 단상으로 뛰어올라 냅을 집어 들고 앞뒤로 달려가며 뛰고 소리를 질렀다. 전체 장막 집회는 많은 참석, 신유의 간증, 임박한 예수님의 재림에 대한 뜨거운 권면 그리고 고함, 울음, 뛰는 등의 신체적 행동으로 특징지어졌다. 그러한 장면은 감리교와 NHA 지도자들 사이에서 냅의 사역이 광신주의에 접해 있다는 우려가 커지는 것을 거의 완화하지 못했다.[54]

1899년 가을, 미시간 연회에서 자신의 정당성이 입증되었음에도 불구하고 냅은 자신의 사역과 그의 봉사에 수반되는 신체적 발현을 광신주의라는 비난으로부터 옹호해야 할 필요성을 계속 느꼈다. 냅은 "종교 집회에서의 역동적 행동을 강력하게 반대하는 계층이 있다."고 격노했다. "그들 자신의 마음은 하나님을 거역하지만 그들은 무덤의 기술을 크게 고집합니다. 진실로 구원받고 성화된 사람들은 장미가 피어 향기를 풍기듯이 저절로 시련을 기뻐합니다."[55]

10월에 광신주의라는 비난에 직접적으로 대응하면서 냅은 진정한 광신자는 신유, 완전 성화, 실증적 예배를 조롱하는 사람들이라고 주장했다. 냅의 예배는 계속해서 소리치고 울부짖는 "성령"의 발현이 특징이었다. 1901년 7월, 오순절을 재현하려는 냅의 열망은 신시내티에서 연례 축복의 산 캠프 집회에 수반된 큰 소음의 결과로 평화를 방해했다는 유죄 판결을 받았다. 자신을 변호하면서 그는 "사도행전에 기록된 사도들과 함께한 부흥 예배"가 유사한 증거와 확신을 가져왔다고 주장했다. 그가 관찰한 바와 같이, "성령 세례라는 주제는 목소리의 증거(방언)로 옮겨졌습니다."[56]

냅에게 공평하게 말하면, 그의 사역에 수반된 표현은 감리교와 성결 운동의 공통된 특징이었다. 그러나 사도행전에 뿌리를 둔 냅의 변증은 그러한 과시가 완전 성화를 추구하는 사람들에게 규범적임을 시사했다. "성령 세례"를 그러한 신체적 표징과 동일시하기로 한 결정에서 냅은 "다른 방언으로 말하는 것"이 성령 세례의 초기 증거라는 오순절주의의 이후 주장과 거의 일치했다.

마틴 냅과 NHA의 결별

1900년까지 NHA 지도부는 초기 근대주의와 근본주의의 이단성에 맞서 싸우는 데 전념했다. 이 끓어오르는 갈등은 냅 사역의 초점이 더 이상 감리교가 아니라 "오순절 센터…매일 영혼이 구원받는 곳"을 창설하였을 때 발생했다. 감리교와는 별개로 별도의 성결 운동 센터를 설립하려는 냅의 결정은 NHA의 승인을 얻을 수 있는 것으로 계산되지 않았다. 1900년 1월, 아이오와 성결 협회 회장 이사야 리드는 신유와 전천년주의의 중요성을 주장하는 사람들에게는 목회자 자격을 보류할 것을 제안했다. 그러나 리드의 주요 관심사는 냅의 혁신이 아니라 신학적 자유주의였다. "칭의와 성화의 경험에 있어서 신성한 사역을 과소평가하는 자들은 결국 속죄를 훼손하고 부인할 것입니다…우리는 유니테리언이 아닙니다. 우리는 영원한 언약의 속죄의 피를 옹호합니다."라고 리드는 비난했다. 다른 사람들은 성결 운동 신자들 사이에 널리 퍼진 전천년설에 대한 리드의 관심을 공유했다. 지난 4월 대니엘 스틸은 사도신경에서는 전천년설을 가르치지 않는다고 주장했다. 이에 대해 〈리바이벌리스트〉는 소위 "사도신경"이 인간의 문서라고 지적했다. 이로써 한때 연합되었던 성결 운동은 영구적으로 분열되었다.[57]

    1899년부터 1901년까지 냅과 NHA 지도부 사이의 갈등은 줄어들지 않고 계속되었다. 그의 사역을 둘러싼 논란에도 불구하고, 그것은 냅을 옹호하는 시간이었다. 1899년에 주당 20만 부를 넘었던 〈리바이벌리트스〉의 부수는 계속 증가했다. 또한 1899년에 냅은 각 권당 100페이지를 넘지 않고 권당 10센트에 판매되는 오순절 성결 문고 시리즈의 성공적인 마케팅을 시작했다. 냅 사역의 성장은 NHA가 캠프 집회 참석률 감소와 출판물 판매 감소를 보고하는 것과 동시에 일어났다."[58]

    1900년 8월까지 〈리바이벌리트스〉는 성결한 사람들에게 배도한 교회에서 분리하라고 권하고 있었다. 9월에는 대니엘 스틸과 전천년설을 비판하는 다른 성결 운동 비판자들이 예수를 사랑하기보다 교회 기관을 더 사랑한 "죽은" 교회를 옹호하는 사람들이었다는 주장이 나왔다. NHA 지도자들이 대응하는 데는 오랜 시간이 걸리지 않았다. "교회가 아닌 성결 운동"이라는 적절한 제목의 기사에서 이사야 리드는 역사와 통계를 통해 별도의 성결 교회가 형성되면 성결 운동의 영향력이 줄어들 것이라고 주장했다. 실제로 리드는 그러한 조치를 옹호하는 사람들이 그들 자신의 교회 계획을 발전시키려고 시도하고 있다고 비난했다. 10월에 리드는 〈리바이벌리스트〉를 일부 사람들이 실제로 "진정한 성결 운동"을 대표한다고 잘못 믿었던 "반성결 논문"으로 분류했다.[59]

리드의 비난에 근거가 없는 것은 아니었다. 1900년 가을까지 "오순절 센터"를 설립하려는 냅의 열망은 신시내티뿐만 아니라 중서부와 뉴잉글랜드의 다른 지역에서도 결실을 맺었다. 당시 〈리바이벌리스트〉의 부편집장인 리스는 뉴잉글랜드에 위치한 4개의 독립적인 성결 교회를 "대서양 연안에서 가장 인기 있는 교회"로 묘사했다. 이 교회들은 성결 급진주의의 중요한 중심지가 되었다. 뉴잉글랜드에서 급진적인 성결 사업의 가장 중요한 두 지도자는 매사추세츠주 노스 애틀보로의 목사이자 부흥 운동의 동부 대표인 아서 그린Arthur Greene과 코네티컷주 노스 그로스베노데일의 면직 공장의 관리자인 프랭크 메신저Frank Messenger였다. 메신저는 뉴잉글랜드 성결 운동의 가장 중요한 평신도 지도자 중 하나다.[60]

MCA의 세 영웅:
프랭크 메신저, 에드윈 하비 그리고 듀크 파슨

메신저는 성결 운동에서 급속히 명성을 떨쳤고, 1893년 노스 그로스베노데일에 있는 감리교회 목사인 조지 헤이스팅스의 사역을 통해 회심했으며 나중에 NHA가 후원하는 더글라스(매사추세츠) 캠프 미팅에서 성화되었다. 메신저는 감리교 설립에 대한 맹렬한 반대자로 빠르게 등장했다. 1898년 뉴잉글랜드 감리교의 주요 정기 간행물인 〈자이언스 헤럴드〉Zion's Herald에 실린 기사에서 메신저는 감리교의 부흥을 덜 감정적이고 더 윤리적으로 만들어야 한다는 제안을 비웃었다. 메신저는 "윤리적 문화가 세계에서 그 자리를 차지하고 있다는 사실을 부인할 수 없다."고 하면서 "그러나 오늘날 교회의 식단으로 그것을 권장하는 것은 천천히 굶어 송장이 되어버린 병자에게 톱밥을 처방하는 것과 같습니다."라고 썼다. 최고의 설교자들 중 다수가 교단의 외부에서 활동하고 있음을 지적하면서 메신저는 감리교뿐만 아니라 교단 지향적이며 NHA가 후원하는 더글러스 캠프 집회와의 관계도 끊었다. 1899년 7월 메신저는 매사추세츠주 로웰에 있는 매우 성공적인 독립 교회의 목사인 존 노베리John Norberry를 고용하고 21명의 회원으로 구성된 독립 교회를 조직했다. 1900년 9월에는 회원이 100명이 훨씬 넘는 규모로 성장했다. 교회는 자발적인 헌금의 지원을 받아 선교사 및 기근 구호 기금을 마련하고 노스 그로스베노데일 지역의 빈민 구호를

위해 매달 12~15달러를 분배했다.⁶¹

뉴잉글랜드의 다른 성결 급진주의자들과 마찬가지로 메신저는 로드 아일랜드 포츠머스에서 리스가 설립한 캠프 집회에 참석하기 시작했다. 그가 리스와 연합하게 되었을 때 메신저는 자연스럽게 〈리바이벌리스트〉 궤도에 합류하게 되었다. 1900년 2월까지 메신저는 성결한 사람들에게 뉴잉글랜드 교회에서 탈퇴하도록 권유했다. 그는 "교회 관계가 오늘날 많은 성결인들 사이에서 시험 기준이 된다는 것이 우리의 확고한 확신"이라고 썼다. 이는 점점 더 많은 성결 운동 급진파와 공유한 입장이었다.⁶²

성결 운동 급진주의의 두 번째 중심지인 메트로폴리탄 감리교 선교부^MMM: Metropolitan Methodist Mission 는 시카고 서부에 위치해 있었다. 1900년 4월 말, 선교부의 창립자인 듀크 파슨^Duke M. Farson 과 에드윈 엘 하비^Edwin L. Harvey 는 셋 리스를 초대하여 2주간의 모임을 진행했다. 리스는 "하나님께서 우리에게 축복된 모임을 주셨고, 주일에만 적어도 100명이 회심한 것으로 추산됩니다."라고 썼다. 9월에 리스는 선교 후원을 받은 버팔로 락 캠프 집회의 주요 연사였다. 일리노이주 오타와 근처에 위치한 리스는 많은 참석자와 구원이나 성화를 고백하는 100명 이상의 영혼에 깊은 인상을 받았다. 리스와 파슨은 서로 존경하는 사이였다.⁶³

11월까지 리스는 사역을 시카고로 이전했고 듀크 파슨과 MMM으로부터 급여를 받았다. 12월 초, 냅이 선교부의 가을 연례 대회에 리스와 합류했을 때, 이는 냅과 MMM 사이의 동역의 시작을 의미했으며, 1901년 12월 냅의 갑작스러운 죽음으로 막을 내렸다. 비록 짧았지만 둘 사이의 동역은 성결 운동의 가장 중요한 네 가지 발전과 일치했다. 첫째, 냅이 감리교로부터 공식적으로 분리되었다는 것. 둘째, 급진주의자들을 위해 시카고에서 모인 성결 총회에서 성결 급진주의자와 NHA 사람들 사이의 신랄한 싸움이 있었다는 것. 셋째, 1901년 시카고와 보스턴에서 대부흥이 있었다는 것. 넷째, 선교사 찰스^{Charles}와 레티 카우만$^{Lettie\ Cowman}$ 부부를 일본으로 파송한 일이다.[64]

02

진주 빛 하얀 도시를 향한 행진

메트로폴리탄 감리교 선교부의 탄생

진주 빛 하얀 도시

하나님께서 건설하시고 다스리시는 거룩하고
아름다운 도시가 있네.
요한은 그것이 하늘에서 내려오는 것을 보았네.
밧모섬에 유배되었을 때 그는 밟았네.
그 높고 육중한 성벽은 벽옥으로 되어 있고
그 성은 정금이라.
그리고 여기 내 연약한 장막집이 무너지면,
내 눈은 그 영광을 볼 것이네.

그 밝은 도시, 진주 빛 하얀 도시에는
나를 위한 저택과 하프와 왕관이 있다네.
이제 나는 곧 무너져 내릴 하얀 도시를 바라보고,
기다리고, 그리워한다네.

그 도시에는 죄가 용납되지 않으며 더럽히거나
비열한 것도 없다네.
고통과 질병이 들어올 수 없고,
문손잡이에 주름이 보이지 않는다네.
세상의 슬픔과 근심은 사라졌네. 괴롭히는 자도,
유혹하는 자도 없네.
이별의 말은 절대 하지 않는다네.
상처를 주거나 파괴할 것이 없네.

그 밝은 도시, 진주 빛 하얀 도시에는
나를 위한 저택과 하프와 왕관이 있다네.
이제 나는 곧 무너져 내릴 하얀 도시를 바라보고,
기다리고, 그리워한다네.

그 성읍에는 마음의 고통이 없고,
눈물이 눈을 적시지도 않는다네.
천국에는 실망이 없고,
하늘에는 시기와 다툼이 없네.
성도들은 모두 완전히 성화되어
그곳에서 조화롭게 살고 있다네.

내 마음은 이제 그 도시에 가 있네.
그리고 언젠가는 그 축복을 함께 나눌 것이라네.

그 밝은 도시, 진주 빛 하얀 도시에는
나를 위한 저택과 하프와 왕관이 있다네.
이제 나는 곧 무너져 내릴 하얀 도시를 바라보고,
기다리고, 그리워한다네.

나의 사랑하는 사람들이 저곳에 모여 있고
나의 친구들도 세상을 떠났네.
그리고 곧 나도 그들과 하나가 되어
영원의 날에 살게 될 것이라네.
그들은 이제 예수님과 함께 영광 중에
평안을 누리네.
그들의 시련과 싸움은 지나갔네.
그들은 죄와 유혹을 이기고
마침내 아름다운 도시에 이르렀네.

그 밝은 도시, 진주 빛 하얀 도시에는
나를 위한 저택과 하프와 왕관이 있다네.
이제 나는 곧 도래할 하얀 도시를 바라보고,
기다리고, 그리워하네.

작사 및 음악: 아서 잉글러, 1902, 『버닝 부시 노래책』, 1권, 14~15쪽.

에드윈 엘 하비(E. L. Harvey)

비버리 캐러딘의
성결 운동

비버리 캐러딘^(1848~1931)은 미국 복음주의 역사에서 잃어버린 거인 중 한 명이다. 오늘날 기억에 남는 배우 존 캐러딘^{John Carradine}의 할아버지이자 배우 키스 캐러딘^{Keith Carradine}과 데이비드 캐러딘^{David Carradine}의 증조부로서, 그는 19세기 미국 진보 시대의 가장 유명하고 논란이 많은 감리교 전도자 가운데 한 사람이었다.

미시시피주 야주 카운티에서 태어난 캐러딘은 1874년 7월에 회심했고, 같은 해 12월 남감리교회에서 설교 허가를 받아 고립된 시골 순회구에 배정되었다.

시작은 미천했지만 그의 명성은 눈부시게 빛났다. 1882년 뉴올리언스에 있는 영향력 있는 세인트 찰스 스트리트 남감리교회 남부의 목사가 된 그는 강력한 설교자이자 사회 개혁가로서 명성을 쌓았다. 그는 동물과 어린이에 대한 학대를 방지하기 위한 캠페인에 적극적으로 참여한 것으로 널리 칭찬을 받았으며, 수익성이 높은 루이지애나 로또^(복권)에 대한 공격으로 로또 문화가 사라지면서 전국적인 이름을 얻었다.

로또 논란이 그를 둘러싸고 있던 와중에도 캐러딘은 1889년 6월 1일 완전 성화를 경험했다. 1890년에 연봉 4,000달러를 받고 세인트루이스에 있는 대규모 100주년 감리교회의 목사가 된 캐러딘은 고위성직에 오르려는 불완전한 사회적 욕망자들을 비판함으로써 자신의 개혁 활동을 펼쳤다. 그는 도시 상류층 교구민들의 복장, 생활 방식, 사회 활동을 공격하여 부유한 교구민들과 교단 지도자들을 화나게 했다. 캐러딘은 적당한 수의 교인과 이에 걸맞은 봉급을 받고 세인트루이스 제일 감리교회로 재배치되었으며, 그의 사역은 놀라운 부흥을 촉발시켰다. 2년 만에 교인 수는 750명으로 늘어났고 매춘을 그만두려는 여성들을 위한 도시 구조 임무와 구조된 가정이 설립되었다. 캐러딘의 급여는 그의 회심자 수와 보조를 맞추었다. 1893년에 캐러딘은 교회 지도자들을 안심시키기 위해 전임 복음 전도 사역을 시작했다.[1]

메트로폴리탄 감리교 선교부^{MMM}에 완전 성화의 경험과 더 큰 규모의 전국 성결 운동을 소개한 사람이 바로 캐러딘이었다. 선교 지도자들은 캐러딘의 평판을 잘 알고 있었다. 에드윈 엘 하비가 기억한 바와 같이, 그는 먼저 캐러딘에게 시카고 감리교단의 여름철 최고 복음 전도 활동인 데스 플레인스 캠프 집회에서 설교해 줄 것을 집회 관계자들에게 제안했다. 그 제안은 즉각 거부되었고, 한 캠프 미팅 지도자는 하비에게 "그들은 캐러딘의 어떤 설교도 듣고 싶지 않았다."고 말했다.[2]

MCA 공동창립자
에드윈 하비의 성결 체험

오히려 MCA는 캐러딘을 자신들의 캠프 집회에서 설교해 줄 것을 초대했으며, 메트로폴리탄 감리교 회중은 세속적인 복장에 대한 캐러딘의 격렬한 공격이나 신자들이 하나님께 더 깊은 헌신을 하도록 촉구하는 것에 실망하지 않았다. 그 집회는 사실상 교회의 모든 성인 회원에게 수많은 회심과 완전 성화의 경험을 가져왔다. 이 더 깊은 영적 체험을 처음으로 경험한 사람 중에는 거트루드 하비Gertrude Harvey(에드윈 엘 하비의 아내)와 듀크 파슨이 있었다. 부유한 호텔 소유주인 에드윈 엘 하비에게 완전 성화를 경험하기 위한 투쟁은 강렬했고 수많은 사과와 배상, 반복적인 교회 방문으로 가득 차 있었다. 마침내 1897년 11월 28일 이른 아침, 그는 두 번째 축복(성결체험)을 받았다. 두 세대 전에 감리교 평신도인 피비 팔머가 공식화한 용어에 따르면, 그에 따른 대가는 컸다. 그는 자신의 재산을 포함한 모든 것을 제단 위에 바쳤다. 그렇게 함으로써 에드윈 엘 하비는 완전 봉헌에 대한 팔머의 은유적 이해를 근본적으로 넘어섰다. 젊은 기업가에게 완전한 헌신은 문자 그대로 세상 소유를 포기하는 것을 의미했다. 하비는 1909년 체험에 대한 설명에서 자신의 이해 정도를 명확하게 표현했는데, 이 설명은 MCA의 이후 역사에 대한 중요성 때문에 광범위한 인용이 필요하다.

"형제 여러분, 성경에 그 날짜를 기록할 필요는 없습니다. 왜냐하면 주님께서 성화를 여러분의 마음에 바로 두시면 여러분이 그것을 잊지 않을 것이라고 말씀하시기 때문입니다. 농부가 소에게 낙인을 찍듯이 그분은 여러분에게도 낙인을 찍을 것입니다. 농부는 동물을 가져다가 던져 넣은 다음 발을 묶고 그의 이니셜을 그 동물에게 찍어줍니다. 그 동물은 그것을 잊지 않을 것이고, 씻

겨 나가지도 않을 것입니다. 이것이 바로 하나님께서 내 마음에 성결의 축복을 주신 방법입니다. 그러나 그분은 나를 던져서 내 앞다리와 뒷다리를 묶으시고, 쇠를 대어 그 표를 태워야 하셨습니다. 예수께서 그 일을 하신 것은 몇 년 전인 11월 28일이었습니다. 이 시간까지 거기에 머물렀습니다. 나는 성결되기 전에는 수입의 5%, 그다음에는 10%, 그다음에는 50%를 주님께 드렸습니다. 그러나 제가 성결되기 전에 모든 것을 제단 위에 바쳤습니다. 성경은 출애굽기에서 말씀합니다. '제단에 닿는 것은 거룩하다.' 당신이 이런 체험을 했다고 공언하기 전에 모든 것을 제단 위에 올려놓으십시오."³

시카고 세계 박람회와 무디의 관용 정신

MCA는 단순히 성결 운동의 열매가 아니었다. 그것은 19세기 마지막 10년 동안 시카고와 시카고의 번창한 감리교와 복음주의 개신교 공동체에 뿌리를 두고 결정적으로 형성되었다. 1871년 시카고 화재가 발생한 지 불과 20년 만에 이 도시는 곡물 유통, 육류 포장, 급성장하는 농기구 제조업과 같은 농업 경제의 주요 부문에 대한 지배력을 계속 유지하면서도 미국 교통 시스템의 중심지로 다시 자리매김했다.

1890년대에 시카고의 경제적 우위는 주목할 만한 문화적 르네상스로 인해 높아졌으며, 그 결정적 사건은 1893년 세계 콜롬비아 박람회였다. "화이트 시티"로 널리 알려진 콜롬비아 박람회는 사실 단순한 축하 행사 그 이상이었다. 신대륙 발견 400주년을 기념하는 박람회로, 윌리엄 크로논$^{William\ Cronon}$이 관찰한 바와 같이, 그것은 문명 창조에 있어서 시카고의 역할을 특별히 강조하면서 "미국 문명의 진보를 보여주기 위한" 시도였다. 미국 국민의 사명이 물질적 번영, 전기, 버펄로 빌의 서부 개척시대 쇼, 대관람차 발명 그 이상을 포괄한다는 점을 증명하려는 의도로 열렸던 박람회에는 여성의 진보, 의학 등 다양한 주제를 포괄하는 일련의 세계 대회가 포함되었다. 음악, 문학, 예술, 사회 개혁, 안식일 휴식 등 이 대회의 가장 성공적인 회의는 세계 종교 회의였다. 대부분의 기독교 단체와 대부분 주요 세계 종교의 대표자들이 포함되어 있어 눈부신 규모로 유명했다. 그러나 회의는 실제 심의 과정에서는 비록 광범위하게 정의되었지만, 개최 도시가 갖고 있는 지배적인 복음주의 분위기를 반영했다. 장엄한 송영으로 시작되고 헨델의 "할렐루야 합창"으로 마무리되는 이 대회는 이 세상에 대한 관용적이고 명시적인 사회복음 신앙을 기념하는 행사였다. 겉으로는 뻔뻔스럽게 자축하는 한 연설자는 콜럼버스가 미국을 발견한 것처럼, 모든 인류를 위한 종교를 찾는 것이 미국의 임무라고까지 말했다. 비록 박람회의 모순이 미국 사회의 중요한 문화적 긴장을 반영했음에도 말이다.[4]

　　박람회가 열리기 전부터 하나님의 아버지 되심과 인간의 동포애 교리에 좀 낯설어했던 복음주의자들은 박람회가 주일에도 열린다는 이유로 박람회를 보이콧 했다. 그러나 전통적인 청교도식 안식일에 충실했다가 전쟁 이후 시카고에서 신발 판매원으로 얻은 사업적인 통찰력과 능력으로 성숙해진 전도자 디 엘 무디가 이끄는 다른 사람들은 박람회를 경쟁이 아니라, 복음적 기회의 창을 제공하는 것으로 여겼다. 박람회에 대한 반응으로 무디는 교회, 전략적으로 위치한 극장, 근처에 급하게 건설된 장막 등 약 125개 장소에서 복음주의적 회심이라는 전통적인 메시지와 두 번째로 뚜렷한 종교적 체험의 가능성을 전파하는 〈세계 박람회 부흥〉 World's Fair Revival이라는 조직을 만들었다. 박람회의 정문에 있는 가장 눈에 띄는 것은 포레포 서커스의 큰 텐트다. 무디는 서커스를 앞지르고 주일 개막 논쟁으로 실망한 복음주의자들이 박람회가 주일에도 계속 열려 있다는 사실을 받아들여야 하는 것으로 끝났다. 무디는 시카고의 모든 결과를 승인하지는 않았지만, 빅토리아 시대 북미의 급성장하는 오락 문화를 크게 불편해 하지 않았고, 미국 대중문화와 커가는 문화 다원주의를 이해했다. 무디는 가톨릭이나 시카고에서 늘어나는 유대인의 존재를 공격하는 대신 인기 있는 독일인, 프랑스인, 폴란드인, 유대인, 스코틀랜드인, 호주의 전도자들을 초대하여 시카고의 늘어나는 다민족 인구에 대해 자신들의 모국어로 연설하도록 했다.[5]

많은 개신교는 무디의 관용 정신을 공유하지 못했다. 세계 종교 회의가 제임스 기번스James Gibbons 추기경과 같은 로마 가톨릭 신자들에게 부여한 명성은 이민의 흐름이 북미 사회, 특히 도시 인구의 78퍼센트가 외국 출신이었던 시카고의 문화적 구성을 근본적으로 변화시켰다는 사실을 뼈아프게 일깨워 주는 고통스러운 일이었다. 많은 개신교인의 마음속에는 가난, 문맹, 악덕, 도시 부패 등이 가톨릭과 밀접하게 연관되어 있었다. 그리고 영국의 저널리스트이자 개혁가인 스테드^W. T. Stead가 발견한 것처럼, 빈곤과 악덕은 이 도시의 엄청난 열정, 즉 전능한 달러의 너무 빈번한 결과물이었다. 널리 유포된 그의 책 『그리스도가 시카고에 오신다면』(1894)은 시카고 죄악의 소굴에 대한 자세한 지도와 함께 끔찍한 이야기를 묘사하고 있는데, 1890년대의 가장 주목할 만한 역사적 문서 중 하나로 남아 있다. 백 년의 발전에도 불구하고 개신교의 문화적 헤게모니는 아직 지상의 "하얀 도시"를 만들지 못했다.⁶

시카고에서 가장 큰 복음주의 단체인 감리교회는 시카고의 가장 최근 이민자들을 복음화하고, 암묵적으로 미국화하는 일에 주도적인 역할을 맡는 것을 주저하지 않았다. 부분적으로 이것은 감리교의 급속한 성장과 지리적, 인종적, 민족적 다양성의 자연스러운 결과였다. 1891년 말, 펜실베이니아 감리교 목사인 에이치 에이치 무어^H. H. Moore는 "현대 역사에서 감리교의 비교할 수 없는 성장보다 더 놀라운 것은 없습니다."라고 썼다. 무어는 세계가 영어권 사람들의 문화적 헤게모니 아래로 들어가고 있다는 점을 인정하면서, 감리교가 영어권 기독교의 지배적인 고백적 표현이지만, 미국 감리교는 가장 오염되지 않은 형태의 감리교라고 주장했다. 무어에게 있어 미국 감리교는 사실상 역사의 종말론적 정점으로서 노예 제도의 폐지, 여성의 향상, 공립 학교 시스템과 이에 수반

되는 광범위한 문맹 퇴치 그리고 가장 중요하게는 절제 운동에 책임감을 갖고 있었다.[7]

당연히 무어는 가톨릭을 북미의 복음주의 문화 지배에 대한 주요 위협으로 인식했다. 그는 "교황의 확산은 아일랜드, 이탈리아, 스페인, 오스트리아에서 가장 무지하고, 안식일을 어기고, 음탕한 사람들이 시민권을 취득한다는 것을 의미합니다."라고 썼다. 그럼에도 불구하고 개척지와 아프리카계 미국인을 기독교화하고 문명화한 감리교의 성공과 독일인과 스칸디나비아인 사이에서 감리교의 급속한 성장은 무어에게 감리교가 외국 태생 인구를 미국의 이상에 동화시키는 섭리적인 수단임을 보여주었다. 무어는 감리교회가 소유한 도시 블록 전체인 시카고의 감리교 블록에서 매주 도시에서 가장 큰 성직자 모임으로 구성된 감리교 목사들이 로마 가톨릭주의를 무력화하기 위해 신성하게 임명된 기관으로 봉사하면서 당시의 실제적인 사회 문제를 다루고 있다고 언급했다.[8]

그 사이의 세기는 일반적으로 감리교, 특히 시카고 감리교의 문화적 잠재력에 관한 무어의 예언이나 그의 주장을 친절하게 다루지는 않았다. 그러나 이것이 19세기 진보 시대의 여명기에 감리교의 중서부 중심지로서 시카고의 중요성을 약화시키지는 않는다.

감리교의 중심지,
시카고

　　감리교의 중심지로서 시카고의 중요성은 1840년대 후반 뉴욕에 본부를 둔 감리교 도서 협회^{Methodist Book Concern}의 분파가 설립되면서 시작되었다. 1852년에 도서 협회는 주간 간행물인 〈노스웨스트 크리스천 애드보케이트〉^{Northwest Christian Advocate}를 발행하기 시작했다. 개척지의 초기 조잡한 감리교와는 달리, 시카고 감리교는 사실상 출현 당시부터 빠르게 성장하는 중상류층의 열망과 밀접하게 연결되어 있었다. 따라서 개인의 영원한 운명보다는 자녀의 물질적, 문화적 발전과 환경의 사회적 변화에 더 관심을 두는 경우가 많았다. 남북전쟁 이후 몇 년 동안 시카고 감리교인들은 자유민 구호와 금주 운동과 같은 사회적 대의를 주도했다. 시카고 감리교의 독특한 중산층 특성을 가장 잘 반영하는 것은 교육에 대한 변함없는 믿음이었다. 시카고로 이주한 많은 초기 감리교 이민자들의 근원이 되었던 뉴잉글랜드의 감리교와는 달리, 이 기간 동안의 시카고 감리교는 전문적으로 훈련받은 성직자들과 독특한 기독교 대학인 노스웨스턴 대학교^(1851년에 설립됨)와 게렛 성서 연구소의 설립을 빠르게 수용했다. 게렛 연구소는 일리노이주 에반스톤이라는 가장 감리교의 시온이라 불리는 땅에 위치해 있었다. 연구소는 회심자인 엘리자베스 게렛^{Elizabeth Garrett}과 그녀의 남편의 종교적 관대함의 재정적 결실로써, 1839년 시카고 제일 감리교회에서 시작되었다. 이 교회의 주요 교육 설계자는 존 뎀프스터[John S. Dempster]였다. 뎀프스터는 1856년 게렛에서 조직신학 교수직을 맡기 전 뉴잉글랜드에서 독학한 신학 교육의 선구자였다.[9]

에반스톤은 처음부터 감리교의 문화적, 사회적 비전과 동의어였다. 정치 지형에서는 공화주의이고, 전쟁에 충실하며, 아프리카계 미국인의 권리를 지지하는 에반스톤은 남북전쟁 직후 몇 년간 감리교에 대한 에반스톤의 비전이 절제라는 광범위한 기치 아래 점점 더 많이 공유되는 것을 보았다. 에반스톤은 술 판매를 금지하려는 단순한 반동적 운동을 넘어, 금주 운동이 여성의 참정권 보장과 노동권 등 다양한 개혁에 전념하는 사회 개혁가들의 광범위한 연합의 장이었다. 전쟁 이전에 이 운동이 있었던 에반스톤에서는 노스웨스턴 대학교 헌장에 따라 대학 반경 4마일 내에서 취하게 하는 약물의 판매가 금지되었다. 전쟁이 끝난 후 몇 년 동안 에반스톤은 여성이 주도하는 술 없는 세계 질서를 위한 국제 십자군의 중추적인 중심지로 떠올랐다. 가장 저명한 시민이자 최초의 역사가는 여성 기독교 절제 연맹[WCTU: Woman's Christian Temperance Union]의 두 번째 회장인 프랜시스 윌라드[Frances E. Willard]였다. 윌라드의 지도하에 WCTU는 여성 참정권 지원을 포함하여 다양한 개혁 운동을 포괄하는 공격적인 정책을 시작했으며, 결국 미국 최대의 여성 조직이 되었다.

에반스톤에 대한 윌라드의 묘사는 무어의 가장 과격하고 편협한 수사에서 벗어났음에도 불구하고, 무어의 『감리교 공화국』과 공통된 세계관을 공유했다. 에반스톤은 단순히 많은 마을 중 하나가 아니었다. 그곳은 "고전적인 도시"이자 "위대한 북서부 지역의 문학 중심지"였다. 윌라드는 에반스톤이 "악마적인" 측면을 가지고 있음을 인정하면서 "천상의" 또는 건조한 에반스톤이 우위에 있다고 주장했다. 교외의 학교, 도서관, 교회 및 도덕적 십자군에 초점을 맞춘 윌라드는 에반스톤을 가장 높은 형태일 뿐만 아니라 최고의 형태로 제시했다. 그러나 윌라드와 다른 감리교인들에게는 미국 문명의 가장 높은 형태이기도 하다. 역설적이게도 윌라드의 작업은 에반스톤의 종교적, 문화적 다양성을 강조했다. 아프리카계 미국인과 가톨릭 신자들의 존재와 기여에 주목하면서 윌라드는 자신의 에반스톤이 암묵적으로 미국은 신념이나 인종에 관계없이 감리교의 문화적 관습을 지지하는 모든 사람을 기꺼이 환영했다. 시카고에서 열린 세계 종교 의회가 열리기 1년 전에 출판된 작품에 걸맞게 윌라드는 책에서 다음과 같이 주장했다. "모든 인류를 종교적 연합으로 이끌 것입니다."[10]

데스 플레인스 캠프
미팅 사역

감리교 블록과 에반스톤에 의해서만 가려진 시카고 광역 지역의 또 다른 감리교 중심지는 데스 플레인스 캠프장이었다. 노스웨스턴 대학교 설립 9년 후 만들어진 이 캠프장은 시카고 감리교와 사회 기관으로서의 캠프 집회의 성격 변화를 반영했다. 도시 서쪽의 시카고 및 노스웨스턴 철도 노선의 위치는 이상적이었다. 매사추세츠주 마서스 빈야드, 뉴저지주 오션그로브, 메인주 올드 오차드 비치와 같은 유서 깊은 캠프 집회 장소의 전통을 이어받아 데스 플레인스 캠프장은 급속히 성장하는 도시 중산층을 위한 리조트의 특성을 갖게 되었다. 그러나 캠프 집회에서 휴양지로의 전환은 즉각적이지도 않았지만, 갈등이 없었던 것도 아니다. 초기 분쟁은 주일에 데스 플레인스 역에서 열차의 승객 하차를 허용하는 문제에 집중되었다. 흥미롭게도 중산층 교인들이 일반적으로 일주일 내내 캠프장에서 시간을 보내는 도시 목회자들은 주일에 운행하는 기차에 반대했다. 교구민들이 주 5일 근무나 여름휴가의 여유가 없는 시골 목사들은 주일 열차를 지지했다. 1869년 시골 목회자들이 승리하고 NHA를 초대하여 1870년 데스 플레인스에서 성결 캠프 집회를 개최했다. NHA는 1889년과 1897년에 데스 플레인스로 돌아왔고 연례 데스 플레인스 캠프 집회는 일리노이주 성결 운동의 중요한 중심지로 남아 있었다. 감리교는 20세기에도 잘 진입했다. 주일 기차 논쟁은 감리교의 계급 구성 변화를 보여주는 한 예였다. 1870년까지 중산층 감리교인들은 문화적으로 독특한 외국 이민자들뿐만 아니라 덜 부유한 시골 감리교도들에 대해서도 의심을 품기 시작했다.[11]

교외 지역 감리교의 성장과 캠프 집회의 변화하는 사회적 성격이 시카고 감리교가 부르주아화되고 있다는 유일한 징후는 아니었다. 역사가 토마스 렌하트Thomas Lenhart의 연구에서 알 수 있듯이, 남북전쟁과 콜롬비아 박람회 사이에 중산층 지역에 위치한 보다 부유한 감리교인과 감리교 교회의 비율은 꾸준히 증가했다.[12]

감리교의 이러한 경향은 시카고 감리교의 전도 활동에 영향을 미쳤다. 1873년에 도시 선교 위원회로 설립된 가정 선교사 및 교회 확장 협회는 점점 더 교외 지역의 교회 개척에 초점을 맞췄다.[13] 그럼에도 불구하고 시카고의 인종적 다양성 증가는 감리교에 의해 완전히 무시되지는 않았다. 시카고의 독일 이민자들을 대상으로 한 감리교 선교 사업은 일찍이 1840년대에 시작되었다. 1864년까지 시카고에는 12명의 독일 감리교 설교자가 있었다. 1893년에는 일리노이 북동부와 위스콘신 남동부를 포함하는 시카고 독일 협회에는 7,000명 이상의 성만찬자가 있었다. 스칸디나비아 이민자들을 대상으로 한 감리교 선교 사업도 마찬가지로 성공적이었다. 시카고에서 최초의 스칸디나비아 감리교회는 1852년에 조직되었다. 1877년에 감리교회는 별도의 스웨덴 회의를 조직했고, 뒤이어 1880년에 덴마크-노르웨이 회의를 조직했다. 스칸디나비아 경건주의에 깊이 뿌리를 둔 스칸디나비아 감리교인들은 자신들의 연례 캠프 집회를 시카고에서 설립했다.

스칸디나비아 경건주의에 깊이 뿌리를 둔 스칸디나비아 감리교인들은 데스 플레인스 캠프장에 자신들의 연례 캠프 집회를 설립하고 노스웨스턴 대학교 캠퍼스에 신학교를 설립했다. 절제에 대한 헌신과 여성의 역할을 확대해야 한다는 개방성에 대한 스칸디나비아 감리교의 사회적 비전은 주로 중산층 영어를 사용하는 이웃 감리교의 비전과 매우 유사했다.[14]

스칸디나비아 이민자들 사이에서 감리교의 성공은 19세기 말에 시카고에 도착한 남부 및 동부 유럽의 새로운 이민자들과 중복되지 않았다. 주로 로마 가톨릭 신자였던 새로운 이민자들은 복음주의, 특히 감리교의 사회적 비전에 대한 본질적인 이해가 거의 없었다. 안식일주의와 금주 운동을 거부하고 심지어 복음주의가 지배하고 존경받는 공립학교 시스템을 의심함으로써, 새로운 이민자들은 가톨릭이 문맹, 범죄 및 빈곤을 낳았다는 전통적인 개신교 견해에 대한 충분한 문서를 제공하는 것처럼 보였다. 시카고 감리교는 새로운 이민자들을 우려했지만, 즉각적인 제도적 대응은 체코어, 이탈리아어, 프랑스어를 사용하는 이민자들 사이에 선교단체를 설립하는 것이었다.

시카고 본국 선교사 및 교회 확장 협회의 1896년 보고서가 지적했듯이, 시카고 감리교가 도시의 가장 최근 이민자들 사이에서 효과적으로 복음을 전파하지 못한 것은 문화적인 것만큼이나 프로그램적인 것이기도 했다. 원시 감리교나 독일 이민자들을 대상으로 한 교회의 초기 선교와는 대조적으로, 선교의 새로운 동기는 죄인의 회심이나 성도의 온전함이 아니라 외국인의 문화적 적응이었다. "가정에 대한 사랑"과 일리노이주 시골의 아들과 딸 보호에 포함된 보고서의 무서운 경고에는 이민자들에 대한 언급이 전혀 포함되어 있지 않다. 사실, 보고서는 교회의 우선순위인 교외 지역 교회 설립이 복음적으로 옹호될 수 있다고 주장했다. 보고서는 "소외된 범죄자 계층뿐만 아니라 교회에 다니지 않는 부유층도 도와야 한다."고 주장했다.[15]

시카고 감리교에 대한 스테드의 비판

감리교와 복음주의가 도시, 특히 노동계급 대중에게 다가가는 데 점점 더 실패하고 있다는 사실이 간과되지는 않았다. 시카고의 개신교 교회들을 통렬하게 비판했던 스테드는 그들이 "시온에서 안주"하려는 유혹에 크게 굴복했다고 주장했다. 감리교를 지목하면서 스테드는 시카고 감리교 목사들이 "강단 뒤에서 악마에게 인상을 쓰는" 것 이상의 일을 하지 않았다고 주장했다. 스테드는 가난한 사람들을 위한 두 가지 기독교 사역, 즉 홀 하우스Hull House와 구세군에 대해서만은 칭찬을 아끼지 않았다. 이러한 사역에는 공통 요소가 포함되어 있었지만 구세군 공동 창립자인 캐더린 부스의 전기 작가이자 런던의 사회적 재생을 위한 구세군의 청사진을 그렸던 스테드는 홀 하우스의 편협함 없는 인도주의에 대해서는 특별한 찬사를 보냈다. 실제로 스테드는 홀 하우스의 인도주의적, 사회적, 비개종주의적, 명백히 지구 중심적인 강조가 사회적 재생에 대한 독특한 비복음주의적 접근 방식을 대표한다는 것을 인식한 최초의 관찰자 중 한 명이었다.[16]

시카고 감리교인들 사이에서 기독교 선교의 정착 모델은 호응을 불러일으켰다. 1890년대 초 노스웨스턴 대학교는 해리 워드Harry E. Ward의 지시에 따라 정착 프로젝트를 시작했다. 1907년 시카고 스톡야드 근처 노동계급 교회의 목사로 봉사하는 동안 워드는 사회 활동을 위한 감리교 연맹을 조직하는 데 도움을 주었다. 그리고 1908년에 그는 기독교를 위한 "사회 신경"을 저술했는데, 이는 감리교회 총회와 나중에 연방 교회 협의회에서 채택되었다. 사실상 워드의 지도 아래 시카고 감리교인들은 사회복음의 공식화에서 급속히 주도적인 역할을 맡았다.[17]

사회복음 운동에 적극적으로 참여하는 워드와 다른 감리교인들의 진정한 혁명적 견해에도 불구하고, 시카고 감리교의 지배적인 사회적 관심사는 절제, 안식일주의, 가톨릭교가 가하는 위협이었다. 진보주의자와 교외 온건파를 포함한 시카고 감리교인의 대다수는 입법과 교육을 통해 외국인들의 문명화에 관심을 둔 도덕주의자였다.

급진적인 수사적 표현에도 불구하고, 사회복음은 기독교 공동체의 사회경제적 통합이나 가난한 사람들 사이에 교회를 세우는 데 거의 성공하지 못했다. 개인 구원의 복음적 메시지를 포기하거나 더 일반적으로 최소화함으로써 시카고 감리교인들은 의도치 않게 일치를 위한 경험적 기초를 대체하고 있었다. 이는 수혜자를 그리스도 안의 형제자매가 아닌 자선의 대상으로 보는 기독교 선교에 대한 문화적, 정치적 이해를 바탕으로 어느 정도 문화적 다양성을 허용했다.[18]

홀 하우스에 대한 호평과는 달리 스테드는 구세군의 정통 교리에 대한 "협소한" 개념을 명시적으로 비판했다. 미국의 완전주의적 부흥주의 유산에 뿌리를 둔 구세군은 가난한 사람들 사이의 연대와 봉사에 대한 정착 운동에 헌신할 것을 공유했다. 동시에 구세군은 개인의 회심과 그에 따른 성결의 체험 그리고 봉사를 위한 능력 받음에 대한 복음주의 전통의 헌신 또한 명백히 확인했다. 그럼에도 불구하고 스테드는 "시민적 개혁regeneration"이라는 탁월한 주장에 대해 여전히 의심을 품고 있었다. "아주 폭 넓은 사람들은…폭 넓은 사람들만큼 진지하지 않습니다."라고 그는 말했다.[19]

사실 구세군은 도시 대중들 사이에서 복음주의 봉사 사역의 한 가지 현상만을 대표했다. 적어도 1830년대 피니파 부흥으로 거슬러 올라가는 전통을 바탕으로 도시의 완전주의 선교는 남북전쟁 이후 20년 동안 급속히 확산되었다. 1890년대 10년 동안 성결복음 전도자들은 세련된 도시 설교단에 점점 더 많이 참여하지 못하게 되었고, 도시 선교에서 수용적인 청중을 찾았다. 티모시 스미스가 지적했듯이, 선교부는 고급 감리교회에 거의 적합하지 않은 회심자를 배출했다. 신시내티, 프로비던스, 워싱턴, 브루클린, 에번스빌, 세인트 루이스, 심지어 시카고와 같은 많은 도시에서 성결 선교는 독립적인 성결 교회로 발전했다. 사실 이것은 시카고 메트로폴리탄 감리교 선교부의 경험이었다.[20]

MCA의 전신
메트로폴리탄 감리교 선교부 탄생

1894년 봄, 웨스턴 애비뉴 감리교회의 회원 단체이자 종교적으로 열정적인 청년 그룹에 의해 설립된 메트로폴리탄 감리교 선교부는 시카고 북서쪽에 있는 독일계와 스칸디나비아계 인구가 밀집된 지역에서 평신도들이 주도한 복음 전도 활동이었다. 이 노력의 중심 인물은 두 명의 유망 사업가 에드윈 엘 하비와 듀크 파슨이었다. 표면적으로는 상승세를 보이는 두 사업가가 유토피아적 종교 공동체를 설립할 가능성은 거의 없어 보였다. 28세의 하비는 출장객을 대상으로 한 저가 노동자 호텔을 여러 개 운영했다. 30세의 파슨은 주로 서부 지역의 관개 및 도로 철도 프로젝트에 자금을 조달하기 위해 지방채 판매를 전문으로 하는 투자 회사인 〈파슨, 리치 & 컴퍼니〉Farson, Leach & Company의 파트너였다. 회사는 자금이 필요한 지방자치단체를 찾기 위해 서부를 샅샅이 뒤져 법적 절차를 신속히 처리하고 채권을 동부 은행, 보험 회사 및 개인 투자자에게 판매했다.[21]

경건한 중서부 감리교 가정 출신인 하비와 파슨은 1880년대 초 웨스턴 애비뉴 교회에서 만났다. 젊었을 때 회심한 하비는 시카고의 66개 엡워쓰 리그(감리교 청소년 조직)의 학급 리더이자 사무총장이 되었으며, 복음 전도 활동에 헌신하는 독실한 젊은이 그룹의 타고난 리더였다. 전도에 대한 하비의 관심은 자연스럽게 나온 것이었다. 시카고의 배달원인 그의 아버지 다니엘 하비Daniel Harvey는 매년 여름 다운스테이트 농가에 생활용품을 판매하여 수입을 보충했다. 몇 년 후 그의 아들 헨리 하비가 기억했듯이, 다니엘 하비 또는 연장자 하비는 가정용품만큼 복음주의 기독교를 전파하는 데 많은 시간을 보냈다.[22]

1880년대 초부터 에드윈 엘 하비는 시카고 전역의 감리교 가정에서 복음 전도 모임을 열기 시작했다. 사망한 인디애나 감리교 목사의 아들인 파슨이 탁월한 목소리를 가지고 있다는 사실을 알게 된 하비는 그의 복음 전도 활동에 동행하는 복음 4중주단에 합류하도록 파슨을 설득했다. 1884년 여름, 데스 플레인스 캠프 집회에 참석하던 중 파슨은 회심했다. 유망한 사업 경력을 이어가면서도 두 사람은 뗄 수 없는 관계가 되었다. 1887년에 파슨은 음악가이자 웨스턴 에비뉴 교회의 교인인 애니 버쳐Annie Butcher와 결혼했고, 1890년 하비는 역시 같은 교회 교인인 거트루드 포드Gertrude Ford와 결혼했다.

　　하비의 결혼 직후, 두 친구는 시카고의 니어 사우스 사이드에 부동산을 구입하고 감리교회 락 리버 총회Rock River Conference에 등기한 작은 빨간색 교회를 세웠다. 파슨은 연회 앨범에 목사로 기재되어 있었고 하비는 주일학교 교장으로 섬겼다. 1894년 봄, 1893년의 파괴적인 대공황이 시카고를 마비시키고 유혈적인 풀먼 파업이 대도시의 "하얀 도시" 이미지를 손상시켰음에도 불구하고, 하비는 도시 북서부의 시카고 애비뉴와 에이다 스트리트 모퉁이에 있는 새 교회를 위한 부지를 구했다. 가장 가까운 감리교회에서 5마일 이상 떨어진 곳에 위치한 메트로폴리탄 감리교 선교부는 1894년 7월 약 5만 달러의 비용으로 건축된 4층짜리 벽돌 건물에 문을 열었다. 부동산에 대한 증서는 하비가 보유했지만, 그 교인은 공식적으로 락 리버 총회의 북시카고 교구에 속해 있는 것으로 등재되었다. 이번에도 파슨은 목사였고 하비는 주일학교 교장이었다.

처음에 이 사명은 홀 하우스가 개척한 사회 정착 모델과 매우 유사했다. 예를 들어 한 여집사는 어린 소녀들뿐만 아니라 어머니들에게 요리와 바느질 수업을 가르쳤고, 다른 이들은 이민자들에게 영어를 가르쳤다. 선교 첫해의 정점은 한 블록 떨어진 곳에 세워진 텐트에서 일어난 극적인 부흥이었다. 거트루드 하비는 1920년에 "4주 만에 500명이 제단에 모였습니다."라고 회상했다. 1895년 부흥의 성공은 메트로폴리탄 감리교 선교부에 영구적인 흔적을 남겼다. 병자와 궁핍한 사람들을 대상으로 한 복음 전도 노력과 방문은 요리와 바느질을 가르치는 일과 같은 일상적이고 세속적인 활동을 대체했다.[23]

특히 주목할 만한 것은 선교부의 주일학교였다. 불과 1년 만에 하비의 지도하에 주일학교에는 주로 노르웨이, 스웨덴, 독일 이민자 가정 출신의 어린이들이 평균 500명 정도 참석하게 되었다. 기업가였던 하비는 항상 버스를 빌렸고, 웨스턴 애비뉴 교회에서 주일학교를 마친 후 오전 10시 30분 주일학교를 위해 MMM에 갈 의향이 있는 만큼 많은 교사를 데려갔다. 주일학교 학생들의 많은 부모가 이민자 교회에 참석하고 있는 동안 하비는 수천 개의 유망한 상금과 오락이 인쇄된 카드를 가지고 주로 교회에 다니지 않는 어린이들의 관심을 끌었다. 그는 타블로이드 저널리즘과 다임 소설의 방법을 사용하면서 주일학교를 운영했으며, 시카고의 중산층 감리교회에서 거의 환영받지 못했던 어린이들에게 복음적 메시지를 제시했다. 버나드 파슨 Bernard Farson 이

몇 년 후 기억했듯이 "그 아이들은 힘든 삶을 살았고, 하비는 종종 한 학생에게 두 명의 교사가 필요하다고 말했습니다." 2년 안에 주일학교에 출석하는 학생은 평균 800명이 넘었다. 성인 교인들은 평균 출석 인원이 약 150명으로 비교적 적었고 주일학교 집회 전에 대기실에서 모였다.²⁴

에드윈 엘 하비와 듀크 파슨의 초기 성결 운동

메트로폴리탄 감리교 선교부의 파격적인 성격에도 불구하고, 1897년 여름까지 하비와 파슨은 시카고 광역 지역에서 감리교의 지도자로서 빠르게 명성을 쌓았다. 경영에 대한 통찰력과 감리교에 대한 봉사를 인정받아 하비는 데스 플레인스 캠프장의 사무총장으로 선택되었다. 반면에 파슨은 감리교 선교에 가장 중요한 재정적 기부자 중 한 사람이 되었고, 시카고 지역 감리교회에서 자주 설교하는 사람이 되었다. 그의 형 존은 시카고 교외 오크 파크에 있는 호화로운 부지를 자주 방문했던 감리교 감독들의 신임을 누렸다.²⁵

그들의 사역 성공과 두 사람의 깊은 경건에도 불구하고 하비와 파슨은 완전 성화를 경험하지 못했고, 메트로폴리탄 감리교 선교부는 번성하고 감리교가 지배하는 시카고 성결 공동체에서 활동하지도 않았다. 시카고 성결 공동체의 중심은 워싱턴 스트리트의 감리교회 블록에 위치한 기독교 증인 회사의 사무실이었다. 보스턴과 시카고에 사무실을 두고 있는 주간 성결 정기 간행물인 〈크리스천 위트니스 & 애드보케이트 오브 바이블 홀리니스〉Christian Witness and Advocate of Bible Holiness의 출판사인 〈더 컴퍼니〉The Company는 NHA와 긴밀한 관계를 맺었다. 대중적으로 알려진 정기 간행물인 〈크리스천 위트니스〉는 시카고 지역 감리교회의 전도 모임, 성결 선교, 성결 그룹의 정기 모임에 대한 보고를 포함하여 시카고의 성결 운동에 대해 보고하는 주간 칼럼을 정기적으로 게재했다.

특히 하비는 더 깊은 종교적 경험을 갈망했다. 부분적으로 이러한 소망은 7월 말 데스 플레인스 캠프장에서 소집된 전국 성결 촉진 협회의 제30차 연례 캠프 집회를 둘러싼 성결 운동의 산물이었다. 하비는 "온전히 기도"할 수 없었는데, 이는 나중에 NHA가 후원하는 캠프 집회가 온전한 복음을 전파하는 데 실패했고 세속화되었기 때문이라고 생각했다. 그리고 캠프 집회는 거트루드와 에드윈 엘 하비 부부 둘 다 자신들의 종교 경험의 질과 강도에 불만족하게 만들었다.[26]

이렇게 인식된 영적 필요를 충족시키기 위해 하비는 비버리 캐러딘을 초대하여 1897년 11월 MMM에서 예배를 진행했다. 〈크리스천 위트니스〉에 실린 1897년 가을 모임에 대한 기사는 MMM에 대한 최초의 현대적 설명으로 매우 상세했다. 주로 이민자들이 거주하는 이 지역의 노인들은 영향을 받지 않았다고 지적했지만,

보고서에서는 "그 모임은 주로 젊은이들로 구성된 회중의 특이한 광경을 보여주었다."고 기술했다. 1895년의 부흥 예배와 유사한 이 모임은 MCA 역사에 중요한 전환점이 되었다. 메트로폴리탄 감리교 선교부는 뚜렷한 성결교회가 되었고 시카고 감리교와 성결 운동의 역사에서 가장 흥미롭고 다채로운 장 중 하나를 위한 무대가 마련되고 있었다.27

1898년에 알려졌던 메트로폴리탄 감리교회는 성결 운동의 급진적인 흐름과 관련하여 점점 논란이 되고 있는 전천년 종말론과 신유 교리를 즉시 수용하지 않았다. 그러나 교회의 새로운 헌신은 적어도 하나의 즉각적인 제도적 발전으로 이어졌다. 전형적인 운동 방식으로 연례 캠프 집회를 위한 계획이 세워졌다. 첫 번째 회의는 1898년 6월 초에 시작되어 여름 내내 진행될 예정이었다. 주요 연사는 듀크 파슨이 될 예정이었지만 NHA 전도자이자 장로교 목사인 에드워드 워커$^{Edward\ F.\ Walker}$가 캠프 집회를 시작했다. 교회 캠프장으로 지정된 장소는 교회 인근 공터였다. 6월 3일 금요일에 시작하여 워커는 6월 12일 일요일 저녁에 자신의 예배 부분을 마쳤다. 이 예배를 목격한 한 증인은 "참석한 사람들이 결코 잊지 못할 놀라운 능력의 시즌"이라고 묘사했다. 아이러니하게도 워커가 그리스어 신약 성경을 설교하며 성결의 가르침을 옹호하는 학문적이고 감정적이지 않은 인물이라는 평판을 고려할 때, 집회에 수반되는 신체적 표현과 부적절함은 광범위한 논평과 논쟁을 불러일으켰다. 예배에 대한 비판을 일축하면서 워커는 회중을 구성하는 "완전히 구원받은 젊은이들"을 칭찬했다. 워커는 "그리고 주님께서 어떻게 사람들을 구원하고 성화시키셨는지"라고 열정적으로 보고했다. "그리고 주변의 '종교인' 공동체가 어떻게 동요됐는지"라고 그는 결론지었다. 보고서는 "이번 시즌의 놀라운 능력"에 수반되는 정확한 신체적 징후를 설명하지 못했지만, 실증적 예배에 대한 교회의 평판과 종교 기관 사이의 치욕이 뿌리를 내리기 시작한 곳이 바로 여기였다. 워커는 MMM을 결코 잊지 않았다. 20년 후, 사실상 모든 성결 운동 지도자들이 메트로폴리탄교회연합을 위협한 광신자들의 집단으로 일축한 후에도 오랫동안 나사렛 오순절교회의 중앙 감독으로서 그는 계속해서 MCA 지도자들과 성결 운동에 대한 많은 비판을 방어해 주었다.[28]

교회의 급속한 성장으로 인해 교회의 표준이 될 만한 실제적인 조직을 통합시킬 수 있는 구조가 필요했다. 1898년 가을, 1898년 캠프 장소에 본격적인 교회 건물 건축이 시작되었다. 파슨의 자금 지원을 받아 1,000명이 넘는 사람들을 편안하게 수용할 수 있는 이 시설은 양로원, 성경 및 선교사 훈련 학교, 출판사를 갖춘 종교 교파 기관이 설립되는 20세기 초까지 교회를 섬겼다. 그 결과 더 큰 시설을 찾았다. 주일 참석자 수가 많았음에도 불구하고 이 회중은 감옥과 병원을 방문하고 야외 거리 집회를 진행하는 젊은 교회 사역자들로 점점 더 주목을 받게 되었다. 점점 더 논란이 되고 있는 교리와 공격적인 복음주의 전술에서 입증되듯이, 기독교 완전성에 대한 교회의 헌신은 시카고 감리교의 확고한 복음주의를 위협했다. 그럼에도 불구하고, 듀크 파슨과, 특히 존 파슨 John Farson의 상당한 재정적 기여가 위태롭게 될까봐 주저하는 감리교

계층에서는 교회가 기이하다는 사실을 가볍게 여겼다.[29]

14년간의 파트너십이 보여주었듯이 에드윈 엘 하비와 듀크 파슨의 사역은 단일한 구조에 포함될 수 없었다. 파슨이 겉보기에 무한한 재정 자원을 가지고 시카고 니어 웨스트 사이드의 웨스턴 애비뉴에 있는 버려진 감리교회를 구입했을 때, 그 회중은 1년도 채 되지 않아 위풍당당한 휴런 스트리트 교회에 있었다. 그는 그것을 단순하지만 큰 헛간 같은 구조로 리모델링했다. 이집트에서 탈출하는 동안 이스라엘 사람들이 사용한 임시 예배 구조를 가리키는 "성결 장막"이라고 불리는 이 새로운 구조는 성결 운동을 휩쓴 종말론적 혁명을 나타낸다. 초기 근본주의의 이미지를 활용하고 세기 전환기 복음주의의 시장 중심 교회론을 반영하는 소위 "장막"은 간단하고 저렴하게 건설되고 쉽게 해체되는 전도의 중심지였으며 300~3,000석 규모의 공간이 될 수 있었다. 장막은 전천년설주의자들이 독점적으로 사용했으며, 장막 사역의 목표는 많은 사람에게 예수님이 재림하시기 전에 가능한 한 많은 죄인을 구원하고 성화시키는 것이었다.[30]

대중적인 종교 경향을 깊이 활용한 하비와 파슨에게 장막 비유의 채택은 종말론적 변화를 의미하지 않았다. 그것은 장막 개념의 선구자인 에이 비 심슨의 예를 따라 교파에 대한 충성심이 줄어들 것을 보여주었다. 이전 사역과는 달리 파슨과 하비는 웨스턴 애비뉴 장막을 감리교회의 락 리버 총회 기구에 통합시키려는 시도를 하지 않았다. 빈민층을 위한 성결 사역과 유사하게, 장막의 목적은 특정 사회 계층(이 경우에는 중산층)을 비공식적이고 명백하게 종교적인 환경에서 복음 대상자들이 쉽게 접근할 수 있도록 복음화하는 것이었다. 예배는 주일과 수요일, 금요일 저녁에 두 번 열릴 예정이었다. 이 장막은 11월 중순에 캐러딘에 의해 열렸다. 기업가인 파슨은 캐러딘을 6개월간 독점으로 계약하여 고용하였다.

이웃 교회의 사역을 약화시킬 것이라는 비난 속에 시작되었지만, 초교파적인 웨스턴 애비뉴 장막의 완공이 메트로폴리탄 감리교회가 기존의 감리교를 버렸다는 의미는 아니다. 11월 초, 교회는 시카고 제일 감리교회와 협력하여 10일간의 전도 캠페인을 위해 유명한 남감리교회 전도자인 헨리 클레이 모리슨을 고용했다. 모리슨은 휴론 애비뉴 지역에서 저녁 예배를 드리고 시카고 시내 비즈니스 지역 중심부에 있는 감리교 블록에 있는 제일교회에서 매일 정오에 설교했다. 그는 논쟁에 낯설지 않았고 예배에서 가벼운 신체적 표현에 확실히 개방적이었지만, 교양 있고 매우 성공적인 남감리교회의 부유한 목사인 모리슨은 메트로폴리탄 교회의 실증적인 예배에 놀랐다. 몇 년 후 하비는 모리슨이 소리 지르고 점프하는 것과 같은 "성령" 시위를 억제하려고 시도했다고 비난했다. 예배가 끝나기 전에 양해를 구한 모리슨은 자신의 정오 모임이 호평을 받았다고 말했다. 서둘러 나갔음에도 불구하고 모리슨은 항상 파슨이 제공하는 100달러의 사례비를 모두 받았다. 다행히 워커는 예정된 10일간의 모리슨 작전을 마무리할 수 있었고, 캐러딘의 6개월간의 시카고 포위 공격의 발판을 마련했다.[31]

메트로폴리탄 감리교회의
실증적 예배 스타일

그의 유보에도 불구하고, 모리슨은 메트로폴리탄의 성인 회원 중 "완전히 성화된" 주일학교 교사 45명을 포함하여 300명이 넘는 젊은이들의 "독실하고" "열정적인" 단체라고 그가 표현한 것에 깊은 인상을 받았다. 감리교회는 그의 단축 예배 기간 동안 75~100건의 신앙고백과 30건 이상의 교회 회원 신청이 있었다는 점을 지적하면서 모리슨은 하비와 파슨이 사업과 전도에 쏟은 엄청난 에너지에 대해 칭찬했다. 모리슨은 "주 안에서 기쁨이 넘치는" 에드윈 엘 하비와 거트루드 하비에 대해 "그들은 적극적이고 행복한 유형의 성결한 사람들입니다."라고 썼다. 모리슨은 듀크 파슨을 언급하면서 "그의 얼굴은 항상 빛나고 있으며, 그는 하나님을 위해 큰일을 감히 맡으며, 그분께 큰일을 기대하는 믿음을 갖고 있습니다."라고 썼다. "주님의 축복이 이 선한 사람들에게 임하기를 바랍니다. 그리고 그들에게 그들의 일에서 큰 승리를 안겨줄 것입니다."라고 모리슨은 결론을 내렸다.[32]

메트로폴리탄 감리교회에 대한 모리슨의 주요 관심사는 실증적인 예배 스타일이었다. 그러나 다른 논란의 여지가 있는 관행이 교회에 뿌리를 내리고 있었다. 가을 내내, 이미 그의 부로 인해 기독교 청지기 직분의 전문가로 여겨지는 하비는 자신의 회중 구성원들과 시카고 성결 공동체의 상호 관련 기관에서 활동하는 다른 사람들에게 더 높은 비율의 재산을 기독교 선교에 바칠 것을 촉구했다. 사실 에드윈과 거트루드 하비 부부는 성결을 표현하는 수사법의 경제적 의미에 점점 더 몰두하고 있었다. 부의 전부를 봉헌하는 것을 상징적인 헌신으로 이해했던 오래된 성결 해석학을 일축하고, 마틴 웰스 냅이 가졌던 입장을 채택한 에드윈 엘 하비는 그리스도인들에게 즉각적인 생활비보다 모든 것을 하나님께 바칠 것을 촉구하기 시작했다. 거트루드 하비는 결혼반지, 실크 드레스, 화려한 모자를 팔고 우아한 집을 소유하는 것이 정당한지에 대해 의문을 제기하기 시작했다. 캐러딘에게 조언을 구한 하비 부부는 소위 급진적인 극기의 옹호자라고 불리는 이 사람이 결혼반지와 세련되게 가구가 비치된 주택과 같은 사치품을 옹호한다는 말을 듣고 깜짝 놀랐다. 모리슨의 축약된 가을 캠페인과 유사하게 캐러딘의 6개월간의 독점 계약은 6주 일찍 조용히 끝났다. 웨스턴 애비뉴에 있는 장막에서의 설교는 파슨, 하비, 하비의 동생 헨리 하비Henry L. Harvey 및 매디슨 스트리트 복음 선교부Madison Street Gospel Mission의 감독관인 엘스워스C. E. Ellsworth에 의해 계속되었다. 캐러딘은 메트로폴리탄 교회로 돌아오지 않았다. 1년도 채 되지 않아 교회의 급진주의는 남감리교회의 가장 강력한 성결 설교자 두 명을 멀어지게 했다. NHA 복음전도자들의 전통적인 사역에 좌절한 파슨과 하비는 겉보기에는 좀 더 친근해 보이는 국제사도성결연합 IAHU의 회장인 셋 리스를 성결 장막에서 모임을 계속하도록 초대했다.[33]

그의 마지막 예배에서 단 6명의 회심자만을 보고한 캐러딘과는 달리, 1900년 4월 20일 금요일에 시작된 리스의 10일간의 전도 캠페인에서는 고함과 점프와 같은 영적인 시위로 환영을 받았다. 마지막 예배에서만 100명 이상의 회심자가 기록되었다."[34] 리스의 실증적 예배에 대한 지지, 교파적 충성에 대한 공통 강조점에 대한 의심 그리고 모든 재산에 대한 하나님의 소유권에 대한 믿음은 그와 국제사도성결연합을 메트로폴리탄 감리교회의 자연적인 동맹자로 만들었다.

리스 예배를 계기로 메트로폴리탄 감리교회는 국제사도성결연합과 정보, 지원 및 방향을 위해 냅을 찾는 성결 급진주의자들과 비공식적으로 연결된 네트워크의 궤도에 들어섰다. 국제사도성결연합과 메트로폴리탄 감리교회의 관계는 일단 확립되자 빠르게 발전했다. 9월에 리스는 교회가 후원하는 캠프 집회의 주요 연사였다. 11월에 그는 시카고로 이주하여 듀크 파슨의 유급 직원이 되었다. 12월에 냅은 시카고 메트로폴리탄 감리교회에서 열린 선교대회에 리스와 합류했다. 하비의 글은 〈리바이벌리스트〉에 나타나기 시작했고, 리스는 1901년 봄에 시카고를 휩쓸었던 놀라운 영적 부흥의 주요 연설가였다. 하비를 만난 지 1년 후인 1901년 가을, 냅은 그를 1902년 축복의 산 캠프 집회를 이끌도록 초대했다. 그러나 신시내티에서 냅 제국의 리더십을 맡으려는 계획은 1901년 12월 냅의 갑작스런 죽음으로 종료되었다. 냅 제국의 리더십을 맡는 것은 막혔지만 하비는 추종자들에게 그들의 사역이 마틴 냅 사역의 정당한 상속자임을 상기시키는 데 결코 힘들어 하지 않았다.

1899년 가을, 웨스턴 애비뉴의 장막을 위한 준비가 완료되는 동안 듀크 파슨은 성결 장막 집회를 위한 장소로 일리노이주 오타와 근처에 100에이커의 부지를 구입했다.[35] 버팔로 락으로 알려진 그림 같은 풍경으로 일리노이 주립공원이 될 예정인 캠프장은 일리노이 강이 내려다보이는 40에이커의 암석층으로 앨러게니 산맥 서쪽에서 가장 아름다운 캠프 장소 중 하나로 극찬을 받았다.

초교파적 장막의 개회와 연계하여 캠프 집회를 열기로 한 파슨의 결정은 메트로폴리탄 감리교회가 감리교로부터 독립된 제도적 구조를 발전시키는 과정에 있음을 분명히 보여주었다. 그런 점에서 캠프 집회의 설립은 특히 의미가 깊다. 19세기 성결 부흥의 근본적인 제도적 실체로서 캠프 집회는 새로운 교파의 형성을 촉진할 수 있는 종교적 충성심을 위한 인큐베이터 역할을 하는 동시에 교단 구조에 대한 저항의 중심지로 쉽게 발전할 수 있었다. MCA의 경우와 마찬가지로 연례 캠프 집회는 MCA의 정기 간행물,〈버닝 부시〉와 함께 교회 사역자 모집, 기금 모금 및 그룹 결속 개발을 위한 주요 수단이 되었다.

1920년대에 MCA 캠프 집회에 모여들었던 수천 명의 신실한 사람들과 비교해 보면, 1900년 8월 25일 버팔로 락에서의 모임은 꾸준히 비가 내리는 가운데 모였는데, 성결하고는 거리가 멀어 보이는 소규모 모임으로 별 의미가 없어 보였다. 그러나 사실 그것은 매우 중요한 의미를 지닌 사건이었다. MCA의 역사를 연대기적으로 보면 그것은 성결 운동의 첫 번째 캠프가 되었으며, 근본적으로 성결 운동이 시작된 역사로 기록되었다. 실제로 1900년 그날의 야영지는 MCA의 창립을 의미한다.

캠프 집회의 개막일에 듀크 파슨은 자신의 재정 자원을 아낌없이 사용하여 성결 운동에서 가장 저명한 전도자들의 봉사를 요청했다. 예정된 연설자 중에는 인기 있는 인디애나 전도자 존 하트필드John T. Hatfield, NHA 전도자 엘 비 켄트L. B. Kent 및 성결 운동의 전천년파를 대표하는 셋 리스가 있었다. 일리노이주 성결 운동의 베테랑인 켄트는 〈크리스천 위트니스〉에 집회에 대한 자세한 설명을 제공해 주었다.

MCA 활동에 대한 다른 초기 보고서와 유사하게 켄트의 보고서는 그가 파슨과 하비의 설교에 깊은 감명을 받았음을 보여준다. 켄트는 파슨에 관해 이렇게 썼다. "어떤 대학 훈련도 하나님께서 이 젊은 사업가에게 영혼을 구원하는 설교자로 주신 것을 설교자들에게 줄 수 없습니다." 하비의 설교 후에 켄트는 "완전히 성별되고 기름 부음 받은 사업가들이 가장 효과적인 말씀의 설교자일 수 있다"는 것을 믿게 되었다고 언급했다.[36]

비록 켄트의 설명에는 광신주의에 대한 어떤 암시도 나타나지 않지만, 하비가 설교한 설교의 중심 주제는 성숙한 MCA에서 두드러지게 될 주제이다. 그가 가장 좋아하는 두 본문인 누가복음 16장 19~27절, 부자와 가난한 거지 나사로의 이야기, 갈라디아서 2장 20절, 자신이 그리스도와 함께 십자가에 못 박혔다는 바울의 고백을 설교한다. 그는 중산층 감리교 사람들이 과시하는 부의 소유, 교육, 보험, 인기와 같은 것들은 파멸의 길에 있다는 확실한 신호라고 규정했다.[37]

시카고 선교 대회와
찰스 카우만

1900년 가을 메트로폴리탄 감리교회의 삶에서 가장 주목할 만한 사건은 12월 2일 주일에 열린 선교 대회였다. 대회의 주요 목적은 시카고 출신인 찰스 버드 카우만 부부와 레티 버드 카우만 부부 그리고 최근 일본에서 신앙 선교 사업을 시작하려는 하나님의 성경학교 학생들의 선교사 부르심을 축하하는 것이었다.

여러 면에서 카우만의 경험은 세기 전환기 복음주의의 당혹스럽고 상호 연관된 성격을 보여준다. 시카고의 은혜 감리교회에서 회심한 후 웨스턴 유니온 전보 회사의 임원인 찰스 카우만은 게렛 신학교와 무디 성서학원 수업에 참석하기 시작했다. 처음에 감리교회 선교부에 지원하여 소명을 이루려던 카우만은 심슨의 설교를 듣고 선교지로의 부르심을 경험하면서 마틴 냅의 〈리바이벌리스트〉의 영향을 받게 되었다. 신시내티로 여행하면서 카우만 부부는 하나님의 성경학교 설립을 도왔고, 교단이나 설립된 선교부의 지원이나 재정적 지원 없이 일본 선교사가 되겠다는 중대한 결정을 내렸다. "믿음의 선교사로서 카우만 가족은 급여를 받지 않고 지지자들의 자발적인 헌금에 의존할 것입니다."[38]

11월 말, 카우만 부부는 냅, 리스, 리스의 아들 바이런[Byron], 퀘이커 전도자 찰스 스토커[Charles Stalker]와 함께 신시내티를 떠나 시카고로 향했다. 냅은 메트로폴리탄 감리교회의 관대함과 그들의 정신에 깊은 인상을 받았다. 그는 대회에 대한 빛나는 보고서에서 "거룩한 기쁨의 함성과 눈물 속에서" 〈리바이벌리스트〉의 세계 선교 기금을 위해 1,000달러가 모금되었다고 언급했다. 냅 목사는 교회에 대해 이렇게 말했다. "목사와 그의 동역자들은 하나님의 교회에서 박람회와 축제와 연주회와 이 모든 세상적인 것을 가증히 여깁니다. 그들의 목회자들은 예수께서 요구하신 대로 성령과 불의 세례를 받아야 한다고 요구하며, 불 없는 설교자들은 용납하지 않을 것입니다."[39]

대회는 찰스 버드 카우만과 레티 버드 카우만 부부를 위한 간단한 안수식으로 마무리되었다. 마틴 웰스 냅, 셋 리스, 바이런 제이 리스, 찰스 스토커는 떠나는 선교사들에게 손을 얹었다. 대회 이후 바이런 리스와 스토커는 세계 선교 여행의 출발지인 뉴욕으로 출발했고, 이후 카우만 부부는 샌프란시스코로 출발했다. 두 모험 모두 성결 운동의 전설에 포함된다. 두 가지 선교 노력에 대한 모든 설명에서 MCA의 중심 역할은 생략되었으며, 이는 복음주의와 성결 운동의 존경심 추구와 광신주의의 오명을 피하려는 열망에 대한 증거이다.[40]

마틴 냅의 감리교회 탈퇴와
MCA의 탄생

1901년 1월 1일, 메트로폴리탄 감리교회와 급진적 성결 운동에 중대한 영향을 미친 결정으로 냅이 감리교회에서 탈퇴한 사건이다. 성결 운동 내에서 교회 문제에 대한 길고도 치열한 논쟁의 자연스러운 결과인 이 발표는 확실히 〈리바이벌리스트〉의 일반 독자들에게는 놀라운 일이 아니었다. 1900년 신문의 마지막 호에서 냅은 첫 페이지 항해 삽화를 통해 폭풍우가 치는 바다를 항해하는 승리의 순수 복음 신약 교회를 묘사했으며, 그 과정에서 감리교를 포함한 다양한 교단의 라벨을 붙인 일련의 배가 침몰 중이었다. 냅의 그림에서 이 불운한 선박에 탑승한 군중은 웅변적이고 교육받은 장교들에 의해 조용해지고 재능 있는 설교자들과 매력적인 음악으로 즐겁게 지내고 있었으며, 배를 떠나는 것은 "탈퇴주의"라는 용서받을 수 없는 죄를 범하는 것이라고 말했다. 늘 그렇듯이 냅은 NHA 지도자들에 대해 가장 날카로운 비판을 가했다. 냅의 눈에 그는 신실한 그리스도인들에게 "하나님과 하늘에서 영혼을 유인"하려는 사탄의 가짜 교회를 지원하도록 촉구하고 있었다. 냅은 "〈리바이벌리스트〉의 사명은 모든 이름을 가진 하나님의 백성들에게 있는 것입니다."라고 결론지었다. "인생의 바다를 승리 속에서 항해하며 사방에서 가라앉는 선원을 구출하는 신약 성서의 교회에 탑승하든지, 아니면 죽어가는 교회에 탑승하여 그들의 임무를 수행하든, 사람들에게 위험을 일깨우고 하나님께 충성하도록 촉구하는 데 최선을 다합니다." 냅, 리스, 메신저, 하비, 파슨과 같은 성결 급진주의자들에게 있어서 하나님께 대한 충성은 이제 가능하다면 빠르게 성장하는 사도 교회 중 하나에 속한다는 것을 의미한다.[41]

정황적이긴 하지만 강력한 증거는 파슨과 하비가 냅이 감리교를 떠나기로 결정하는 데 중요한 역할을 했음을 보여준다. 냅의 항해 삽화도 하비에게서 유래되었을 수 있다. 냅의 그림이 포함된 〈리바이벌리스트〉 같은 호에서 하비는 다음과 같이 썼다. "하나님과 영적인 힘을 잃은 교회, 몸에 아이스크림을 먹이는 것, 타락한 목사가 잠들어 있는 것은 무서운 그림을 보여줍니다. 배도한 성결 전도자들이 갑판 위에서 예배를 드리며 외칩니다. '갑판에 가만히 머물러 계세요.' '당신의 교회에 그냥 머물러 계십시오.'" 그림의 출처에 관계 없이 메트로폴리탄 감리교회는 1900년 가을에 감리교회의 락 리버 총회에서 탈퇴했다. 실제로 1899년 4월에, 비록 공식적으로는 여전히 락 리버 총회에 속해 있었지만, 파슨과 하비는 일리노이 주로부터 "메트로폴리탄교회연합"MCA: Metropolitan Church Association이라는 이름으로 사역할 수 있는 인가를 받았다. 냅이 시카고 선교 대회에서 하비와 파슨을 소개한 후 감리교에서 탈퇴한 것은 의심할 여지 없이 우연 이상의 것이다.[42]

1901년 1월, 〈갓스 리바이벌리스트〉의 부편집장이자 국제사도성결연합 IAHU의 회장인 리스는 "하나님의 통치 아래에" 있었으며, 파슨의 무제한적인 재정 지원을 받아 MCA의 지도자이자 대변인이 되었다.[43] 그의 성공적인 사역 경험을 바탕으로 프로비던스에서 리스는 시카고의 도시 대중에게 완전한 복음을 전하기 위한 세 가지 전략을 구사했다. 먼저, 파슨의 조언에 따라 리스는 정오 성결 모임을 위해 도시 중심에 있는 제일 감리교회의 큰 회의실을 1년 동안 임대했다."[44] 복음의 대상이 된 청중은 그곳에서 일하는 수천 명의 사무직 직원과 사업가였다. 대도시의 심장인 세컨드와 정오 모임의 초기 성공에 이어 리스는 MCA가 3월 1일부터 10일까지 성결 대회를 개최할 것이라고 발표했다. 이 대회는 리스, 냅, 회심한 카우보이이자 밀주업자였던 버드 로빈슨^{Bud Robinson}, 전직 프로 권투 선수 앤디 돌보우^{Andie Dolbow}, 회심한 철도 엔지니어 이 에이 퍼거슨^{E. A. Fergerson}과 같은 저명한 성결 운동 급진주의자들이 주도할 것이다. 파슨은 가능한 한 많은 방문객을 무료로 수용하겠다고 약속했다. 대회에서는 사중 복음의 다양한 측면과 "빈민가 활동", "시위", "여성 활동"과 같은 관련 주제를 다룰 것을 약속했다.[45]

셋째, 최근 매춘부 사역에 적극적으로 참여하고 있는 기독교 선교연맹의 리더인 엠마 휘트모어^{Emma M. Whittemore}와 함께 전도 예배를 드린 리스는 MCA가 남성을 위한 구호소와 여성을 위한 구호소를 두 개 설립할 것을 제안했다. 정오 모임과 대회는 중산층을 대상으로 하는 반면, 구호 시설의 사역은 가난한 사람들에게 초점을 맞추게 된다. 이 최종 제안은 결국 파슨의 자금 지원을 받았지만 교회의 완전한 승인을 받지 못했고, 이후 몇 년 동안 리스와 MCA 사이의 주요 갈등 원인 중 하나가 되었다.[46]

리스가 주도한 3월 대회는 1901년에 시카고에서 계획된 유일한 성결 대회가 아니었다. 사실 리스가 3월 대회를 서둘러 요청했을 때에도 NHA의 충실한 사람들은 1901년 5월 3일 시카고에 있는 제일 감리교회에서 "성결 총회"를 조심스럽게 계획을 세우고 있었다. 시카고에 기반을 둔 성결 전도자이자 성결 운동 에큐메니스트인 에스 비 쇼^{S. B. Shaw}의 영감을 받아 이 총회는 부흥을 위해 기도하고, 복음 전도 활동에 협력을 장려하며, 성결 교육에 대한 편견을 제거하는 것을 목적으로 삼았다. 총회는 이른바 "몇몇 성결의 일꾼들로 알려진 극단적이고, 그릇되고, 광신적인 입장"에서 벗어나 국제적인 성결 연맹을 창설하고자 했다.⁴⁷

표면적으로는 NHA의 후천년 리더십이 지배하는 이 총회는 폭넓은 지지를 받는 것처럼 보였다. 이를 공개적으로 지지한 사람 중에는 12개 이상의 복음주의 교단의 대표자들과 감리교회 감독 6명이 있었다. 국제사도성결연합의 지도자들은 대회에 대한 지지를 하지 않음으로 인해서 눈에 띄었다. 급진적 성결 네트워크에 활동하는 사람들 중에서 자칭 후천년주의자인 힐스, 갓비 그리고 워커만이 성결 총회 소집을 지지했다. 〈크리스천 위트니스〉는 리스의 3월 대회 홍보를 거부했다. 리스와 그의 동역자들에게 있어 성결 총회의 사명은 성결 급진주의를 억제하고 그들의 눈에는 배도한 교파로 보이는 성결 지지자들의 충성을 보존하는 것이었다. 실제로 시카고는 사람들에게 해로운 두 가지 별개의 성결 운동 사이에서 유리한 위치에 있었다.

0−3

화이트 시티에 임한 오순절 역사

시카고 부흥과 1901년 성결 총회

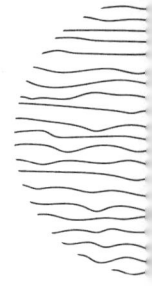

**MCA 주도의
시카고 부흥 운동**

1901년 3월 1일, "'주님께 영광을!'을 외쳤습니다. 또한 거리 곳곳에 울려 퍼지는 아멘." 그리고 시카고 언론의 조심스럽고 냉소적인 시선 아래, MCA가 서둘러 조직한 성결 대회가 시카고 제일 감리교회에서 열렸다. 비록 열흘 동안만 예정되어 있었지만 대회는 광범위한 언론 보도의 혜택을 받았으며, 남북전쟁 이후 성결 부흥의 가장 유익한 ^(적어도 수치적으로) 전도 캠페인 가운데 하나로 시작

되었다. 단 75일 만에 약 2,200명의 구도자가 MCA 제단에서 구원이나 성화를 체험했다.[1]

마틴 냅이 감리교에서 분리된 후 일어난 이 부흥 사건은 냅이 급진적인 성결 운동으로 감리교회를 포기한 것을 지지하고 국제사도성결연합 IAHU 원칙을 확고히 하는 신성한 표시로 해석되었다. 하늘의 섭리신앙을 잘 모르는 다른 사람들은 일간 신문의 첫 페이지에서 시카고의 고위직 엘리트들을 신랄하게 비난하고, 고함을 지르고 뛰어오르는 예배자들의 모습에 어리둥절하거나 당황하거나 심지어 겁에 질린 것처럼 보였다. 사실상, 시카고 기자단이 세계에 보도한 바와 같이, 이 부흥 사건은 전통적인 복음주의, 특히 감리교가 도시 대중에게 다가가지 못한 것에 대한 대규모의 공격이었다. 듀크 파슨은 〈시카고 데일리 뉴스〉Chicago Daily News의 첫 페이지 기사에서 "하나님은 인류에게 다가가 인류를 구원하기를 열망하셨습니다."라고 주장했다. 그러나 그는 설교자들이 "공식 이사회", "좌석을 보유하려는 자" 및 "눈에 보이는 모든 것"을 두려워하여 하나님의 명령이 성취되는 것을 방해했다고 주장했다. 영혼을 구원하기 위한 진지한 노력으로, 공개적으로 오래된 베팅(내기)을 다시 벌이고 그 과정에서 판돈을 두 배로 늘렸다. 그는 MCA 전도자들이 예배를 인도하도록 허용한 후 2주 동안 적어도 15명의 회심자를 얻지 못하는 설교자에게 기꺼이 1,000달러를 주겠다고 했다.[2]

인기 소설을 쓴 비버리 캐러딘을 비판하는 만화

세기적인 전환기의 시대에 저널리즘의 경쟁이 치열한 세계에서 파슨의 전략은 첫 페이지 뉴스였다. 〈시카고 트리뷴〉Chicago Tribune의 독자들은 시카고 감리교 지도자들을 경악하게 만들었고 "15명의 영혼이 1,000달러에 맞서다."라는 놀라운 제목을 접했다. 그 이야기는 셰필드 애비뉴 감리교회의 목사인 몰리R. A. Morley 목사가 파슨의 제안을 받아들였다고 보도했다. 두 사람 사이의 합의는 파슨이 선택한 목사가 몰리의 교회에서 2주 동안 예배를 드리기로 한 것이다. 또한 교회와 관련된 모든 예배는 파슨의 감독하에 이루어지며 지정된 기간 동안 "교회 오락, 사교 모임, 바자회, 박람회 또는 세상적인 오락"이 열리지 않는다는데 동의했다. 그 대가로 파슨은 최소 15명의 회심이나 성화를 약속했다. 〈시카고 트리뷴〉은 시카고를 잠시 여행하면서 300명의 회심을 이룬 것으로 보고된 텍사스 출신의 버드 로빈슨이 모임을 이끌 것이라고 추측했다. 불행하게도, 적어도 언론에서 그 모임은 북시카고 지방회의 감리사의 승인을 즉시 받지 못했다. 이는 파슨과 다른 성결 운동 급진주의자들의 눈에 죽은 교회들이 성결 전도자들의 성공을 부러워했다는 증거를 충분히 보여주는 것이었다.[3]

셰필드 애비뉴 교회에서 예배가 시작되기 전에도 현장 근처의 친근한 교회에서 MCA가 후원하는 모임은 즉각적인 결과를 가져왔다. 회심한 것으로 알려진 호기심 많은 사람 중에는 여러 명의 선교사, 무디 성경 연구소의 학생, 사업가, 저명한 의사의 아내, 위스키 도매 유통업자, 다양한 바텐더, 깡패, 술고래들이 있었다. 한 가지 주목할 만한 사례로, 한 도박꾼은 일반적으로 종교 뉴스를 금지하는 스포츠 신문에서 베팅에 관한 기사를 읽은 후 대회 예배에서 극적으로 회심했다. 당황한 감리사는 결국 MCA 전도자가 셰필드 애비뉴 교회에서 예배를 인도하는 것을 허락하기로 동의했다. 무료 홍보를 활용한 이 예배는 수많은 회심을 가져왔고, 수년 후 파슨이 기억했듯이 교회 회원 명부에 75명의 교인이 추가되었다. 이에 깊이 감사한 몰리 목사는 파슨의 평생 친구로 남았다.⁴

베팅을 단지 홍보용 장난으로 일축하기는 쉽지만 파슨의 행동과 비슷한 결과를 약속할 수 없다는 감리교의 무능력은 19세기 복음주의에서 육성된 것과는 훨씬 다른 의미를 가졌다. 적어도 찰스 피니의 종교적 부흥에 관한 강의(1835)까지 거슬러 올라가는 복음주의 사상의 흐름을 바탕으로 MCA, 성결 운동 그리고 대부분의 복음주의자들은 자비로운 하나님이 죄인의 구원에 필요한 모든 것을 마련했다고 주장했다. 복음주의는 옛 칼빈주의의 숙명론을 거부하고 회심은 신실하고 적절하게 훈련받은 성직자의 자연스러운 산물이라고 믿었다. 사실, 피니를 넘어 셋 리스와 같은 성결 급진주의자들은 그리스도께서 신실한 전도자에게 "성공을 보장하신다."고 주장했다. 과거 복음주의 기업가 정신에 충실한 리스의 권위는 의심할 여지 없이 정량화할 수 있는 데이터, 즉 연간 평균 2,000회의 회심과 변화라는 인상적인 데이터에 기초했다. 그가 1901년 1월에 썼듯이, "설교하고 사람들을 회심시키지 않는 사람은 시간을 낭비하고 에너지를 낭비하며 중요한 것을 놓치는 것입니다." 더욱이 리스는 "성공한 그리스도인은 영혼을 구원하는 데 성공합니다."라며 "성공의 조건은 하나님의 모든 사람에게 달려 있습니다."라고 주장했다. 본질적으로, 기성 감리교가 베팅을 거부하는 것은 죄인의 운명에 대한 무관심을 의미하고, 시카고 감리교 지도자들의 영적 지위와 권위에 암묵적으로 도전하는 것이다.⁵

실제로 시카고 대회의 성공은 기독교 전통, 교육, 사회적 지위에 뿌리를 둔 것이 아니라 평범한 미국 사람들의 삶의 경험, 편견, 열망을 공유한 복음 전도자들의 효과적인 의사소통에 뿌리를 둔 종교적 권위의 지속적인 활력을 보여주는 역할을 했다. 특히 조지 휫필드, 로렌조 다우$^{\text{Lorenzo Dow}}$, 비버리 캐러딘, 윌리엄 갓비 그리고 배우 겸 설교자의 전통을 잇는 세 명의 전도자인 이 에이 퍼거슨, 앤디 돌보우, 버드 로빈슨은 3개월간 진행된 시카고에 대한 성결 공격자들 중에서 중심 인물로 등장했다. 각각은 독특한 스타일을 가지고 있었고 시카고의 급속한 인구 증가와 마찬가지로 서로 다른 지리적 지역의 산물이었다. 세 사람은 모두 엘리트 목회 훈련, 도시 성직자, 부유한 교구민들의 사회적 야망에 대해 공통적으로 의심했다. 그들은 또한 MCA 메시지에 매력을 느낀 사무원, 젊은 이민자, 중산층 근로자와 유사한 업무 경험을 갖고 있었다. 〈리바이벌리스트〉에 따르면, 그들은 "학도들이 아니라" "가장 낮은 계층에서" 구원받고 거룩해진 하나님의 사람들이었다고 지적했다. 그 결과 그들은 도시와 교외의 감리교 성직자들의 신학적 추론과 사회학적 열망에 점점 무관심해지는 시카고의 중하층 주민들로부터 신뢰를 얻었다.⁶

무명의 기관사 출신 평신도 설교가, 이 에이 퍼거슨[E. A. Fergerson]

세 명의 전도자 중 가장 눈에 띄지 않는 퍼거슨은 무명의 기관사였으며, 1901년 대회가 시카고에서 열렸을 때 전도자였다. 일리노이주 마운트 버넌 출신인 퍼거슨은 1893년에 회심했고 이듬해 완전 성화를 체험했다. 전형적인 성결 운동 방식으로 그는 인디애나주 마운트 버논에서 에반스빌까지 화물 운송로의 양쪽 끝에서 즉시 가정 기도회를 조직했으며, 감리교회 남부 일리노이 연회에서 지역 설교자로 인정을 받았다. 스포츠 운동 선수로도 유명한 큰 체격의 퍼거슨은 빠른 재치와 필요한 경우 인상적인 크기와 체력을 모두 사용하여 지역의 난폭한 사람들을 제어하는 일도 잘했다. 하나님께서 악한 철도원을 구원하시고 그를 기도하는 어머니가 있는 집으로 보내신 섭리에 대한 그의 통렬한 간증은 기도하는 어머니들과 죄책감에 시달리는 아들과 딸들을 포함한 도시와 작은 마을의 청중들에게 강력한 감동을 주었다.

퍼거슨은 또한 지옥에 대한 생생한 묘사로 유명했는데, 그 묘사에는 자신이 철도에서 경험한 장면들이 강조되었다. 헨리 클레이 모리슨이 기억했듯이, 그의 설교는 "부서진 기차, 비명을 지르는 휘파람 소리, 울리는 종소리, 부러진 가대, 철도 사고, 굉음치는 용광로… 부서진 팔다리, 짓밟힌 몸, 도움과 자비를 구하는 사람들의 외침으로 가득 차 있었다."[7]

제한된 교육에도 불구하고 퍼거슨은 평범하게 일하는 사람들의 경험을 그의 메시지에 엮으면서도 신약성경의 그리스어 본문을 사용하여 설교했다. 그의 전형적인 전도 방법은 1901년 1월 1일 유명한 매디슨 애비뉴 세탁소에서 발생한 폭발로 인해 10명이 사망하고 많은 부상을 입은 사건을 생생하게 묘사한 것이었다. 마지막 정오 예배에서 퍼거슨은 청중들에게 시카고에서는 그러한 비극이 매일 일어나고 있으며 죽음이 모두를 기다리고 있음을 상기시켰다. 그의 메시지로 인해 수많은 변화가 일어났다. 퍼거슨은 점차 MCA 궤도 밖으로 표류하기 시작했다. 그러나 시카고 부흥에서 그의 성공은 부흥과 캠프 집회의 뛰어난 설교자로서 전국적인 명성을 얻었다. 그는 1912년 폐렴으로 비극적인 죽음을 맞이함으로써 정말 특별한 전도 경력을 단축시켰다.[8]

전직 프로 권투 선수 출신 평신도 설교가, 앤디 돌보우

퍼거슨과 달리 앤디 돌보우는 1901년 봄 시카고에 도착했을 때 주목받는 전도자였다. 델라웨어주 윌밍턴 출신인 돌보우는 간결한 인용문, 외침, 공중제비, 물구나무서기 등이 섞여 있는 자신의 인생 이야기를 하나의 메시지로 만들어 끝없이 변형하여 설교했다. 어린 시절 알코올 중독자인 부모에게 버림받은 전직 프로 권투 선수인 돌보우는 자신의 술과 담배 중독, 연합군에서의 짧은 체류, 이후 결혼을 통해 자신을 쇠약하게 만드는 습관에서 벗어나기 위한 노력, 필라델피아, 윌밍턴, 볼티모어 철도회사에서 해고된 이야기에 대해 반복해서 이야기했다. 철도회사에서 예전 직장을 다시 되찾은 후 돌보우는 감사하는 마음으로 1873년 윌밍턴에 있는 애즈베리 감리교회에서 열린 부흥 예배 중에 구원을 갈망했다. 회심 당시에는 문맹이었지만 아내의 지도와 그가 하나님의 개입이라고 해석했듯이, 그는 빨리 읽는 법을 배웠다.[9] 그는 완전 성결을 체험한 후 감리교 반장이 되어 구조 선교에 나섰다. 매우 비정통적인 설교 스타일을 열정적으로 사용하는 돌보우는 1880년대 후반에 전임 사역자로 복음 전도 활동에 뛰어들었다. 짧은 시간에 그는 델라웨어, 뉴저지, 메릴랜드, 펜실베니아에서 일련의 놀라운 부흥을 경험했다. 돌보우의 억제할 수 없는 열정과 일반 미국인의 어휘로 복음 메시지를 표현하는 그의 능력은 1901년까지 약 15,000명의 회심을 가져왔다.

시카고 언론과 기존 감리교 지도자들로부터 괴짜 취급을 받은 앤디 돌보우는 그와 마찬가지로 자신의 이름이 "하늘의 지불 명세 목록에" 오르기를 원했던 일반 미국인들 사이에서 큰 감동을 주는 증언을 했다.[10]

텍사스 출신의 "걸어다니는 성경",
루벤 버드 로빈슨

파슨이 재정을 지원하고 리스가 주도한 부흥은 많은 성결 운동의 주목할 만한 설교를 보여주었지만, 주목할 만한 매력을 가진 사람은 텍사스 출신의 거의 알려지지 않은 감리교 설교자 루벤 버드 로빈슨^{Reuben A. "Bud" Robinson(1860-1942)}이었다. 괴짜를 기념하는 성결 운동에 있어서도 버드 로빈슨은 특이한 사람이었다. 〈갓스 리바이벌리스트〉가 지적했듯이, 그의 성공적인 전도는 설명이 필요한 "특별한 개인사"에 있었다. 테네시 밀주업자의 아들인 로빈슨은 알코올 중독으로 고통받는 가난에 찌든 가정에서 성인으로 성장했다. 형 로빈슨이 사망한 후 가족은 텍사스로 이주했으며 그곳에서 버드 로빈슨은 카우보이로서 짧은 경력을 시작했다. 1880년 텍사스 캠프 집회에서 회심한 그는 남감리교회에 합류했다. 그는 문맹이었지만 즉시 봉사의 직무를 준비하기 시작했다. 그러나 그처럼 외적으로 부족한 사역후보자는 거의 없었을 것이다. 그의 말더듬은 너무 심해서 때때로 말을 할 수 없었고, 말을 했을 때 사람들은 심하게 혀를 쯧쯧 찼다. 설상가상으로 그는 간질을 앓았다. 이러한 어려움에도 불구하고 로빈슨은 평신도 설교자, 순회 전도자로 경력을 쌓기 시작했다. 1885년 그의 완전 성결 체험은 자연스럽게 텍사스 감리교의 성결파에 입회하게 되었다. 텍사스주 조지타운에 있는 감리교가 후원하는 사우스웨스턴 대학에 진학해야

겠다고 확신한 로빈슨은 프로젝트의 목적을 거꾸로 하고 성결 기도 모임을 조직하여 성결 캠프 집회를 열고 조지타운의 아프리카계 미국인 서부 지역으로 가서 가난한 사람들을 섬기는 교회를 세웠다. 그리고 그는 1년 만에 졸업장을 받았다. 아프리카계 미국인을 대상으로 한 그의 사역과 저명한 텍사스 감리교 목사의 딸과의 데이트 및 결혼은 그의 학업 경력을 단축시키는 데 기여했을 수 있다. 텐트를 구입한 후 로빈슨은 복음 전도 사역을 시작했으나 1890년대 중반에 건강이 나빠지고 남감리교회에서 추방되면서 중단되었다.[11]

1896년에 기적적으로 치유된 로빈슨은 감리교회 회원으로 승인을 받았다. 처음에 그의 전도 경력은 흔들렸으나, 1898년 그는 텍사스주 와코 캠프 집회에서 모리슨을 만났다. 로빈슨의 천재성을 감지한 모리슨은 로빈슨이 캠프 집회에서 연설하도록 허용해야 한다고 주장했다. 놀랍게도 로빈슨이 간결한 성경 구절과 간결한 말을 낭송함으로써 많은 사람 사이에 즉각적인 부흥이 일어났다. 모리슨을 통해 로빈슨은 회중 목사이자 텍사스 성결 대학의 총장인 애런 힐스를 소개받았으며, 그의 집에서 잠시 거주했다. 로빈슨이 MCA 지도자들의 관심을 끌게 된 것은 힐스를 통해서였다.

성경의 4분의 1을 기억하여 인용하는 능력 때문에 "걸어다니는 성경"으로 널리 알려진 로빈슨이 시카고에 도착했을 때, 자서전적 서술과 남부 민속 유머를 결합한 독특한 스타일은 나중에 그를 가장 유명한 인물로 만들었다. 모리슨을 제외하고 그는 1901년 봄까지 아직 초기 단계에 있던 20세기 성결 운동에서 중요한 인물이었다.

　　죄에 대한 하나님의 심판을 강조한 퍼거슨과는 달리, 로빈슨은 자신의 회심 체험을 바탕으로 하나님은 자신과 같은 사람도 사랑하신다고 가르쳤다. "한 주머니에는 카드 한 뭉치를, 다른 주머니에는 권총을 들고 있는 무가치하고 불법적이며 도둑질하는 카우보이는 항상 하나님이 죄인을 미워하신다는 말을 들었습니다. 이에 대한 반응으로 저도 하나님을 미워했습니다." 로빈슨은 시카고 대회에 모인 많은 신자, 구도자, 호기심 많은 사람에게 처음으로 자신을 회심하게 한 텍사스 전도자의 설교를 통해 다음과 같이 말했다. "예수님은 어떤 사람을 사랑하셨습니다. 그가 나를 사랑하시면 나도 그를 사랑합니다. '그분에 대해 반대하는 사람은 누구든지 쏘겠습니다'라는 말을 들었습니다." 로빈슨은 시카고 목회 엘리트들의 주장을 평가절하하면서 자신이 목회에 부름을 받은 것은 교육 때문이 아니라고 고백했다. "제가 부르심을 받은 이유는 가장 많은 재능을 갖고 있어서가 아니라, 재능이 없어서였습니다. 저는 텍사스에서 하나님이 얻을 수 있는 유일한 사람이었기 때문일 것입니다."[12]

　　로빈슨의 스타일은 독특했다. 퍼거슨의 외침이나 돌보우, 파슨, 하비의 곡예 스타일과는 달리, 로빈슨은 연단을 가볍게 잡고 자신의 경험에서 나온 "놀라운 예화"로 인용된 성경을 삽입하는 동시에 청중을 웃기고 울리면서 인간의 감정 전반을 감동시켰다. 그의 메시지는 간단한 "초청"으로 끝났고, 구도자들은 변함없이 연단을 둘러싼 난간으로 모여들었다. 흥미롭게도 시카고 대회는 로빈슨의 전국적 명성을 확립했지만 MCA에서의 체류에 대해서는 거의 언급하지 않았다. 성결 운동의 급진적인 변두리에서 벗어나 로빈슨은 1908년에 나사렛 오순절 교회에 입회했다. 그는 남은 사역을 그 단체를 섬기는 데 보냈으며 평생 동안 교단의 정기 간행물을 5만 개 이상 구독했다. 성결 전도자에 걸맞게 로빈슨의 사망 기사는 그가 200만 마일 이상을 여행했고, 그의 제단에서 10만 명 이상의 구도자를 보았으며, 그의 책 14권은 50만 권 이상 팔았다고 보고했다. 시카고 부흥에서 그의 역할과 그 이후로 그의 사역이 겪었던 심오한 변화는 보고되지 않은 채 남아 있었다. 중요한 것은 그가 사망할 당시 자신의 경험에 대한 설명과 재치 있는 말이 그의 메시지를 지배하게 되었기 때문에 더 이상 "걸어다니는 성경"으로 알려지지는 않았다. 그럼에도 불구하고 그는 20세기의 중요한 문화 및 종교 지도자로 남아 있으며 미국 기독교 발전에 있어서 "설교자 겸 배우"의 지속적인 중요성을 보여주는 놀라운 사례이다.[13]

시카고 부흥 운동의 정점, 화려한 안수식

　　대회의 정점은 3월 10일 주일 오후 메트로폴리탄 감리교회에서 열린 화려한 안수식이었다. 이 예배는 급진적인 성결 운동이 감리교에서 떠난 것을 축하하는 행사이자 기독교 사역을 위한 봉헌식이었다. 실제로 안수 후보자 중 두 명인 로빈슨과 돌보우는 이미 감리교회의 굳건한 사역자였다. 세 번째 사람인 조지 컬프 George B. Kulp(1845~1939)는 미시간주에서 중요한 감리교회 목사였으며 배틀 크릭에서 국제사도성결연합 IAHU 계열 교회의 목사로 봉사하고 있었다. 안수받은 다른 사람들 중에는 하비도 있었다. 리스가 행사비를 전달했다. 리스, 파슨, 존 노베리, 퍼거슨, 냅, 카우프만 A. H. Kaufman(미시간주 포트 휴런 출신의 중요한 IAHU 목사)과 에드워드 홀츠 Edward Von Holz가 새로 봉헌된 형제들에게 안수하면서 차례로 기도했다. 〈시카고 트리뷴〉은 "신음, 비명, 자비를 구하는 부르짖음, 아멘"이 교회를 가득 채웠을 때에도 "열렬한 기도가 몸을 굽히는 회중의 빈번한 삽입 행동으로 중단됐다."고 보도했다. 기도가 끝나자 후보자들이 일어났다. 마치 조율된 듯 앤디 돌보우는 익숙한 웃음을 터뜨렸고, "전도자들은 서로 팔을 껴안고 공중에 손수건을 흔들며 축복과 할렐루야를 외쳤다."고 말했다. 그리고 모든 회중은 대회의 주제가가 된 노래인 "진주 빛 하얀 도시"를 반복해서 불렀다.¹⁴

　　대회 개막일에 쓰인 "진주 빛 하얀 도시"의 가사는 NHA로부터의 급진적인 성결의 소외, 시카고 감리교, 미국의 진보 시대의 낙관주의를 포착하고 있다. 성결 운동의 초기 완전주의 찬송가와는 대조적으로, 이 노래는 지상 성도들의 완전한 삶에서 천국이나 천국과 같은 경험을 찾는 것이 아니라, 죄와 죽음과 악마가 없는 하늘의 "하얀 도시"를 기대하고 소망했다. 찬송가의 강력한 첫 구절인 "거룩하고 아름다운 성이 있고 그 건설자와 통치자는 하나님이시라"부터 2절의 가슴 아픈 끝 부분 "결코 이별의 말도 없고 해롭게 할 것도 없고 멸망시킬 것도 없나이다."로 끝난다. "저 빛나는 도시, 저 진주 빛 하얀 도시, 나에겐 저택이 있고 하프와 왕관이 있으니 이제 곧 내려올 하얀 도시를 바라보고 기다리며 그리워하노라." 사무원, 가정부, 주부, 노동자(그들 중 다수는 이민자)의 비극적 현실은 너무 세속적인 시카고의 "백인 도시"white city에서의 경험으로 인해 급진주의자, 개혁가, 엘리트 성직자가 옹호하는 현세적 사회구원에 대한 희망이 약화되었다.[15]

사실상 이 찬송은 19세기 진보 시대의 미국인들에게 약속된 사회구원은 실제적인 사회구원과는 거리가 멀다는 것을 직관적으로 이해한 퍼거슨, 돌보우, 로빈슨 등 전도자들의 경험을 확증해 준 셈이다. 그들은 평화의 왕의 천년 전 강림을 통해 곧 시작될 것이라고 믿었다. 최근의 역사적 연구에도 불구하고, 중산층 복음주의, 특히 감리교에 대한 급진주의자들의 비판은 가난한 사람들에 대한 자신들의 비마르크스주의적 우선적 선택에 의해 깊이 물들었다. "과학, 학문, 무역"으로 유명한 자랑스러운 "화이트 시티" 시카고 한복판에서 리스는 하나님은 인간과 달리 "약하고, 어리석고, 비천하고, 멸시받고, 전혀 아무것도 아닌" 사람들을 선택하셨다고 주장했다. 리스는 "오늘날 구원받는 영혼들은 첨탑이 있는 교회에 있는 것이 아니라 정글과 빈민가에 있습니다."라고 말했다. 퀘이커 전도자는 "옷 문제를 논의하는 동안" "부랑자와 창녀가 왕국에 들어갈 것입니다."라고 비꼬듯 말했다. '진주 빛 하얀 도시'의 논리에 따르면 구원은 '교회나 국가의 고관'이 아니라 '하늘'에서 올 것이다. 새로운 전도자들과 그들의 추종자들은 환상이 거의 없었다. 성화된 자들의 삶을 은유적으로 가리키는 "불라의 땅", 즉 "젖과 꿀의 땅"은 더 이상 지상의 현실이 아니었다. 예수의 천년왕국 강림에 대한 "복된 소망"은 인간 경험의 절정인 두 번째 축복인 성화를 대체했다. 급진파와 성결 운동에 참여하는 대부분의 개인에게 성화는 더 이상 기독교 종교적 경험의 정점이 아니었다. 존경받는 갓비는 "성화를 기독교적 경험의 목적으로 삼으려는 치명적인 노력"은 메시아의 영광스러운 강림으로서 "필요한 복음의 장막"을 방해했다는 점이라고 평가했다.[16]

지금은
웨슬리, 휫필드, 피니의 시대다!

조직가들이 시카고 언론에서 받은 홍보를 이용하여 부흥의 종료 예정일인 3월 10일은 무시되었다. 정오 예배는 시카고의 제일 감리교회에서 계속되었고 저녁 예배는 처음에는 도시 북쪽에 있는 주로 독일어를 사용하는 복음주의 교회에서 열렸고, 그 후 일주일 동안 엘림 스웨덴 감리교회에서 열렸다. MCA 전도자인 존 노베리는 "제단이 너무 작아서 구도자들을 수용할 수 없었다."고 보고했는데, 그는 3월 말까지 1,000명 이상의 구도자들이 MCA 제단에서 "이중 치유"를 구했다고 추정했다. 냅에게 있어서 MCA

는 사중 복음의 확언, "교회의 구속"으로부터의 자유 그리고 가장 주목할 만한 수많은 회심을 포함하여 신약 교회의 모든 표식을 보여주었다.[17]

드디어 3월 25일, 오랫동안 기다려온 셰필드 애비뉴 감리교회에서 예배가 시작되었다. 부흥의 일반적인 방식으로 죄인들이 회심하고 보상이 이루어졌으며 급진적인 성결 운동의 교리가 감리교 신자들 사이에서 담대하게 전파되었다. 성결 급진주의자들은 열광했다. 찰스와 레티 카우만 부부의 동료이자 최종 회장이 된 동양선교회Oriental Missionary Society: OMS의 젊은 길보른E. A. Kilbourne은 "시카고에 그분의 강력한 임재로 인해 하나님을 찬양합니다. 역사상 이와 같은 것은 없었습니다. 진실로 지금은 웨슬리, 휫필드 그리고 피니의 시대입니다."라고 썼다.[18]

성결 급진파 MCA와 성결 온건파 NHA의 대결 속에 시작된 부흥 운동

점점 커지는 성결 운동의 급진주의는 눈에 띄지 않거나 도전받지 않은 것은 아니었다. 1900년 8월 초, 시카고 사람인 에스 비 쇼는 광신주의에 맞서 싸우고 부차적인 문제가 없고 복음주의 교파를 지지하며 '탈퇴주의' 정서의 증가에 반대하는 전국성결연합NHA을 만들기 위해 성결 총회를 계획하기 시작했다. 처음부터 성결 운동 온건파가 총회 조직을 지배했다. 쇼는 NHA의 최초 역사가이자 〈가이드 투 홀리스〉Guide to Holies의 편집자이자 1885년 시카고 회의의 핵심 인물이었던 존경받는 조지 휴스George Hughes를 회장으로 설득했다. 쇼는 의회의 최고 기금 모금자, 재무 담당자 및 주요 발기인의 역할을 맡았다. 총회 소집에 서명한 사람들 중에는 아이오와 성결 협회의 회장이자 온건파인 이사야 리드가 있었다. 영향력 있는 작가이자 성결 운동에 충성하는 제이 에이 우드J. A. Wood 그리고 자유 감리교 감독 더블유 티 호그W. T. Hogue, 급진주의자들과 관련이 있는 유일한 서명자인 에이 엠 힐스A. M. Hills는 공공연한 후천년설주의자였다. 아마도 주최측의 중대한 계산 착오로 인해 총회는 1901년 5월 3일 MCA의 매일 정오 회의 홀 건너편에 있는 시카고 제일 감리교회 본당에서 소집될 예정이었다.

근본적으로 성결 총회는 후원자들에게 깊은 실망을 안겨주었다. 감리교회 감독 8명과 20개 이상의 복음주의 교단 지도자들의 지지를 받았음에도 불구하고, 총회 명부는 세기 전환기 복음주의 기독교의 제도적 중심 외부에서 활동하는 일련의 비주류 그룹으로 구성된 운동임에 충실하며 드러냈다.[19]

그리스도인 완전 교리에 충실하며, 전천년 종말론, 교단탈퇴주의, 광신주의에서 벗어난 초교파 연합의 창설이라는 총회의 명시된 목표에서 벗어나 총회의 신앙 선언문에는 전천년설과 신유를 지지하는 조항이 포함되었다. 흥미롭게도, 총회가 소집되기 전에도 성결 급진주의자들은 전국성결연합의 주요 기관 중 하나이자 총회 후원자인 〈크리스천 위트니스〉에게 예수의 "문자 그대로의 인격적 재림"과 신유를 공식적으로 지지하도록 강요했다.[20] 그럼에도 불구하고 냅, 리스 그리고 MCA의 동역자들은 총회의 "공식 소집"을 승인하는 것에 거부했다. 리스는 이렇게 썼다. "우리는 공식 소집 내용에서 성결한 사람들의 3분의 2 이상이 배제된 상황에서 이를 '총회'라고 부르는 것은 매우 일관성 없다고 주장합니다." 리스는 "위원회가 총회를 원했다면 왜 소집을 요청하지 않고 총회에서 작업을 계획하도록 놔두지 않았습니까?"라고 비판했다.[21]

총회 시간이 가까워졌음에도 불구하고 MCA에서 영감을 받은 시카고 부흥은 계속되었다. 총회 전날인 5월 1일까지 약 2천 명의 구도자들이 MCA가 주도하는 예배에서 구원이나 완전 성화를 체험했다. 유명한 "인디애나 시골 출신 전도자" 존 하트필드는 "이 도시(시카고)는 성결에 대해 그토록 감동 받은 적이 없습니다."라고 썼다. "불은 여전히 타오르고 있으며 수백 명의 영혼이 그리스도께로 나아오고 있습니다." 감리교회 인디애나 연회의 안수 목사인 하트필드는 전통적인 NHA 교육의 소심함에 대해 성결 운동이 점점 더 크게 좌절하고 있다고 표현했다. 하트필드는 이렇게 썼다. "우리 회의에는 성결을 길들이려는 것에 대한 반대가 거의 없습니다. 그러나 교회의 죄를 때리는 뜨거운 성결을 그다지 바라지 않습니다." 마치 하트필드의 주장을 입증하려는 것처럼, 총회는 시카고 감리회의 주요 간행물인 〈노스웨스트 크리스천 애드보케이트〉의 승인을 받았다. 그리고 최근 3월에는 로빈슨이 프리메이슨 회원 자격과 교회 지위를 풍자한 호스트 교회의 목사인 존 브러싱햄

John P. Brushingham의 글도 있다. 성결 급진파에 대한 추가적인 모욕으로 브러싱햄은 총회의 주요 연사 중 한 명으로 선택되었다. 사실상 같은 교회에서 만나는 두 경쟁 파벌(NHA vs MCA)이 19세기 성결 부흥의 상속자들의 마음과 생각을 놓고 경쟁할 수 있는 무대가 마련된 것이다.²²

시카고 일간지 기자들의 참석으로 인해 서커스와 같은 분위기 속에서 성결 총회가 휴즈의 명령으로 소집되었다. NHA의 기존 회장 파울러(C. J. Fowler)가 신임 회장으로 선출되었다. 급진주의자들을 달래기 위한 시도로 워커가 제1부회장으로 선출되었고, 교리적 성명을 공식화하는 어려운 임무를 맡은 구원 위원회는 전천년설을 지지하는 방식으로 구성되었다. 이 위원회에 지명된 급진주의자들 중에는 워커와 나사렛 오순절 교회 창립자 피니어스 브리시(Phineas Bresee)의 동료이자 미래 MCA의 신학자인 더블유 이 셰퍼드(W. E. Shepard)가 있었다. 급진적인 요구에 대한 묵인의 마지막 표시로 리스에게 교회의 본당에서 정오 집회를 열도록 초대했다. 물론 리스는 거절했다.²³

이러한 양보와 언론의 많은 관심에도 불구하고 성결 온건주의자들은 시카고 총회를 광신주의에 맞서 싸우는 수단으로 사용하겠다는 초기 약속에서 완전히 물러나지 않았다. 인기 있는 리스에 대한 공격을 현명하게 피하면서 총회 지도자들은 파슨이 주도한 "시카고 협약"의 과잉을 자세히 설명하는 "거친 불"(Wild Fire)이라는 제목의 팜플렛을 배포했다. 그리고 〈시카고 트리뷴〉은 총회 조직자인 쇼의 말을 인용하여 파슨의 정통성에 의문을 제기하면서 시카고 은행가이자 설교자가 설립한 교단 없이도 충분한 교단들이 있다고 주장했다. 이에 뒤처지지 않으려고 파슨은 총회가 "회심 기술에 있어 실천이 부족해 보인다."고 비꼬았다. 이는 급진주의자들의 대회가 훨씬 더 많은 회심자를 배출했다는 사실을 고려할 때 특히 골치 아픈 비난이었다. 또한 그 시대 혹은 어떤 시대라도 성공을 중시하는 복음주의자들은 결코 무시할 수 없다는 비난이기도 했다.[24]

리스와 냅의 국제사도성결연합 IAHU와 온건파가 이끄는 총회 사이의 투쟁의 실제 강도는 일부 저명한 지도자를 포함하여 많은 성결 단원들이 총회와 리스의 정오 모임에 충실하게 참석하고 지원했다는 사실을 모호하게 해서는 안 된다. 사실, 총회는 제일감리교회의 넓은 예배당을 채울 수 없었지만, 정오 예배는 총회 대의원들과 호기심을 가진 사람들로 가득 찼다. 두 회의에 모두 참석한 대표자 중 한 명은 비 에스 테일러$^{B.\,S.\,Taylor}$였으며, 그는 많은 총회 참가자들을 대표하여 다음과 같이 건조하게 언급했다. "어떤 사람들은 성결인들이 분열되었다고 말했지만, 하나님 감사합니다. 나는 분열되지 않았습니다."[25]

다른 사람들은 급진주의자들에 대한 지지에 있어서 더욱 신중했다. 총회의 첫 번째 부의장인 워커는 하비가 인도하는 저녁 예배가 끝난 후 조용히 물러나 그곳에서 성결 온건주의자들의 "냉각 상태"를 신랄하게 공격했다. 적어도 하비에게는 "소위 성스러운 군중을 떠나 타락한 직업에 대한 한 번의 큰 싸움에서 급진주의자들과 바로잡는 경계선에" 있는 것처럼 보였다. 비록 후원자들의 의도는 아니었지만 총회에서 가장 중요하고 즉각적인 결과 가운데 하나는 급진적인 진영에 다수의 대표자들이 참여했다는 것이다. 성결 총회 동안 MCA에 매력을 느낀 주목할 만한 사람들 중에는 미국 최초의 여성 감독이자 불기둥 교회의 창시자인 앨마 화이트(1862~1946)와 셰퍼드(1862~1930)가 있었다.[26]

특히 셰퍼드는 MCA에서 가장 영향력 있는 인물 중 하나로 등장했다. 셰퍼드는 이미 상당한 위상을 지닌 전도자였지만, 총회에서 그의 중요성은 그가 로스앤젤레스에 본부를 둔 나사렛교회의 지도자인 피니어스 브리시의 개인 특사였다는 사실이었다. 당시 나사렛교회는 가장 중요한 성결 단체 중 하나로 빠르게 부상하고 있었다. 아직 40세가 채 안 된 셰퍼드는 브리시 교회의 부목사로 시무했으며, 브리시가 널리 유포한 〈나자렌 메신저〉Nazarene Messenger의 기고 편집자이자 정규 칼럼니스트였다. 여러 면에서 그는 젊은 성결 전도자들의 점점 커지는 급진주의를 대표했다. 사실상 낯선 사람인 셰퍼드는 총회 대표로 시카고에 도착하자마자 총회가 전하는 온건한 성결의 메시지가 아니라, MCA의 메시지에 매료되었다. 그는 오래된 복음주의 교파에 대한 급진주의자들의 불신을 공감하면서 전천년설과 신유에 확고히 헌신했다. 셰퍼드는 이렇게 썼다. "나는 첫 번째 그리스도인 체험부터 지금까지 따뜻한 집회에 참석하려고 노력해 왔습니다. 모임은 뜨거울수록 더 좋습니다. 한 가지는 확실합니다. 이 사람들, 즉 하비, 리스, 파슨은 열정적이고 타협하지 않는 방식으로 사람들을 하나님께로 인도하며 군중을 모으는 데 전혀 어려움이 없는 사람들입니다."[27]

그럼에도 불구하고 셰퍼드는 총회에 대한 비난을 거부했다. 그는 자신의 영향력을 적극적으로 사용하여 총회 신앙 선언문을 형성했으며, 신유와 임박한 예수의 재림을 승인하는 구원 위원회 보고서에 대한 총회의 열광적인 반응을 기쁘게 보고했다. 급진파와 온건파 비판자들 사이의 차이를 경시하면서 셰퍼드는 총회에서 생성된 성결 운동 연합의 징후를 강조했다. 셰퍼드는 총회 예배에 수반된 몇 가지 놀라운 신체적 징후를 기쁜 마음으로 축하했다. 여기에는 휴즈가 통로를 뛰어다니는 모습과 무디에게 더 높은 기독교 생활을 소개하는 책임을 맡은 나이든 자유 감리교인 사라 쿡이 제단 난간 앞에서 앞뒤로 뛰어다니는 모습이 포함된다. 셰퍼드는 결론을 내렸다. "자유의 정신을 주신 하나님께 감사드립니다. 그것은 완고한 보수주의에 의해 억압되지 않을 것입니다." 총회 의사록 출판에서 쇼를 돕기 위해 시카고에 남아 있던 캘리포니아 사람 셰퍼드는 성결 급진주의자(MCA)이자 성결 온건주의자(NHA)가 동시에 되는 것이 불가능하다는 것을 점차 깨닫게 될 것이다.[28]

성결 급진파의 승리로 끝난 시카고 부흥 운동

성결 총회에 대한 공식적인 급진적 반응에는 셰퍼드의 설명에 대한 절제된 내용이 전혀 포함되어 있지 않았다. 리스는 총회를

"성결의 이름으로 우리가 알고 있는 가장 큰 실패 중 하나였다."라고 일축했고, 8명의 감리교 감독이 지지하고 시카고의 "뒤처진 강단"에 초대될 만큼 대중적인 성결은 오순절의 성결이 아니라고 결론지었다. 리스는 말했다. "아니에요, 형제들이여, 자신을 속이지 마십시오. 그 '총회'는 오순절과 그다지 비슷하지 않았습니다. 오순절 총회에서는 120명의 대표자가 하루에 3,000명의 회심자를 보았습니다. 그러나 여기서 150명의 대표자는 10일 동안 100명의 회심자도 얻지 못했습니다." 총회 참석률이 낮고 회심자가 거의 없으며 실증적인 예배가 거의 없음을 지적하면서 전직 퀘이커 전도자였던 리스는 다음과 같은 간단한 원인을 지적했다. "성결의 사회적, 경제적, 문화적, 도덕적 타협은 온건합니다." 그가 관찰한 바와 같이, "비단같이 아름다운 모자가 많이 있었지만, 성령의 불은 결코 떨어지지 않았습니다." 결과적으로, 당연히 자기들만의 은밀한 모임들, 사치스러운 의복, 길드 시대의 중산층 문화의 또 다른 모습 등과 타협했던 해변 휴양지와 도시 응접실에서 말하는 성결은 급진파의 진격 이전에 이미 물러가고 있었다.[29]

다른 사람들은 리스의 결론을 공유해야 했다. 1년 후 실망한 이사야 리드가 지적했듯이, 피비 팔머 시대 이후로 성결 운동을 지배해왔던 설교의 강조점은 "다른 이슈들"로 대체되었다. 리드가 올바르게 관찰한 신세대 성결 전도자들은 "요셉을 알지 못했던" 애굽의 왕들과 같았다. 그런 문제에 있어서 피비 팔머는 시카고와 같은 도시에 밀집한 이민자들의 경험에 더 잘 맞는 덜 낙관적인 신앙을 형성하고 있었다. 사실상, 역사에 대한 하나님의 직접적인 개입을 추구하는 국제사도성결연합 IAHU와 메트로폴리탄교회연합(MCA)의 새로운 천년왕국적 완전주의는 한때 신자들에게 천년왕국 이편에서 천국을 미리 맛보라고 촉구했던 오래된 가르침을 바꾸어 버렸다.[30]

급진파의 승리 정도는 점차 명백해졌다. 총회가 위임한 영구 조직은 결코 실현되지 않았으며, 10월에 총회의 주요 기관인 성결 지침서의 출판이 중단되었다. 물론 이러한 발전은 총회 이전에 있었던 보다 근본적인 변화의 징후일 뿐이었다. 성결 운동의 광신주의를 물리치기 위해 소집된 시카고 총회는 아이러니하게도 급진적인 안건의 대부분을 입증했다. 갓비가 기뻐하며 언급했듯이, "시카고 총회는 우리 중 누구라도 설교해 온 모든 진리를 인정함으로써 도끼를 묻었습니다." 10년 만에 성결 운동의 신앙은 근본적으로 바뀌었다. 모리슨, 피켓, 브래셔 그리고 옛 교단에 남아 있던 퀘이커 월터Quakers Walter 및 엠마 말론Emma Malone과 같은 사람들 사이에서도 새천년을 주도하는 완전주의는 이미 실현되었다는 NHA의 종말론을 대체했다. 19세기 성결 부흥의 낙관주의는 새로운 냉소주의로 바뀌었다. 비록 예고되지는 않았지만, 하나의 성결 운동은 다른 성결 운동으로 대체되었다.[31]

성결 총회가 끝난 지 이틀 뒤인 5월 15일, 급진주의자들은 자신들의 시카고 대회를 공식적으로 종료했다. 열흘 동안 진행될 예정이었던 영적 부으심은 두 달 이상 지속되었다. "수년 동안 우리는 하나님께서 우리에게 오순절을 보내주시기를 기도해 왔습니다."라며 지쳤지만 승리한 냅은 썼다. "기도는 여러 곳에서 어느 정도 응답되었지만, 우리가 아는 한, 최근 시카고에서 일어난 대부흥만큼 완전하게 응답된 적은 없습니다." 냅이 확인한 오순절의 특징적인 표징 중에는 죄인의 구원, 신자의 성화, 신유, 예수의 재림에 대한 설교, 특히 교회 지도자들 사이에서 죄의 공개적 고백과 책망 그리고 여성들의 설교가 있었다. "강력했던 적의 진지는 하늘로부터 내려온 불에 타버렸다. 이는 성결 운동의 신성함을 보여줌과 동시에 반대편 세력의 지옥 같은 탄생을 보여주었다."라고 『하나님의 오순절 번갯불』의 저자 냅은 결론지었다.[32]

04

보스턴을 침공하다
"오순절 댄서들"

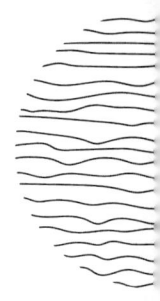

    20세기의 복음주의 지도자 중 목사, 세련된 강단 연설가, 전도자, 에큐메니스트, 사회 개혁가인 폴 리스$^{Paul\ S.\ Rees(1900\sim1991)}$만큼 존경받은 사람은 거의 없었다. 빌리 그래함의 친구이자 동료이자 개혁주의 복음주의자들과 웨슬리안 복음주의자들 사이에서 존경받는 사람, 세계 교회 협의회의 신앙 직제 위원회 위원, 전국 복음주의 협회 회장 겸 지도자인 폴 리스는 계급과 존경심을 의인화했다. 1950년대가 1960년대로 넘어가면서 존경받는 복음주의 사회 복지 기관인 〈월드비전〉의 부사장이자 편집자인 폴 리스는 조지 맥거번의 대선 캠페인을 지지하고, 사회적 책임을 위해 복음주의자로 조직된 진보적인 젊은 복음주의자들의 진영으로 쉽게 들어갔다. 공교롭게도 그는 1900년 9월 4일 그의 아버지 셋 리스가 창설한 성결 캠프장에서 태어났고, 아버지의 전기 작가이자 초기 동료로 봉사했다. 실제로 이 남가주 대학교 졸업생은 매우 다른 종류의 급진주의자였다. 비록 많은 사람이 폴 리스가 보편주의를 믿는다고 의심했고, 그가 확실히 자유주의적인 정치적 견해를 가지고 있었지만, 폴 리스의 냉소적인 성격은 그의 오만한 아버지의 성격과 현저한 대조를 이루었다. 그러나 진정한 의미에서 그는 사회 정의에 대한 열정과 20세기 초 성결 운동의 특징이었던 일반 미국인들의 열망에 대한 존중을 문자 그대로 이어받은 몇 안 되는 상속자 중 한 명이었다. 이러한 급진주의를 다르게 이해하려면 1901년 12월 보스턴 부흥을 살펴볼 필요가 있다.

Holy Jumpers Dancing Around Pyre of King Tobacco, Showing Brother Erickson, Who Lifts Voice with Derrick

(The above cut and the following press comment shows to what depths of sin Boston has fallen, and ow it has been stirred by our leaders and evangelists —THE BURNING BUSH.)

데릭과 함께 목소리를 높이는 에릭슨 형제를 보여주는 킹,
담배 장작 주위에서 춤추는 홀리 점퍼스

위 컷과 다음 언론 논평은 보스턴이 얼마나 깊은 죄악에 빠졌는지 그리고 우리 지도자들과 복음 전도자들인—The Burning Bush가 어떻게 죄를 선동했는지 보여준다.

시카고에 이어
보스턴에서 일어난 부흥 운동

보스턴 부흥은 국제사도성결연합 IAHU와 메트로폴리탄교회연합$^{(MCA)}$의 놀라운 부흥의 해에 나타난 자연스러운 정점이었다. 1901년 여름 내내 급진적인 성결 전도자들은 미국과 캐나다 곳곳에서 열린 수백 건의 성결 캠프 미팅에서 연설하면서 북미 대륙 전역으로 퍼져나갔다. 셋 리스는 그의 젊은 아내이자 동료 전도자인 프리다 리스$^{Frida\ Marie\ Stromberg\ Rees}$와 어린 아들 폴과 함께 매우 빡빡한 일정을 소화했다. 아이오와와 오레곤의 퀘이커 공동체에 부흥을 전파하며, 셋 리스는 포츠머스$^{(로드아일랜드)}$ 캠프 집회에서 퍼거슨, 앤디 돌보우, 존 노베리 및 메신저와 합류하여 많은 청중에게 감동을 선사했다. 여름이 지나고 가을이 지나 겨울이 되면서 부흥은 계속되었다. 12월, 리스는 시카고 부흥을 무색하게 만드는 홍보의 바닷속에서 보스턴에서 열린 포츠머스 캠프 회의 협회의 연례 겨울 부흥에서 그의 사역 경력 중 가장 눈부신 한 해를 마무리했다.[1]

급진 연합에서 MCA의 새로운 지위를 반영하여 협회의 "교양 있는 보스턴의 죄와 사탄에 대한 공격"의 주요 연설자는 에드윈 엘 하비와 듀크 파슨이었다. 그들은 셋 리스, 버드 로빈슨, 퍼거슨, 프랭크 메신저, 존 노베리와 같은 시카고 부흥의 영웅들을 포함하여 16명의 다른 성결 전도자들의 도움을 받았다. 협회는 보스턴의 역사적인 파크 스트리트 회중교회를 10일 동안 임대했다. 그리고 예배자들의 고함과 뛰어오르는 소리가 교회를 뉴잉글랜드에서 가장 저명한 복음주의 교회의 굳건한 교인들을 공포에 떨게 만들고, "증권 거래소의 매장처럼 들리게" 함으로써 보스턴 언론에 즉각적인 센세이션을 일으켰다. 시카고의 선례를 참고하여 복음 전도자들은 그 도시의 성직자들을 신랄하게 공격했다. 리스는 "당신은 이제 당신의 목사에게 연간 3,000달러를 지불하고 있습니다. 주일에 설교하고 당신의 아이들이 지옥으로 곧장 미끄러질 수 있도록 기름칠한 판자를 제공한 대가로 말입니다."라고 비꼬았다.[2]

12월 9일 화요일, 파크 스트리트의 목사인 존 위드로(John L. Withrow)는 교회 건전성 위원회의 지원을 받아 셋 리스에게 예배자들이 "구르기, 신도석 위에 서기, 통로나 복도에서 춤추기"를 자제하도록 요구했다. 리스의 회피적인 답변에 만족하지 못한 건전성 위원회는 강력한 지원을 받아 급진파의 임대 계약을 종료시켰다.[3]

이에 당황하지 않고 파슨의 항상 준비된 지갑의 축복을 받은 전도자들은 뉴잉글랜드에서 가장 큰 강당 중 하나인 메카닉스 홀을 임대했다. 12월 11일 목요일, 약 7천 명이 참석한 가운데 대회의 주요 연설자인 에드윈 엘 하비는 "시카고의 횟필드"라고 불렸다. 강단에서 그는 익살스러움과 함께 그를 가장 악명 높은 "오순절 댄서"로 만들었던 탕자의 이야기를 다시 들려주었다. 하비는 "현대 설교자는 신학교를 거쳐 플러그 모자와 단추가 달린 코트를 입고 나와서 회중에게 껍질을 먹여 주는데 군중 전체가 지옥에 가고 있습니다."라고 풍자했다. 사실, "현대적 설교자"인 하비는 그들을

탕자라고 비난했다.⁴

마틴 냅의 죽음과 내부 권력 투쟁

1901년 12월 7일, 보스턴 부흥의 둘째 날, 참가자들은 신시내티로부터 마틴 냅이 예기치 않게 사망했다는 소식을 받았다. 냅의 미망인 미니 냅^{Minnie Ferle Knapp}은 리스에게 장례식을 진행해 달라고 요청했지만, 열정적인 퀘이커 전도자 리스는 아마도 그의 가장 큰 승리를 거두고 있던 중이어서 보스턴을 떠나기를 꺼렸다. 리스는 나중에 자신의 행동을 변호하기 위해 "나의 속마음은 축복의 산으로 날아가고 싶었습니다. 그러나 게티즈버그에서는 떠날 수 없었습니다."라고 썼다. 부흥은 9일 동안 계속되었다. 리스는 "사람들이 엄청나게 많이 왔습니다."라고 기억했다. "수백 명이 주를 찾았으며 많은 사람이 고침을 받았습니다." 예배는 12월 15일 주일에 끝났으며, 제단은 함성과 울부짖는 구도자들로 가득 찼다. 리스는 몇 년 후 이렇게 썼다. "나는 그 집회에서 자신이 구원받았다는 누군가의 말 없이는 보스턴에 갈 수 없습니다."⁵

냅의 만성적인 건강 악화에도 불구하고 급진적 성결 운동은 그의 죽음을 대비하지 못했다. 주요 정기 간행물의 창립자이자 편집자, 주요 출판사, 준교단 구조의 설계자, 국제사도성결연합

IAHU, 최초의 성경학교 창시자, 주요 신학자였던 냅은 대부분의 성결 운동이 급진적으로 협력할 수 있도록 훌륭하게 이끌었다. 셋리스가 주장한 것처럼, "오순절이 2000년 전에 사람들에게 행한 일이 무엇이든 우리가 정말로 그것을 이해한다면 우리에게도 도움이 될 것"이라는 사실을 발견한 사람은 냅이었다. 그것은 급진적 성결 운동의 가장 영향력 있는 두 종파인 메트로폴리탄교회연합(MCA)과 오순절주의의 종교적 견해를 형성하게 된 주장이었다.[6]

냅 사망 당시 MCA가 냅에게 미친 영향을 과대평가하기는 어렵다. 시카고 교회가 다른 어떤 교회보다 원시 교회의 특성을 더 완벽하게 보여주고 있다고 굳게 확신한 냅은 죽기 몇 달 전에 점점 더 하비 쪽으로 방향을 틀었다. 사실 냅은 죽기 불과 일주일 전에 하비가 1902년 축복의 산 캠프 집회의 지도를 포함하여 부흥 운동의 임시 지도력을 맡을 것을 요청했다. 이 계획은 냅의 죽음 이후 하나님의 성경학교 이사회에 의해 불발되었다. MCA 주장의 진실성에 관계없이 냅의 갑작스런 죽음, 화장(세기 전환기에 성결한 사람들에게는 특이한 관행), 논쟁의 여지가 있는 하나님의 성경학교 이사 선정 등은 논란이 될 분위기를 조성했다. 특히 불안한 것은 냅이 이사 후보를 선택했다고 주장하는 어떤 개인이 제시한 빈약한 증거(이름 세 개가 적힌 종이 조각)였다. 여성의 역할 확대에 대한 급진주의자들의 헌신을 고려할 때 덜 문제가 되는 것은 세 사람이 여성이라는 사실이었다. 창립자의 아내인 미니 냅, 학교 전도자이자 신시내티에 도착한 이후 냅의 동료였던 메리 스토리^{Mary Storey} 그리고 놀랍게도 〈갓스 리바이벌리스트〉의 편집 보조원으로 냅과 긴밀히 협력했던 젊은 비서인 베시 퀸$^{Bessie\ Queen}$도 있었다. 첫 번째 조치 중 하나로 이사회는 메레디스 스탠들리$^{Meredith\ G.\ Standley}$를 이전에 냅이 맡았던 하나님의 성경학교의 성경 교사로 임명했다.[7]

윌리엄 갓비의 강력한 지지에도 불구하고 미니 냅이 남편의 사역을 이끌기에 부적합하다는 사실로 인해 상황은 매우 복잡해졌다. 공식적으로 〈갓스 리바이벌리스트〉의 발행인이자 공동 편집자로 선임된 냅 여사는 베시 퀸에게 정기 간행물의 방향에 대해 사실상 절대적인 권한을 부여했다. 스탠들리는 하나님의 성경학교의 지도를 맡았다. 감리교에 충성하는 메리 스토리는 최근 MCA의 후원으로 시카고에서 부흥 예배를 인도했다. 냅보다 기질 면에서 덜 급진적이며 성결 총회에 대한 급진파의 보이콧에 대해 비판적인 스토리는 급진파의 총회 거부가 시카고 부흥에 수반되었던 "불, 능력 그리고 영광을 꺼뜨렸다."고 확신했다. 사실 스토리는 MCA의 직원인 셋 리스처럼 되고 싶은 마음이 전혀 없었다. 베시 퀸은 자신의 신뢰성을 확고히 하기 위해 자신이 고안한 일련의 기사를 편집함으로써 〈갓스 리바이벌리스트〉의 편집자로서, 냅의 후계자로서의 지위를 강화했다.[8]

창립자의 마지막 시기들의 특징이었던 급진주의로부터 사역을 분리시키려는 분명한 의도에서 성결 총회 지지자인 애런 힐스는 냅의 전기를 집필하라는 의뢰를 받았는데, 그는 7주라는 짧은 기간에 그 일을 해냈다. 힐스가 서문에서 분명히 밝혔듯이, 특히 냅의 마지막 날에 대한 정보의 주요 출처는 베시 퀸이었다. 당연히 이 작업은 몰락한 출판사의 상속자로서 스토리와 퀸의 지위를 입

증했다. 창립자와의 친밀감을 확인하기 위해 퀸은 냅 가족의 가정생활을 설명하는 장을 쓰기도 했다.⁹

급진 연합의 지도자로서 퀸의 급속한 출현을 의심한 많은 사람 중에는 냅의 또 다른 개인 비서인 플로렌스 포터Florence L. Potter가 있었다. 힐스의 전기에서 사무실 소녀로 묘사된 이 분노의 포터는 결국 MCA로 들어가 에드윈 엘 하비의 보좌관으로 일했다. 예상대로 포터는 MCA에 합류함으로써 하비가 죽기 직전에 하나님의 성경학교 및 관련 사역의 리더십을 맡을 것을 요청한 냅의 뜻에 순종했다고 주장했다. 그녀는 또한 퀸이 냅의 편집 보조원으로서의 지위를 이용하여 그의 계획을 우회했다고 주장했다. 포터는 또한 냅의 죽음이 반칙의 결과일 수 있음을 암시했으며, 심지어 하비가 하나님의 성경학교의 리더십을 맡도록 한 냅의 바람에 반대하는 것은 이 "공격적이고 영적이지 못한 젊은 여성"의 야심 찬 욕망에 대한 반응이었다고 지적했다.¹⁰

설상가상으로 일부 사람들은 냅이 사망하기 직전에 퀸이 쓴 불행한 기사를 해석하여 그녀가 덜 영적인 의미에서 〈리바이벌리스트〉 사역과 결혼했다고 주장했다. 퀸은 냅의 생애 마지막 2년 동안 그와 함께 자주 여행했기 때문에 이것은 특히 문제가 되는 비난임이 입증되었다. 마치 그녀의 다른 죄악에 위선을 더하는 것처럼, 경솔하다는 소문이 돌던 1900~1901년 말에 퀸이 스탠들리와 갑작스럽게 결혼한 것은 적어도 그녀를 비판하는 사람들에게 다음과 같은 사실을 보여주었다. 그녀가 매우 자랑스러워했던 〈리바이벌리스트〉와의 독점적인 영적 결합은 확실히 짧은 기간 동안 이루어졌다는 것이다. 공평하게 말하면, 냅의 죽음 이후 권력을 위한 투쟁에서 명백히 패배한 포터는 확실히 객관적인 증인으로 받아들여져서는 안 될 것이다. 사건에 대한 그녀의 설명은 확실히 MCA 입장에 신빙성을 부여하고 냅의 죽음 이후 신시내티에서의 발전에 대한 MCA 공격의 맹렬함 뒤에 숨은 논리를 이해하는 데 도움이 된다.[11]

냅의 유산
<리바이벌리스트> 사역

냅의 사역에는 제한된 교단 구조, 국제사도성결연합, 하나님의 성경학교, 해외 선교, 연례 캠프 집회, 출판 기관 및 구조 선교가 포함되었지만, 급진적 운동의 핵심적인 제도적 표현은 <갓스 리바이벌리스트>였다. <리바이벌리스트>는 국제사도성결연합, 선교부, 하나님의 성경학교보다 먼저 만들어졌고 대부분 창설되었다. 냅이 급진 연합의 독특한 기풍, 즉 성결 운동 문화를 구축한 것은 바로 신문의 칼럼을 통해서였다. 초심자들에게 성결 전도자들의 공적을 단순히 나열한 <리바이벌리스트>의 "보고 칼럼"은 나열된 특정 사역에 대한 승인 역할을 했다. 결과적으로, 냅의 편집자는 특정 사역의 성공이나 실패를 쉽게 판단할 수 있었다. 사실상 <리바이벌리스트>의 독자들은 급진적인 성결 운동가들이었고,

편집자는 운동의 방향을 형성하는 데 있어서 가장 강력한 힘을 가지고 있었다. 비평가들의 역겨움에도 불구하고 퀸은 스토리, 스탠들리, 갓비, 또는 셋 리스보다 사실상 편집자로서 타락한 지도자의 역할을 물려받았다. 그것은 3년 전에 멸시받는 성스러운 사람들과 운명을 같이하여 부유한 부모를 공포에 떨게 했던 젊은 여성으로서는 놀라운 쿠데타였다.[12]

스토리, 냅 여사 그리고 역시 〈리바이벌리스트〉 편집자인 영향력 있는 갓비의 전폭적인 지원을 받아 운영권을 거머쥔 베시 퀸은 강력한 탈퇴주의 정서를 조절하기 위해 움직였다.[13] 교파 충성심에 대해 초기에 가장 목소리를 높인 비평가 중 한 명인 메신저와 같은 저널의 작가들은 갑자기 그들의 글 중 일부가 너무 논쟁의 여지가 있어 배포할 수 없다는 사실을 발견했다. 힐스가 냅의 삶에서 조용하지만 강력하게 교회 문제에는 두 가지 측면이 있으며, 아마도 타락한 편집자가 잘못된 입장을 취했을 수도 있다고 제안한 것처럼 말이다. 타협에 대한 냅의 폭발적인 공격을 처음으로 완화한 후, 사설에서는 이제 사랑을 생략하고 "엄청난 설교자"에 대해 경고했다. 4월까지 갓비는 "광신주의"에 대한 기사를 쓰고 있었다. 베시 퀸이 구원받고 성화된 "수많은 사람"이 "이단과 광신주의에 빠져들고" 있다고 경고한 것처럼 말이다. 동시에, 에드윈 엘 하비는 여전히 연례 산상 축복 캠프 집회의 연사로 예정되어 있었지만, 저널이 그의 마지막 기사를 출판한 날인 1월 16일 이후로 〈리바이벌리스트〉에서 호의적인 평가를 받지 못했다.[14]

MCA와 셋 리스의 결별

놀랍게도 권력 다툼에서 가장 명백하고 즉각적인 패자는 셋 리스였다. 국제사도성결엽합의 남은 회장 자리는 〈리바이벌리스트〉의 독자로 구성된 독립적인 지역 회중들에 대한 그룹의 헌신을 고려한 의례적인 직위였다. 〈갓스 리바이벌리스트〉의 부편집장이자 퀘이커 급진주의자 셋 리스는 여전히 MCA의 직원이었다. 리스는 단순히 해고되기에는 확실히 너무 강력했지만, 신시내티의 지도부는 그의 급진적 경향뿐만 아니라, 야심찬 독재자로서의 평판에 대해서도 분명히 경계했다. 당연히 퀸, 스탠들리, 스토리가 자신의 조건에 따라 리스를 〈리바이벌리스트〉 동역의 파트너로 기꺼이 받아들인 때는 신시내티에서 권력을 통합하고 냅의 전기 작가를 선택하고 성결 운동의 과정을 조정한 이후였다. 흥미롭게도, 냅이 죽기 몇 주 전에 그가 리스에 대해 점점 더 환멸을 느끼고 있다는 지속적인 소문은 실제로 리스가 종파적 성결 급진주의의 가장 눈에 띄는 지지자에서 스토리, 퀸, 스탠들리, 갓비로부터 징계받은 〈리바이벌리스트〉 운동의 지도자라는 위치로 전락하도록 촉진했을 수 있다.[15]

1902년 4월 초 셋 리스는 MCA에서 분리되어 국제사도성결연합의 온건한 지도부로 자신의 지지 성향을 바꾸었다. 리스가 MCA를 중단하기로 결정한 이유는 말할 것도 없고 언제였는지를 판단하는 것도 매우 어렵다. 부분적으로 그것은 의심할 바 없이 그의 복음 전도 경력의 특징이었던 실용주의를 반영했다. 1902년 봄에 그가 분명히 이해했듯이, 그 앞에 놓인 선택은 MCA의 직원으로 남거나 신시내티에서 조연 역할을 하는 것이었다. 그리고 퀸과 스탠들리가 경험이 부족하다는 점을 고려하면 아마도 점진적으로 급진적 운동의 지도자로서 냅의 역할을 맡게 될 것이다. 두 번째 이유는 좀 더 개인적인 것일 수도 있다. 최근 널리 알려진 세계 일주 전도 여행을 마치고 돌아온 리스의 아들 바이런은 하버드에서 학업을 재개한 후 성결 운동에서 탈퇴했다. 보스턴 부흥에 대한 그의 아버지의 리더십과 보스턴 부흥에 관한 보스턴 언론의 당황스러운 홍보가 아들 리스의 결정에 어떤 역할을 했는지는 알려지지 않았다. 그럼에도 불구하고 시카고와 보스턴의 부흥은 틀림없이 셋 리스의 전도 경력 중 가장 성공적인 두 가지 사역이었다.[16]

그러나 1902년 3월 중순까지 셋 리스는 메신저와 같은 성결 급진주의자들에게 시카고의 모든 것이 옳지 않다고 경고하기 시작했다. 그러나 그러한 경고는 상당한 재량권을 가지고 이루어졌으며 대부분의 성결 급진주의자들은 냅의 신중하게 구성된 연합이 붕괴 직전에 있다는 것을 어렴풋이 알았을 뿐이다. MCA와 공개적으로 결별하는 것을 리스가 꺼렸다는 것은 잘 알려진 사실이다. 가장 기본적인 이유 중 하나는 파슨, 하비 및 나머지 MCA가 많은 경우 전체 급진 운동의 주요 재정 자원이라는 사실이다. 그들은 스토커-리스의 전 세계 선교 여행에 가장 큰 공헌자였으며, 최근 일본에서 찰스와 레티 카우만 부부의 선교 사업을 위한 중요한 자금원이었다. 둘째, 냅이 하비와 파슨을 동일시하고 시카고와 보스턴 부흥 운동이 널리 알려졌음을 고려하면, 신시내티의 지도부는 MCA와의 공개적인 결별이 의심할 여지 없이 성결 급진파의 충성, 재정 및 기타 다른 것을 위한 권력 투쟁으로 이어질 것임을 알고 있었다. 셋째, 리스는 급진적인 공동체 위치에서 물러날 경우 자신의 이미지에 어떤 영향을 미칠지 이해했다.[17]

리스와 신시내티 지도자들의 우려에는 근거가 없지 않았다. 뉴잉글랜드에서는 성결 급진주의의 가장 중요한 두 중심지인 매사추세츠주의 노스 애틀보로⟨갓스 리바이벌리스트⟩ 동부 사무실⟩와 코네티컷주의 노스 그로스베노데일이 탈퇴하여 MCA로 합류했다. 뉴잉글랜드의 급진 연합의 지도자들 중에서 오직 노베리와 프로비던스에서 셋 리스의 보좌관인 존 페닝턴John Pennington만이 ⟨리바이벌리스트⟩ 운동에 충실했다. 그러나 정기 간행물에서 가장 많은 글을 기고한 세 명의 작가인 프랭크 메신저, 루이스 미첼, 아서 그린은 MCA를 탈퇴했다. 메신저의 탈퇴는 특히 많은 비용이 들어야 했다. ⟨리바이벌리스트⟩ 사역의 주요 재정적 기여자로서 그는 축복의 산 부지 구입 비용의 3분의 1을 냅에게 기부했다. 흥미롭게도 1900년 가을에 리스가 그 지역의 "영적 힘"의 주요 중심지로 확인한 뉴잉글랜드 교회 중 다수가 MCA와 연합하게 되었다. 덴버에서 앨마 화이트는 자신의 오순절 연합을 MCA와 연계시켰다.[18]

1902년 3월 23일 주일 저녁, 리스는 메트로폴리탄 성결교회에서 마지막으로 설교했다. 리스는 나중에 이렇게 회고했다. "어머니 교회와 단절하는 것은 큰 의미가 있었습니다. 우리의 간증은 경시되고 조롱당했으며, 사람들은 우리에게 냉담한 태도를 보이기 시작했습니다. 반면 하나님은 이전과는 전혀 다른 미소를 지으셨습니다." 리스의 마지막 설교 불과 며칠 전, 그의 동료인 에스 에이치 볼톤S. H. Bolton은 시카고의 파 웨스트 사이드의 오스틴 지역에 있는 작은 녹색 교회를 구입했다. 오스틴 성결교회는 시카고의 국제사도성결엽합 소속 교회로서 메트로폴리탄 성결교회를 대체했다. 리스가 말했듯이 "하나님의 섭리 아래서" 볼톤이 목사가 되었다.[19]

리스가 말한 우려 사항 중 하나는 뛰어오르는 행위인 점프가 MCA 사역에서 보조적인 역할이 아니라, 결정적인 역할을 갖게 되었다는 그의 확신이었다. MCA가 처음으로 "오순절 점퍼" 또는 단순히 "점퍼"로 알려졌던 보스턴에서는 이미 점프가 특별한 영적 지위로 승격되었다는 징후가 있었다. 이것은 보스턴 집회에서 하비가 남긴 몇 안 되는 인용문 중 하나에서 분명하게 드러난다. 12월 11일 수요일, 이 시카고의 휫필드 에드윈 엘 하비는 청취자들에게 다음과 같이 칭찬했다. "이제 나는 형제에게 말하는데, 이런 점프가 당신에게 일어나지 않으면 당신은 구원받지 못할 것입니다." 실제로 하비는 이러한 점프 행위가 신실한 설교의 자연스러운 부산물이라는 오래된 복음주의적 개념을 넘어섰다. 보스턴 집회에서 점프는 하나님의 은총을 나타내는 외적인 표시가 되었다. 리스가 부흥의 열기 속에서 수백 명의 회심을 가져온 예배로부터 거리를 두는 데에는 오랜 시간이 걸렸다. 그러나 5월이 되자 그는 점프가 구원의 확증이라는 확신이 줄어들었고, MCA가 실시하는 예배에서 과도한 행위가 일어나고 있다는 두려움을 공개적으로 표현하기 시작했다. 리스는 하나님의 성경학교에서 동정적인 청중 앞에서 "현상은 많고 다양하며 이리로 올 수도 있고 저리로 올 수도 있습니다. 가장 깊은 영성은 보이는 실증에 있다고 결코 가정하지 맙시다."라고 주장했다. 아이러니하게도 시카고 부흥에서 가장 큰 승리를 거둔 지 1년 후, 셋 리스는 성결 예배의 절제와 예절의 대변인이 되었다.[20]

논란의 중심 "점프", 성령 세례의 특별한 증거인가

　　MCA에 대해 공평하게 말하면 실증적 예배는 오랫동안 감리교, 찰스 피니와 같은 전도자들의 부흥 그리고 성결 운동의 특징이었다. 보스턴에서 주요 점퍼 중 한 명은 전국성결연합[NHA] 충성주의자이자 뉴잉글랜드 공장 소유주인 디콘 모스[Deacon Morse]였으며, 그는 후천년왕국주의를 믿는 더글러스 캠프 집회의 리더로서 성결 총회에서 중요한 역할을 했다. 급진주의자들 사이에서 셋 리스와 마틴 냅은 오랫동안 영적인 교회는 "항상 시끄러운 교회였다."고 주장해 왔다. 리스가 1901년 여름에 "오순절의 증거"라는 적절한 제목의 기사에서 썼듯이, "오순절 경험은 오순절 증거를 가져옵니다."[21]

　　보스턴 사역 이전에도 일부 급진주의자들은 그들의 사역에 따르는 극단적인 행위, 특히 점프를 불안해했다는 증거가 있다. 1901년 11월, 나중에 냅이 쓴 것으로 알려진 서명되지 않은 〈갓스리바이벌리스트〉 사설에서 작가는 "다른 모든 것과 마찬가지로 진짜 영에서 태어난 점프 행위도 위조된 것"이라고 경고했다.[22]

초기 〈버닝 부시〉 운동의 가장 악명 높은 특징이자 이 운동의 다른 두 가지 특징, 즉 재산의 공동 소유와 추악한 저널리즘보다 앞선 것으로서 MCA 역사와 예배에서 신체 운동의 기능과 이 단체의 광범위한 활동 그리고 자신들의 독특한 예배 스타일을 옹호하는 것에 대해 간략하게 탐구하는 것이 특히 중요하다.

이상하게도 MCA 점프에 대한 악명과 오순절 점프 행위에 대한 여러 신문들의 기사에도 불구하고 이 행위에 대한 문서로 된 실제적인 설명은 거의 남아 있지 않다. 한 가지 예외는 시카고의 자유 감리교 전도자이자 유명한 성결 전도사 이 이 셸하머[E. E. Shelhamer]의 처제인 제니 졸리[Jennie Arnold Jolley]의 설명이다. MCA의 내부 논리를 이해하고 있으며 실증적인 예배에 전혀 반대하지 않았던 졸리는 MCA 점프가 "성령 세례"의 유효한 여러 증거 중 하나에 불과하지만은 않다는 것을 깨달았다. 그것은 '증거'였다. 졸리가 쓴 것처럼, "아마도 하비를 언급하는 지도자는 모든 집회에 뛰어들어 손으로 강단을 잡고 거의 머리 높이까지 발을 뒤로 걷어차며 '세례'의 좋은 사례가 있음을 보여주었습니다." 또한 졸리는 MCA 지도자들이 성결 운동의 공통 언어로 성화되거나 "성령 세례"를 받은 사람들은 점프를 통한 세례를 입증한다고 주장했다고 언급했다. 사실상 MCA는 실증적인 예배를 옹호한다. 그것은 "성령 세례"에 대한 그들의 특별한 증거를 최우선적으로 변호하는 것이었고, 고함, 춤, 통로를 뛰어다니는 것과 같은 표현을 포함하는 일반적인 다른 실증적 예배를 이차적으로 변호하는 것이었다.[23]

신도들에게 교회가 점프와 다른 형태의 실증적 예배에서 물러나기를 거부하고 그 결과로 받은 반대는 광신주의가 아니라(그들은 그러한 활동이 종종 그렇게 오해받는다고 지적했음에도 불구하고) 헌신의 정도를 보여주는 충분한 증거를 제공했다. MCA 예배를 합리적으로 옹호한 노스웨스턴 대학교 졸업생 헨리 하비Henry L. Harvey는 "몇 년 전 교회로서 우리는 이러한 점프 행위 문제에 직면했습니다."라고 썼다. 그는 이렇게 회상했다. "점프 행위는 우리 중 많은 사람을 친구들과 분리시켰습니다. 나는 지옥과 심판을 엿볼 수 있었습니다. 하나님께서 나를 여기에서 소리치고 빛나게 하며 그분을 위해 살도록 보내셨을 때, 낭비된 삶을 가지고 영원으로 가는 것을 생각하는 것이 두려웠습니다." 본질적으로 헨리 하비와 같은 젊은 대학 졸업생의 경우, 점프는 그의 정신뿐만 아니라 그의 명성도 제단에 바치려는 그의 의지를 보여주었다. MCA 스타일의 예배가 정신 이상을 초래할 것이라는 비난에 대해 하비는 점프를 포함한 찬양이 신체적, 정신적 건강으로 이어진다고 주장했다.[24]

사실, 감리교의 충실한 상속자로서 MCA의 점프에 대한 변호는 성경, 전통(역사), 이성 및 편의성에서 비롯되었다. 특히 호감이 가는 구절은 점프와 박해를 연결하는 누가복음 6장 21~23절, 다윗이 언약궤 앞에서 춤추는 것과 다윗의 아내가 "하나님의 진정한 나타내심을 멸시"했다는 사실을 말한 사무엘하 6장 14절 그리고 사도행전이다. 사도행전 2장에는 오순절에 사도들의 기쁨이 묘사되어 있다. MCA는 워커$^{\text{E. F. Walker}}$의 해석을 사용하여 누가복음 6장 23절$^{(\text{"그날에 기뻐하고 뛰놀라 하늘에서 너희 상이 큼이라"})}$의 일부가 실제로 "여러 번 뛰어오르다."로 읽어야 한다고 주장했다.[25]

점프 행위에 대한 추가적인 방어로는 점프가 이성과 경험을 고려했다는 것이다. 헨리 하비는 자신의 회심 경험을 바탕으로 "합리적인 믿음"이라는 적절한 제목의 기사에서 "죄의 족쇄"에서 해방된 사람은 누구나 하나님을 찬양할 것이라고 주장했다. 하비는 성결 운동에 대한 대중의 고정관념을 깨뜨리고 "성도들이 하나님을 찬양하는 성결 집회는 세상에서 가장 합리적인 장소"라고 주장했다. 다른 사람들은 점프의 복음적 가치를 강조했다. 〈버닝 부시〉는 1902년 여름에 "시카고 야외 집회에 참석하는 젊은이들에게는 드럼이 필요하지 않습니다."라고 말했다. "그들의 빛나는 얼굴…그리고 몇 번의 신성한 점프는 곧 많은 구경꾼을 불러 모았고, 5분 만에 확신이 군중을 사로잡았습니다."[26]

실증적 예배에 대한 MCA의 가장 중요한 방어는 역사적 흐름에서 나온 것이다. "종교적 점프 행위는 언제 어디서나 나타나는 형식주의자들과 모든 연령대의 종교 사칭자들 사이에 혼란스러운 주제가 되어 왔다."고 주장했다. MCA는 문자 그대로 구약 이스라엘의 역사, 초대 교회의 역사, 18, 19세기 미국에서 일어난 1, 2차 대각성 운동, 초기 감리교$^{(\text{벤자민 애보트, 피터 카트라이트, J. B. 핀리 등의 미국인 포함})}$, 19세기 미국 성결 운동, 아프리카계 미국인 기독교 등의 대표적인 점퍼들로 구성된 종합변증서를 만들었다. MCA가 역사적인 전통에 의존한다는 점을 반영하여, MCA의 실증적 예배에 대한 주요 변론서는 뉴욕 서부에서 있었던 2차 대각성 운동에서 일어났던 신체적 표현 행위의 영성을 19세기판으로 재출판한 것이다. 시각 장애를 가진 감리교 평신도 설교자 지 더블유 헨리$^{G. W.}$ $^{Henry(1801~1888)}$의 이 작품은 다소 거추장스럽기는 하지만 『점퍼의 역사』, 『진짜와 거짓을 외치다』, 『성령의 외적 증거의 역사』라는 제목으로 출판되었다. 1909년까지 세 번의 MCA 판을 거쳐 이 작품은 기독교 경험에 있어서 육체적 표현의 역사에 대한 진정한 교과서로 제시되었다. 적절하게도 이 작품은 저자 자신의 영적 경험에서 시작되었고, 이어서 출애굽기부터 그리스도의 재림까지 신자들의 비슷한 경험이 이어졌다. 헨리의 분명한 요점은 사탄이나 존 칼빈이나 현대 미국을 존경한다고 하더라도, 완전한 구원에는 즐거운 반응이 필요하다는 것이다. 1930년대 후반까지 MCA 캠프 집회에서의 점프는 호기심을 찾는 수백 명의 사람들을 계속해서 끌어모았지만, MCA 사설은 여전히 "모든 참 종교는 감정을 불러일으킨다."고 주장하고 있었다. "그 진리를 깨닫지 못한 채 성경을 읽거나 성경의 가르침을 받아들일 수 있는 사람은 아무도 없습니다." 그럼에도 불구하고, MCA에 실증적 예배가 계속 존재함에도 불구하고, 이 단체의 새로운 정기 간행물인 〈버닝 부시〉의 출현과 점진적인 급진화는 성결 온건파로 하여금 MCA에 대항하여 완전히 새로운 반대 의견을 제기하게 할 것이다. 1902년 5월 창간호의 등장과 함께 MCA 역사뿐 아니라 종교 저널리즘의 새로운 장이 곧 시작되려 하고 있었다.[27]

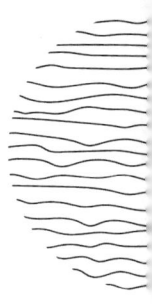

0/5

"사람들을 위한 표준"

버닝 부시와 MCA의 선교 조직

마틴 냅의 <리바이벌리스트>의 후속작,
MCA의 <버닝 부시>

이른바 <버닝 부시>의 독특한 조사 보도, 신랄한 풍자, 반대자들에 대한 그림 같은 묘사는 이 잡지를 당시 가장 많이 논의된 성결 정기 간행물 중 하나로 만들었다. 특히 창간 초기부터 한 성결한 인물은 MCA 지도부와 MCA 정기 간행물의 "검증 경향"에 대담하게 맞섰다. 엘 피켓으로 더 잘 알려진 린더 리커거스 피켓 Leander Lycurgus Pickett(1859~1928)은 적당함이나 타협과는 거리가 먼 사람으로 알려졌다. 그의 친구이자 사업 동료인 헨리 클레이 모리슨은 1901년 쓴 "엘 피켓"은 한 마디로 열정적인 사람이라고 썼다.[1]

피켓은 1877년부터 텍사스의 침례교와 감리교 교회에서 설교하기 시작했다. 그는 신학적인 논쟁을 좀처럼 피하지 않았기 때문에, 남감리교회 목사로서의 피켓의 경력은 1885년에 침례로 세례를 거행하는 지역 침례교의 영감을 받은 전통을 따르기를 거부했다는 이유로 재임명을 거부당하면서 끝이 났다. 가스펠 작곡가, 복음 전도자, 출판사로서의 경력으로 시작하여 20세기 초에 〈피켓 출판사〉(나중에 켄터키주 루이빌의 〈오순절 출판사〉로 개명)를 설립하면서 피켓은 남부에서 가장 큰 성경 출판사가 되었다.

애즈버리 대학(Asbury College)의 설립자 존 웨슬리 휴즈(John Wesley Hughes)가
총장 B. F. 헤인즈(Haynes)로 교체되는 만화, L. L. 피켓(Pickett)이
대학의 열쇠를 손에 쥐고 있다(버닝 부시 신문 6권, 위스콘신주 워케샤, 1907년 1월 17일)

THE BURNING BUSH: "들어가도 될까요?"
대의원. J. W. Hughes: "두 바다 사이의 모든 돈을 준다고 해도 안됩니다!"
J. W. Hughes 목사: 들어가도 될까요?
L. L. Pickett 목사: 두 바다 사이의 모든 돈을 준다고 해도 안됩니다!
"그의 장난은 그의 머리로 돌아갈 것이며 그의 폭력적인 거래는
그의 머리에 내려질 것입니다." Psa. 7:16. (고소 사설 페이지)

당시 가장 인기 있고 널리 유포된 가스펠 노래책 중 하나인 〈눈물과 승리〉를 마틴 냅과 공동 편집했던 피켓은 MCA의 급진적 성향에 대해 매력을 느꼈다. 〈버닝 부시〉의 첫 번째 호가 나온 직후인 1902년 6월 초에 피켓은 MCA 여름 대회에 참석했다. 급진적인 대의명분에 대한 공감에도 불구하고 그는 예배에 수반되는 신체적 점프 행위뿐 아니라, 대회의 주요 연사인 앨마 화이트, 이에이 퍼거슨, 찰스 스토커, 에드윈 엘 하비의 "검증 경향"에 충격을 받았다. 남감리교회 교인이었던 피켓은 대회 참석자들이 성결교회가 아닌 다른 교회에서 분리하겠다고 약속하지 않고서는 어느 누구도 완전한 성화를 경험할 수 없다는 말을 의심의 여지 없이 듣고 더욱 실망했다. 루이빌에 있는 그의 집에서 피켓은 MCA에 대한 최초의 분명한 성결 운동 비판을 담은 책을 출판했다.[2]

MCA에 대한 비판에도 불구하고 피켓은 MCA의 가장 급진적인 가르침 중 많은 부분에 공감을 나타냈다. 그는 진정한 회심을 위해서는 개인의 실제 행동, 특히 경제 및 비즈니스적인 관행으로부터의 변화가 필요하다는 MCA의 견해를 공유했다. MCA와 마찬가지로 피켓은 사유 재산의 신성함이라는 개념에 대해 거의 참을 수가 없었다. 그가 1896년에 썼듯이, "두 채의 집, 불필요한 말, 또는 여분의 농장"을 가진 사람은 예수께서 곧 임하실 천년 왕국 통치 기간 동안 그러한 재산을 압수당하고 재분배하게 될 것이다. 온유한 자들이 진정으로 땅을 상속받을 것이라고 주장하면서 피켓은 1903년에 다음과 같이 썼다. "세계의 부와 권력은 대부분 이기적인 목적을 위해 그것을 사용하는 사람들의 손에 있습니다. 마

음이 겸손하고 가난한 자들이 나라와 영광과 명예와 민족들의 부를 소유하게 될 것입니다."³

3년 후, 피켓은 〈버닝 부시〉에 대한 공격이 오히려 의심스러운 저널리즘인 〈버닝 부시〉를 세상에 드러낼 줄 뿐이라는 통념을 무시하고, 〈킹스 헤럴드〉King's Herald의 전체 호를 〈버닝 부시〉에 대한 공격에 할애했다. 그는 다음과 같이 썼다.

"참으로 지금은 이상한 시대이고 이 기사의 머리말에 제목이 붙은 논문 〈버닝 부시〉는 비정상적인 언론입니다. 이 책의 정신과 배포보다 타락한 종교적 국민 생활에 대한 더 확실한 지표는 없습니다. 아마도 나쁜 사람을 정죄하는 것으로 알려진 적이 없을 것입니다. 그것은 교회, 설교자, 전도자, 특히 '성결한 사람들'을 정죄하기 위해 가장 신랄하고, 복수심 넘치고, 독설적인 언어를 다루고 있습니다. 특히 복음 전도자 헨리 클레이 모리슨, 비버리 캐러딘, 찰스 파울러, 조셉 스미스, 이 에이 퍼거슨, 씨 에프 웨이젤, 셋 리스, 윌리엄 갓비 및 그와 같은 정신을 가진 사람들에게는 더욱 가혹합니다. 이 사람들은 모두 성결을 전파하는 것으로 유명하며 깨끗하고 모범적인 삶을 사는 사람들입니다. 갓비는 가장 겸손하고 성결하며 가장 그리스도다운 사람 중 한 사람입니다."⁴

〈버닝 부시〉 자체는 냅의 〈리바이벌리스트〉의 가상 복제품으로 시작되었다. 〈버닝 부시〉는 만화, 복음주의 교파에 대한 비판적 기사, 가끔 사역에 대한 폭로와 같이 〈리바이벌리스트〉의 표준적인 기능을 적용하고, 심지어 정통성에 대한 편집자의 이해를 충족시키지 못한 〈버닝 부시〉는 1890년대 〈리바이벌리스트〉를 위해 냅이 채택한 것과 거의 동일한 용어로 자신의 사역을 옹호했다. 냅은 1890년에 이렇게 썼다. "예레미야의 부르심에 의지하여^(예레미야 1:9-10), 모든 시대에 참된 복음의 선포자는 오류를 '근절'하고, 형식과 세속적인 것과 가짜 종교를 '철파'해야 하며, 마귀의 일을 '파괴'하고, 부흥의 진리를 가로막는 모든 것을 '쳐부수'십시오."

이와 유사한 언어로, 〈버닝 부시〉 또한 첫 번째 사설에서 "죄는 적발되어야 합니다. 잘못된 대부분은 폭로되어야 합니다… 엑스레이를 켜십시오. 사람들을 위한 기준을 높이십시오."라고 언급했다. 1910년에 예레미야의 부르심에 의지하여 에이 씨 브레이는 불타는 〈버닝 부시〉 사역은 "하나님과 그의 왕국을 대적하는 모든 것을 뿌리 뽑고 파괴하고 무너뜨리는 것"이라고 주장했다.[5]

〈버닝 부시〉의 초기 목적: 죄의 폭로와 복음 전파

〈버닝 부시〉는 〈리바이벌리스트〉가 성결 급진주의에서 후퇴했다고 비판한 결과로 설립된 출판물로써, 자신들의 새로운 출판물의 책임을 맡을 사람들로 초기 작가들을 끌어들였다. 윌리엄 갓비, 에이 엠 힐스, 셋 리스, 애비 모로우^{Abbie Morrow}와 같은 중요한 〈리바이벌리스트〉 작가들을 유인하는 데는 실패했지만, 〈버닝 부시〉는 대중적인 추종을 받는 몇몇 작가들이 새 출판물에 합류하도록 유도했다. 그중에는 듀크 파슨과 함께 명목상 편집자로 일했던 에드윈 엘 하비가 있었다.[6] 이 신문의 실제 편집자는 사무실 관리자 더블유 이 셰퍼드였는데, 그는 켄터키 출신의 정력적인 젊은 철도 엔지니어이자 설교자가 된 에이 지 가르의 도움을 받았다. 셰퍼드와 가르를 돕는 사람은 가르의 아내 릴리안 앤더슨 가르$^{\text{Lillian Anderson Garr}}$였으며, 둘 다 켄터키의 애즈베리 대학에 재학 중이던 1898년에 서로 만났으며, 그녀는 아칸소 출신의 저명한 감리교 목사의 딸이었다.

편집자에게 이상적인 선택이었던 셰퍼드는 주목받는 작가이자 경험이 풍부한 저널리스트였다. 성결 급진파와 온건파 모두와 연결되어 있는 존경받는 전도자로서 셰퍼드는 신시내티의 〈리바이벌리스트〉 지도부와 시카고의 국제사도성결연합으로부터 적극적으로 구애를 받았다. 셰퍼드는 1902년까지 MCA의 강력한 교회적 탈퇴주의$^{\text{ecclesiastical comeouterism}}$를 공유하게 되었지만, 그는 자신이 선호한 대로 그것을 "복귀주의"$^{\text{come-inism}}$라고 부르기를 좋아했다. 이른바 배도한 교파로부터의 분리와 다른 성결 급진주의자들과의 연합이었다. 그가 1902년 5월 〈나사렛 메신저〉의 정규 칼럼에서 관찰한 바와 같이, "한때 진짜 선동가였던 많은 사람이 의기소침해지고 냉정해졌습니다. 하나님께서는 자신이 가졌던 최고의 경험에 조금이라도 뒤처진 사람을 불쌍히 여기십니다." MCA에서 리더십 역할을 맡기로 한 셰퍼드의 결정은 그리 놀랄 일이 아니었다.[7]

신문의 오프닝 사설에서 셰퍼드는 이 신문의 의제와 급진적 운동에 대해 설명했다. 그 목적에는 죄의 폭로, 온전한 복음의 전파⁽ᵍᵘʷᵒⁿ, 온전한 성화, 임박한 예수님의 재림과 신유⁾, 실증적 예배를 기념하고 개인적 희생을 주장하는 것이 포함되었다. 셰퍼드는 신문이 부유함에 종속되지 않을 것이라고 약속하면서 "빵과 버터 문제"가 신문의 죄와의 전쟁을 방해하지 않을 것이라고 주장했다.[8]

셰퍼드는 시카고 루프의 중심부에 〈버닝 부시〉의 편집실을 설립하고 구독 목록을 개발하는 어려운 작업을 시작했다. 이는 어려움을 겪고 있는 여러 성결 신문을 구입하고, MCA 지지자와 전도자들이 홍보를 함으로써 이루어졌으며, 가장 중요한 것은 〈리바이벌리스트〉 구독자의 우편 주소 목록을 가지고 시카고에 도착한 냅의 비서인 플로렌스 포터의 합류를 통해 이루어졌다. 그러나 〈버닝 부시〉는 재정적 기반을 구독자나 광고에 전적으로 의존하지 않았다. 사실, 이 신문은 다른 급진적인 성결 신문과 마찬가지로 상업 광고를 거부했다. 이것이 가능했던 이유는 다른 성결 출판사들에는 없는 한 가지 장점이 있었기 때문이다. 바로 파슨의 무제한적인 재정 지원이었다.

셰퍼드의 지휘 아래 〈버닝 부시〉는 급속한 성장을 경험했다. 처음 5년 동안 세 번 더 큰 사무실로 이전한 주간지의 크기는 두 배로 늘어 16페이지가 되었고, 직원도 4명에서 14명으로 늘어났다. 다른 성결 정기 간행물이 살아남기 위해 애쓰거나 출판을 완전히 중단했을 때에도 MCA는 1903년 가을에 모든 시설을 갖춘 출판 공장을 설립했다. 이 공장은 〈버닝 부시〉를 인쇄하는 것 외에도 책, 팸플릿, 인기 노래책, 널리 배포되는 달력 및 엄청나게 많은 일련의 출판물을 출판했다. 1906년 화재로 인해 인쇄 공장이 파괴되자 MCA는 인쇄 작업을 현대화하고 공장 용량을 확장했다. 특히 교회에 견본 사본을 널리 배포했기 때문에 발행 부수를 결정하기는 어렵지만, 1912년에는 〈버닝 부시〉의 독자가 십만 명이 넘는 것으로 추산된다.[9]

셰퍼드와 그의 직계 후계자인 메신저 같은 우수한 편집자들의 작업, 파슨의 재산, 성결 운동의 지속적인 성장을 포함하여 많은 요인이 〈버닝 부시〉의 놀라운 성공에 기여했다. 그러나 이러한 요인들은 성장 속도와 〈버닝 부시〉가 불러일으키는 긍정적이든 부정적이든 깊은 감정을 적절하게 설명하지 못한다. 궁극적으로 출판의 성공은 MCA가 19세기 진보 시대 저널리즘 기술을 잘 활용한 직접적인 산물이었다는 것, 교회와 사회에서 대두되고 있는 전문 관료 엘리트에 대해 일반 미국인들이 느끼는 분노를 포착하는 능력 그리고 주류 문화 바깥에 있는 개인들의 영적인 전통과 열망에 공감하는 성결 급진주의에 대한 공동체주의적인 비전을 표현하는 능력의 결과였다.

학자들이 이제 막 깨닫기 시작한 것처럼, 미국 복음주의 기독교의 천재성과 강점은 부분적으로 대중문화의 경향, 특히 시장에 적응하는 능력에 있다. 이것은 저널리즘의 새로운 경향에 대한 〈버닝 부시〉의 적극적인 묵인에서 확실히 드러났다. 에스 에스 맥클루$^{\text{S. S. McClure}}$와 프랭크 먼시$^{\text{Frank Munsey}}$와 같은 대량 유통 정기 간행물 개발자들의 성공을 모방하여 〈버닝 부시〉는 거의 무의식적으로 교회 스캔들, 자기 확대 및 타협에 관한 이야기의 만족할 줄 모르는 시장을 발견했다. MCA가 진보적 개혁의 주요 무기인 언론 노출을 쉽게 채택했다는 사실은 복음주의와 성결 운동이 현대성으로부터 거리가 먼 문화적 후퇴 현상으로 이해하는 사람들을 놀라게 할 수 있다. 그러나 추문 폭로자들과 함께 일반적인 개신교 문화유산의 상속자로서 MCA는 폭로 자체가 끝은 아니지만, 자연스럽게 회개와 회심으로 이어질 것이라는 19세기 미국 진보시대 언론인의 공통된 견해를 공유했다. 〈버닝 부시〉는 1904년 사설에서 다음과 같이 밝혔다. "죄를 폭로하는 것이 '모든 사람을 반대하는 것'이라면, MCA는 유죄이며 우리는 그들을 기뻐합니다. 결과적으로 모든 성결(?) 운동이 죽어야 한다면 진실을 말하십시오."[10]

죄를 폭로하겠다는 〈버닝 부시〉의 초기 약속에도 불구하고, 정기 간행물은 점차 본격적인 추문 폭로 형식을 채택했다. 1902년 9월에 성결 사역에 대한 최초의 공식적인 공격적 시도라 할 수 있는 하나님의 성경학교를 시작한 〈버닝 부시〉는 개인 서신 출력, 이름 짓기, 만화 사용과 같은 표준적인 추문 폭로 기능을 포함하는 타블로이드 디자인을 향한 꾸준한 시도를 시작했다. 1902년 10월, 유명한 추문 폭로 잡지인 〈맥클루어스〉McClure's에 탐사 저널리즘의 선구자이자 언론인 아이다 타벨Ida Tarbell이 스탠다드 오일회사의 비리를 폭로하고 있을 때에도 〈버닝 부시〉는 미국 기독교를 비판하는 첫 번째 만화 시리즈를 진행했다. 예배자들이 단순한 교회 구조를 떠나서 감리교, 침례교, 장로교로 지정된 화려하고 뾰족한 교회를 찾는 모습을 묘사한 공격이다. 1902년 12월, 〈버닝 부시〉는 성결 전도자들, 즉 〈크리스천 위트니스〉의 주요 편집자 네 명에 대한 첫 번째 캐리커처를 그렸다. 그들은 성결 급진파에 대해 분명히 비

판하면서도 "형식주의와 광신주의의 중간"에 서겠다고 약속했던 사람들이다.[11]

1903년 1월 29일, 비평가들이 복음주의 기독교인이 아니라고 주장하는 전문 만화가를 고용한 〈버닝 부시〉는 가장 악명 높은 기능을 시작했다. 즉 저명한 복음주의 지도자, 특히 성결 전도자를 풍자하는 전체 페이지 만화다. "교회 상황"에서 풍자된 저명한 종교 인물 중에는 리스, 장로교인 워커, 전국성결연합 회장 파울러, 존 록펠러 등이 있는데, 이들의 죄는 자신의 재산을 포기하기를 거부한 것이었다. 성결 운동의 개성과 사상에 푹 빠져 있는 개인들에게 만화는 문자로 된 텍스트를 불필요하게 만들었다. "바벨론에 함락된 자들"이라는 적절한 제목의 전형적인 초기 만화를 보면, 승리한 리스는 메리 스토리, 냅 부인, 베시 퀸과 함께 쇠사슬에 묶여 "국제사도성결연합"이라는 전차를 타고 있는 모습으로 묘사되었다. 아마도 가장 친숙한 초기 만화인 "큰아들"에서 〈버닝 부시〉는 독자들에게 탕자의 이야기에서 예수가 묘사한 형을 가장 잘 대표하는 일곱 명의 성결 전도자 중 하나를 선택해 보라고 독자들에게 요청했다.[12] 만화는 즉각적인 센세이션을 일으켰다. 부분적으로, 그들의 천재성은 추악한 일지에서 정치 및 사회 엘리트의 범죄와 인간의 약점을 폭로하는 것과 유사하다. 디 엘 무디와 샘 존스와 같은 개신교 전도자들이 주요 문화적 인물이었던 시대에 많은 성결 전도자가 능숙하게 키워왔던 지위는 조사 대상의 유명세에 달려 있었다.

성결 부흥회나 캠프 집회에 참석한 적이 없는 많은 사람조

차도 성결 출판가인 쇼 덕분에 성결 운동의 유명 인사들의 사진을 보았다〈〈버닝 부시〉 스스로 표적이 되는 경우가 드물지 않음〉. 그는 1901년에 프레임에 적합한 20인치 × 24인치 무브먼트 사진을 발행한 사람이다. 이 사진에는 60명의 복음 전도자가 등장했으며 제목은 "현대 성결 운동의 지도자들"이었다. 많은 사람이 〈버닝 부시〉의 표적이 되기도 했다.[13]

MCA의 지도자들은 만화에 대한 영감의 원천이 세속 언론이라는 사실을 결코 부인하지 않았다. 그들은 에스겔과 예레미야와 같은 구약의 선지자들이 비슷한 그림 이미지를 사용했으며 그들의 만화 뒤에 숨은 아이디어는 영리한 발명품이 아니라, 하나님이 1903년 가을 이후 〈버닝 부시〉의 편집 방향을 맡았던 파슨, 하비, 또는 메신저에게 주신 것이라고 주장했다. 그런 다음 적절한 기술을 갖춘 사람을 고용하여 "하나님의" 말씀을 〈버닝 부시〉 만화로 번역했다. 〈버닝 부시〉는 1906년에 "선지자를 통해 이러한 가르침을 가능한 가장 눈에 띄는 방식으로 제시하는 것이 주님의 생각인 것 같았습니다."라고 썼다. 그리고 "주님의 대사는 불편한 입장에 처해야 했고…거친 그림과 설교를 통해 왕과 왕자들을 자주 화나게 하여 투옥과 고문, 심지어 순교까지 당해야 했습니다."

히브리 선지자들의 예언적 충동이 19세기 진보 시대 저널리스트들의 보다 세속적인 십자군 운동을 형성했음에도 불구하고, 성결 급진주의자들은 그들 자신의 새 예루살렘을 창조하려는 시도를 함에 있어서 동일한 고대 문헌에 의지했던 것이다.[14]

성결 운동의 이데올로기 형성과
공동체 연대를 이끈 <버닝 부시>

<버닝 부시>는 MCA의 가장 두드러진 전도 도구였지만 그것이 MCA의 가장 중요한 사역은 아니었다. 연례 캠프 집회는 "버닝 부시 운동"을 구성하게 된 제도적 구조 네트워크에서 <버닝 부시>와 밀접하게 연결되어 있었다. 정기 간행물이 모집 도구 역할을 하고 성결 운동 이데올로기를 형성하고 공동체의 기억과 정체성을 형성하는 데 도움이 되었음에도 불구하고 연례 여름 캠프는 영적 쇄신, 집단 연대의 창출을 위한 중심 기관으로 부상했다. 때로는 새로운 교리적 강조점을 도입하거나 기존 가르침을 급진화하는 경우도 있었다.[15]

마지막 두 가지 측면에서 특히 주목할 만한 것은 버팔로 락에서 열린 1902년 MCA 캠프 집회였다. MCA가 국제사도성결연합 IAHU에서 분리된 후 첫 번째 캠프 집회에 참석한 사람들로서 버팔로 락에 모인 성결 급진주의자들은 그들의 공동체가 새로운 도전과 어느 정도의 불확실성에 직면해 있음을 예리하게 인식하고 있었다. 감리교회로 돌아온 리스, 퍼거슨, 버드 로빈슨과 같은 과거 MCA 대회 및 캠프의 저명한 인물들은 더 이상 MCA와 자신들을 동일시하지 않았다. 그 대신 상대적으로 무명의 전도자 에이지 가르, 앨마 화이트, 존 웨슬리 리^{John Wesley Lee}가 있었다. 에드윈 엘 하비와 거트루드 하비 부부를 포함하여 버팔로 락으로 여행하

는 사람들 중 자신들이 하게 될 헌신의 정도를 예상한 사람은 거의 없었지만, 가장 열렬히 하비, 파슨, 아서 잉글러의 설교 그리고 특히 셰퍼드의 세련된 웅변을 기다렸다. 현재 MCA의 스타이자 신흥 신학자인 셰퍼드는 자신의 가장 인기 있는 메시지 중 하나인 "성화되는 방법"을 공유할 계획이었다.[16]

8월 28일 목요일 저녁 개회 예배부터 9월 7일 일요일 장막 집회가 끝날 때까지 두 가지 주제, 즉 "배도한 교회와의 분리와 신앙생활"이 집회를 지배했다. 이전 가르침은 MCA의 독특한 특징 중 하나였으며, "성령 세례" 체험을 하려면 배도한 교파에서 분리되고 사도행전을 모델로 한 성결 급진파의 남은 공동체에 합류해야 한다고 당당하게 주장했다. 특히 목사들은 "세례"를 받으려면 자신의 종파를 제단에 올려놓아야 한다는 정보를 받았다. 즉 그들은 교단에 소속되는 것과 점점 늘어나는 일반적인 급여를 포기해야만 하는 것이었다. 당시 교단에 소속되어 일정한 급여를 받는 추세는 그들의 사역에 대한 수입의 원천이었던 자원 헌금을 대체하고 있었다. 공평하게 말하면 누구도 MCA나 앨마 화이트가 최근 조직한 오순절 연합을 유일하게 신실한 교회로 지정하지는 않았지만, 다른 단체들, 심지어 자칭 성결 교회들조차 급진적인 전도자들의 높은 기준을 충족시키지 못했다는 것은 분명했다. 실제로 한 목사는 자발적으로 급진적인 자유감리교회를 떠나 "기근이 맹렬할 때 작고 진실되게 머물며 곡식을 얻을 수 있도록 성령께서 설계하신 작은 단체 MCA"에 가입했다. 다른 목사들은 MCA를 위해 감리교회와 회중교회를 떠났다.[17]

후자의 가르침, 즉 신앙생활은 성결주의자들의 마음속에 논리적으로 첫 번째 가르침과 연결되어 있었다. 이 전도자는 버팔로 락에 모인 군중들에게 "만일 여러분이 믿음으로 산다면 여러분은 가족, 교회, 설교자, 성결한 사람들, 전도자 등 모든 것에서 멀어진 셈입니다."라고 말했다. 그의 가르침에 따르면, 신앙생활은 확실히 MCA만의 고유한 재산은 아니었지만 부분적으로는 시장 경제에 대한 복음주의의 깊은 양면성에 뿌리를 두고 있었다. 사실 많은 사람이 급성장하는 시장의 필수 요소인 연봉과 같은 것에 대해 깊은 의구심을 가지고 있었다. 일부 복음주의자들은 그러한 증권을 받는 것은 노년에 먹을 것, 입을 것, 쉴 곳, 먹을 것을 하나님께 맡겨야 한다는 신앙생활의 기본 원리를 어기는 것이라고 주장했다. 적어도 영국의 고아원 설립자인 조지 뮬러$^{\text{George Muller(1805-1998)}}$ 시대까지는 신앙 사역자들은 봉급을 받지도 않았고 대부분의 경우 자금을 구하지도 않았다. 신앙 사역 전통의 논리에서 하나님은 종종 가장 놀라운 방식으로 하나님의 인도를 따르는 사람들에게 생활필수품을 제공할 것이다. 신앙 개념을 완전 성결의 교리와 연결한 케직과 성결 운동 지지자들 사이에서 인기를 끌었던 이 교리는 실제로 하나님께서 성화된 자의 현세적 필요를 공급하실 것이라고 주장하는 성결 전도자들에 의해 장려되었다. 버팔로 락의 존 웨슬리 리는 신앙 원칙 뒤에 있는 기본적인 경제적 이해를 다음과 같이 분명히 밝혔다. "사탄은 당신의 영혼 중 하나님께 항복하지 않은 부분에 발을 디딜 것입니다. 사탄은 '자동차 요금은 어떻게 마련할 건가요?'라고 말합니다. '옷은 어떻게 구하실 건가요?' 오, 하나님께 영광을 돌립니다. 그것은 악마가 할 일이 아닙니다." 리와 화이트의 메시지는 예수를 따르기 위해 중산층 생활 방식의 안락함과 안전함을 믿음으로 거부한 사람들의 개인적인 필요를 하나님께서 어떻게 충족시키셨는지에 대한 설명으로 가득 차 있었다.[18]

존 리와 앨마 화이트 그리고 셰퍼드

존 리와 앨마 화이트의 메시지는 그리 특이하지 않았다. 신앙생활은 성결 급진주의자들에게 공통된 주제였으며, 일상적인 상황에서 이를 설교할 때 돈, 보석을 포기하고 사역이나 선교 분야에 대한 부르심을 받아들이는 결과를 얻을 수 있었다. 그러나 버팔로 락에 모인 충실한 사람들은 일반적인 봉헌 행위를 하지 않았다. 리와 화이트의 메시지 이전에도 에드윈 엘 하비는 회심의 체험을 정량화할 수 있는 금융 거래로 축소하여 "회심하려면 현금이 필요하다."고 주장했다. 신실한 그리스도인은 교회의 사명을 지원하기 위해 재산의 10퍼센트를 기부해야 한다는 전통적인 복음주의 교리를 급진화하면서 하비는 그러한 헌신 없이는 구원받을 수 없다고 주장했다. 더욱이 하비는 완전 성결을 위한 "대가"가 훨씬 더 크다고 주장했다. 즉 사람은 자신의 모든 소유물을 제단 위에 올려놓아야 한다고 주장했다. 전도자로 변신한 이 사업가는 성결 운동의 가장 깊은 두 가지 영적 체험을 금융 거래로 축소시켰다. 흥미롭게도 버팔로 락에 모인 많은 사람이 그러한 제안에서 특이한 점을 발견하지 못했다. 하비는 "만약 당신이 하나님께 모든 것을 바친다면, 어떤 장의사는 당신의 관 값을 받지 못할 것입니다."라고 냉소적이면서도 효과적으로 결론지었다.[19]

예배가 절정을 향해 나아가면서 신앙생활과 헌신이라는 주제가 셰퍼드의 하나의 메시지에 훌륭하게 결합되었다. 리와 화이트의 메시지와 마찬가지로 셰퍼드의 "성화되는 방법" 설교도 새로운 지평을 열지 못했다. 사실 그것은 그가 여러 번 전한 메시지였으며 그의 전도 활동 전반에 걸쳐 다양한 형태로 사용되었던 메시지였다. 메시지 내용도 셰퍼드가 직접 작성한 것이 아니었다. 그것은 피비 팔머가 유명하게 만든 단순한 논리를 따랐으며 캠프 집회의 거의 모든 메시지에서 암시되었는데, 사람은 믿음으로 제단에 자신의 모든 것을 바침으로써 완전 성결의 은사를 받을 수 있다는 것이었다. 셰퍼드의 메시지가 평범했다면, 그의 드라마와 시각적 이미지의 효과적인 사용은 일상적인 생각을 매우 강력한 종교적 경험으로 바꾸어 놓았다. 완전 성화를 경험하기 위해 요구되는 희생의 본질을 설명하는 수단으로 셰퍼드는 강단 위에 여러 개의 물건을 놓았고, 설명을 위해 그는 그것을 제단으로 지정했다. 손, 발, 귀, 눈, 혀, 뇌, 재능 및 의복에 대한 이러한 표현은 일반적으로 개인과 전체 헌신 사이에 있을 수 있는 우상으로 이해되며 순서대로 하나님께 굴복되었다. 마침내 셰퍼드는 예배의 결론에 이르렀다. "당신의 지갑을 제단 위에 올려놓으세요." "당신의 모든 재산, 집,

땅, 돈, 당신이 당신의 것이라고 부르는 모든 것 말입니다. 물론 어떤 사람들은 너무 인색하여 종교를 받아들이지 않습니다."라고 그는 냉담하게 지적했다. 성결 총회에서 이 메시지는 18명의 회심자를 가져왔다. 버팔로 락에서는 10만 달러 이상의 재산만큼 더 확실한 수익을 얻었다. 주택, 주식, 농장 및 여러 건물을 포함한 모든 자산이 MCA 이사회에 양도되었다.

부동산에는 에드윈과 거트루드 하비 부부의 집이 포함되어 있었는데, 거트루드는 9월 6일 토요일 이른 아침에 깊은 감동을 받는 예배를 통해 공개적으로 MCA에 헌신했다. 하비 부부가 소유하게 될 마지막 개인 주택이었다. 시카고로 돌아온 하비 부부는 MCA의 성장하는 사역을 지원하기 위해 판매 수익금으로 집을 팔았다. 하비 부부는 최근 설립된 메트로폴리탄 성결 훈련 학교^(일반적으로 성경학교로 알려져 있음)에 거주했으며, 결혼 생활의 대부분을 그곳에서 거주하게 되었다. 셰퍼드 자신을 포함하여 버팔로 락에 모인 성결 급진주의자 중 소수는 개인 재산의 소유권이 그리스도에 대한 온전한 순종과 일치하지 않는다고 주장했을 것이지만, 그러한 주장을 위한 무대가 분명히 마련되고 있었다. 특히 급진주의자들이 사도행전 2장으로 넘어가는 경향을 고려하면 더욱 그렇다.[20]

캠프가 끝난 지 2주 후인 9월 22일 월요일, 시카고에 메트로폴리탄 성결 훈련 학교가 문을 열었다. 시작은 그리 좋지는 않았다. 5명의 학생이 등록한 상황에서 가능한 한 최선을 다해 학교의 행정관이자 유일한 교수진의 대표인 셰퍼드는 학교가 학생의 양보다 질에 더 관심이 있다고 주장했다. 학교의 목적은 죽은 언어를 가르치거나 "학생이 언제든지 그만두고 대학에서 자리를 얻을 수 있을 정도로 마무리하는 것"이 아니라는 점에 주목했다. 〈버닝 부시〉는 학교의 사명을 "하나님의 다이너마이트를 사용하여 모든 곳의 죄와 어둠을 깨뜨리는" 남성과 여성을 구원하고 성화하고 훈련시키는 것으로 정의했다. 이 목표를 달성하기 위해 학교에는 세 가지 전제 조건만을 내걸었다. 사역이나 선교지에 대한 신성한 부르심, 타협을 거부하는 능력 그리고 "육체적으로 뜨거운 집회를 견디는" 능력이 그것이다. 〈버닝 부시〉는 학교의 의도가 교육을 경시하는 것이 아니라고 주장하면서 교육만으로는 국가의 강단에 설 목사를 준비시킬 수 없다는 사실을 독자들에게 상기시켰다. 신앙 원칙을 따르고 기독교 사역을 위해 가난한 사람들을 훈련하는 데 전념하는 기관으로서 수업료나 숙식비를 받지 않았다. 비록 눈에 띄지는 않았지만 꾸준히 성장하여 1903년 5월까지 학교 등록 학생은 50명을 넘었다.[21]

MCA와 〈버닝 부시〉의 급진주의와 확장

〈버닝 부시〉의 악명이나 MCA 캠프 집회에 모여드는 호기심 많은 사람을 결코 끌어들이지 못한 채, 성경학교는 최근 회심자들의 신앙을 육성하고 미래 지도자들을 훈련하는 핵심 기관으로 빠르게 떠올랐다. 이 과정의 핵심은 기관의 독특한 커리큘럼이었다. 셰퍼드가 설립한 3년 학습 과정은 기본 기독교 교리, 설교학, 웅변학, 성경, 기독교 역사, 음악 및 상당한 실제 현장 조사를 강조했으며 거의 50년 동안 유지되었다.[22]

MCA 예배에서 회심을 경험한 젊은 사람들이 직면했던 성결 급진주의에 대한 요구와 유혹, 빈번한 가족적 적대감에서 벗어나 안전한 피난처를 제공하는 기관의 이차적 기능은 성경학교의 교육적 사명과 분리될 수 없다. 사실 많은 사람이 성경학교의 주요 기능이 피난처라고 믿었다. 엠 제이 이왈드[M. J. Ewald] 여사는 1914년에 "메트로폴리탄 교회가 시카고에 새로 설립되었을 때 어떤 사람, 아마도 어린 소녀가 끔찍한 투쟁 끝에 울면서 제단에 오는 일이 얼마나 자주 있었습니까?"라고 썼다. 젊은 회심자의 기쁨은 가끔 회심자를 제단에서 끌어내는 친구나 친척에 의해 이왈드가 기억한 대로 중단되기도 했다. 회심자들이 구타를 당하고 집에 갇히는 일은 드문 일이 아니었다. 피난처가 없는 이러한 환경에서는 가장 용감한 회심자라도 급진적인 운동을 약화시키고 포기하는 일이 잦았다. 부분적으로 성경학교는 회심자들을 보존하고 〈버닝 부시〉 운동에서 역할을 맡도록 훈련시키는 역할을 했다.[23]

이왈드의 관찰은 근거가 충분했다. 1894년 처음부터 스칸디나비아와 독일 이민자가 많이 거주하는 시카고 북서부 지역에서 메트로폴리탄 감리교회는 이민자 자녀들에게 사역의 초점을 맞췄다. 그 결과, 교회의 초기 회심자 대부분은 새로 찾은 신앙에 대해 부모의 강한 반대를 자주 견뎌야 했던 어린이와 청소년이었다.

MCA의 메시지가 점점 급진화되고 점점 더 많은 십대와 청년들이 MCA의 감정적이고 유쾌한 예배를 위해 형식적이고 전례 중심의 루터교와 가톨릭 예배를 포기함에 따라 교회와 대부분의 이민자인 이웃들과의 긴장된 관계는 더욱 악화되었다. 다른 부흥회와 마찬가지로, 보고에 따르면, 십 대 소녀들과 젊은 여성들은 특히 MCA의 정서적인 예배에 매력을 가진 것으로 나타났다. 1902년 가을, 성경학교가 교육을 시작했을 때, 14세에서 16세 사이의 약 50명의 이웃 여성들이 〈선데이 크로니클〉Sunday Chronicle의 표현에 따르면 "성결 운동에 푹 빠져 있었다."[24]

특히 주목할 만한 것은 가족의 주된 재정적 후원자였던 독일인 루터교 미망인의 15세 딸인 애니 제이콥슨Annie Jacobson의 경우였다. 1901년 가을에 회심한 제이콥슨은 메트로폴리탄 성결 교회나 MCA가 후원하는 야외 전도 활동에 점점 더 많은 저녁 시간을 보냈다. 그녀가 선교 임지로 부름을 느꼈을 때, 제이콥슨의 어머니는 그녀를 집에 가두었다. 이에 대해 듀크 파슨은 제이콥슨 부인에게 그녀의 딸이 MCA에서 전임 봉사를 할 수 있도록 허락한다면 한 달에 6달러를 주겠다고 약속했다. 미망인이 파슨의 제안을 거부하고 딸을 계속 집에 붙잡아 두자, MCA는 제이콥슨 부인을 정식으로 법적 고발했다. 이 사건은 이웃과 언론에게 더 혐오스러울 정도로 부인에게 딸이 예배에 참석하도록 허용하라는 명령을 한 청소년 법원으로 회부되었다. 몇 주 후, 애니 제이콥슨은 어머니의 요청에 따라 경찰에 의해 체포된 후 웨스트 시카고 애비뉴 경찰서에 밤새 구금되어 법정으로 돌아왔다. 〈시카고-아메리칸〉Chicago-

American에 따르면, 체포 당시 그녀는 메트로폴리탄 교회에서 "종교적 열광" 속에서 증언하고 있었다. 항상 그렇듯, 논란과 박해를 즐긴 〈버닝 부시〉는 "애니 제이콥슨은 성령으로 충만한 상냥한 얼굴의 순진한 소녀입니다. 그녀는 하나님과 대화하며 사도들처럼 놀라움을 자아냅니다."라고 간단히 언급했다. 어머니의 보호 아래 풀려난 애니 제이콥슨은 더 이상 성경학교에 다닐 수 없었고 점차 성결 급진주의에 대한 관심을 잃어갔다.[25]

그러나 시간이 지남에 따라 회심하여 성경학교에 입학한 사람들이 계속해서 활동적인 기독교 사역을 할 가능성이 훨씬 더 높다는 것이 분명해졌다. 이에 대한 가장 주목할 만한 사례 중 하나는 15세 아들이자 그의 홀어머니 안나 홀링스워쓰Anna Hollingsworth의 주요 재정 후원자였던 찰스 홀링스워쓰Charles Hollingsworth의 경우였다. 일리노이주 댄빌 출신인 젊은 홀링스워쓰는 지역 양조장에서 맥주병 제조원으로 가족을 부양했다. 1902년 11월 초, 댄빌에서 MCA가 후원하는 전도 캠페인이 진행되는 동안 전도자 앨마 화이트가 홀링스워쓰의 집에서 머물렀다. 예배 중에 회심한 홀링스워쓰는 양조장 일을 그만두고 마지막 주급을 어머니에게 넘겼다. 시카고 성경학교의 MCA 전도자들과 함께 댄빌을 떠난 홀링스워쓰는 완전 성화를 경험했고, 결국 영국으로 가는 MCA 선교사가 되었다. 그의 성인 생활 전체는 MCA 사역으로 보냈다.[26]

일반적인 성결 운동 패턴에 따라 MCA는 1902년 가을에 버팔로 락에 고아원도 설립했다. 시카고에서는 그전에 교회는 제복을 입은 젊은 여성들로 구성된 국내 선교부를 조직했다. 소위 "구조 활동", 예컨대 매춘부를 위한 사역을 전문으로 하는 국내 선교사인 구세군과 일반적으로 연관된 형태를 적용한다. 구조 사역에 대한 셋 리스의 공공연한 부정적인 언급 속에서 MCA는 "구출된 여성"의 사진을 촬영해서는 안 되며, 그러한 모든 일은 "성결한 여성들"의 전적인 책임이 될 것이라고 주장했다. MCA의 고아원 사역과 구조 활동은 〈버닝 부시〉, 캠프 집회, 성경학교에 아낌없이 쏟아진 관심을 결코 받지 못했다. 사회 복지 분야에서 MCA의 활동은 구세군과 자유 감리교회와 같은 다른 성결 단체의 유사한 사역에 비해 확실히 덜 두드러졌다.[27]

더 중요한 것은 해외 선교를 조직하려는 운동의 시도였다. 19세기 후반 선교 운동이 한창일 때 설립된 MCA는 해외 선교에 높은 관심을 갖고 있었다. 교회는 찰스 카우만과 레티 카우만 부부와 같은 독립 선교사와 널리 알려진 스토커-리스의 세계 일주 선교 여행과 같은 감리교 선교를 지원했다. MCA의 첫 번째 실제 외국 선교사는 MCA의 시카고 민족 봉사 활동의 산물인 구스타프 스웬슨[Gustaf Swenson]이었다. 스웬슨이 1903년 봄에 그의 모국인 스웨덴에 선교사로 체류한 것은 그의 친척들 사이에서 상당한 경악을 불러일으켰다. 그들은 그를 "너무 과격하고, 까다롭고, 광신적"이라고 여겼으며, 뚜렷한 회심자는 없었다. MCA는 쉽게 포기하지 않고 1903년 가을에 두 번째 선교사 파견대를 인도로 보냈다. 세 명의 선교사 중 한 명이 인도에 도착하기 전에 중도 하차했지만, 나머지 두 명의 선교사 엘라 핸슨[Ella Hanson]과 수지 크래프트[Susie Kraft]가 1904년 봄에 인도에 도착했다. 처음에는 실패했지만 인도 사역은

MCA의 위대한 성공 사례 중 하나로 입증되었다.[28]

독립적인 성결 교회를 설립하려는 초기 노력은 해외 선교만큼이나 중요했다. 처음에는 일리노이주 북부에 집중하던 MCA는 1902년 봄에 시카고 외곽의 락퍼드에 첫 번째 회중 교회를 세웠다. 1902년 말에는 일리노이주 댄빌과 위스콘신주 라신에도 교회가 세워졌다. 순회 설교자들은 중서부의 작은 마을과 시골 지역에서 예배를 드리기 위해 자주 파견되었다. 때때로 그러한 예배로 인해 교회나 선교단체가 설립되기도 했다. 그러나 가장 일반적인 MCA 교회 개척 전략은 대회였다. 1901년 시카고 대회와 보스턴 대회를 모델로 한 대회는 임대 공공 홀에서 열릴 예정이었다. 비록 그 모임이 처음에는 〈버닝 부시〉에 게재되었지만, MCA 전도자들이 많은 군중을 끌어모아 교회를 세울 수 있는 회심자를 배출하는 능력은 잡지의 폭넓은 발행 부수에 달려 있었다. 파슨과 하비가 19세기 진보시대의 기업가로서 배웠고, 시카고와 보스턴 부흥을 통해 다듬은 마케팅 기술을 능숙하게 사용하는 MCA의 방법은 홀을 빌리는 것이었다. 복음 전도자 팀은 일련의 시끄러운 야외 거리 집회를 통해 예배를 홍보했다. 그러한 집회에 자주 뒤따르는 언론에서의 논란들을 이용하면서 MCA는 오히려 사실상 많은 인파가 그 예배에 참석할 것이라고 확신했다. 1902년 가을에 네 차례에 걸쳐 열린 연속적인 대회로 인해 라신과 댄빌에서는 체포와 홍보 속에서 회심자와 회중이 모여들었다. 신문 보도에 따르면 그곳의 군중은 5,000명이 넘었다. 다른 대회는 락퍼드와 일리노이주 북부 지역인 케와니에서도 열렸다. 락퍼드와 케와니에서는 군중이 너무 많아서 집회를 위해 예약되어 있던 대규모 집회 홀들이 혼잡해지는 것을 방지하기 위해 경찰을 고용해야 했다. 참석자들은 좀처럼 실망하지 않았다.

락퍼드에서 하비는 기존 성직자들의 주장을 비웃으면서 세상이 나아지고 있지 않다고 주장했다. 설교자로 변신한 이 사업가는 "개선, 교육, 문화"는 단지 사람들에게 예수의 전천년 재림을 통해 올 구원을 외면하게 만드는 사탄의 계략일 뿐이라고 지적했다. 영원한 형벌이라는 전통적인 교리에 대한 파슨의 대중주의적 방어 역시 마찬가지로 효과적이었다. 이전에 감리교회 락 리버 총회의 성직자 대부분이 문자 그대로의 지옥에 대한 믿음을 거두었다고 지적한 하비에 이어 파슨은 그러한 성직자와 그들의 많은 교회 교인이 "완전히 타버릴 것"이라고 선포했다. "당신의 신조를 버리고 골목에 기도서를 던지고 잠시 동안 성경을 공부하십시오"라고 하면서, 파슨은 언론과 수많은 복음주의 동조자에 대하여 기뻐하면서 마무리를 했다. 그들은 설교자의 대중적 해석학을 공유하고, 세속 교육자들과 기존의 성직자 동맹이 주장하는 것을 의심하는 사람들이었다.[29]

MCA의 확장은 시카고 지역이나 일리노이 지역에만 국한되지 않았다. 시카고 급진주의자들이 중서부에 있는 국제사도성결연합 IAHU의 요소를 흡수하려 했을 때에도 하비, 파슨, 셰퍼드는 미국의 다른 지역에서 성결 급진주의자들을 통합하려고 적극적으로 노력했다. 항상 성공적인 것은 아니었지만, 그러한 노력은 때때로 놀라운 결과를 가져왔다. 특히 주목할 만한 것은 뉴잉글랜드에서 MCA의 성공이었다. 성결 급진주의는 뉴잉글랜드에 깊은 뿌리를 두고 있었는데, 그곳에서는 그리스도인의 완전 교리에 대한 감리교의 반대로 인해 일찍이 1880년대에 독립적인 성결 교회가 형성하는 데 기여했다. 냅이 사망할 당시 로드 아일랜드주 프로비던스에는 성결 급진주의의 중요한 중심지, 즉 매사추세츠주 스프링필드와 노스 애틀보로, 코네티컷주 퍼트넘 그리고 노스 그로스베노데일이 존재했다. 독립 교회 설립에 깊이 헌신한 메신저와 같은 뉴잉글랜드의 급진주의자들은 〈리바이벌리스트〉 편집 정책에 있어서 '탈퇴주의' 정서를 약화시키려는 것에 대해 적극적으로 저항했다.[30]

메신저는 1901년 시카고와 보스턴 부흥 운동에 적극적으로 참여했음에도 불구하고 아마도 그의 친구 리스의 영향을 받은 듯 MCA를 경계했다. 1902년 가을이 되어서야 축복의 산 장막 집회에 참석하면서 〈리바이벌리스트〉 사역에 1,000달러 이상을 기부했다. 이후 메신저는 신시내티 출판사가 자신의 기사 중 하나를 거부한 것에 대한 보복으로 뉴잉글랜드에 있는 몇몇 중요한 성결 급진주의 중심지에서 6주간 5차례의 MCA 전도 집회를 조직했다. 11월 30일 매사추세츠주 스프링필드에서 시작된 뉴잉글랜드 대회는 5명의 복음전도자들, 즉 "성결한 호텔맨 에드윈 하비, 성결한 은행가 듀크 파슨, 서부에서 가장 위대한 여성 설교자 앨마 화이트, 성스러운 작곡가 에이 에프 잉글러 그리고 하나님의 가장 화끈한 청년 존 웨슬리 리"가 인도했으며, 여기에 현지 언론에서 "백마 탄 자들"로 불렸던 거트루드 하비, 안나 호프네이글Anna Hoffnagle이

함께했다.³¹

스프링필드에서는 전도자 에스 지 오티스^(S. G. Otis)가 이끄는 뉴잉글랜드에 기반을 둔 성결 단체인 기독교노동조합^(Christian Worker's Union) 선교기관인 에반젤리스틱 홀^(Evangelistic Hall)에서 예배가 열렸다. 전년도 보스턴 대회에 대한 광범위한 언론 보도에도 불구하고 스프링필드는 백마 탄 자들을 위한 준비가 부족하다는 것을 증명했다. 화이트, 호프네이글 및 하비가 평화를 방해한 혐의로 체포될 정도로 지역 당국을 화나게 한 8일간의 대회는 스프링필드에서는 화제가 되었으며, 언론의 광범위한 보도로 인해 많은 군중이 모여들고 많은 회심자를 낳았다. 깊은 감사를 표하는 오티스는 복음 홀과 기독교노동조합의 모든 재산을 소규모 이사회에 양도하고 MCA의 좁고 타협하지 않는 설교를 따르겠다고 약속했다.³²

〈버닝 부시〉 복음 전도자들은 스프링필드를 떠나 코네티컷주 하트퍼드로 향했는데, 이곳에서 그들은 훨씬 더 골치 아픈 반응, 즉 무관심에 직면했다. 시카고 전도자들은 "양들은 적었고, 그나마 발견한 양들은 염소들과 심하게 섞여 있었다."는 점을 지적하면서 하트퍼드를 "매우 부유한 세속적 도시로서 진정한 종교는 낯설 수밖에 없는 곳"이라고 일축했다.³³

하트퍼드의 무관심에도 불구하고, 전국성결연합 충성파들에게 여전히 중요한 중심지였던 뉴잉글랜드에 MCA가 머무르는 것은 큰 혼란을 가져왔고, 때로는 지역 성결 지지자들 사이에 분열을 일으켰다. 뉴햄프셔주 맨체스터의 성결 운동 지도자들은 언론 보도에 충격을 받고 전국성결연합 지도자들과 온건파로 변한 리스의 압력을 받아 예정된 대회를 취소했다. 실제로 전국성결연합과 국제사도성결연합이 지역 지도자들에게 가한 압력은 상당했다. 그리고 매사추세츠주 노스 애틀보로에 있는 국제사도성결연합 소속 교회의 목사인 아서 그린이 성결 온건주의자들의 경고에도 불구하고 시카고 전도자들을 초청하기로 결정했을 때 발견한 것처럼, 이를 추진했던 사람들에게 부과된 대가는 엄청났다. 〈갓스 리바이벌리스트〉의 동부 대표직을 사임한 그린은 비록 MCA와 빨리 결별했지만 국제사도성결연합에서 리더십 역할을 다시는 얻지 못했다.³⁴

메신저는 또한 백마 기수들을 코네티컷주 노스 그로스베너데일에 있는 자신의 교회로 데려오기로 한 결정으로 인해 분열이 발생하고, 시카고와 보스턴 부흥의 베테랑인 존 노베리 목사가 사임했을 때 자신의 행동의 결과에 직면해야 했다. 그럼에도 불구하고 전국성결연합과 국제사도성결연합 IAHU의 반대에도 불구하고 메신저, 오티스, 그린만이 시카고 급진파를 지지하는 저명한 뉴잉글랜드 성결 지도자는 아니었다. MCA를 지지한 다른 지역 성결 인물 중에는 메신저의 동료이자 교파 충성에 대한 초기 비판자인 디 에스 커티스^{D. S. Curtis}가 있었다. 루이스 미첼^{Louis F. Mitchel}은 성결 정기 간행물의 다작 작가이자 뉴욕주 사라토가 스프링스에 있는 오순절 대학 연구소 및 성경 훈련 학교^(현 동부 나사렛 대학)의 음악 교수이다. 그리고 매사추세츠주 로웰 출신의 흑인 수잔 포그^{Susan Fogg}는 버드 로빈슨에 대응하는 그 지역이 낳은 인물이었다.³⁵

MCA가 낳은 평신도 흑인 여성 설교가, 수잔 포그

놀랍게도 "흑인 수잔" 포그는 MCA의 뉴잉글랜드 공략에서 논쟁의 여지가 있는 요소들을 보여주었다. 오순절 고등학교의 세탁소 직원이었던 포그는 캠퍼스에서 중요한 영적 지도자가 되었고 뉴잉글랜드 전역에서 인기 있는 성결 설교자가 되었다. 간결한 말로 유명한 포그는 논란의 여지가 많은 열렬한 예배 스타일을 추구했다. 때때로 그녀는 자신의 고함과 점프가 "감정적 흑인" 예배로 평가절하되었다는 것을 기억했다. 타협을 모르는 점퍼인 포그는 MCA를 열정적으로 지지했다. 〈버닝 부시〉는 "그녀가 우리 밴드를 만났을 때 거의 죽을 뻔했다고 말했다."고 보도했다. 그리고 앨마 화이트, 하비, 호프네이글이 유사한 정서적 과잉 혐의로 체포되었을 때 매우 기뻐한 포그는 새로운 친구들에게 그들을 자매라고 생각한다고 말했다.[36]

〈버닝 부시〉 전도팀에 즉시 합류한 후 포그는 MCA 예배에 수반되는 신체적 증상에 실망하지 않았다. 특히 주목할 만한 것은 코네티컷주 노스 그로스베너에 있는 브니엘 성결 교회의 마지막 예배였다. 메신저의 진술에 따르면, 그 장면은 다음과 같이 설명되고 있다. "얼굴이 빛나고 하늘을 우러러보며 손수건이나 외투나 손에 있는 모든 것을 흔들고 뛰고 소리치며 하나님을 찬양하는 나이든 여인들, 권능 아래 엎드려 거룩한 외침과 찬양으로 어느 응접실을 우아하게 꾸미는 젊은 여인들 그리고 중년 남자들은 잭나이프처럼 몸을 두 배로 늘리고 옆구리를 잡고 거룩한 웃음을 지었습니다."[37]

MCA와 함께 뉴잉글랜드를 떠난 포그는 1903년의 대부분을 MCA의 스타 설교자로 보냈다. 선교지로의 부르심을 느낀 포그는 1903년 가을에 시카고를 떠나 인도로 향했다. 그녀의 MCA에서의 짧은 체류는 그녀가 런던에서 모임을 떠나면서 갑자기 끝났고, 이로써 MCA의 가장 기억에 남는 인물 중 한 사람의 혜성 같은 전도 경력은 막을 내렸다.[38]

조직 관리 천재, 프랭크 메신저와 MCA

뉴잉글랜드 대회의 결과로 MCA에 가입하게 된 가장 중요한 사람은 대회 주최자인 프랭크 메신저였다. 어떤 의미에서 메신저가 MCA에 합류한 것은 그가 영적으로 무관심한 뉴잉글랜드 직물 공장 감독관에서 이 지역의 가장 열성적인 성결 애호가 중 한 사람으로 변화한 자연스러운 결과였다. 메신저 자신을 포함하여 1902년 12월에 그의 종교적 헌신을 둘러싼 동요가 그로스베너데일 직물 공장의 총책임자라는 그의 놀라운 경력을 끝낼 것이라고 추측한 사람은 거의 없었다. 연봉 15,000달러의 급여를 받는 1,800명의 직원을 감독하는 메신저는 거의 20년 동안 코네티컷 회사의 총대리인으로 근무했다. 사실상 회사 업무에 대한 통제를 받지 않는 그는 높은 직원 사기와 비노조 매장을 유지하면서 공장 생산 능력을 4분의 1로 늘렸다. 놀랄 것도 없이, 그가 북미에서 가장 인기 있는 공장 감독관 중 한 명이라는 보고가 계속해서 나왔다.[39]

처음에는 노스 그로스베너데일 침례교회의 명목상 교인이었던 메신저는 1880년대 초에 회사가 후원하는 감리교회의 교인이 되었다. 메신저는 자신을 담배와 불건전한 대화에 중독된 '타락자'로 기억했지만, 공장 경영을 맡자마자 회사 주변의 마을에서 술과 폭력, 성적 부도덕을 없애기 위한 캠페인에 즉시 착수했다. 실제로 메신저는 도시의 엄격한 도덕률을 위반한 회개하지 않은 직원을 해고했다. 세기가 바뀔 무렵, 1893년에 회심하고 더글라스 캠프 집회에서 성결하게 된 메신저는 노스 그로스베너를 놀랄 만큼 변칙적인 곳, 즉 술도 당구장도 심지어 약국도 없는 산업 도시로 변모시켰다. 감리교에 대한 모든 신뢰를 급속히 잃은 메신저는 1899년 노스 그로스베너에 국제사도성결연합 관련 회중을 조직했다. 1901년 시카고 부흥 운동 당시 하비와 파슨을 만났고, 〈갓스 리바이벌리스트〉의 열렬한 지지자였던 메신저는 자신이 백마 탄 자들을 뉴잉글랜드로 데려오기로 한 그의 결정이 회사의 입장에서는 당황스럽고 불리한 평판과 악명을 가져왔다는 사실을 점차 알게 되었다. 1903년 3월 28일, 이제 뉴잉글랜드 성결 급진주의의 지도자로 인정받는 메신저는 회사의 소유주인 윌리엄 그로스베너 아래에서 그로스베너데일 공장에서 일하다가 해고되었다. 메신저의 해고로 인한 첫 번째 피해는 노스 그로스베너에 성경학교를 세우기로 한 그의 결정이었다. MCA의 시카고 성경학교는 중서부 지역의 사람들을 섬겼고 덴버에 있는 앨마 화이트의 성경학교는 서부 지역을 섬겼기 때문에 그는 이 학교가 뉴잉글랜드의 회심자들을 섬길 것이라고 기대했다.⁴⁰

메신저의 아내가 기억하듯이, 섬유 산업에 대한 다른 고용 제안에도 불구하고 그리고 자신의 소유물을 포기한다는 MCA 교리에 대한 결정적인 적대감에도 불구하고, 1903년 버팔로 락 캠프 집회에서 감동적인 예배를 드린 후, 메신저 부부는 자신들의 재산을 팔고 시카고에서 점점 더 붐비는 MCA 공동체에서 새로운 삶을 시작하기로 결정했다. 하비와 파슨과 같은 성공적인 사업가인 메신저는 즉시 MCA 생활에서 중요한 역할을 맡았다. 〈버닝 부시〉의 사실상 편집자이자 MCA의 주요 일일 운영 이사였던 셰퍼드를 신속하게 교체하면서, 메신저는 위스콘신주 워케샤에 MCA가 본격적인 유토피아 공동체를 구현하는 주요 설계자가 되었다. 회사 도시라 할 수 있는 노스 그로스베너의 지도자로서 메신저의 경험은 그가 워케샤 공동체를 조직하는 데 충분한 준비가 되었을 것이다. 아이러니하게도, 아마도 적절하게도 그의 기업 경영 경험을 고려했을 때, 메신저는 벽 기념품, 축하 카드 그리고 20세기 북미에서 가장 인기 있는 종교적 민속 예술 표현으로 발전하게 될 성경 텍스트 달력의 제작 및 배포를 중심으로 공동체를 조직했다.⁴¹

놀랍게도, 냅이 죽은 후 13개월 동안 어느 정도 성공을 거두었던 하비와 파슨은 진보시대의 낙관주의라는 보다 강력한 도전에 직면하여 이전의 〈리바이벌리스트〉 사역에 남아 있던 잔재들을 모아 급진적 성결 운동에 다시 활력을 불어넣었다. 성결 운동 유산을 바탕으로 그들은 진보시대의 초석이라 할 수 있는 이른바 '사유 재산'에 대한 도전에 나섰다.

0/6

"예수를 위해 모든 것을 버리다"

프랭크 메신저와 버닝 부시 공동체주의

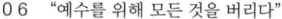

사유 재산 포기와
십일조 신앙의 급진성

유명한 전도자 찰스 피니는 미국 역사상 가장 널리 읽힌 책에서 이렇게 말했다. "젊은 회심자들은 그들의 모든 소유물에 대한 소유권을 포기했다는 사실을 배워야 합니다…만약 그렇게 하지 않았다면 그들은 그리스도인이 아닙니다." 종종 순종적인 도시의 프롤레타리아^{proletariat}를 창출하는 데 주도적인 역할을 한 인물로만 알려진 피니는 자본주의의 핵심 특징인 시장 경제에 대해 매우 양면적인 태도를 보였다. 그는 1839년에 단지 "상업적 정의의 원칙"에 따라 사업을 하는 것은 "배교"라고 주장했다.

오벌린이 주장한 대로, "사람을 재산으로 취급하는" 노예 제도, 정부의 토지에 대한 투기, "시장에 가져올 모든 것의 대가로" 물건을 파는 상인들은 "하나님에 대한 반역"의 대표적인 사례였다. 그러한 견해를 고려하면, 그가 뉴욕주 로체스터에서 거둔 성공이 변호사들과 남성 비즈니스 엘리트들 사이에서 일어난 부흥이었다는 사실은 자주 논쟁을 일으키는 불러일으키는 기이한 일이었고, 놀랄 만한 일이 아니다.

휘트니 크로스$^{Whitney\ Cross}$가 50년 전 〈업스테이트 뉴욕〉$^{Upstate\ New\ York}$의 탁월한 사회 역사 연구지에서 밝힌 바와 같이, 부흥의 자연스러운 산물은 시장의 보이지 않는 힘을 자유롭게 통제하는 것이 아니라, 유토피아 공동체, 모르몬교와 같은 새로운 공동체주의 종교, 인종 및 성별 관계의 급진적 재구성에 있었다.[1]

사실상 하나님께서 모든 것을 소유하셨고 회심 때 모든 재산을 포기해야 한다는 MCA의 입장은 모든 복음주의 기독교인에게는 친숙한 논리에 근거한다. 이는 또한 복음주의자들이 다른 미국인들과 얼마나 차이가 나지 않는지를 암시한다. 일반적으로 성결 기독교인과 복음주의자들은 경제적 만병통치약, 사회주의적 계획, 공동체 실험에 대한 19세기 미국 진보시대의 광범위한 지지, 집중된 부에 대한 미국인의 일반적인 불신 그리고 새로운 사회적 실험에 대한 개방성을 공유했다. 실제로 진보시대의 복음주의 공동체는 20세기의 종교 및 문화생활에 깊고 지속적인 영향을 미쳤다.

일리노이주 시온 공동체와 메인주 실로 왕국과 같은 공동체는 놀랍게 장수하였음을 보여준다. 그리고 MCA는 전천년 종말론의 확산, 신유 그리고 20세기의 가장 중요한 두 개신교 종파인 나사렛 성결 교회와 하나님의 성회의 급속한 성장에 중요한 역할을 할 한 세대의 지도자들을 배출했다.[2]

1870년에서 1917년 사이에 미국에서는 수십 개의 복음주의 공동체가 번성했다. 천 명이 넘는 회원을 보유하고 50년 이상 지속되었던 공동체로서 MCA의 공동체 생활에 대한 실험은 확실히 학문적 관심을 받을 만하다. 그 실험은 부와 사유 재산에 대한 복음주의의 모순된 태도를 탐구할 수 있는 편리한 창구를 제공한다.[3]

MCA의 "모든 것을 포기하라"는 교리는 급진적인 교리 혁신도 아니고, 기독교 역사상 전례가 없는 것도 아니다. 교회의 초기 역사 문서(사도행전)부터 시작하여 기독교 역사는 공동체 생활에 대한 실험의 사례로 가득 차 있다. MCA와 특별한 관련성이 있는 사례로서, 1740년대에 무산 개혁가들의 공동체를 설립하려는 아이디어를 잠시 고민했던 존 웨슬리는 그의 생애 말년에 기독교인들이 모든 것을 공동으로 소유하는 공동체는 천년왕국 이전에 일반화될 것이라고 말했다. 공동체 활동이 천년왕국을 기대하는 시기에 더 흔한 경향이 있다는 점을 고려하면, 19세기 미국 진보시대의 모든 복음주의 공동체 집단이 다가오는 왕을 위해 땅을 준비하는 데 적극적으로 참여하는 급진적인 천년왕국주의자였다는 것은 놀라운 일이 아니다.[4]

1906년부터 1956년까지 MCA의 본거지였던 위스콘신주 워케샤에 있는 파운틴 스프링 하우스

천년왕국론이 MCA가 공동체주의를 수용하기로 결정한 유일한 교리적 기반은 아니었다. 마찬가지로 중요한 것은 모든 사람의 재산이 단지 그 "최고 소유자"이신 하나님께 맡겨져 있을 뿐이라는 겉보기에 무해해 보이는 복음적 가르침이었다. "청지기직"으로 알려진 이 독특한 "신학적 사상에 대한 미국의 기여"는 초기 공화국에서 최근 비국교화된 교회에 자금을 조달하는 수단으로 처음 공식화되었다. 기독교 교리를 구원론적 차원으로만 축소시키는 경향이 있는 운동의 일원이었던 피니와 같은 복음주의자들은 청지기직 교리를 급진화하여 개인의 구원은 최소한 이론적으로 사유 재산을 포기해야 한다고 주장했다. 피니보다 훨씬 일찍 영국의 고아원 설립자인 조지 뮬러는 월급을 거부하고 소유물을 팔았으며, 생계를 위해 하나님을 신뢰하기 시작했다. 알 에이 토레이$^{R. A. Torrey}$와 같은 케직 성결 옹호자들의 손에서 뮐러의 모범과 항복 원칙을 지키는 것은 완전 성화의 경험이 케직 운동의 모호한 언어로 알려졌기 때문에 "능력 충만함"을 받는 길이 되었다.[5]

헌신적인 복음주의자로서 성결 복음 전도자들은 모든 것의 하나님의 주인되심$^{divine\ ownership}$이라는 교리를 열정적으로 단언하였다. 1877년, "우리의 당면한 의무는 무엇입니까?"라는 질문에 답할 때 감리교 전도자인 존 파커$^{John\ Parker}$는 이것이 "우리의 모든 소유와 가능성을 즉각적이고 완전하게 항복하는 것"이라고 말했다. 천년왕국에 대한 기대는 성결 지도자들을 급진화시켰고, 또한 하나님의 주인되심의 교리를 강화시켰다. 마틴 냅이 1898년에 썼듯이, "신약의 청지기직은 농장을 빌리거나 주인에게 일정 부분을 지불하는 것과는 다릅니다. 그것은 예수 그리스도의 소유권을 인정하고 오직 그분의 지시에 따라 일하며 모든 것을 그분께 바치는 것입니다."⁶

청지기 직분에 관한 초기 저작들에서 해결되지 않은 채로 남아 있는 것은 정확히 얼마나 많은 돈, 또는 아마도 얼마만큼의 비화폐적 재화를 교회 사역에 맡겨야 하는지에 대한 질문이었다. 수많은 교회와 자선단체가 경쟁하는 환경에서 누가 청지기의 은사를 받아야 하는가 하는 문제도 마찬가지로 골치 아픈 문제였다. 남북전쟁 이후 몇 년 동안, 일상적인 교환 수단으로서 돈이 물물교환을 대체하면서, 기독교인들은 현재 금전적 증가로 정의되는 생산물의 10분의 1을 지역 교회로 편리하게 지정하는 "창고"로 가져오는 구약의 관행을 부활시키기 시작했다. "십일조" 또는 더 정확하게는 "창고 십일조"로 알려진 이 교리는 19세기 말과 20세기 초에 일어난 복음주의 선교단체, 대학, 자선단체, 교회 건축의 폭발적인 증가에 자금을 지원했다.⁷

십일조는 감리교와 성결 운동의 교회 지도자들 사이에서 빠르게 지지자를 얻었으며 신성불가침의 원칙으로 등장했다. 십일조가 하나님께서 제정하신 재정 계획임을 확신한 쇼와 같은 성결 저자들은 십일조에 대한 현세적인 번영을 약속했으며, 교리가 더욱 확고해짐에 따라 교회에 부의 몫을 주기를 거부하는 사람들에게는 경제적 재앙을 약속했다. 필그림 성결교회, 자유 감리교회, 감리교의 성결 신자들, 특히 나사렛 신자들 사이에서 십일조는 기본 교리가 되었다. 사실 성결하고 충실한 사람 중에서 십일조를 실천

하지 않았던 때가 있었다는 사실을 감히 인정하는 사람은 거의 없었다.⁸

많은 성결 지도자가 창고의 십일조 교리를 매우 신속하게 받아들였다고 해서 그 교리가 쉽게 또는 보편적으로 받아들여졌다는 의미는 아니다. 군사적인 종파적 성격의 하나님의 교회 개혁 운동(현재의 하나님의 교회, 앤더슨)은 십일조를 그리스도께서 폐지하신 구약 율법의 일부라고 일축했다. 하나님의 교회 전도자인 윌리엄 셸(William Schell)은 "율법은 각 사람이 내야 할 퍼센트를 명시해 놓았지만, 율법은 폐지되어 각 사람이 '그 마음에 정한 대로' 바치도록 남겨졌습니다."라고 썼다.⁹

하나님의 교회 개혁 운동의 도덕률 폐기론적 경향을 의심했던 MCA와 기타 성결 급진주의자들 가운데, 창고 십일조 교리에 대한 반대는 그 시대의 가장 역동적인 세 가지 종교 운동의 내부 논리에 뿌리를 두고 있었다. 성결, 천년왕국주의 그리고 환원주의가 그것이다. 완전한 봉헌은 자신의 소유물을 포기할 것을 요구한다는 웨슬리안과 케직의 개념을 훌륭하게 엮어, 재림 전날에 재산을 쌓아 두는 것이 특히 잘못된 일이라는 천년왕국적 우려 그리고 누가복음서의 예수의 가르침과 사도행전의 일부에 대한 환원주의적 해석으로 MCA는 자신의 재산을 포기하고 신앙 공동체의 규율을 받아들여야 한다는 설득력 있는 주장을 펼쳤다. 유명한 찬송가 작가인 에프 엠 레먼(F. M. Lehman)은 누가복음의 예수의 가르침(누가복음 14:33)을 인용하여 1905년에 다음과 같이 비꼬는 말을 썼다. "쇼의 재정 계획(10분의 1)은 틀렸습니다. 그것은 하나님의 재정 계획이 아닙니다. 하나님의 재정 계획은 모든 것을 드리는 것, 즉 10분의 10 입니다." MCA 회원들에게 특히 매력적인 것은 지역사회 지도자들의 사례였다. 하비 부부, 메신저, 특히 MCA 회장인 듀크 파슨이 복음에 대한 이해에 순종하여 상당한 부를 포기했다는 사실은 자신의 소유물을 포기하기 위해 항복할 능력이 훨씬 적은 사람들에게 강력한 동기를 부여했다.[10]

MCA가 사유 재산 소유권을 거부한 것은 처음부터 그런 것은 아니었다. 소유물이 개인의 성화 경험을 위협할 수 있는 우상이 될 수 있다는 입장을 점차 넘어서면서 성경학교는 1904년 여름까지 "모든 것을 공동으로 소유"하는 "사도적" 관행을 완전히 구현하지 못했다. 1904년 8월, 〈버닝 부시〉는 "성령이 없는 사람은 자신의 소유를 줄 수는 있지만, 성령의 사람은 모든 것을 줍니다."라고 주장했다. 그해 11월까지 에드윈 하비, 거트루드 하비, 프랭크 메신저는 마지막 날에 하나님께서 기꺼이 "그들의 돈과 명예와 생명을 내려놓을" 사람들을 부르신다고 기록에 남겼다. 특히 사람이 매우 많은 성경학교를 고려할 때 자신의 부를 실제로 포기하는 것이 즉각적인 가능성이 아닐 수도 있음을 인정해야 한다. 〈버닝 부시〉는 하나님의 소유를 일시적으로 관리하는 사람들이 십일조가 잠시라도 유효하다고 생각하려는 유혹을 받아서는 안 된다고 계속해서 주장했다. 〈버닝 부시〉가 1905년 7월에 편집한 것처럼, "우리는 모든 것을 팔고 예수님을 따라야 한다고 설교한다는 것을 독자들은 아마 잘 알고 있을 것입니다. 만약 하나님께서 이 경륜의 시대에 사람이 농장에 남거나 사업을 계속하는 것을 허락하신다면 그는 자신의 모든 것을 바쳐야 합니다. 수익을 주님께 드립니다. 예전의 '십분의 일'은 이제 없어졌고, '모든 것'은 예수님께 드려야 할 금액입니다. 할렐루야. 한때 예수님께 주어진 재산이여, 온 지옥이 분노합니다. 예언자는 악에서 떠난 사람을 미친 사람으로 여길 것이라고 말했습니다."[11]

워케샤에 세워진 최초의 성결 공동체, 파운틴 스프링 하우스

빠르게 성장하고 있지만 여러 면에서 6개의 주와 3개 대륙에 흩어져 있는 500명의 성인 회원으로 구성된 전통적인 복음주의 교단에서 중앙 집중식 유토피아적 종교 공동체로 변화시키는 작업이 어려운 것처럼 보였지만, MCA는 그러한 전환을 위한 매우 잘 준비된 장비를 갖추고 있었다. 공동생활에 대해 이론상 헌신이 증가하는 것은 성경학교의 과밀화를 완화시킬 긴급한 필요들에 의한 것이었다. 그리고 시카고의 과중한 인쇄 공장을 확장해야 하는 절박한 필요성도 마찬가지였다. 더욱이 많은 신흥 공동체와 달리 MCA에는 자본이 없었다. 하비의 11개 호텔 매각과 메신저 가문의 재산 청산을 통해 자금을 조달한 후, MCA는 상당한 재정 자원을 확보했다. 게다가 〈버닝 부시〉 운동의 대중적인 노래책들과 최근 설립된 성경 달력의 엄청난 판매는 추가 수익을 제공했을 뿐만 아니라, "모든 것을 버리고" 교단의 중심으로 이동하고자 하는 개인과 가족들에게 일자리 고용을 제공했다. 시카고는 성결 운동의 현재와 미래의 요구에 적합한 공간으로 자리매김했다.[12]

1904년 여름 초에 MCA는 시카고시의 확장이 비현실적이라는 것을 깨달았다. 메신저의 주도 아래 성경학교, MCA 본부, 〈버닝 부시〉 출판 사업부를 버팔로 락에 있는 캠프와 고아원으로 이전할 계획을 세우기 시작했다. 그러나 메신저는 곧 그곳에 적절한 시설을 설립하는 데 100만 달러 이상이 필요하다는 결론을 내렸고, 갑자기 계획을 취소하고 1905년 버팔로 락 캠프 집회를 취소하고 버팔로 락 부지를 매각했다. 그런 다음 메신저는 위스콘신주 워케샤에 있는 버려진 대규모 리조트 호텔인 파운틴 스프링 하우스를 구입했다.[13]

밀워키에서 서쪽으로 19마일 떨어진 곳에 위치한 워케샤는 인구 7,000명의 도시였으며 도시 간 트롤리 노선을 통해 밀워키까지 쉽게 접근할 수 있었다. "서부의 사라토가"로 알려진 미네랄 광천을 자랑하는 워케샤는 남북전쟁 이후 몇 년간 가장 인기 있는 휴양지였다. 도시의 가장 유명한 리조트인 파운틴 스프링 하우스는 1874년에 문을 열었다. 화재 후 소유주가 1879년에 벽돌로 재건축했다. 거대한 4층 건물에는 450개의 방이 있고 850명의 손님을 수용할 수 있으며, 식당은 500명을 편안하게 수용할 수 있었다. 호텔은 골프 코스, 마구간, 경마장, 목욕탕, 송어가 사는 인공 호수 및 워케샤의 유명한 온천 중 하나를 포함하는 150에이커 부지에 위치해 있었다. 치열한 협상 끝에 메신저는 40만 달러 상당

의 부동산을 8만 달러에 구입했다.¹⁴

　1905~6년 겨울 동안 시카고의 메트로폴리탄 성결교회에서 열린 깊은 감동의 작별 집회 이후 MCA는 다양한 업무를 워케샤로 이전하기 시작했다. 가장 먼저 도착한 사람들 중에는 놀이터를 위한 충분한 공간이 있는 파운틴 스프링 하우스의 한 구역을 차지한 고아들도 있었다. 그 후 몇 주 동안 식당은 교회로 바뀌었고, 이전에 춤을 가르치던 방은 성경학교의 교실이 되었다. 마침내 1906년 3월에 교회의 인쇄 공장과 함께 〈버닝 부시〉의 편집실이 위스콘신의 새 집으로 이전했다. 이러한 움직임은 사역의 근본적인 변화와 교회 구조에 대한 전통적인 이해에 대한 도전을 의미했다. MCA는 더 이상 그리스도인들에게 독립된 회중을 조직하도록 촉구하는 것으로 만족하지 않았다. 이제 충실한 그리스도인들은 사도행전 2:44에 확립된 사도들의 전통을 따라 "모든 것을 공동으로 소유"해야 했다. 교회는 도시선교를 운영하고 요청이 있는 곳마다 전도팀을 파견하는 등 공격적인 전도의 전통을 이어갔지만, 전통적인 개신교 종파는 더 이상 존재하지 않았다.¹⁵

　다른 많은 공동체와 달리 MCA는 결코 개인 숭배를 허락하지 않았다. 회장인 파슨은 워케샤에 자주 참석했지만 계속해서 시카고에 살았다. 공동체의 다른 두 명의 이사인 에드윈 하비 부회장과 거트루드 하비는 특히 중요한 설립 기간 동안 경험이 풍부한 교육자인 프랭크 메신저의 손에 공동체의 실제적인 방향을 맡겼다. 메신저는 일상 업무를 관리하는 것 외에도 인사 분야의 이사를 역임했다. 그의 아내인 메리 영 메신저[Mary Young Messenger]는 파운틴 스프링 하우스에 방을 배정하고 주민들 사이의 분쟁을 해결했다.

파슨과 하비의 인품과 덕스러움으로 MCA는 계속해서 발전했다. 이 두 창립자의 급진적인 신학, 지옥불과 유황 설교, 신랄한 사설에도 불구하고 파운틴 스프링 하우스에서 자란 아이들과 인터뷰를 해보면, 파슨과 하비는 친절함, 관대함, 유머로 가득한 한결같은 모습을 보여주었다. 특히 파슨은 뚱뚱하고 명랑하며 할아버지 같은 인물로 기억되었고, 하비는 고아, 알코올 중독자, 무일푼 가족을 워케샤 공동체로 환영하는 온화한 마음의 남자로 추억되었다. 한편 흥미롭게도 MCA 회원들은 파슨이나 하비가 아니라, 공동체의 천재 조직가 메신저를 존경했다.[16]

간헐적인 탈퇴에도 불구하고 공동체는 꾸준한 성장을 경험했다. 1906년 266명의 성인 회원으로 시작하여 1909년 1월에는 350명으로 늘어났다. 1911년 〈버닝 부시〉는 46가구가 거주하고 있다고 보고했다. 1912년 추수감사절이 되자 한때 넉넉했던 파운틴 스프링 하우스의 공간은 500명이 넘는 주민으로 붐볐다.[17] 가족들이 개별 아파트에 살았지만 모든 식사는 공동체 안에 있는 두 개의 대형 식당에서 제공되었다. 적절하게도 모든 사람이 하나님의 은혜를 동등하게 공유해야 한다는 이상에 대한 공동체의 급진적인 헌신을 고려할 때, 구성원은 공동체 내에서의 역할에 관계없이 동일한 음식을 공유하고 비슷한 생활 공간을 가졌다. 모두에게 똑같이 좋은 옷을 입히기 위해 공동체에서는 한때 1,000야드가 넘는 시트와 600야드가 넘는 깅엄 직물을 한 번에 구입했다. 음식 제공과 같이 단순해 보이는 작업에는 상당한 계획이 필요했다.

1909년에는 한 끼 식사에 감자 3부셸과 고기 100파운드가 필요했지만, 공동체는 매일 50파운드의 설탕, 300덩이의 빵, 50갤런 이상의 우유를 소비했다. 워케샤를 떠난 지 수십 년이 지난 후, 공동체 구성원들은 한 끼 식사를 위해 100개가 넘는 파이가 구워지면서 나는 향기를 기억하며 향수에 젖기도 했다.[18]

파운틴 스프링 하우스의 공동체 생활

파운틴 스프링 하우스의 평범한 하루는 오전 6시 30분에 기도와 성경 읽기로 시작되었다. 아침 식사 후에는 기도하고 공부하고 산책하는 시간을 가졌다. 여느 공장 도시에서와 마찬가지로, 근무 시간의 시작을 알리는 휘파람 소리가 울렸고, 성경학교의 학생들을 포함한 공동체의 모든 구성원은 자신의 임무를 보고했다. 직업은 기술, 나이, 경험에 따라 배정되었다. 업무 책임에는 주방 업무, 바느질, 인쇄, 비서 업무, 유지 관리, 농장 일, 보육 및 교육이 포함되었다. 공동체의 모든 사람은 잠재적인 사역을 준비하는 일꾼이자 학생이었다. 결과적으로 점심 식사 후에는 일반적으로 MCA 자체의 성경 수업과 같은 책을 기반으로 하는 전체 공동체를 위한 수업이 이어졌다. 이 수업이 끝난 후, 직원들은 직장으로 돌아갔고, 성경학교 학생들은 오후 수업을 준비했다. 일반적으로 신앙과 같은 신학적인 주제에 관한 전체 공동체를 위한 두 번째 수업이 저녁 식사 전에 열렸다. 저녁 식사 후에는 휴식 시간이 있었다. 주일, 화요일, 목요일에는 공동체 구성원은 물론 워케샤 지역의 방문객과 〈버닝 부시〉 동조자들이 참석한 예배로 하루를 마무리했다. 예배에는 노래, 뛰기, 외침, 간증, 설교가 포함되었으며, 구원을 위한 기도, 온전한 성화, 재헌신의 시간으로 절정에 달했다.[19]

공동체의 기본 구조는 고정되어 있었지만 공동체는 지속적으로 유동적이었다. 상대적으로 조화로웠던 시기에도 개인과 가족은 끊임없이 들어왔다 나갔다 하며 움직였다. 더욱이 공동체의 구성은 행정적인 결정에 의해 계속 변경되었으며, 개인과 가족이 본국 선교사 또는 외국 선교사로 재배치되는 일이 자주 발생했다. 문제를 더욱 복잡하게 만드는 것은 교회가 요청 시 장례식을 집전할 무료 목사를 제공하는 정책을 유지하는 한편, 안수받은 MCA 목사와 함께 학생들로 구성된 팀이 요청할 때마다 복음 전도 캠페인을 수행하기 위해 지속적으로 파견되고 있다는 점이었다.

공동체는 리더십 개발과 발전을 위한 훌륭한 기회를 제공했다. 수업과 설교에 탁월한 성경학교 학생들은 목사로 안수를 받았다. 대부분의 공동체 구성원은 여러 가지 기술을 배웠다. 일리노이주 오타와 출신의 미숙련, 무산 오르간 공장 노동자였던 찰스 캡셀Charles L. Capsel(1881~1957)의 사례가 대표적이다. 그는 1900년 버팔로락 캠프 집회에서 회심했으며 처음에는 식당에서 웨이터로 일했다. 그런 다음 캡셀은 MCA 출판 시설로 승진하여 숙련된 식자공 및 인쇄공이 되었다. 1914년에 그는 목사 안수를 받았고, 나중에는 MCA의 인쇄 운영 관리자, 〈버닝 부시〉 편집자, MCA 이사회의 이사를 역임했다. 실제로 캡셀과 마찬가지로 많은 MCA 남성도 숙련된 인쇄공이 되었으며, 이는 많은 사람이 공동체를 떠나기로 결정한 경우에 이 직업을 이어갔을 것이다.[20]

공동 식사 외에도 워케샤에서의 생활은 공동예배를 중심으로 이루어졌다. 공동체의 예배 경험에 없어서는 안 될 요소이자 성경학교 교과 과정에서 특별히 강조하는 부분은 바로 음악이었다. 음악은 공동체의 즐겁고 역동적인 예배에 필요한 분위기를 조성하는 데 필수적이었다. 윌리엄 페텡길[William T. Pettengill]은 "교회로서 우리가 수년간 경험한 바는 성령 안에서 드리는 노래의 영향으로 굳어진 마음이 무너진다는 것입니다."라고 썼다. 페텡길의 주장을 증명하듯, 모든 학생을 위한 학습 과정에는 피아노 레슨과 음악 특별 교육이 포함되었다. 공동체 안에는 여성 현악 밴드와 남성 브라스 밴드가 포함되었다.

음악 제공 프로그램에는 독신자, 가족 및 부부의 노래, 다양한 남성 및 여성 4중주가 포함되었다. 그러한 환경에서는 거의 모든 사람이 잠재적인 작사가나 작곡가가 되었다. 1902년에서 1913년 사이에 출판된 공동체의 다섯 권의 노래책에는 공동체 지도자들의 작품이 담겨 있다. 예를 들면, 프랭크 메신저, 에드윈 엘 하비 및 거트루드 하비와 같은 회심자, 찰스 홀링스워쓰 및 플로라 팔머[Flora Lucas Palmer]와 같은 회심자를 비롯하여, 버나드[Bernard], 워렌[Warren] 및 듀크 파슨 주니어[Duke Farson Jr.]와 같은 공동체 사역자들의 자녀들 작품이다. 공동체 밖에서도 높은 평가를 받는 〈버닝 부시〉 노래책은 한

권에 10센트에서 25센트 사이로 공격적으로 판매되었다. 그것들은 거의 60년 동안 성결 운동의 중요한 수입원으로 남아 있었다.[21]

MCA가 낳은 성결 운동의 음악가들

성결 운동에서 음악의 핵심적인 중요성은 MCA의 공동생활의 측면보다 더 앞서 있었다. 1901년 시카고 부흥부터 시작하여 하나님의 가난한 자들을 위한 하나님의 구원을 노래하는 즐거운 노래가 MCA 예배의 특징이 되었다. MCA 작곡가와 음악가로 구성된 뛰어난 간부들은 20세기 복음 찬송가에 지대한 공헌을 했다. 가장 주목할 만한 사람은 MCA의 처음 두 노래집의 편집자이자 시카고 부흥의 주제가인 "진주 빛 하얀 도시"의 저자인 아서 잉글러였다. MCA와 관련된 다른 재능 있는 성결 운동 찬송가 작가로는 에프 엠 레만이 있는데, 그는 "하나님의 사랑"과 "고귀한 전화기"와 같은 유명한 복음 찬송의 저자다. 그리고 아이 게이 마틴[l. Guy Martin]은 나사렛 최초의 오순절 교회 노래집의 편집자다.[22]

〈버닝 부시〉 음악을 형성한 주요 인물은 루이스 미첼(1854~1935)과 윌리엄 페텡길(1873~1956)이었다. 로드아일랜드주 프로비던스 출신인 미첼은 파리 음악원과 베를린의 칼락 음악원에서 공부했다. 그는 프로비던스로 돌아와서 그 도시에서 가장 부유한 주민들의 자녀들을 가르쳤다. 그는 나중에 도시에서 "최고의 음악적 위치"를 유지했다고 회상했다. 1878년에 회심한 미첼은 더글러스 캠프 집회에서 완전 성화를 경험했다. 전천년설 신앙에 깊이 헌신한 그는 〈갓스 리바이벌리스트〉와 〈뷸라 크리스찬〉Beulah Christian과 같은 성결 정기 간행물에 글을 썼다. 1900년에 그는 사라토가 성경 연구소의 교수진에 합류했다. 미첼은 1902년 12월 코네티컷주 퍼트남에서 MCA를 처음 만났고 즉시 이 단체의 열렬한 예배 스타일에 매료되었다. 그는 옷을 사러 집에 갈 필요도 없이 MCA를 가지고 시카고로 돌아왔고, 성경학교에 다니면서 음악 교수가 되었다. 그곳에서 그는 목회 훈련에서 음악의 중심성을 주장하는 동시에 실증 예배의 가장 맹렬한 옹호자 중 한 사람으로 발전했다. 그는 1903년 버팔로 락 캠프 집회에서 자신의 지상 소유물을 포기하고 그 후 교사, 설교자, 작곡가, 〈버닝 부시〉 노래책 편집자로서 공동체를 섬겼다. 미첼의 찬송은 사실상 〈버닝 부시〉 신학의 개요서다. 이른바 구원의 기쁨, 성화, 기독교 공동체의 삶, 신유, 예수의 사역에서 가난한 이들에 대한 특별한 배려 그리고 예수의 전천년 재림으로 시작된 영원 속에서 함께하는 삶의 약속을 노래한다.[23]

음악에 있어서 두 번 째 주요 인물은 메인주 출신인 윌리엄 페텡길로, 그는 그의 아버지와 할아버지와 같은 학교에서 회심했다. 그는 사라토가 성경학교에서 완전 성화를 경험했다. 거기에서 그는 미첼의 제자가 되었다. 그 후 페텡길은 1902년부터 1906년까지 메인에 있는 미국 오순절 교회 협회의 목사로 봉사했다. 그는 〈버닝 부시〉의 정기 독자가 되었고, 그의 아내 클라라 페텡길

Clara Libby Pettengill과 함께 1906년 워케샤 공동체에 합류했다. 미첼과의 관계가 재개된 후 페텡길은 1907년에 찬송가를 쓰기 시작했다. 미첼의 찬송가와 마찬가지로 페텡길의 찬송도 MCA의 독특한 교리와 신앙 공동체에서의 삶을 보여준다. 그가 1913년 찬송가 "오순절 권세"에서 썼듯이, "땅과 집이 있는 사람들은 그것을 팔아 사도들의 발 앞에 값을 두었습니다. 누구의 필요도 무시하지 않았고, 하나님께서 그들을 공급해 주셨습니다. 그들은 오순절 권세를 가졌습니다." 에드윈 엘 하비가 사망한 후 페텡길은 MCA의 부회장이 되었으며 디트로이트, 뉴욕 및 토론토의 MCA 선교부에서 봉사했다. 그의 마지막 직위는 메인주 리즈에 있는 MCA 소속 교회의 목사였다.[24]

급진주의와 분리주의 경향에도 불구하고 MCA는 20세기 초 성장하는 가스펠 음악 산업에서 결코 하찮은 세력이 아니었다. 특히 주목할 만한 점은 아프리카계 미국인 작사자, 작곡가, 출판인이었던 토로 해리스Thoro Harris(1874~1955)에 대한 MCA의 지원과 오랜 관계였다. 그는 "내 등불에 기름을 주소서", "내 영혼을 설레게 하는 것은 예수이시니"와 같은 유명한 찬송가의 저자로 가장 잘 알려져 있다. 20세기에 들어서자마자 해리스는 초기 가스펠 음악의 메카였던 보스턴에서 시카고로 이주했다. 시카고에서 그는 〈윈서 출판사〉Windsor Publishing Company를 설립하고 한 동안 레이크 스트리트에서 선교 사업을 운영했다. 시카고의 번성하는 성결 공동체에 이끌려 그는 자유감리교회와 긴밀히 협력했으며, 이 교회는 해리스 곡으로 찬송가를 자유롭게 뿌린 최초의 교단 중 하나가 되었으며, 하비

와 파슨의 절친한 친구가 되었다.²⁵

고군분투하는 다른 가스펠 음악 아티스트들과 마찬가지로 해리스는 〈시카고 호프 출판사〉^(Chicago Hope Publishing Company)의 설립자인 헨리 데이트^(Henry Date)와 같은 기존 가스펠 출판사에 자신의 작품을 판매하여 자립했다. 그러나 해리스는 데이트가 판매한 많은 곡이 〈시카고 호프 출판사〉의 널리 사용되는 오순절 찬양 시리즈에 전혀 등장하지 않는다는 사실에 실망했다. 해리스는 하비에게 데이트와 중재하여 MCA 자금을 통해 해리스의 문학적 권리를 다시 획득하도록 요청했다. MCA는 해리스를 대신하여 노력했으나 실패했지만, 정기적으로 해리스를 고용하여 〈버닝 부시〉 노래의 곡을 썼다. 윌리엄 페텡길과 같은 MCA 작곡가의 진정한 멘토인 해리스는 MCA의 1907년 노래집 〈고속도로와 길〉 또는 〈버닝 부시 노래집 제3권〉 제작에 특히 중요한 역할을 했다. MCA는 시카고에서의 첫 10년 동안 해리스에게 중요한 재정적 지원을 제공했다.²⁶

MCA 공동체 신학의 뿌리, 누가복음과 사도행전

예상할 수 있듯이, MCA 사역에 관련된 모든 사람들이 자신의 소유물을 기꺼이 포기하고 운영 지도자인 메신저의 자비로운 징계를 받아들인 것만은 아니다. 첫 번째 사례로는 레만 가족이 있었다. 워케샤에 도착하자마자 건설 팀에 배정된 에프 엠 레만과 바닥 닦는 임무를 맡은 그의 아내는 둘 다 그들에게 할당된 작업에 강력하게 반대했다. 레만은 모든 것을 포기하는 초기에는 열정적인 옹호자였지만, 즉시 다른 직업 선택지를 탐색하기 시작했고 결국 공동체를 떠났다. 떠날 때 레만 아내는 "모든 사람이 자신이 성결했는지 확인하기 위해 바닥을 닦을 필요는 없습니다."라고 조심스럽게 지적했다. 많은 사람처럼 레만 가족도 공동체에 사는 것보다 자신의 재산을 포기하는 것이 더 쉽다는 것을 알았다.

공동체에서 가장 주목할 만한 초기 손실은 셰퍼드였다. 특히 그의 경우는 아이러니했다. 1902년 캠프 집회 설교를 통해 개인 재산 포기를 시작한 MCA의 기본 교리 핸드북의 저자로서 셰퍼드는 자신의 급진주의에 자부심을 느꼈다. 일부 사람들은 완전 성결을 경험하기 위해 재산을 포기해야 할 수도 있다고 분명히 믿었고, 개인적으로 성경학교에서 급여 없이 살고자 했던 사람으로서 셰퍼드의 영적 굴복에 대한 이해는 여전히 은유적이었다. 1906년 봄에 700달러를 상속받은 그는 MCA에서 탈퇴했다. 셰퍼드는 이번에는 광신주의 전문가로서 전도 활동을 다시 시작했다. 처음 출판된 지 100년이 지난 후, 모든 것을 버리라는 MCA의 강조점을 유지하면서 수정된 형태인 『바이블 레슨』Bible Lessions이 그의 책 8권 중 유일하게 인쇄된 책이다.[27]

〈버닝 부시〉 운동의 공동체 신학은 정체되지 않은 채로 남아있다. 하비는 처음에 헌신과 영적 굴복의 언어와 논리를 사용하여 1904년에 성화에 관해 다음과 같이 썼다. "당신은 성결이 세상에서 가장 좋은 것이라고 생각합니다. 사실 그렇습니다. 그러나 그러기 위해서는 당신이 가진 모든 것을 드려야 하는데, 바로 그것을 당신이 모른다는 점입니다." 그러나 점차 봉헌의 언어와 논리는 기독교인들이 모든 것을 팔고 워케샤의 신앙 공동체에 합류해야 하는 다른 이유들로 보완되었다. 1904년 12월 초에 MCA는 사도행전 2:44-45에 설명된 대로 규범적 교회에서 그리스도인들이 세상의 모든 소유를 포기해야 한다고 주장했다. 더욱이 〈버닝 부시〉는 인도주의적 접근 방식을 사용하여 "자신의 이웃을 자신처럼 사랑하는 부를 가진 사람은 누구나 곧 자신의 재산을 없애고 주변의 필요를 해소하기 위해 노력할 것"이라고 주장했다. 전형적인 성결 운동 방식의 다른 목소리들은 소유에 대한 MCA의 가르침이 존 웨슬리의 가르침을 충실하게 대표한다고 주장했다. 웨슬리를 변호하면서, 성결 신자들은 이 옥스퍼드의 성인에 대해서는 변호가 거의 필요하지 않다고 생각하는 경향이 있었지만, 리먼은 제자가 되고자 하는 사람은 누구든지 "모든 것을 버리라"(눅 14:33)는 누가복음의 예수가 요구한 말씀에 의지했다.[28]

누가복음 본문이 자신들의 독특한 교리를 옹호하는 데 우선순위를 갖자 MCA는 봉헌의 논리를 예수의 모범과 성경의 가르침에 종속시키기 시작했다. 예수께서 자발적으로 하늘에서의 특별한 지위를 포기하고 그 과정에서 집 없는 분이 되셨듯이, MCA는 그의 추종자들도 똑같이 할 것이라고 주장했다. 찰스 홀링스워쓰가 1909년에 주장했듯이, "모든 것을 드리는 것은 예수님을 잠깐 본 것의 자연스러운 결과일 뿐입니다."[29]

점점 더 〈버닝 부시〉의 작가들은 부와 그것을 소유한 사람들 그리고 그것이 제공하는 안전에 대한 잘못된 환상을 비난하는 신약성서의 실제적인 가르침에 눈을 돌렸다. 성경에서 그들의 입장을 옹호하는 가장 좋아하는 말씀은 산상수훈, 어리석은 부자의 비유(눅 12:13-21), 젊은 부자 관원의 비유(눅 18:18-30), 삭개오의 비유(눅 19:1-10), 과부의 헌금(눅 21:1-4) 등이 있으며, 디모데전서, 야고보서, 요한1서에서는 부와 부자를 공격하는 내용이 있다. 전국성결연합과 같은 기존 교파와는 현저하게 대조적으로 MCA는 부자는 구원받을 수 없다고 주장했다. 그들은 부를 삶의 필수품과 편의 이상으로 갖는 것으로 정의함으로써 자신들의 요구를 더욱 급진화시켰다. 드물지만 관대하고 자비로운 부자를 만날 수도 있음을 인정하면서도 〈버닝 부시〉는 "그들은 결코 구원을 얻지 못할 것"이라고 주장했다. 〈버닝 부시〉는 "백만장자들이 주님을 찬양합니다."라는 적절한 제목의 사설에서 신랄하게 비꼬면서 독자들에게 예수께서 영원의 세계에서 묘사하신 유일한 부자는 불행하게도 지옥에 갇혀 있다는 사실을 상기시켰다(누가복음 16:19-31). "부자 감리교인들은 너무 늦었을 때 영원토록 지속되는 끔찍하고 두려운 형벌이 있다는 사실을 깨닫게 될 것입니다."라고 사설은 결론지었다. 예수는 "부자들"을 위한 메시지를 갖고 계셨다. 그들은 "낙타가 바늘귀로 들어갈 수 없듯이" 그들은 천국에 들어갈 수 없다. 부자에게는 선택권이 있었다. 그들은 마태복음 19:29, 누가복음 14:33, 누가복음 19:8-9과 같은 성경 구절에 순종하고, 자신들의 부를 포기하고, 이상적으로는 워케샤에서 "주의 가난한 자들"과 합류할 수 있었다.[30]

그러나 MCA는 빈곤을 결코 낭만적으로 표현하지 않았으며 자신의 부를 가난한 사람들에게 무분별하게 기부한다는 개념은 분명히 거부했다. 그것은 가난한 사람들을 적어도 두 부류, 즉 "심령이 가난한 사람" 같이 태도에 있어서 가난한 사람과 경제적으로 박탈당한 사람, 즉 "이 세상의 재물에 있어서 가난한 사람"으로 구분했다. MCA는 "심령이 가난한 자"를 "주님의 가난한 자"라고 부르며, "주님의 가난한 자"는 필연적으로 이 세상의 재물에 있어서 가난해져야 한다고 주장했다. 자유 감리교 창시자 비 티 로버츠^{B. T. Roberts}와 같은 다른 성결 급진주의자들의 전통을 따르는 MCA는 가난한 사람들이 하나님의 경륜에서 특별한 위치를 차지한다고 주장했다. 로버츠를 따라 MCA는 가난한 사람들에게 복음을 전파하는 것은 예수의 가르침에 따르면, 메시아 통치의 독특한 표시^(누가복음 7:22)며, 모든 신실한 기독교 사역의 결정적인 특징이라고 주장했다. 단순한 언어적 수사를 넘어 〈버닝 부시〉는 무료 발행물을 요청하면 보내주었고, 〈버닝 부시〉 사역자들은 요청이 들어오면 무료 장례를 진행했다. MCA 사역에서 가난한 사람들의 중요도에 대한 간단한 요약이라 할 수 있는 "가난한 사람들을 위하여"는 〈버닝 부시〉의 대부분 호에 게재되었다. 〈버닝 부시〉는 "우리는 예수를 따르는 사람들입니다…우리는 하나님에 대한 믿음으로 살고 있으며, 가난한 사람들은 그분의 특별한 섭리로 공급받습니다."라고 주장했다.[31]

모든 것을 버리라는 MCA 관행은 근본적으로 종교적 교리였다. MCA 지도자들은 하나님의 섭리와 같은 기본적인 기독교 신앙과 그들 자신의 경험을 바탕으로 급여를 받거나 저축 계좌, 주택, 토지, 심지어 보험 정책까지 갖는 것은 기독교인들을 먹이시는 하나님의 능력에 대한 믿음이 부족하다는 표시라고 믿었다. 에드윈 엘 하비는 일찍이 1903년에 "하나님께서는 그분의 설교자들을 돌보실 수 있습니다."라고 말했다. "나에게 급여를 받는 설교자를 보여주시면 나는 당신에게 타락한 사람을 보여 드리겠습니다."라고 결론지었다.³²

공동체의 발전과
계속되는 사유 재산 포기 논란

실제로 재산에 대한 성결 운동의 입장은 종종 부정적으로 표현되기는 하지만, 긍정적인 측면도 갖고 있었다. 그것은 자신을 따르기 위해 집과 가족과 땅을 버린 사람들은 현세와 하늘에서도 백배를 받을 것이라는 예수의 약속으로부터 특별한 위로를 얻었다⁽ᵐᵃ 19:27-29⁾. 회원들은 개인 재산을 소유하지 않았으며, 하나님은 그들의 모든 필요를 충족시켜 주셨다. 도날드 런딘Donald S. Lundin은 1912년에 다음과 같이 말했다. "주님이 그분의 약속을 성취하실 것이라고 믿었습니다. 하비, 파슨, 메신저와 같은 지도자들은 하나님의 왕국을 위해 모든 재산을 바쳤습니다. 하나님께서는 그들에게 영적으로나 현세적으로 복을 주시어 백 배나 더하게 하셨습니다."

사람들은 소유물을 모두 포기할 경우 연로한 부모나 자녀에 대한 책임을 누가 맡게 될지에 대해 우려를 표하는 경우가 많다. 이에 대한 응답으로 1915년 시카고에서 MCA 해외 열방 봉사 활동 초기 때 회심했던 애런 목스타드$^{Aaron\ E.\ Mokstad}$는 신약의 교회가 초대 기독교인이 부양해야 할 모든 가족에게 음식과 쉼터를 제공했다는 사실을 발견했다. 목스타드는 "사람들이 모든 것을 버린 오늘날에도 마찬가지입니다."라고 결론지었다. 최근 사망한 평신도 설교가 이 에이 퍼거슨의 가족이 성결 간행물에 지원을 간청하고 있는 동안 과부, 고아 그리고 모든 것을 버린 "하나님의 가난한 자"의 자녀들이 파운틴 스프링 하우스에서 품위 있게 음식을 먹고 입고 교육을 받았다는 점에 주목한다. 목스타드는 개인적인 경험을 바탕으로 말했다. 그의 홀어머니도 워케샤에 살고 있었다.[33]

모든 것을 포기하는 실천에는 성결 급진주의에 익숙하지 않은 사람들을 놀라게 할 수 있는 한 가지 다른 차원이 있었다. 신앙인이 굴복하도록 요청받는 우상 중 하나는 현대 의학이었다. MCA는 사중복음의 전통에 뿌리를 두고 야고보서 5:14-15을 바탕으로 그리스도께서 속죄를 통해 육체적, 영적 치유를 베푸셨다고 설교했다. 따라서 의사를 방문하고 약을 사용하고 예방접종을 받는 것은 믿음이 부족하다는 증거로 간주되었다. MCA는 "하나님의 자녀들이 영혼의 구원은 물론 육체의 치유를 위해 하나님을 신뢰해야 하는 것이 하나님의 계획"이라고 말했다. 교회 사역자들의 모든 질병 사례가 치유로 이어지는 것은 아니라는 점을 인정해야 할 때에도, 메신저는 성결 운동 비판자들에게 MCA의 건강 기록이 어떤 기준으로든 훌륭하다는 점을 상기시켰다. 메신저는 "하나님은 모든 질병을 치료하지 않으신다."고 말했다. "그러나 하나님이 사람을 다음 세상으로 데려가기로 결정하시면 세상의 어떤 권세도, 심지어 그 많은 부도 그분의 손을 막을 수 없습니다." MCA는 특허 의약품에 대한 광고를 실은 〈펜테코스탈 헤럴드〉Pentecostal Herald와 〈크리스천 스탠다드〉Christian Standard와 같은 성결 정기 간행물을 조롱하면서 구원에는 죄로부터의 구원뿐만 아니라 소유물, 의사 및 특허 의약품으로부터의 구원도 포함된다고 주장했다. 이 기간 동안 기독교 과학과 신유를 통한 전도사역을 포함한 대체치유의 폭발적인 성장이 시사하듯이, 기도와 신앙 공동체를 통해 육체적, 영적 치유를 추구하는 MCA의 노력은 의료기관이 점점 전문화되고 엘리트화될 것이라는 세속 사회의 약속에서 소외된 많은 미국인에게 큰 호응을 불러일으켰다.[34]

성결 운동이 점점 더 시카고와 나중에는 워케샤 공동체의 발전에 자원을 집중하고 있음에도 불구하고, 〈버닝 부시〉 복음 전도자들은 북미 전역에서 계속 반응하는 청중을 찾았다. 1903년, 아마도 시카고 외곽에서 가장 강력한 초기 부흥이 일어났을 때, 〈버닝 부시〉 복음 전도자 알 엘 에릭슨R. L. Erickson은 코네티컷 남부 시골 지역인 퀘이커 타운의 전체 인구를 사실상 완전 성화의 경험으로 인도했다. MCA의 급진적인 주장에 직면하여 40명 이상의 공동체 구성원이 재산을 양도했으며, 대부분의 경우 가족이 대대로 이어온 농장을 포기했다. 워케샤 공동체에서 가장 중요한 인물로는 존 새무엘 윕플John Samuel Whipple(1884~1930)이 있는데, 그는 인도에서

MCA 선교사로 15년을 보낸 퀘이커 타운 학교 교장이었다.[35]

1906년 7월, 위스콘신 북부 크랜든 공동체에서 두 번째로 놀라운 부흥이 시작되었다. 누군가 〈버닝 부시〉 구독권을 지역 판사인 알프레드 스미스[Alfred Smith]에게 보냈다. 감리교회의 지도자인 스미스는 〈버닝 부시〉의 내용에 분노하면서도 계속해서 책을 읽었다. 자신의 교회가 수년간 회심하지 않은 것을 관찰한 스미스는 결국 전도자를 보내 달라고 요청했다. MCA는 목스타드와 디 에프 드라이트[D. F. Deright]라는 두 명의 전도자를 보냈다. 그들은 위협, 썩은 계란, 장전된 총, 사제 폭탄, 화난 남편에 맞닥뜨렸다. 이는 남성보다 여성이 더 좋아하는 메시지를 전하는 성결 전도자들에게 흔한 경험이었다. 목스타드는 도시 교회에 대한 접근이 거부되자 임대 공회당에서 예배를 시작했다. 목스타드를 돕기 위해 파견된 전도팀의 일원인 헬가 스타벨[Helga A. Stabell]은 나중에 "감리교인, 장로교인, 루터교인, 가톨릭교인 및 모든 종류의 죄인들이 제단에 무릎을 꿇었고 많은 사람이 승리를 위해 기도했습니다."라고 회상했다. 모든 장애물을 극복하고 MCA는 크랜든에서 영구적인 사역을 시작했다. 회심자 중에는 감리교 장로 세 명과 이사 두 명, 장로교 장로 한 명이 있었다. 장로교 장로인 더블유 에스 히치콕[W. S. Hitchcock]은 1926년에 MCA의 제3대 회장이 되었다.[36]

부흥을 반대한 모든 사람이 물리적인 위협을 가한 것은 아니다. 크랜든에 거주하는 노년의 조지 바커[George W. Barker]는 사려 깊은 1908년 편지에서 〈버닝 부시〉 운동이 그가 어렸을 때 접했던 시한부 종말론 종파였던 '밀러주의'[Millerites]와 유사하다는 것을 발견했다고 썼다. 바커는 세상의 종말이 예상된다는 것과 회원들에게 소유물을 팔도록 촉구하는 관행과 같은 두 운동의 유사점을 지적했다. 그는 MCA의 초기 천년왕국 운동에서 "희생자들은 하늘로 날아갈 준비가 된 특별히 준비된 의복을 입었다."고 말했다. 그는 크랜든의 MCA 회심자들과 관련하여 "그 당시 사람들은 속았다고 말했고 나는 단지 작은 소년에 불과했습니다. 지금 다시 말합니다."라고 말했다. 바커는 두 가지 측면에서 MCA를 비웃었다. 모든 것을 포기한 사람들을 위해 "주님께서 음식과 의복을 제공하신다."는 생각과 MCA가 의료 치료를 거부하는 관행이다. 결론에서 바커는 많은 사람을 위해 다음과 같이 말했다. "나는 큰 책이 열리고 모든 사람의 위대한 심판관이 심판을 내리실 심판의 날까지 내 시간을 기꺼이 기다릴 것입니다. 그러나 아직 지상에 있는 동안 광신자들에게 심판을 받지는 않을 것입니다."[37]

다른 부흥은 열매를 맺는 데 더뎠다. 1904년 온타리오주 보스웰에서 일어난 부흥으로 인해 한 푼도 없는 회심자 찰스 포드햄 Charles B. Fordham이 탄생했다. 16년 후, MCA에 사스캐치원에 있는 큰 농장을 기부한 포드햄 형제인 어네스트 포드햄 Ernest Osborne Fordham을 포함하여 포드햄 가족의 구성원이 19명 있었다. 이 외에도 보스턴의 다른 중요한 부흥, 시카고, 피츠버그, 밀워키, 일리노이주 어바나, 테네시주 뉴포트, 켄터키주 루이자, 오하이오주 호프웰도 성결 공동체에 상당한 열매로 추가되었다.

그러한 성공은 눈에 띄지 않았다. 1906년 이후 몇 년 동안, 〈버닝 부시〉에 대한 언급을 애써 피했던 성결 저널들은 MCA가 채택한 재산에 관한 중추적인 성경 구절에 대해 겉보기에 자발적인 토론을 시작했다. 특히 주목할 만한 것은 전국성결연합의 비공식 기관인 〈크리스천 스탠다드〉에 게재된 일련의 기사였다. 1909년에 나이든 NHA 지도자 대니엘 스틸은 생명 보험과 저축 계좌가 기독교인에게도 허용된다고 주장했다. 적어도 그는 땅에 보물을 쌓는 것을 반대하는 성경 구절이 적용되지 않는다고 주장했다. 왜냐하면 그는 돈을 "보물"로 여기지 않았기 때문이다. 다른 시대와 다른 운동의 산물로서 스틸은 MCA의 누가복음 14:33을 문자주의적으로 읽는 것을 거부했다. 그의 성경 해석에서 그리스도인에게 요구되는 완전함은 문자 그대로의 재산 양도를 요구하는 것이 아니었다. 후천년주의자였던 스틸은 그리스도인들은 영적 왕국의 자녀라고 주장했다. MCA의 사역에 몰려든 성결 급진주의자들과는 달리 스틸은 윌리엄 페텡길의 정서를 이해할 수 없다는 것을 알았을 것이다. 페텡길은 이렇게 회상했다. "목회자들과 전도자들이 구도자들에게 예수께 '모든 것을 포기하라'고 촉구하는 것을 듣는 것은 그에게 매우 역겨운 일이었습니다. 어떤 재산도 손에 넘어가지 않는다는 것이 보편적으로 이해되었을 때 농장에서 주머니칼에 이르기까지 모든 것을 봉헌하는 것입니다." 새로운 세기의 세상에서 성결한 사람들은 문자 그대로 예수의 오심을 고대했고, 많은 사람이 문자 그대로 예수를 신뢰하여 몸의 치유를 받았다. 그러한 환경에서 많은 사람에게 재산의 포기가 모든 그리스도인에게 요구되는 규범적인 봉헌이 되었다는 것은 전혀 놀라운 일이 아닙니다.[38]

MCA의 내부 리더십
갈등과 분화

〈버닝 부시〉 운동에 대한 성결 온건주의자들의 반복적인 외부 공격에도 불구하고 MCA에 대한 가장 큰 위협은 내부에 있었다. 부분적으로, 종종 상당히 독립성을 가지고 활동하는 성결 운동의 전도자들의 성공은 상대적으로 새로 온 프랭크 메신저의 새로운 지도력에 분노하게 만들었다. 이 공동체는 1905~6년 겨울 워케샤로 이주하는 동안 특히 취약했다. 짧은 시간 안에 MCA는 두 명의 가장 성공적인 전도자 앨마 화이트와 에이 지 가르가 이끄는 반란에 직면했다.

부분적으로, 화이트와의 갈등은 MCA와 화이트의 오순절 연합이 서로의 관계를 정의하는 것을 신중하게 회피했다는 점에서 자연스러운 결과였다. 처음에는 화이트가 1901년 성결 총회에서 MCA와의 접촉에 깊은 감동을 받아 MCA 스타일의 예배를 채택하고 〈버닝 부시〉 홍보와 그녀의 사역에 대한 MCA 재정적 지원을 쉽게 받아들였기 때문에 명확한 설명이 필요하지 않은 것처럼 보였다. 1902년부터 1905년까지 두 그룹의 관계는 사실상 동일한 기계의 상호 교환 가능한 부품처럼 작동했다. 대중에게 있어서 두 점퍼 그룹은 서로의 스피커를 사용했기 때문에 구별할 수 없었으며 MCA는 화이트에게 숙련된 프린터와 교정자 및 만화가의 서비스를 제공했다. 두 그룹 사이의 긴밀한 관계를 보여주는 것은 1904년 가을 화이트와 그녀의 남편 켄트가 이끄는 영국 제도로의 연합 복음 전도 활동이었다. 8명의 임무는 영국 언론의 관심과 조롱을 불러일으켰다. 부흥은 매우 성공적이어서 원래 조직은 화이트의 아들과 그녀의 최고 미국 조수인 존 웨슬리 허바트[John Wesley Hubbart]와 에이 씨 브레이[A. C. Bray]로 충원되었다.[39]

돌이켜 보면 영국 사역 중 어느 시점에서 두 그룹 간의 관계가 악화되기 시작한 것으로 보인다. 그러나 1905년 2월 말 에릭슨[Erickson]이 뉴저지주 바운드 브룩의 캐롤린 개렛슨[Carolyn Garretson]에게 모든 것을 팔고 예수를 따라야 한다는 〈버닝 부시〉의 메시지를 소개했을 때, 두 사람의 관계는 여전히 긴밀했다. 분명히 에릭슨의 메시지를 받아들인 개렛슨은 MCA 회장 파슨에게 자신의 농장을 MCA에 제공하겠다는 의사를 나타내는 편지를 썼고 시카고에 있는 성경학교 입학 신청서를 작성했다. 이에 대해 파슨은 즉시 농장을 매각하거나 MCA에 부동산 소유권을 부여하는 증서를 실행할 것을 제안했다. 1905년 봄 후반에 에릭슨과 메신저가 회의를 위해 바운드 브룩으로 돌아왔을 때 개렛슨 부인은 자신의 재산이 갑자기 팔리면 최대 수익이 실현되지 않을 것이라는 우려를 표명했다. 나중에 그녀는 2월에 에릭슨에게 즉시 편지를 보내 선물을 취소했다고 주장했다. 혼란이 가중된 것은 그녀가 나중에 1905년 7월 1일까지 자신의 재산을 시카고 단체에 제공하지 않기로 결정했다고 주장했기 때문이다. 그녀의 우유부단함에도 불구하고 〈버닝 부시〉 지도자들은 1905년 가을 개렛슨이 자신의 재산을 앨마 화이트의 오순절 연합에 기부할 계획이라는 사실을 알고 놀란 것 같았다.[40]

의심할 바 없이 개럿슨의 재산 손실에 관한 MCA의 분노에는 세 가지 문제가 중심적인 역할을 했다. 첫째, 타이밍이 이보다 더 나쁠 수는 없었다. 1만 달러 상당의 자산에 대한 화이트의 공동 선택은 파운틴 스프링의 자산을 구입하기 위해 필사적으로 자금을 모으려고 시도하고 있던 MCA의 즉각적인 목표를 훼손하려는 의식적인 시도처럼 보였다. 둘째, 특히 〈버닝 부시〉 운동이 오순절 연합에 상당한 재정적, 물질적 선물을 제공했다는 점을 고려할 때 화이트의 행동은 감사할 줄 모르는 것처럼 보였다. 셋째, MCA는 에릭슨으로부터 개럿슨에 대한 소개 편지를 받은 화이트가 부동산을 획득하기 위한 동부 복음 전도사역을 편의적으로 계획했거나 이러한 목적을 달성하기 위해 사역을 전환했다고 확신했다. 설상가상으로 MCA는 화이트가 의식적으로 〈버닝 부시〉의 핵심 전도자들, 특히 에릭슨과 가르를 오순절 연합 사역으로 유인하려고 시도하고 있다고 확신하게 되었다. 1906년 1월 중순까지 MCA는 화이트의 최종 목표가 개럿슨 부동산 인수보다 훨씬 더 중요하다는 결론을 내렸다. 그것은 오히려 메신저의 이 지역에서의 오랜 관계와 트릭슨의 성공을 바탕으로 MCA가 자신의 영토로 간주한 지역인 동부에 영구적인 오순절 연합 기지를 설립하려는 시도였다. 또한 MCA는 화이트가 〈버닝 부시〉에서 오순절 연합으로의 대규모 탈퇴를 장려하기 위해 교활한 음모를 꾸미고 있다고 의심했다. 특히 MCA를 괴롭히는 것은 뉴욕시에서 시작된 화이트의 동부 사역이 거의 즉시 뉴저지주 바운드 브룩으로 이전했다는 사실이었다.[41]

MCA의 즉각적인 대응은 분쟁을 해결하고 재산을 되찾기 위해 나중에 에드윈 엘 하비와 거트루드 하비 부부가 합류한 에릭슨과 메신저를 파견하는 것이었다. 주제를 바꾸자 화이트는 부동산에 대한 양보를 거부하고 MCA가 자신의 사역을 훔치려 했다는 혐의로 기소했다. 아마도 MCA가 워케샤로 전환한 결과 〈버닝 부시〉의 대응은 평소와 달리 우유부단한 것처럼 보였다. 반면에 화이트는 자서전에서 달리 주장했지만 신속하게 행동했다. 오순절 연합 회원이자 아서 잉글러의 형제인 씨 케이 잉글러를 통해 〈버닝 부시〉 운동에 대한 반대 의견을 잘 알고 있던 화이트는 〈버닝 부시〉 운동이 가장 노출된 장소 중 하나인 로스앤젤레스에서 빠르게 〈버닝 부시〉 운동을 공격했다. 화이트는 분쟁에 대한 최초의 공개 설명으로 그녀의 공격적인 팜플렛 〈버닝 부시 익스포즈드〉 Burning Bush Exposed를 발간했다. 그리고 그녀는 MCA로 하여금 자신이 하지 않은 비난에 예민하게 반응하는 비정상적이고 시기할 수 없는 입장에 처하도록 강요했다. 로스앤젤레스에서 〈버닝 부시 익스포즈드〉를 공개하기로 한 화이트의 결정도 마찬가지로 잘 이루어졌다. 그녀가 자서전에서 말했듯이, 그녀는 로스앤젤레스 선교부의 지도자인 셰퍼드와 특히 가르가 MCA의 방향에 불만을 갖고 있다는 것을 알고 있었다. 비록 그녀의 선제 공격이 셰퍼드나 가르를 흔들지는 못했지만, 1906년 1월 21일 로스앤젤레스 선교부에서 일하는 21명의 사역자는 큰 성공을 거둔 〈버닝 부시〉 노래집의 편집자인 아서 잉글러를 포함하여 오순절 연합으로 널리 알려진 "불기둥교회"로 탈퇴했다.[42]

설상가상으로 화이트는 〈버닝 부시〉에서 탈출하기를 원하는 "억압받는" 사람들을 위해 ^(아이러니하게도 MCA가 화이트를 위해 확보한 집에) 피난처를 마련했다고 발표했다. MCA에 따르면 하비는 인디애나주 라파예트^{Lafayette} 근처에 있는 집을 화이트를 위해 마련하였다. MCA의 눈에 더욱 심각한 것은 불기둥 출판사가 〈버닝 부시〉 구독 목록을 획득하려는 시도였다. 화이트를 대변한다고 주장하는 아서 잉글러는 로스앤젤레스에서 시카고 공동체의 일원에게 편지를 보내 가족이 덴버의 불기둥에 합류할 경우 생활비와 이사비를 약속했다. 편지에는 "당신이 〈버닝 부시〉 구독 목록의 사본을 얻을 수 있다면 매우 기쁠 것입니다."라고 맺음하였다. MCA는 화해의 희망을 포기하고 〈버닝 부시〉 만화가 씨 더블유 로서^{C. W. Rosser}를 고용하려는 초기 불기둥의 시도보다 훨씬 더 사악하다고 간주하고 화이트에 대한 공격에 나섰다. 만화, 서신, 화이트의 혐의에 대한 단계별 대응을 통해 MCA는 출혈을 멈출 수 있었다. 허바트와 브레이를 포함해 영국의 18명의 불기둥 출판사 노동자들이 〈버닝 부시〉 운동에 가담했다는 사실이 강조됐다. 결과는 엇갈렸다. 불기둥은 바운드 브룩 부지에 북동부 기지를 건설했으며 허바트와 브레이는 MCA 리더 중 가장 중요한 두 명이 되었다.⁴³

앨마 화이트의 불기둥과의 충돌은 모든 것을 버리라는 〈버닝 부시〉 교리의 가장 취약한 측면을 드러냈다. 즉 세속적 소유물을 거룩하게 한 행위를 누구에게 해야 하는가? 아이러니하게도 〈버닝 부시〉 운동의 공동체주의적 국면의 첫 번째 큰 위기는 모든 의도와 목적에 있어서 재산에 대한 분쟁이었다. 불행하게도 이는 MCA의 역사를 훼손한 훨씬 덜 알려진 재산 분쟁 중 첫 번째에 불과했다. 하나님을 위해 모든 것을 포기하고 자신의 보물을 하늘에 쌓아 두라는 교리는 MCA 사건을 다루는 로펌들에게 상당히 흥미로운 것으로 보였다. 이처럼 모순된 현상에도 불구하고 에드윈 엘하비와 듀크 파슨은 찰스 피니의 메시지를 실제로 마음에 새기지 않았다. MCA를 대신하여 그들은 계속해서 재산을 관리했다. 그들은 탐욕을 보상하는 경제 질서에 얽매인 미국 사업가로 남아 있었다.

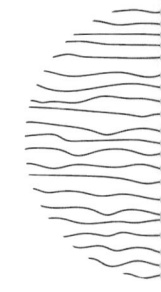

0 7

MCA와 현대 미국 종교 문화의 형성

최초로 방언을 받은 백인 전도자,
에이 지 가르^{A. G. Garr}

"나는 타락한 것이 아니라 내 생애 최고의 설교 능력을 발휘하는 시간을 보내고 있다고 솔직히 말할 수 있습니다…캘커타 집회에서 하나님의 능력은 내가 이전에 알지 못했던 방식으로 나에게 임했습니다. 남자들은 죽은 듯이 쓰러졌습니다." 에이 지 가르는 그의 친구이자 옛 〈버닝 부시〉 동료이자 MCA 인도 선교사였던 헨리 하비에게 1907년 5월에 편지를 썼다. 가르의 첫 오순절

인도 선교 여행 중에 쓴 이 편지는 로스앤젤레스 아주사 스트리트 부흥 운동의 원래 참가자 중 한 사람이 직접 기록한 보기 드문 글이다. 이는 또한 가르가 그의 옛 MCA 동지들에 대한 지속적인 애정과 그에게 첫 사역 기회를 주었던 단체와의 관계 단절의 고통을 드러내 주고 있다.[1]

    MCA와 함께 사역을 시작한 많은 중요한 종교적 인물 중 한 명인 가르는 특별한 인정을 받을 자격이 있다. 그는 때때로, 혹은 부정확할 수도 있지만, 아주사 스트리트 부흥 운동 동안 방언을 한 최초의 백인으로 확인되고 있다. 그는 아시아에 오순절 메시지를 전파하고, 오순절 사상을 발전시키며, 오순절 생활과 경험에서 신유의 중요성을 높이는 데 핵심적인 역할을 했다. 켄터키의 철도 엔지니어에서 복음 전도자로 변신한 가르는 애즈베리 대학에 다녔으며 유명한 감리교 목사의 딸인 릴리안 앤더슨과 결혼했다.[2] 1901년 시카고 부흥 이후 MCA에 합류한 가르는 셰퍼드의 감독하에 처음으로 〈버닝 부시〉의 보조 편집자로 일하면서 〈버닝 부시〉 운동에서 두각을 나타냈다. 1902년 가을까지 그는 버팔로 락에서 열린 3차 연례 MCA 캠프 집회에서 특별 강사로 활동했다. 시카고에서의 초창기 동안 그는 듀크 파슨의 가까운 여행 동반자였다. 파슨이 "로보와 블랑코 클럽"이라고 불렀던 두 사람은 미국 서부를 여행하며 MCA에 자금을 지원하는 지방채를 사고 팔았고, 겉보기에는 모순적으로 보였지만, 예수가 모든 것을 요구한다는 MCA 메시지를 전파했다. 1903년 어느 시점에 가르 부부는 버지니아주 댄빌에서 매우 성공적인 사역을 시작했다.

Nazarene Pastor—"Your name, mum?"
"I don't know."
"Beg pardon, mum?"
"I've been divorced. At present my name is Mrs. Jones in this state. In several states it is Miss Smith, my maiden name, and in three states it is Mrs. Brown, my first husband's name."
"This your residence, mum?"
"I eat and sleep here, but I have a trunk in a neighboring state, where I am getting a divorce from my present husband."
"Then you're married at present?"
"I'm married in Texas, New York, and Massachusetts; divorced in South Dakota, Missouri, Alaska, Oklahoma, and California; a bigamist in three other states, and a single woman in eight others."

PRAISE THE LORD, YOU'D MAKE A GOOD NAZARENE!

로스앤젤레스 MCA 부흥 캠페인의 핵심 강조점, 특히 이혼하고 재혼한 사람들에게 교회 회원이 되도록 허용하는 나사렛 관행을 보여주는 버닝 부시 만화

한편 〈버닝 부시〉 사무실에서 가르의 옛 동료인 셰퍼드는 MCA가 서부에서 사역을 확장하도록 격려하고 있었다. 1904년 늦은 봄, 높은 기대를 안고 〈버닝 부시〉 운동은 남부 캘리포니아에서 죄와 성결과 절제에 대한 불안한 공격을 시작했다. 그 계획에는 셰퍼드의 지시에 따라 선교단체와 성경학교를 설립하는 것이 포함되었다. 캘리포니아에서 성결 운동의 경험이 많은 지도자이자 이전에 피니어스 브리시가 이끄는 로스앤젤레스 나사렛교회의 부목사였던 셰퍼드는 로스앤젤레스시와 캘리포니아 성결 운동에 대해 깊은 지식을 갖고 있었다. 진정한 〈버닝 부시〉 스타일로 셰퍼드는 캘리포니아에 있는 자신의 교회에 비밀 결사, 이혼과 재혼에 대한 나사렛의 타협적 입장 그리고 성결 전도자를 환영하는 브리시의 정책을 폭로하기 위한 즉각적인 캠페인을 시작했다. 조셉 스미스와 헨리 클레이 모리슨과 같은 성결 전도자들은 전통적인 교파에서 여전히 활동하고 있었다. MCA 기준에 따르면 이러한 노력의 즉각적인 결과는 실망스러웠다. 성경학교가 설립되지 않았을 뿐만 아니라, 셰퍼드는 MCA 쪽으로 회심한 사람이 극소수에 불과하다고 보고해야 했다.

7월에는 많은 참석률에도 불구하고 앨마 화이트, 셰퍼드, 루이스 미첼이 주도하여 도시 중심부에서 세심하게 계획한 일련의 장막 집회에서도 소수의 회심자를 배출했다. 9월에 미첼과 소수의 회심자들만 홀로 전투를 계속하도록 남겨두고 셰퍼드는 시카고로 돌아와 메트로폴리탄 성경학교에서의 책임을 다시 시작했다.[3]

초기의 실패에도 불구하고 MCA는 남부 캘리포니아에서 성공하겠다는 결심을 여전히 유지했다. 1904년 12월 가르 부부는 미첼의 작업을 계속하기 위해 로스앤젤레스로 파견되었다. 가르 가족은 남부 캘리포니아의 사역 과제에 이상적으로 잘 맞는 것처럼 보였다. 지역 경제의 기본 요소인 담배와의 전면전으로 엄청난 갈등과 대중의 관심을 불러일으켰던 댄빌에서의 성공적인 사역은 이 부부가 직접 대결이라는 〈버닝 부시〉 전략을 숙달했음을 보여주었다. 버지니아에서와 마찬가지로 가르 부부는 범위가 전국적이지만 캘리포니아에서 특히 만연한 사회 문제인 이혼에 집중하기로 결정했다. 문제는 이혼 시 소위 "무죄한 쪽"의 재혼을 허용하는 나사렛교회의 관행이었다. 처음에는 반응이 만족스러운 것 같았다. MCA 설교를 강력하게 반대했던 젊은 나사렛 목사 허버트 버품$^{Herbert\ Buffum}$은 최초의 회심자 중 한 명이었다. 〈버닝 부시〉는 "버지니아주 빌 출신의 가르 목사가 로스앤젤레스에서 유황불을 발사하고 있습니다."라고 열광적으로 보도했다. "우리는 하나님께 이 오래된 나사렛의 이혼과 재혼 공장을 완전히 철거하시거나 성도들을 위해 그곳을 점령하시기를 기도하고 있습니다." 승리를 느낀 셰퍼드는 자신의 임무를 주도하기 위해 로스앤젤레스로 돌아왔다. 셰퍼드와 가르 부부를 도운 사람들 가운데는 회심한 전직 방화범 글렌 쿡이 있었다.[4]

  MCA의 일부 사람들에게 이혼과 재혼 문제는 개인적인 문제였다. MCA 회장 듀크 파슨의 경우 특히 그렇다. 셋째 아들 듀크 주니어가 태어난 후, 아마도 오늘날 산후 정신병으로 알려진 증상을 앓는 애니 부처 파슨$^{Annie\ Butcher\ Farson}$은 일리노이주 캔카키에 있는 주립병원에 입원했다. 그녀는 남은 생애 동안 시설에 머물게 될 것이었다. 듀크 파슨의 개인적인 비극으로 인해 MCA가 자신의 입장을 재고하게 되었다는 증거는 없다. MCA는 간통이나 기타 특이한 상황에서 무고한 당사자의 재혼을 허용하는 감리교와 전국성결연합의 관행을 거부하면서 배우자가 살아 있는 동안 재혼하는 것은 간음이 된다고 주장했다. 실제로 듀크 파슨은 MCA를 떠난 후에도 이혼과 재혼 문제에 대한 타협을 폭로하는 끊임없는 캠페인을 계속했다. 논쟁의 여지가 있음에도 불구하고 이혼과 재혼 문제에 대한 MCA의 급진주의는 많은 사람에게 호소력이 있는 부분이었고, 지금은 무시되고는 있지만, 아주사 스트리트 부흥 운동에서 급진주의가 형성되는 데 도움이 되는 눈에 띌 만한 자리를 찾을 수 있을 것이다.[5]

MCA 지도자들과 가르의 갈등 그리고 오순절주의

초기 성공에도 불구하고 가르 부부는 로스앤젤레스가 버지니아 남부의 담배 생산지보다 훨씬 더 도전적인 장소라는 것을 알게 되었다. 선교부는 약간의 성장을 경험했지만 계속해서 어려움을 겪었다. 더욱이, 하비와 파슨의 주요 이사이자 핵심 고문인 셰퍼드를 프랭크 메신저로 교체하면서, 이로 인해 발생하는 모든 문제를 포기하겠다는 MCA의 점진적인 급진화 약속은 셰퍼드와 가르 모두를 불안하게 만든 것으로 보인다. 실제로 화이트는 그녀의 자서전에서 MCA 지도자들이 그에게 가한 제재에 대한 가르의 분노가 1905년 가을에 잘 알려졌음을 보여준다. 그러나 MCA에 대한 실망에도 불구하고 가르는 자신의 주인을 여주인(화이트)으로 바꾸고 싶은 마음이 거의 없었던 것 같다. 1906년 초 가르 가족은 화이트의 제안을 거부하고 〈버닝 부시〉에 남아 있기로 결정했다.

5월, 선교부는 두 번째 위기에 직면했다. 바로 리더 셰퍼드의 사임이었다. 가르는 로스앤젤레스 선교부의 감독직을 맡아달라는 MCA의 제안을 거부하고 선교부의 문을 잠그고 남아 있는 충실한 사람들을 아주사 거리에 있는 개조된 교회의 선교부로 이끌고 갔다. 가르가 1년 후 기억했듯이, 듀크 파슨은 MCA 승인을 받지 않는 한 아주사 스트리트 예배에 참석하지 말라고 요청했다. 가르가 저항하는 것처럼 보였을 때, 파슨은 그에게 "아니요, 당신은 그 집회에 참석하지 않을 것입니다. 당신은 착한 소년이 되어 이 어리석은 짓을 버릴 것입니다."라고 겸손하게 말했다. 1906년 6월 16일, 가르는 분명히 파슨의 훈계를 무시하고 아주사 스트리트 사역에서 방언을 한 최초의 백인 중 한 명이 되었다. 그 후 몇 주 동안 MCA는 로스앤젤레스에서의 사역을 종료했다. 〈버닝 부시〉 운동의 로스앤젤레스 캠페인은 예상치 못한 결론에 이르렀다.[6]

셰퍼드와는 달리 가르는 전통적인 성결 교단의 사역을 위해 MCA를 버리고 싶은 마음이 거의 없었다. 가르 부부는 그들이 말한 방언이 인도어와 중국 방언이라고 확신하고 즉시 시카고와 버지니아주 댄빌이라는 우회로로 보이는 경로를 통해 인도로 여행할 계획을 세웠다. 가르는 댄빌에게 가기 전에 편지를 보내 MCA에 있는 가구를 자신이 사용할 수 있게 압수해 줄 것을 요청했다. MCA를 오순절주의로 끌어들이려는 시도가 실패하자 가르 부부는 시카고의 MCA 지도자들과 모든 면에서 성의 없는 짧은 만남을 가졌다. 〈버닝 부시〉는 가르에 대해 "그 사람과 그의 경험에 대한 면밀한 연구를 통해" 다음과 같이 썼다. "우리는 독자들에게 그가 생각하는 것처럼 더 나은 경험과 더 많은 능력을 갖는 대신 눈에서 빛이 떠났고 불이 사라졌으며 그가 성령을 잃었다는 것을 분명히 볼 수 있다는 것을 알려주어야 합니다."[7]

시카고에 있는 MCA의 남은 자들 사이에서 회심자를 얻는 데 실패한 가르 부부 팀은 댄빌로 떠났다. 댄빌에서의 결과는 좀 더 만족스러웠는데, 가르가 "기존의 〈버닝 부시〉 밴드의 거의 모든 멤버"가 "회개하고 성화되었으며 성령으로 충만해졌다."고 보고하였다. 그러나 한 달 후 통찰력 있고 덜 낙관적인 보고서에서 가르는 "소위 성화된 사람들의 나약함"에 대해 실망감을 표시했다. 그는 자신과 자신의 아내 릴리안이 "종파주의"에서 구원받은 것을 기뻐했다. 이미 1906년 가을에 가르 부부에게 오순절의 주요 의미는 선교의 언어인 방언이 아니었다. 로스앤젤레스, 버지니아, 인도의 〈버닝 부시〉 회원들을 오순절 체험으로 인도하는 데 깊이 헌신한 가르 부부는 인간적 제도에 계속 복종하고픈 마음이 거의 없었다.[8]

역사가 그랜트 워커$^{Grant\ Wacker}$가 통찰력 있게 지적했듯이, 직업적 이동성을 수반하는 "개인의 자율성"이라는 선물은 오순절주의의 특별히 중요한 특징이었다. 감리교의 아버지 존 웨슬리의 말을 따라 가르는 1916년에 다음과 같이 말했다. "그것은 인생을 다시 시작하는 것과 같았습니다. 새로운 사역은…성결 교회의 소수나 한 나라에 매이지 않고 '세계의 교구'로 확장되었습니다." 사실상 성결 운동의 다른 사람들과 마찬가지로 가르는 그와 다른 사람들이 세계 선교의 영적 도전에 대처할 수 있는 영적인 힘을 갈망했다. 위스콘신의 〈버닝 부시〉 지도자들은 교회의 핵심 사명을 다르게 보았다. 그것은 "모든 것을 공동으로" 소유하는 사도 교회의 관행이 회복된 것이었다. 오순절주의는 MCA가 아니라 가르로부터 힌트를 얻었다.⁹

성령 세례를 의미하는 하늘의 언어, 방언

인도인들과 모국어로 대화할 수 없었기 때문에 북인도에서 원주민과 MCA 선교사들을 회심시키려는 가르 부부의 초기 노력은 재앙으로 끝났다. 이후 MCA 소식통에 따르면, 가르 부부의 이러한 실패로 인해 인도에서 MCA의 활동은 말 그대로 오순절주의와 차단되어 있었다. 가르 부부는 이에 굴하지 않고 "방언"의 의미를 재정의했다. 그것은 "성령 세례"를 받았다는 것을 의미하는 하늘의 언어가 되었다. 1907년 3월 "방언: 성령 세례에 대한 성경적 증거"라는 적절한 제목의 기사에서 가르는 고린도전서 14장 2절을 인용하면서 방언을 말하는 사람들은 "세상 언어를 사용하지 않기 때문에 아무도 이해하지 못한다."고 말했다.[10]

1907년 1월 캘커타에서 시작된 가르 부부의 결과는 매우 특별했다. 남부 인도로 이주한 가르 가족은 판디타 라마바이의 유명한 학교와 1905년 이후 놀라운 부흥이 진행되고 있던 고아원에 거주했다. 라마바이의 교수진과 학생들에게 오순절 메시지와 경험을 전파한 후 가르 부부는 다른 인도의 도시들 그리고 실론, 마지막으로 홍콩에서 사역했다. 인도의 〈버닝 부시〉 사역은 영향을 받지 않았다.[11]

이제 "성령 세례의 초기 증거"로 정의되는 방언의 은사는 홀리 점핑이 그 시대의 가장 깊은 영적 갈망 중 하나가 될 수 없다는 방식으로 입증되었다. 이는 성령 세례를 받았다는 신체적인 증거를 바라는 마음이었다. 1907년 5월 하비에게 자신의 오순절 경험을 변호하면서 가르는 선교 언어로서의 방언의 은사에 대해서는 아무 말도 하지 않았다. "나의 가장 명예로운 경험 중 하나는 하나님께서 나를 통해 채우시고 외국어로 나를 통해 말씀하실 때입니다."라고 가르는 썼다. "내 말을 믿어줬으면 좋겠는데…왜 하나님께서 교회에 방언을 주시는지 알겠습니다. 능력, 기쁨, 기름 부음, 오, 진정한 세례의 소중함." 그의 사역이 성숙해짐에 따라 새로운 용어집, 즉 방언은 뒤로 물러났다. 주로 신유 사역자였던 가르는 〈버닝 부시〉 운동 초기에 배운 전략을 사용했다. 어떤 조직에도 의존하지 않고 월급도 받지 않는 믿음으로 그는 공회당을 임대하거나 단순히 천막을 쳤다. 가르는 자발적인 헌금을 통해 그의 사역에 자금을 조달했고, 그의 집회에서 관심을 끄는 특별한 능력을 보여주었으며, 서부와 남동부의 담배 지방에서 특히 성공적인 것으로 입증된 신유의 메시지를 전했다. 1930년에 그는 담배와의 오랜 전쟁을 계속하면서 노스캐롤라이나주 샬럿에 영구 기지를 세웠다. 아내 릴리안 앤더슨 가르가 사망한 후 그는 MCA의 옛 동료 에릭슨$^{R.\ L.\ Erickson}$의 딸인 한나 에릭슨$^{Hanna\ Erickson(1897~1986)}$과 결혼했다. 그녀는 그의 뒤를 이어 그가 샬럿에 설립한 가르 기념 장막 교회의 목사가 되었다.[12]

오순절주의에 대한 MCA의 손실을 평가하는 것은 쉽지 않다. 왜냐하면 그것은 〈버닝 부시〉 운동에 대한 메신저의 지도력이 강화되고 충실한 추종자들이 그들의 소유물을 팔고 위스콘신으로 이주해야 한다는 입장이 급진화되는 가운데 발생했기 때문이다. 캘리포니아와 버지니아에서 회원을 잃었음에도 불구하고 시카고와 워케샤 지부는 거의 영향을 받지 않은 것 같다.

가르 부부가 인도에 있는 MCA 사역을 당황스럽게 방문함으로써 그 선교는 여러 세대에 걸쳐 사실상 오순절주의에서 자유로울 수 있게 되었다. 〈버닝 부시〉 운동과 오순절주의의 만남의 진정한 의미는 오순절주의가 MCA에 끼친 영향이 아니라, 아주사 스트리트 부흥 운동과 나아가 세계적인 오순절 운동 자체를 형성하는 데 있어서 MCA의 결정적인 역할에 있었다. 첫째, 아주사 스트리트 부흥 운동의 촉발에 〈버닝 부시〉 운동의 남겨진 사람들이 결정적인 역할을 했다는 것은 상상할 수 없는 일이 아니다. 특히 중추적인 것은 가르가 〈버닝 부시 미션〉을 폐쇄하고 나머지 회원들을 〈아주사 스트리트 미션〉으로 이끌기로 한 결정이었다. 모든 증거는 가르가 아주사에 도착했을 때 샌프란시스코 지진으로 인해 발생한 부흥의 초기 열정이 가라앉았음을 시사한다. 실제로 6월 16일 〈버닝 부시〉 대표단의 도착과 가르의 오순절 체험은 부흥을 다시 불러일으킨 것으로 보인다.

실증적 예배, 다인종적 성격, 〈아주사 스트리트 미션〉의 사중복음 공식화를 포함한 부흥의 대부분의 요소는 〈버닝 부시〉의 실천과 가르침에 일치한다. MCA의 불행한 캘리포니아 캠페인의 중심 요소는 아주사 스트리트 출판물과 부흥에 실제 뿌리를 둔 오순절 교단에 나타난다. 더욱이 〈버닝 부시〉는 오순절 경험을 거부한 것이 아니라 오순절 신학을 거부했다는 점에 유의해야 한다. 아주사 스트리트의 부흥에 반응한 다른 많은 사람과 달리 MCA는 다인종적 성격이나 예배 때 수반되는 신체적 행위에 반대하지 않았다. 결국 둘 다 〈버닝 부시〉 예배의 일반적인 기능이었다. MCA는 〈버닝 부시〉 운동이 사도행전과 고린도전후서를 확증했으며, 성경에 따르면 "방언은 세례의 증거"라고 주장했다. 그러나 방언이 유일한 증거로 간주될 수는 없었다.

오순절주의를 낳은 MCA,
그러나 다른 길을 걷다

특히 사도적 신앙 운동이 형성되는 동안 교리적으로 강조한 내용은 1906년 〈버닝 부시〉의 가르침과 사실상 동일하다는 사실이 주목할 만하다. 여기에는 이혼과 재혼에 대한 동일한 가르침도 포함된다. MCA의 로스앤젤레스 캠페인에서 특히 강조된 이러한 가르침은 아주사 스트리트 부흥 운동의 두드러진 특징으로 남아 있었다. 이것은 우연이 아니다. 부흥 운동의 아프리카계 미국인 지도자인 윌리엄 세이모어^{William J. Seymour}는 성결 급진주의에 대한 MCA의 뿌리를 공유했다. 마틴 냅이 신시내티에 세운 하나님의 성경학교에 다녔고 캘리포니아로 가는 길에 덴버의 화이트 오순절 연합에 머물렀던 그는 급진적인 네트워크의 일원이었다. 그러나 진화하는 하나님의 성경학교 전통과는 달리, 이혼 문제와 배상에 대한 세이모어의 강조는 둘 다 〈버닝 부시〉 운동의 특별한 강조점이지만 〈갓스 리바이벌리스트〉 전통이 아니라, MCA의 캘리포니아 캠페인의 오순절주의와 특히 연결된다. 사실, 세이모어가 전파한 메시지는 성령 세례의 증거로서 방언의 은사에 관한 그의 가르침과 보다 명확하게 표현된 인종상호주의를 제외하고는 MCA의 가르침과 동일했다. 덧붙여 말하면, 아주사 부흥 기간 동안 세이모어와 결별한 최초의 오순절 그룹인 플로렌스 크로포드^{Florence L. Crawford}가 이끄는 오레곤 주 포틀랜드 사도신앙교회에서도 동일한 유사점을 발견한다. 아주사 스트리트 부흥과 캘커타 부흥 모두에서 공통점이 두드러졌다는 점은 또한 MCA와 금세기 최초의 오순절 중 하나인 1901년 시카고 부흥과의 연관성을 암시한다는 점에 유의해야 한다.

20세기가 보여주듯이, 다른 교리의 호소력에도 불구하고 MCA의 가장 두드러진 교리적 특징인 "예수를 위해 모든 것을 버리라"는 것은 급성장하는 오순절 운동에서는 미지근한 지지를 얻을 뿐이었다. 비록 두 운동 모두 사도행전에 기초를 두었지만, 오순절주의는 사도행전 2:4에서 힌트를 얻었고, 반면 〈버닝 부시〉 운동은 사도행전 2:44-45에서 힌트를 얻었다.[13]

상호 유사성이 오히려 상호 경멸을 낳는다면 MCA와 오순절주의는 서로 전투를 벌일 운명일 수밖에 없었다. 그들은 단순히 상호 공존을 위해 너무 많은 것을 공유했다. 이후 10년 동안 "방언운동"은 〈버닝 부시〉의 지면에서 무자비하게 비난을 받게 될 것이다. 적절하게도, 추악한 시대의 언론인으로서, 정기 간행물의 편집자들은 오순절주의와 그 주요 지지자들에 대한 전면적인 조사를 시작하는 데 시간을 거의 낭비하지 않았다. 1907년 1월, 〈버닝 부시〉는 새로운 종교 현상에 대한 여러 파괴적인 폭로 중 첫 번째 책을 출판했다. 로스앤젤레스, 토피카, 일리노이주 자이언 시티에서의 광범위한 조사를 바탕으로, MCA 지도자들은 사도적 신앙 운동의 초기 지도자인 찰스 파햄을 인터뷰했다. MCA는 세이모어와 파햄 사이의 분쟁을 상당히 좋아하면서, 파햄의 교리적 불규칙성과 윤리적 실수를 비난했다. 확인된 이단성 중에는 악인의 멸망에 대한 파햄의 믿음, 실증적 예배에 대한 반대, 십일조에 대한 지지 등이 있었다. 윤리적 실수는 재정적인 면을 말하는 것으로 보인다. 아주사 스트리트 부흥 현상에 대한 파햄의 공격과 글렌 쿡의 감정적 과잉에 대한 비난에서 특별한 즐거움을 얻은 〈버닝 부시〉는 파햄의 언행이 메인 출신의 "광신적" 선지자인 프랭크 샌드포드[Frank Sandford]의 언행과 묘하게도 유사하다고 지적했다.[14]

다른 폭로가 또 이어졌다. 오순절주의 역사에서 특히 중요한 것은 남색 혐의로 파햄이 체포되었다는 〈시온 헤럴드〉의 기사를 재인쇄한 〈버닝 부시〉 1907년 9월호였다. 〈시온 헤럴드〉의 기사와는 다른 독자층을 겨냥했기 때문에 성결 운동이 오순절주의와 타협하던 중요한 시기에 출판된 〈버닝 부시〉 기사는 확실히 성결 운동이 새로운 종교 경험을 거부하는 요인이었다. 그 후 몇 년 동안 〈버닝 부시〉는 성결 운동이 오순절주의와 타협하는 모든 조짐에 반대했다. 특히 공개적으로 자신을 오순절 교인으로 고백한 사람이나 성결 캠프 집회에서 말하는 오순절 교인에 대한 보도를 실은 성결 정기 간행물들에 강력히 반대했다. 사실, 몇 년이 지나고 다른 성결 간행물들이 〈버닝 부시〉와 함께 이 공격에 가담하면서 〈버닝 부시〉 운동은 오순절주의에 대한 초기의 격렬한 전쟁에 특별한 자부심을 갖게 되었다. 보고되지 않은 채로 남겨진 것은 로스앤젤레스 선교 이야기, 즉 〈버닝 부시〉 운동이 오순절주의의 기원에 기여한 이야기였다.[15]

MCA의 공격적 예배와 지역적 저항

성결 운동의 가장 성공적인 전도자인 앨마 화이트와 에이 지 가르의 탈퇴가 보여주듯이, 모든 사람이 공동체에서 프랭크 메신저의 역할에 만족한 것은 아니었다. 그러나 메신저의 리더십에 대한 가장 큰 시험은 공동체 내부에서 나온 것이 아니다. 그것은 워케샤에서 왔다. 이 도시에서 가장 큰 과세 재산이자 워케샤의 자존심인 파운틴 스프링 하우스를 많은 사람이 종교 광신자들의 기이한 숭배로 간주하는 것은 당혹감이자 시민적 비극이었다. 전형적인 〈버닝 부시〉 방식으로 성결 운동은 워케샤에 화려하게 진입했지만, MCA와 공동체 사이의 좋은 관계를 조성하는 데 아무런 도움이 되지 않았다. 1906년 3월 11일 주일 저녁, 많은 시민 지도자가 포함된 대규모 군중 앞에서 듀크 파슨은 전통적인 개신교 교회와 그들의 과도한 보수를 받는 성직자들을 비난함으로써 워케샤에 〈버닝 부시〉 스타일의 전도를 소개했다. 비록 많은 사람이 MCA의 활발한 예배 스타일에 대해 경고를 받았지만, 신문 기사에 따르면 예배 내내 발생하는 고함과 점프의 정도에 대해 준비된 사람은 거의 없었다. 한 신문에서는 "홀리 점퍼들"은 "예의가 없고" "문화"가 결여되어 있다고 비난했으며, 교회 안내원들이 예배를 방해하려는 사람들을 제지하는 데 특히 능숙한 것 같다고 보도했다.[16]

지난 5월 〈밀워키 센티넬〉Milwaukee Sentinel은 냉소적이면서도 유익한 기사를 통해 "'샘물 도시' 워케샤가 결국 듀크 파슨이 이끄는 성결 일꾼 무리에 의해 통치될 것인가?"라는 질문을 제기했다. 이에 굴하지 않고 MCA는 워케샤를 "기독교화"하려는 의도로 집중적인 야외 전도 캠페인에 착수했는데, 불행하게도 여름 관광 시즌의 시작과 동시에 이루어졌다. 처음에는 썩은 달걀이 전도자들을 맞이했지만, 7월 7일 저녁 도시 중심부에서 2천 명이 넘는 군중이 MCA 사역자 3명을 공격하자 반응은 더욱 추악해졌다.[17]

8월 중순에도 MCA 사역자들이 그룹의 첫 번째 위스콘신 캠프 집회를 위해 모였을 때 긴장감은 여전히 높았다. 8월 23일 저녁, 약 150명의 청소년이 돌, 썩은 달걀, 기타 다양한 로켓을 던지며 MCA 예배를 공격했고, 결국 〈버닝 부시〉 신자들은 파운틴 스프링 하우스로 퇴각했다. 〈밀워키 센티넬〉은 이번 공격의 주요 피해자는 달걀 때문에 값비싼 가운을 망친 여성 관광객들이었다고 보도했다.[18]

1907년에 다음 관광 시즌이 시작되었을 때, MCA 회원들의 안전을 보호하고 도시의 관광 산업을 지키기로 결심한 워케샤 지역의 아버지들은 〈버닝 부시〉의 거리 설교를 축소하려는 의도를 가지고 있었다. MCA는 계속해서 저항했고 도시의 거리에서 정기적인 예배를 계속했다. 5월 28일 저녁, 홀링스워쓰와 아서 브레이의 지휘 하에 성경학교 학생들이 평소 장소인 상업 지구 중심부에 있는 워케샤의 "5개 지점"에서 예배를 시작했다. 학생들은 예배를 조정하라는 명령을 거부했고, 당국은 평화를 어지럽힌 혐의로 홀링스워쓰와 브레이를 포함해 그 집단의 남성 17명을 체포했다. 청년들이 감옥에서도 예배를 계속하자 간수들은 그들을 때리고 물을 먹였다. 그로부터 얼마 지나지 않아 그들은 치안을 어지럽힌 혐의로 유죄 판결을 받고 열흘 동안 감옥에 갇혔다.

다른 체포도 이어졌다. 6월 19일, 두 명의 여성 거리 설교자, 두 어린 자녀의 어머니인 엘리자베스 블린$^{Elizabeth\ Blinn}$과 엘리자베스 메이눙$^{Elizabeth\ Meinung}$이 치안을 방해한 혐의로 체포되어 4일간 감옥에 갇혔다. 시 검사는 "점퍼" 열정을 억제하기로 결심하고 MCA 지도자를 체포하겠다고 약속했다. 시의회는 공공 거리에서 뛰거나, 고함을 지르거나, 북을 치는 행위, 기타 평화를 방해하는 행위를 금지하는 조례를 통과시켰다. 6월 26일, 존 웨슬리 허바트, 프랭크 메신저, 알 엘 에릭슨과 학생 세 명이 새 조례를 위반한 혐의로 체포되었다. 증거 부족으로 에릭슨에 대한 기소가 기각되었지만, 메신저와 세 명의 학생은 유죄 판결을 받았다. 3개월간의 법적 공방 끝에 네 사람에 대한 모든 혐의는 기각되었다. MCA는 자신의 정당성이 입증되었다고 느끼면서 계속해서 거리 집회를 열었다. 비록 완전히 받아들인 적은 없지만 차츰 워케샤시는 새로운 주민들을 용인하게 되었다. 이러한 상황은 아마도 최초의 회심자들이 그 도시에서 가장 존중받지 못한 두 인종 집단인 이탈리아계 미국인과 아프리카계 미국인이라는 사실에서 가장 잘 이해될 것이다.[19]

위기 속에서 성장하는
워케샤 성결 공동체

1906년과 1907년의 대내외적 위기를 겪으면서도 워케샤 공동체는 북미, 영국, 인도, 버진 아일랜드, 동아프리카 전역에 선교사를 파송하면서 꾸준한 성장을 이루었다. 〈버닝 부시〉 운동은 시카고, 보스턴, 피츠버그, 일리노이주 어바나, 위스콘신주 크랜던, 웨스트 버지니아주 에이미 그리고 아이오와주 포트 닷지에서 정기적인 활동을 펼치고 있었다. 동시에, 워케샤 공동체는 너무 커져서 인구 과밀이 심각한 문제가 되었다. 아마도 가장 주목할 만한 점은 적어도 외부인이 보기에는 공동체의 재정적 기반이 탄탄해 보였다는 것이다.

내부자들에게는 경제 문제의 중요성이 점점 더 커지는 것처럼 보였고, 실제로는 다른 업무보다 더 중요한 경우가 많았다. MCA의 다가오는 재정 위기에 대한 초기 사례는 네브래스카 중남부 도시인 레드 클라우드로의 불운한 복음 전도 활동이었다.

1910년 5월, 더블유 씨 딕슨[W. C. Dixon]은 에드윈 엘 하비에게 편지를 보내 MCA 대표자들이 "저주받은 산장과 교회"라고 묘사한 마을인 레드 클라우드에서 집회를 열도록 초대했다. 다음 달, 레드 클라우드 지역의 다른 두 주민인 에이 에이 파슨[A. A. Parson] 부부는 사역자들이 자신들의 길로 오면 그들도 "매우 기뻐할 것"이라고 썼다.[20]

MCA는 마르다 브레이와 아서 브레이 부부, 에드 드라이트^{Ed F. Deright}를 레드 클라우드에 배정했다. 거트루드 하비의 조카인 마르다 브레이는 20대 중반의 시카고 출신이었다. 전 신문 기자였던 그녀의 남편 아서 브레이는 1903년 콜로라도 스프링스에서 열린 MCA-불기둥 연합 집회에서 회심했다. 덴버에 있는 화이트 성경학교를 다닌 후 그는 영국에서 사역자로 일했다. 1906년에 불기둥과 MCA가 협력 사역을 중단했을 때 브레이는 워케샤 공동체에 합류하여 성경학교에서 가르쳤다. 전직 세일즈맨이자 도박 중독자였던 에드 드라이트는 1899년 신시내티에서 열린 하나님의 성경학교 캠프 집회에서 회심했다. MCA가 워케샤로 이전할 무렵에 합류한 드라이트는 전도자로 사역했으며 비즈니스 경험 때문에 그는 공동체에서 특별히 가치 있는 사람이 되었다.

사역자들이 레드 클라우드에 도착한 것은 상서롭지 않았다. 그들은 미리 전신을 보냈고 딕슨이 만날 것으로 예상했다. 그러나 친구와 이웃의 친절에 의존해 온 것으로 보이는 노인 딕슨은 레드 클라우드에서 약 9마일 떨어진 농장에서 파슨 가족과 함께 살고 있었는데 전보를 받지 못했다. 사역자들이 수요일 저녁 10시에 도착했을 때 비가 쏟아지고 있었고 마을에는 다른 연락선이 없었으며 그들이 가지고 있던 1달러도 전도 활동을 통해 모금되었다. 캔자스에서 기차를 기다리는 동안 호텔 방을 확보하기에는 충분하지 않았다. 결국 그들은 손님을 대접하여 부족한 수입을 보충하는 나이든 과부 캐서린 리드^{Catherine Reed}의 집으로 안내되었다.[21]

사역자들은 토요일 저녁 MCA가 레드 클라우드로 배송한 천막에서 모임을 시작했지만 날씨가 계속 문제가 되었다. 때로는 사역자 중 두 명이 천막이 무너지는 것을 방지하기 위해 천막 기둥을 들어야 했고, 나머지 사역자들은 모임을 진행했다.²²

집회에는 상당한 숫자가 모였고 날이 갈수록 그 수가 늘어났으며 사역자들은 많은 회심자에 대한 희망을 갖게 되었다.²³ 마르다 브레이가 레드 클라우드에 도착한 후 워케샤에게 보낸 첫 번째 편지에서 사역자들은 회심자 외에도 그들은 MCA를 위한 재산을 취득할 수 있었다고 적고 있다.²⁴ 집회가 진행됨에 따라 몇몇 사람들이 자신의 재산을 MCA에 넘겨줌으로써 MCA 사역에 헌신하겠다는 관심을 표명하기 시작했다. 이 사람들 중에는 리드 부인과 파슨 가족도 있었다.

자신의 재산을 드리다 겪는 혼란:
리드 부인과 파슨 부부

처음에 리드 부인은 자신의 재산 중 3분의 1을 MCA에, 나머지 2/3를 자녀에게 주겠다고 제안했지만 드라이트에 따르면, 사역자들은 "그녀를 친절하게 대하면서도 예수께서 모든 것을 요구하신다고 그녀에게 말해야만 했다."²⁵ 그녀는 확신을 갖고 자신의 재산을 〈버닝 부시〉 운동에 기부하는 서명을 했다.

사역자들은 그 재산에 대한 소유권을 얻기 위해 재빨리 행동했다. 드라이트가 쓴 것처럼, "리드 부인의 세 가족의 아이들은 재산을 별로 나누고 싶어 하지 않았으며, 리드 부인이 그것을 주님께 드릴 준비가 되자마자 당연히 악마는 바쁘게 되었을 것입니다." 사역자들은 증서를 받자마자 그 부동산은 물론 리드 부인의 "얼룩 저지"^{Jersey} 소"와 닭도 팔려고 시도하기 시작했다.[26]

드라이트는 리드 부인의 자녀들이 옳았다고 평가하는데, 리드 부인이 부동산에 서명한 직후 그녀의 딸 로사가 상황을 처리하기 위해 도착했다. 로사는 그녀의 어머니에게 "좋은 집과 여행을 데려가 주고 그녀가 원하는 모든 〈버닝 부시〉 책들을 읽을 수 있게 해주겠다."고 약속했다. 마르다 브레이는 리드 부인에게 그녀의 딸이 그녀를 매수하고 있다고 경고했다. 그러나 사역자들은 리드 부인의 재산이 MCA에게는 손실이 될 수 있는 것처럼 보인다고 판단했다.

재산의 양도는 리드 부인 자녀들의 반대를 불러일으켰을 뿐만 아니라, 공동체 내의 많은 사람이 사역자들에게 반대하게 되었다. 폭력이 발생했다. 지역 신문 중 하나인 〈레드 클라우드 어드버타이저〉$^{Red\ Cloud\ Advertiser}$는 집회가 끝난 후 밤에 "한 명 또는 그 이상"이 부흥 천막의 밧줄을 자르고 불을 지르려고 시도했다고 보도했다. 방화가 실패하면 그들은 천막을 베고 자른 조각들을 물에 던졌다.[27]

드라이트와 브레이는 워케샤에 다음과 같은 전보를 보냈다. "천막에서의 치열한 전투. 헌신 행위에 대한 박해. 마을이 동요. 오늘 밤 모임 후 천막이 베어지고 일부가 불탐. 타르와 깃털을 가진 폭도들이 기다리고 있다고 함." 그러나 같은 전보에는 이 모든 혼란 속에서도 사역자들은 세 명의 영혼이 "밝게 구원받았으며" 리드 부인이 굳건히 버티고 있다고 보고할 수 있었다.[28]

드라이트와 브레이의 전보에 대한 워케샤의 응답은 다음과 같다.

> "마태복음 10장 23절에 강한 호감을 갖지 않는다면."[29]
>
> (동네에서 너희를 박해하거든 저 동네로 피하라 내가 진실로 너희에게 이르노니 이스라엘의 모든 동네를 다 다니지 못하여서 인자가 오리라 - 옮긴이 주)

그러나 위험이 있음에도 불구하고 〈버닝 부시〉 사역자들은 쉽게 좌절하지 않았다. 드라이트가 레드 클라우드를 떠나 시카고로 가는 동안 천막이 파괴되고 더 이상 집회가 열리지 않았기 때문일 것이다. 레드 클라우드에는 세 사람이 필요하지 않았으며 브레이는 "회심자의 목자"로 남아 있었다.

천막이 파괴된 지 이틀 후, 아서 브레이는 파슨 씨와 함께 마을로 갔다. 우체국 앞에서 파슨 씨의 처남을 소개받았다. 그는 대화 중에 〈버닝 부시〉 잡지가 언급되자 격노하여 〈버닝 부시〉가 "산불 광신주의에 의해 불타올랐다."고 소리쳤다. 그런 다음 그는 브레이에게 주먹을 휘두르며 자신이 앉아 있던 마차에서 브레이를 끌어내 얼굴을 "부수겠다."고 위협했다. 파슨은 재빨리 마차에 올라탔고 두 사람은 빠르게 달려갔다.[30]

잠재적인 위험에도 불구하고 사역자들이 레드 클라우드에 머물렀던 한 가지 가능한 이유는 파슨 가족이 자신의 농장을 MCA에 양도하는 것을 고려하고 있었기 때문이다. 파슨 부부는 천막이 불타고 난 다음 날 아침 브레이에게 그와 그의 아내가 "험난한 길을 가고 그에 대한 대가를 치르도록 하시는 하나님께 대한 확고한 입장"을 취하고 있다고 말했다. 파슨 부부는 브레이가 천막의 잔해를 시카고로 다시 운송하는 것을 도왔으며 이를 통해 〈버닝 부시〉에 대한 그의 충성을 공개적으로 보여주었다.[31]

파슨 부부는 특히 자녀의 복지에 관심이 많았으며 공립학교에 다니는 것보다 워케샤에 있는 성경학교에 다니는 것이 더 나을 것이라고 느꼈다. 그러나 파슨 씨는 자신의 농장을 포기하는 문제에 대해서는 망설였다.

파슨 부부가 자신의 재산을 MCA에 양도하는 것을 고려하고 있다는 소문이 퍼지자 친구, 친척 그리고 이웃들이 그에게 말을 걸기 시작했다. 마지막으로 파슨의 처남인 프랭크 킹$^{Frank\ King}$은 법적 조치를 취했고, 파슨 부부는 자신의 업무 관리 능력을 증명하기 위해 법정으로 나오라는 소환 통보를 받았다.

아서 브레이와 파슨 부부는 즉시 워케샤에 연락하여 통지서를 받기로 결정했다. 이를 위해 그들은 캔자스에 있는 전신국까지 15마일을 운전했다. 마르다 브레이에 따르면, "레드 클라우드의 전신국 사람들은 우리를 미워했고 12시간 동안 메시지를 보관한 적도 있습니다. 그리고 전신을 통해 들어온 모든 말들은 온 마을에 알려졌습니다."[32]

파슨 가족은 자녀를 교회나 학교에 보내지 않았기 때문에 부모의 통제에서 자녀를 분리시키려는 시도가 있을 것이라는 우려가 있었다. 결과적으로 10월 5일에 파슨 부인과 아이들은 성경학교에 등록할 수 있도록 기차를 타고 워케샤로 떠났다.[33]

10월 6일까지 리드 부인 사건에 대해 최소 3건의 소송이 제기되었으며 MCA는 해당 재산을 리드 가족에게 반환하는 것이 최선의 이익이라고 결정했다. 이는 사건이 법원으로 넘어가자마자 이루어졌다.[34]

파슨 부부는 자신의 재산을 MCA에 넘기기로 한 결정에 대해 계속해서 동요했다. 그가 무능력하다는 혐의에 맞서 싸울 변호사 고용을 거부하고 자신이 그렇게 할 여유가 없다고 주장하자, 드라이트는 다시 레드 클라우드로 파견되었다.[35]

드라이트가 도착한 직후 프랭크 킹은 소송을 기각했지만, 이것이 파슨 부부가 자신들의 재산을 팔도록 장려하는 데는 거의 도움이 되지 않았다. 파슨 부인은 워케샤에서 돌아와 그에게 재산을 팔도록 설득하려고 시도했다. 그러나 그는 몇 가지 품목을 단편적으로 팔기 시작했지만 이웃이 땅을 팔아서 받은 것보다 약 40% 더 많은 땅 가격을 받아야 한다고 주장했다. 그는 마침내 자신의 자녀들이 성경학교 생활에서 유익을 얻기를 원하고 아내가 자녀들과 헤어지는 것을 원하지 않았지만 "사람이 너무 많은" 곳으로 가는 것은 조심스러웠다고 인정했다.[36]

마르다 브레이는 이모에게 보낸 편지에서 "여러분이 재정 문제로 어려움을 겪고 있고 상황이 너무 느려서 구제를 받을 수 없다는 사실을 깨닫고 마음이 아프다."고 말했다. 브레이 부브와 드라이트는 10월 말까지 레드 클라우드에 남아 있었지만, 이용 가능한 기록에 따르면 파슨 부부는 결코 자신의 농장을 포기하고 워케샤로 이사하지 않았다. 사역자들은 그들의 노력과 적지 않은 비용에도 불구하고 워케샤에 절실히 필요한 재정적 지원을 전달할 수 없었던 레드 클라우드를 마침내 떠났다.[37]

공동체 천재 운영가, 프랭크 메신저의 리더십

그럼에도 불구하고 공동체의 성공은 대체로 메신저 리더십의 직접적인 결과였다. 공장 감독관에서 성결 복음 전도자로 변신한 그는 아이러니하게도 물질적 소유를 거부하는 집단을 위해 공동체를 위한 경제적 기반을 구축했다. 그는 〈버닝 부시〉의 제작 및 마케팅, 노래책, 달력, 복음 텍스트 카드, 벽 기념품, 심지어 복음 우표책까지 판매했다. 성인들에게는 모든 것을 팔도록 촉구했고, 〈버닝 부시〉는 소년 소녀들에게 〈버닝 부시〉 잡지, 카드, 우표, 달력을 친구들과 집집마다 홍보하여 추가 돈을 벌도록 촉구했다.

메신저의 자랑이자 기쁨은 1903년 가을에 처음 출판된 성경 본문 달력이었다. 이 달력에는 매일 엄선된 성경 구절이 포함되어 있다. 메신저는 달력이 강력한 전도 도구가 될 수 있다고 확신했다. 그것은 곧 매달 다른 그림을 포함하는 다양한 색깔의 작품으로 발전했으며 일반적으로 그리스도의 생애에 대한 에피소드를 그려 넣었다. MCA는 성경 본문이 에큐메니컬하고 대체로 개신교 계열의 국제 주일학교 수업과 일치하도록 선택됨에 따라 성결 교파를 훨씬 뛰어넘는 청중을 겨냥했다. 메신저는 하나님이 그에게 달력에 대한 아이디어를 주었다고 주장했지만, 영감의 원천은 신시내티에 더 가까웠을 수도 있다. 1902년 이래로 〈갓스 리바이벌리스트〉는 비슷한 달력을 배포했는데, 그것은 하나님께서 마틴 냅에게 주신 마지막 아이디어라고 광고했다. 누가 아이디어를 창안했는지에 관계없이 달력은 엄청난 인기를 누렸다. 실제로 달력 제작과 배포는 워케샤 공동체의 주요 업무가 되었다.[38]

    시간이 지남에 따라 일부 회원, 특히 하비 부부는 분명히 이익 창출 노력에 소비되는 시간과 노력에 분개하게 되었다. 1913년 초, 하비는 예기치 않게 메신저에게 공동체가 달력을 중단할 것이라고 알렸다. 그 결과, 1913년 3월 말에 메신저 가족은 파운틴 스프링 하우스를 떠나 시카고로 향했다. 한때 부유했던 공장 감독관은 사실상 무일푼이었다. 그는 섬유 공장 감독관으로 복귀하라는 여러 제안을 거부하고 대신 시카고에 〈메신저 출판사〉를 설립했다. 영적으로 그는 한때 그토록 신랄하게 공격했던 기존의 성결 집단으로 돌아가 나사렛 오순절 교회에 합류했다. 그 교단의 공식 정기 간행물에 실린 자필 편지에서 그는 자신의 독선적인 태도와 잘못된 견해, 특히 모든 것을 버리라는 교리에 대해 사과했다. 그러나 포기할 줄 몰랐던 메신저는 MCA 인쇄 작업에서 최고의 직원 몇 명을 고용했고, 그 후 20년 동안 성경 본문 달력 출판을 400만 달러 규모의 사업으로 성장시켰다. 아이러니하게도 한때 성결 절제주의의 적이었던 메신저가 나사렛교회의 첫 이사회 의장이 되었다. 1919년 나사렛교회가 미국 기업을 모델로 한 교회 구조를 채택하자 생명보험과 노령연금을 반대했던 메신저가 교회 최초의 연금제도를 창설하고 운영했다. 그에게 반대하는 나사렛 사람들이 그가 신앙의 원칙을 어겼다며 그 계획을 공격했을 때, 메신저는 그리스도의 재림 전 마지막 날에 사람은 자신의 은퇴를 위한 계획을 세워야 한다고 말함으로써 그의 행동을 변호했다. 한때 신앙생활의 대표자는 보험 플랜을 관리하는 사람이 되었다.[39]

　　메신저와 MCA 사이에 경쟁적인 소송으로 인한 초기 불화가 발생했다. 1920년대 초에 이르러 갈등은 가라앉았다. 옛 동료들에게 〈버닝 부시〉에 대한 정보를 제공한 메신저는 연례 〈버닝 부시〉 캠프 집회에 꼭 참석했으며, 심지어 워케샤에서의 그의 시절을 온 세상의 가정에 성경을 전하려는 하나님의 계획 일부로 여겼다. 그가 〈버닝 부시〉 광신주의의 희생자 그 이상이었다는 사실을 아는 나사렛 교인은 거의 없었다. 그는 하비 부부와 파슨과 함께 주요 건축가 중 한 명이었다. 사실 일련의 값비싼 실수에도 불구하고 워케샤 공동체가 파운틴 스프링 하우스에 40년 이상 남아 있었던 것은 그의 관리 능력 덕분이었다. 메신저 시대는 워케샤 공동체의 황금 시대로 간주된다.

미국 문화에 끼친 메신저의
복음 달력 사업

　대중 종교 현상을 연구하는 학생들이 오랫동안 알고 있듯이, 종교적 헌신에 따른 물질적 표현은 마땅한 관심을 받지 못하는 경우가 많다. 메신저나 성경 본문 달력이 그러한 항목이다. 1차 세계대전이 끝날 무렵에 그것은 북미 전역의 중산층 및 중하층 복음주의 가정에서 표준적인 물건이 되었다. 후원자의 주소가 정중하게 첨부된 달력은 교회와 기업에 판매되어 크리스마스 선물로 사용되었다. 북미 이외의 지역에서도 달력은 놀라운 인기를 얻었다. 1918년 2월, MCA 인도 선교부 책임자인 존 위플[John S. Whipple]은 〈버닝 부시〉 달력 판매로 모금된 100달러가 없었다면 "우리가 어떻게 이겨낼 수 있었는지 거의 알지 못했다."고 보고했다. 사실 MCA는 사역의 생존을 위해 미국 주 정부로부터 받은 빈약한 자금을 종교적인 장식품, 특히 달력의 판매를 통해 얻은 현지 자금으로 보충할 것을 요구했다.[40]

　1940년대 메신저 달력의 성공은 일리노이주 졸리엣에 본사를 둔 미국 최고의 미술 달력 인쇄업체 중 하나인 〈젤락 바클로우 컴퍼니〉[Gerlach and Barklow Company]의 모방에 영감을 주었다. 매력적인 젊은 여성의 그림이 포함된 담배 광고 달력과 핀업 달력의 주요 생산자로서 〈젤락 바클로우 컴퍼니〉는 어떤 의미에서 메신저 출판사와 이상한 경쟁자였다. 초기 메신저 달력에 묘사된 예술품에는 푸겔Fugel과 보그트Voght 같은 19세기 독일 예술가, 18세기 영국 시인이자 예술가인 윌리엄 블레이크William Blake, 이탈리아 거장 라파엘로Raphael의 작품이 포함되었다. 1930년대에는 19세기 후반 독일 예술가 베르나르 플록호스트Bernard Plockhorst(1825~1907)와 하인리히 호프만Heinrich Hofmann(1824~1911)의 작품이 메신저 달력을 장악했다.

    2차 세계대전 동안 메신저 달력은 상당한 변화를 겪었다. 아마도 반독일 정서의 결과로 현대 미국 예술가들이 많은 그림을 담당하게 되었다. 호프만과 같은 일부 19세기 독일 예술가들의 작품이 여전히 달력을 장식하고 있었지만, 잊히지 않는 아리아인처럼 보이는 빌라도의 묘사와 같은 많은 이미지는 완전히 현대적으로 보였다. 사실 현대 미술의 가장 기민한 신학적 해석자이자 히틀러가 집권한 후 독일 대학에서 해고된 최초의 비유대인인 폴 틸리히Paul Tillich는 호프만의 "아름다운 자연주의"를 현대 전체주의 국가가 쉽게 이용했던 이상화된 과거에 대한 "향수"를 만들어 내는 것이라고 해석했다.[41]

    1944년 워너 샐먼Warner Sallman의 상징적인 "그리스도의 머리"가 메신저 달력에 처음으로 등장했다. 이 묘사는 이미 군인들 사이에서 널리 유포되고 있었지만 메신저 달력에 사용되면서 국내 전선에서 문화적 아이콘으로서의 위상을 확고히 하는 데 도움이 되었다. 다음 30년 동안 살먼의 묘사와 메신저 달력은 미국 장례 산업의 천재적인 마케팅을 통해 불가분의 관계가 되었다. 장례식장 광고와 함께 달력을 교회에 능숙하게 배포한 후, 장례 카드에 살먼의 이미지를 활용하여, 장례 업계에서는 인생에서 가장 감동적인 시기 중 하나인 사랑하는 사람의 죽음에 대한 위안과 친숙한 이미지가 슬픔에 잠긴 가족을 응접실로 끌어들이기를 바랐다. 상업화가 확산되면서 '종교 달력 예술'이라는 새로운 조롱의 언어가 엘리트 담론에 등장했다. 일례로 복음주의 교육자인 프랭크 개블라인 Frank Gaebelein은 "종교적인 달력 예술과 정직한 예술을 구별할 수 없는" 사람들이 있다고 한탄했다. 메신저 달력은 출시된 지 60여 년이 지난 후 그 자체로 상징적인 지위를 얻었다.[42]

1916년에 메신저 달력의 성공에 힘입어 MCA는 복음 예술 달력을 도입했다. 메신저 달력의 컬러 사진과 달리 MCA 달력은 흑백이었다. 훨씬 더 변증적인 성향을 가진 MCA 달력에는 원래 그리스도인의 완전성이나 신유와 같은 몇 가지 독특한 MCA 교리를 강조하는 매월 인용문이 포함되어 있었다. 1924년에는 달력에 MCA의 주요 가르침을 뒷받침하는 성경 구절이 가득 포함되었다. 이러한 기능은 1930년에 삭제되었다. 1950년 MCA 달력에는 플록호스트와 기타 여러 현대 예술가의 컬러 사진이 포함되었다. 경쟁자인 메신저 캘린더에 비해 디자인은 약간 덜 현대적이지만 대부분의 측면에서는 경쟁사와 매우 유사하다. 흥미롭게도 1950년대 초에 MCA는 자체 달력 생산을 중단했고, MCA 방문 판매 담당자는 메신저 달력 판매로 전환했다.

여전히 오늘날 "메신저 달력"으로 알려진 성경 본문 달력은 회사가 1930년대에 이전한 인디애나주 오번에서 출판되었다. 메신저가 사망한 후 그의 아들인 해리 메신저 Harry Messenger가 회사의 경영권을 이어받았다. 1940년대에 메신저 가문은 회사에 대한 운영권을 잃었다. 현재 이 회사는 기업 로고가 있는 골프공, 자석, 모자, 머그, 펜, 달력 등의 판촉물 제조업체인 〈노르우드 프로모셔널 프로덕츠〉Norwood Promotional Products의 자회사다. 성경 본문 달력의 주요 시장은 장례식장과 교회다. 회사는 여전히 오번에서 제조한 제품을 "메신저 라인"으로 광고한다. 모든 것을 공유하고 지상에 하나님의 왕국을 세우기를 갈망하는 공동체에서 영감을 받은 제품은 이제 미국 장례 산업의 홍보 도구가 되었다.

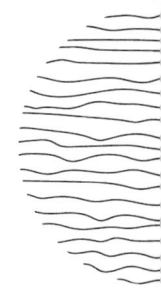

0
8

꺼졌다 다시 불타오르는 불

버닝 부시 운동, 1913~1931

　　MCA의 창립자인 에드윈 엘 하비의 영적 후계자이자 조카인 에드윈 에프 하비와 MCA의 많은 사람에게 하비는 존경받는 사람이었다. 조카 에드윈 에프 하비는 1926년 시카고에서 온 노령의 아프리카계 미국인 삼촌의 장례식 장면을 늘 이렇게 기억하고 있다. "나는 상심한 채 관 안에서 몸을 쭉 뻗고 누워있는 모습을 보며 가슴이 울렸습니다." 에드윈 엘 하비가 몇 년 전 쿡 카운티 감옥에서 면회했던 그 남자는 살인 혐의로 재판을 받고 있었다. 하비는 그 남자의 결백을 확신하게 되었고, 그의 무죄 판결로 이어진 법률 자문을 제공하는 데 중요한 역할을 했다. 조카 에드윈 에프 하비가 회상했듯이, 그 남자는 부드럽지만 반복적으로 말했다고 한다. "하비만큼 나를 사랑한 사람은 세상 어디에도 없었습니다." 이는 에드윈 엘 하비가 죽은 지 70년이 지난 후에도 파운틴 스프링 하우스에서 보낸 시간을 인생에서 가장 의미 있는 시간으로 기억하는 많은 사람이 공유한 감정이었다.[1]

MCA의 두 번째 유토피아의 꿈, 텍사스 불라드 공동체 탄생

에드윈 엘 하비가 MCA의 충실한 사람들 사이에 불러일으킨 감정에 관계없이, 성경 본문 달력의 출판을 중단하겠다는 운명적인 결정 이후 몇 년은 MCA에게 매우 어려운 시기였다. 가장 비용이 많이 들고 불행한 조치 중 하나는 텍사스 동부 불라드 공동체 근처의 풍부한 과일 재배 지역의 1,500에이커 규모의 토지에 두 번째 의도적인 공동체를 설립한 것이다. 새로운 공동체는 세 가지 의도를 가지고 있었다. 워케샤의 인구를 줄이고, 남서부에 MCA 존재를 확립하고, 자립적인 기독교 유토피아 공동체를 만드는 것이었다.

듀크 파슨과 그의 아들들

워케샤 공동체와 달리 불라드 공동체는 자급자족을 시도했다. 1912년 가을 듀크 파슨이 시카고 서쪽 부동산, 뉴멕시코의 호텔과 벽돌 공장, 아이다호의 토지와 교환하여 인수한 이 부동산은 피칸, 딸기, 아스파라거스가 재배되는 상당한 면적과 함께 복숭아 및 자두 과수원이 광범위하게 포함되어 있었다.²

1914년 1월, 에드윈 엘 하비의 동생 헨리 하비$^{\text{Henry L. Harvey}}$와 13명의 동료가 불라드 공동체의 기초를 놓기 위해 위스콘신에서 도착했다. 7월에는 공동체 회원 수가 약 150명으로 늘어났다. 부동산에는 농장 스타일의 저택이 포함되어 있었지만, 대부분의 공동체 주민은 급하게 지어진 별장에서 살았다. 첫 번째 프로젝트 중에는 통조림 공장과 제재소 건설이 있었다. 이어서 예배를 위한 장막 공간을 포함하여 손님 객실과 식당이 있는 이층집, 독신 남성과 여성을 위한 별채 등 다른 건물도 건축되었다. 저택은 성경학교도 수용하는 행정 건물로 개조되었다. 놀랍게도 그 공동체에는 수돗물과 하수도 시스템이 있었고, 증기 동력 발전기로 전기를 생산했다. 트랙터, 경운기, 탈곡기, 바인더 등 동부 텍사스에서는 거의 볼 수 없는 혁신적인 농업 방법과 농기계의 사용과 결합된 이러한 사치품은 공동체에 즉각적인 센세이션을 일으켰다. 북부의 비정통적인 이웃에게는 불라드 공동체가 가진 최고의 매력은 1915년 4월에 워케샤에서 5대의 객차와 3대의 수하물 차량으로 구성된 특별 전세 열차가 175명 이상의 새로운 주민을 동부 텍사스 공동체로 데려왔을 때였다.³

그러나 결국 불라드 공동체는 재정적으로 자립하는 데 성공하지 못했다. 부분적으로는 메신저 같은 관리의 천재가 없었기 때문이다. 회심자들은 계속해서 모든 것을 포기했지만 그들 중 공동체를 떠나는 데 필요한 재산을 가진 사람은 거의 없었다. 잉여 농산물 판매와 통조림 공장 및 제재소에서 조달한 자금은 공동체를 계속 유지하기에는 충분하지 않은 것으로 나타났다. 공동체는 불라드 사업가 제이 엘 밴데버$^{\text{J. L. Vandever}}$로 부터 의류, 밀가루, 설탕, 라드, 커피 및 차와 같은 신용 필수품을 구입해야 했으며, 궁극적으로 파슨의 자원과 위스콘신의 지속적인 보조금에 계속 의존했다. 실제로 지방채 사업으로 큰돈을 벌었던 그 은행가는 이제 텍사스 동부에 있는 고도로 투기적인 농업 사업에 다른 사람의 돈을 투자하고 있었다.[4]

텍사스 공동체의 높은 초기 창업 비용으로 인한 부채 증가에도 불구하고 MCA는 1916년 여름에 놀라울 정도로 안정된 것처럼 보였다. 실제로 워케샤에서 불라드로 200명 이상의 사람이 이동했음에도 불구하고 MCA 회원 수는 계속 증가했다. 1916년까지 위스콘신 공동체에는 500명이 넘는 주민이 있었고 남서부 지역은 회원이 400명으로 늘어났다. 두 지부 모두 성경학교를 운영했으며 해당 기관의 각 주간 학교에는 약 300명의 학생이 있었다. 워케샤 공동체는 산부인과 병원, 고아를 위한 집, 노인 빈곤층 남성과 여성을 위한 별도의 집을 계속 운영했다. 교회는 인도, 영국, 버진 아일랜드에 53명의 전도자와 14명의 선교사를 고용했다. 보스턴, 시카고, 앨러게니, 펜실베이니아, 밀워키의 도시선교를 후원했지만 가장 성공적인 전도 활동은 애팔래치아 산맥과 미네소타주페인스빌, 아이오와주 포트닷지와 같은 중서부의 중소 도시에서 이루어졌다. 급여는 전혀 지급되지 않았으며 전도자와 사역자들은 자립해야 했다.[5]

역사가 그랜트 워커가 주장했듯이, 여성은 성결 운동과 오순절 운동을 탄생시킨 "급진적인 복음주의" 하위문화의 모든 측면에서 두드러졌다. 실제로 1926년 종교 인구 조사에 따르면 MCA 회원의 68.2퍼센트가 여성이었다. 앨마 화이트와 수잔 포그를 포함한 여성 설교자들은 창립 초기부터 가장 효과적인 MCA 전도자 중 일부였다. 그러나 화이트가 이끄는 불기둥 교단과 달리 MCA 리더십은 주로 남성으로 유지되었다. 이것이 MCA의 기치 아래 모여든 여성들을 힘들게 하지는 않은 것 같다. 20세기 두 번째 10년 동안 MCA 사역에 매력을 느낀 젊은 여성들은 〈버닝 부시〉 노동자들의 용기, 즐거운 간증, 불굴의 의지에서 영감을 받았다. 버지니아주 빅 스톤 갭 근처의 시골 학교에서 봉사하다가 회심한 에드나 하운셸$^{Edna\ Hounshell}$과 같은 여성 회심자들은 가족과 위스콘신 출신의 복음 사역자 중 하나를 선택해야 하는 경우가 많았다. 남성의 경우 선택은 종종 심각한 경제적 결과를 가져왔다. 웨스트 버지니아와 켄터키에서는 노조 가입을 거부하거나 더 논란의 여지가 있는 주일 탄광 출입을 거부한 〈버닝 부시〉 회심자들은 일자리를 잃었다. 농업이 더 번영한 위스콘신, 일리노이, 아이오와, 미네소타주에서는 성결 운동의 실증적 예배가 계속해서 호기심을 불러일으키는 한편, 사유 재산에 대한 이 단체에 대한 반대는 조롱, 썩은 달걀과 토마토, 빈번한 폭력 위협을 불러일으켰다.[6]

불라드 주변 지역에서 브레이는 13번의 별도 주일 교회 예배를 집전하는 23명의 설교자에 의해 800명의 사람이 사역을 하고 있다고 추정했다. 1915년 여름이 끝나갈 무렵, 약 3,000~4,000명의 사람이 두 번째 연례 불라드 캠프 집회의 마지막 예배에 참석했다. 〈버닝 부시〉는 "남부인"은 "북부인만큼 거룩한 점핑 예배 모습에 쉽게 겁을 먹지 않는 것 같았습니다."라고 말했다. 그럼에도 불구하고 텍사스주와 인근 오클라호마주, 아칸소주에서의 복음 전도의 성공에도 불구하고 불라드 공동체는 〈버닝 부시〉 운동의 지속적인 재정적 손실로 남아 있었다.[7]

MCA 재정 위기와
메신저의 탈퇴

1915년 여름까지 성결 운동의 전도는 끊임없이 계속되었지만 MCA를 면밀히 관찰한 사람들은 전도의 열정이 약간 줄어들고 〈버닝 부시〉의 대중 종교 인물에 대한 비판 빈도가 감소하는 것을 발견했다. 1916년 가을, 텍사스에 부채가 늘어나자 MCA는 예산 균형을 맞추기로 결정하고 잠시 휴면 상태였던 성경 본문 달력을 부활시켰다. 이는 즉각적인 재정적 성공으로 이어졌고, 이를 다시 도입하기로 한 결정으로 인해 메신저와 MCA 공동체 간의 끓어오르는 갈등이 정점에 이르렀다. MCA가 달력 생산을 재개한다는 발표 이후 MCA는 주요 종이 공급업체 중 한 곳으로부터 경고를 받았는데, 내용인즉 MCA를 상대로 대규모 소송이 계류 중이며 공급업체가 빚진 모든 금액을 즉시 징수해야 한다는 소문이 돌고 있다는 것이었다. [8]

한편 메신저는 하비와의 비공개 만남을 주선하려 했다. MCA 지도자들은 메신저의 실제 목표가 MCA에 대한 법적 조치를 철회하는 대가로 MCA가 메신저의 달력을 인쇄하는 하비와의 거래를 성사시키는 것이라고 확신했다. 1916년 12월 메신저와 그의 가까운 동료인 이 에프 드라이트(이전에 〈버닝 부시 성경 본문 달력〉의 마케팅 이사였으며 현재는 일리노이주 쿡 카운티에 있는 메신저 출판사의 영업 이사)의 증언을 토대로 대배심은 미망인의 유산 1만 달러를 속인 혐의로 하비와 MCA를 기소했다. [9]

파슨은 〈버닝 부시〉의 일련의 기사에서 메신저와 드라이트가 이기심과 위선을 가지고 있다고 비난했다. 파슨이 관찰한 바와 같이 문제의 거래는 메신저의 모든 지식과 지원을 바탕으로 1911년에 발생했다. 실제로 파슨은 1911년 MCA 리더로서 메신저가 워케샤 공동체 거래에 대해 하비만큼 책임이 있다고 비난했다. 파슨은 "우리는 메신저와 드라이트가 하비를 가두어 1918년 달력을 인쇄하는 데 필요한 자금을 마련할 수 없도록 하는 데 더 관심이 없는지 여부를 독자들에게 알리고자 합니다."라고 썼다. 재빠르게 하비를 옹호한 공동체 멤버 중에는 워싱턴주 센트렐리아 출신의 전직 포목상인 이 더블유 스미스[E. W. Smith]가 있었는데, 그는 1911년에 성결 운동에 합류했으며 1913년 3월 메신저가 떠날 때까지 메신저와 긴밀히 협력했다. 스미스는 그에게 모든 것을 버리라는 MCA 교리를 소개한 메신저가 항상 하비에 대해 완전한 신뢰를 표명했으며, 메신저가 성결 운동을 떠날 때에도 MCA에 남을 것을 촉구했다고 보고했다. 결국 하비와 MCA에 대한 기소가 1917년 여름에 기각되면서 사건은 무산되었다.[10]

소송에서 무사히 살아남은 MCA는 1917년에 직면한 두 번째 위기인 1차 세계대전에서 훨씬 불운한 상황에 처했다. 다른 성결 급진파와 함께 〈버닝 부시〉 운동은 전쟁과 인명 피해에 반대했다. MCA는 예수의 가르침, 특히 산상수훈과 예수의 천년통치 동안 전쟁이 끝날 것이라는 피켓과 같은 천년왕국 성결 급진주의자들의 견해에서 영감을 얻었다. 1914년 가을, 〈버닝 부시〉는 유럽 전쟁의 도래에 관한 일련의 기사에서 감리교인과 구세군 대원들이 군인으로 복무하는 것을 조롱했다. "이 불경건한 왕들의 명령에 따라 움직이기를 거부하는 누군가가 틈새에 서 있는 것이 발견될 수 있기를 하나님께 원합니다." 그러나 미국이 참전하면서 〈버닝 부시〉의 어조는 훨씬 온건해졌다. 사실상 징병 연령의 모든 남성이 안수받은 목사이거나 신학생이었던 상황을 대변하는 목소리로서 〈버닝 부시〉 사설은 미국 정부에 대한 충성을 촉구했다. 공동체의 늘어나는 부채와 광범위한 연료 및 식량 부족을 고려할 때 MCA의 소심함은 전혀 놀라운 일이 아니다.[11]

워케샤 공동체에 불어닥친 전염병의 위기

1918년 11월 전쟁이 끝나자 MCA는 가장 큰 금융 자산인 파슨의 부에 더 이상 의존할 수 없었고, 많은 부채를 안게 되는 새로운 미래에 직면했다. 그의 지방채 사업은 전쟁으로 인해 무너졌다. 애국적인 투자자들이 전쟁 채권에 투자하기 위해 지방채 보유를 청산했기 때문이다. 그는 파산을 선언했지만 1년 내내 MCA 회장으로 남아 있었다. MCA의 재정이 설립되고 워케샤와 불라드의 공동체가 생존을 위해 고군분투하면서 하비 부부와 파슨 그리고 파슨의 아들들 듀크 주니어와 워렌 사이에 긴장이 고조되기 시작했다.

재정적인 문제에 더해 워케샤 공동체는 전쟁이 끝나갈 무렵 발생한 인플루엔자 유행병에 시달렸다. MCA는 "이 전염병이 발생했을 때 보호를 위한 몇 가지 조치를 취하고 보건위원회의 통제를 받는 것"이 필요해졌다. 그들은 모임을 갖는 것이 허용되지 않았고, 성경학교에 다니는 워케샤 공동체의 어린이들을 포함하여 파운틴 스프링 하우스의 거주자가 아닌 사람들을 멀리했다. 신유를 믿는 사람에게는 이상하게 보일 수도 있는 성명서에서 하비의 부인 거트루드 하비는 공동체 외부에 사는 한 부부에게 다음과 같이 썼다. "우리는 전염병이 매우 위험하며, 사례가 발생하면, 우리가 정말 어려울 것이라 생각합니다. 그리고, 전염병이 우

리 가운데 유입되는 것을 원치 않기 때문에 우리를 위해 기도해야 합니다."¹²

처음에 MCA는 전염병에서 벗어났다고 생각했지만, 11월 11일 종전 축하 행사 이후 전국적으로 독감이 재발하여 워케샤 공동체를 강타했다. MCA 공동체 사람들 약 400명 중 절반 이상이 이 질병에 걸렸고 공동체는 그들을 돌보기 위해 동원되었다. 성경학교는 병원으로 바뀌었고 식당은 아픈 사람과 회복 중인 사람을 위한 공간 그리고 건강한 사람을 위한 공간 두 부분으로 나누어졌다. 한 번에 45명이 병자를 돌보는 일에 헌신했다. 3주 만에 전염병은 지나갔고 거트루드 하비는 "우리에게 사망자가 없음에 대해 주님께 감사"할 수 있었다. 그녀는 더 나아가 "분명히 주님께서 그 위에 손을 얹으시고 '네가 여기까지 갈 것이요 더 이상 나아가지 못하리라'고 말씀하셨습니다."라고 썼다. "그 주변에 있던 우리 중 많은 사람들은 주님께서 우리를 그런 상황에서 구해주셔서 감사하고 있습니다."¹³

1918년 12월 21일, 하비 부부는 듀크 파슨 회장과 그의 아들 듀크 주니어와 워렌이 전 백인 동료인 존 웨슬리 허바트^{John Wesley Hubbart}와 함께 내부 개혁의 필요성에 대해 MCA 내의 주요 인사들과 접촉하고 있다는 사실을 알게 되었다. 파슨 가족의 소위 "개혁 운동"은 MCA의 3인 이사회에 듀크 파슨, 에드윈 엘 하비, 거트루드 하비가 포함되어 있다는 사실을 고려할 때 성공할 가능성이 거의 없어 보였다. 12월 24일, 하비 부부는 듀크 파슨을 회장에서 해임했고, 파슨이 MCA의 시카고 재산을 인수할 것을 두려워하여 파슨과 허바트에게 시카고에 있는 MCA의 〈이스트 콩그레스 스트리트 미션〉 사무실을 비워 달라고 명령하는 법원 통보를 받았다.

12월 28일까지 파슨 부부와 소수의 시카고 지지자는 MCA를 떠나 시카고의 니어 웨스트 사이드에 임마누엘 교회를 조직했다. 교회는 정기 간행물, 출판사, 선교부, 연례 캠프 집회, 임마누엘 기념 달력(훗날 기독교 봉사 달력)을 시작했다. 1927년 듀크 파슨은 로스앤젤레스로 이주하였고, 그와 임마누엘 교회는 1929년에 함께 방출되었다.

MCA 공동창립자 듀크 파슨의 파산과 〈버닝 부시〉의 전투성 약화

파슨의 파산에 따른 가장 중요한 즉각적인 결과 중 하나는 MCA가 마지못해 텍사스 공동체를 포기하기로 한 결정이었다. 1919년 2월 MCA 철수에 대응하여 텍사스주 불라드 메트로폴리탄 연구소의 주요 채권자인 밴데버^{Vandever}는 원금과 이자로 17,353달러 98센트에 대해 텍사스 공동체를 상대로 소송을 제기했다. MCA 회원들이 부동산을 포기하면서 토지는 1919년 4월 공개 경매에서 1,000달러에 밴데버에게 매각되었다. 공동체의 짧은 기간과 MCA 건물 중 어느 하나도 남아 있지 않다는 사실에도 불구하고, "버닝 부시 조직"의 황홀한 예배와 혁신적인 농업 관행에 대한 기억은 텍사스 동부 공동체에 깊이 각인되어 있으며, 이는 그들의 유토피아적 실험의 힘, 비전 및 성격에 대한 증거로 남아 있다.[14]

위스콘신에서는 전쟁의 영향, 만성적인 과밀화 그리고 공동체의 늘어나는 부채로 인해 하비와 그가 설립한 운동은 심각한 타격을 입었다. 〈버닝 부시〉의 불같은 열정적인 만화와 소위 "성결 타협주의자"에 대한 공격은 덜해졌다. 하비 자신의 글과 공동체의 다른 사람들의 글은 향수를 불러일으키는 어조를 띠었다. 당시의 성결 정기 간행물은 "신발을 신는 것이 좋을 것입니다. 덤불^{〈버닝 부시〉}은 불을 잃었습니다."라고 조롱했다. 하비를 당황시킨 것은 여러 주요 회원^(전 인도 선교사이자 크랜든 부흥의 영웅인 애런 목스타드 포함)이 〈메신저 출판사〉에 합류하여 나사렛교회 시카고 중앙 지방회에서 목사로 안수를 받은 것이다. 나사렛교회에 대한 MCA의 빈번한 공격은 "덤불은 여전히 불타고 있다."고 주장하는 동안에도 본질적으로 점점 더 날카롭고 방어적인 공격이 되었다. "〈버닝 부시〉에서 3, 4, 5, 6위에 있는 사람이 나사렛교회에 가입한다면, 그는 즉시 최고의 명성을 얻게 될 것입니다."라고 〈버닝 부시〉는 1919년 가을에 불평하듯 썼다.[15]

1년 후, 나사렛교회의 일원이 되기를 열망하는 MCA 회원과의 가상 인터뷰에서 하비는 추종자들에게 그러한 사람은 노동조합, 부, 의복, 이혼 및 재혼과 타협해야 한다는 점을 상기시켰다. "이로써 당신의 정직한 신념을 포기한다는 것을 아십니까? 당신은 그러면 우리가 당신의 영적인 이빨을 뽑도록 허락할 것입니다." 하비는 모의 인터뷰에서 "이혼과 재혼, 땅에 보물을 쌓는 것 등 앞서 언급한 죄와 세상에 기울어지는 것들을 버리라고 사람들을 책망하거나 권고하는 것을 삼갑니다."라고 썼다.

1921년 늦가을에 하비는 평범한 〈버닝 부시〉 배교자들이 나사렛교회에서 즉각 유명세를 떨쳤다고 다시 한 번 심하게 불평했다. 몇 년 전에는 불필요한 방어를 통해 하비는 "〈버닝 부시〉는 타협주의자들이 여기에 있었을 때와 똑같습니다."라고 결론지었다. "그것은 영원한 영광으로 불타고 있으며 완전한 구원을 선포하고 있습니다. 이것이 성결입니다. 나사렛주의와의 타협은 없습니다."[16]

그럼에도 MCA의 열정적인 전도는 계속됐다. 1920년대에도 중서부 북부의 시골 지역과 중소 도시에서 가장 큰 성공을 거두었다. 노동조합에 대한 〈버닝 부시〉 운동의 전투적인 반대 때문에 특히 주목할 만한 점은 미시간주 북부 반도의 철광 지역에서 이 전도 운동이 상당한 성공을 거두었다는 점이다. 이곳에서 지역 최대의 외국 민족 집단과의 의사소통을 하려고 핀란드어를 배운 MCA 복음 전도자 레슬리 잉그램 Leslie Ingram 은 1920년대 10년을 자급자족하는 순회 복음 전도자로 보냈다. 잉그램은 1929년에 "다른 곳에 복음을 전파하는 것이 하나님의 뜻이라면, 나와 아내는 정착하고 싶지 않을 것입니다."라고 썼다.[17]

히치콕의 사역과
에드윈 하비의 죽음

웨스트버지니아에서 생산적인 봉사를 하여 이 운동의 확실한 지도자 중 한 사람이 된 더블유 에스 히치콕은 미네소타와 노스다코타에서 엄격한 순회 활동을 시작했다. 미네소타 남동부 스프링 밸리 공동체에서 노스다코타주 뉴세일럼에 이르기까지 히치콕의 사역은 교육받고 부유한 미네소타 농부인 조지 비처^{George Bitzer}를 포함하여 수많은 주목할 만한 회심자를 낳았다. 비처의 아들 호워드^{Howard}와 워렌^{Warren}은 중요한 MCA 리더가 될 것이다. 뉴 살렘 지역의 장로교회에서 시작된 히치콕의 사역은 1921년 독립된 MCA 회중의 형성으로 이어졌다. 중서부 지역에서의 히치콕 사역의 정점은 미니애폴리스에서의 성공적인 선교 단체의 설립이었다.

MCA의 리더십을 두고 히치콕과 경쟁한 사람은 존 존슨^{John T. Johnson}이었다. 일리노이주 댄포스 출신인 존슨과 그의 아내 해티 로머^(시카고 교회 초기 전도의 산물)는 밀워키, 워털루, 아이오와, 디트로이트에서 당시 운동의 가장 성공적인 도시 선교 사업을 일으켰다. 1920년대 초 디트로이트에 남모르게 도착한 존슨 가족은 천막을 치고 MCA 예배자들의 노래, 함성, 점핑으로 군중을 끌어모은 후 번성하는 회중을 만들었다. 릴리안 존슨 하비는 하비가 성결 운동의 "군마"라고 극찬했던 한 남자, 즉 존 존슨의 딸로서, 자신 스스로 애정 어린 회상을 했듯이, 그녀의 삶은 결코 지루하지 않았다.[18]

이러한 작은 승리에도 불구하고 MCA의 부흥은 신자들이 알고 있듯이 성결 운동의 전성기 시절과 유사한 캠페인을 창백하게 모방한 것이었다. 1901년과 1902년에 시카고, 보스턴, 심지어 일리노이주 댄빌의 집회에 참석한 수천 명의 사람들과는 달리 군중은 적었고 회심하는 사람도 적었다. 대조적으로, 나사렛교회와 같은 전통적인 성결 교회는 1920년대와 1930년대에 북미에서 가장 빠르게 성장한 교단 중 하나였다. 간단히 말해서, MCA가 사유 재산을 거부하면서 1차 세계대전 이후 몇 년 동안 인수자가 줄어들었다. 그럼에도 불구하고 때때로 MCA는 여전히 특이한 능력의 부활을 불러일으켰다. 그러한 일이 1919~20년 겨울에 위스콘신 남서부의 경치 좋은 보스코벨 공동체에서 일어났는데, 그곳에서 1898년에 두 명의 여행하는 판매원이 기독교 상업 협회(현, 기드온 국제협회Gideons International)를 결성했다.

보스코벨 부흥은 MCA에 아픈 아들을 위해 기도할 사람을 보내달라는 한 어머니의 긴급 기도 요청에 대한 응답으로 겸손하게 시작되었다. 워케샤에 있는 성경학교에 다니던 아프리카인 헨리 애너맨Henry Anaman이 임명되었다. 매디슨에서 열차 환승을 기다리는 동안 애너맨은 거리에서 설교하여 도시경찰의 귀를 아프게 하고서 평화 방해 죄로 체포되었다. 감옥에 있는 동안 그는 보스코벨 출신의 장로교 목사인 루이스 괴츠Louis Goetz의 이름과 주소가 적힌 노래책을 우연히 발견했다. 감옥에서 석방되고 보스코벨에서의 사역을 마친 후 애너맨은 괴츠를 찾아가기로 결정했다.[19]

듀뷰크 신학교를 졸업한 괴츠는 네브라스카에 있는 독일 장로교회에서 16년간 목회를 한 후 최근 보스코벨로 돌아왔다. 워케샤에서의 활동에 대한 애너맨의 설명에 깊은 인상을 받은 괴츠 가족 전체는 무디 성서 학원의 학생이었던 조카딸 에스더 스타인Esther Stein을 포함하여 워케샤에 있는 〈버닝 부시〉 공동체를 방문했다. 괴츠는 워케샤 공동체의 사역에 깊은 감동을 받았으며 〈버닝 부시〉 메시지에 긍정적으로 응답했다. 곧 그와 그의 직계 가족은 〈버닝 부시〉 운동에 합류했다.[20]

1920년 4월에 에드윈 엘 하비와 아서 브레이가 보스코벨에서 초기 사역을 계속하도록 파견되었다. 결과는 짜릿했다. 농부들은 농장을 포기했고 젊은이들은 세속적인 노래와 음악을 포기했다. 하비는 "이 농부들은 방법이 없다는 것을 알고 있습니다. 사람이 구원을 원한다면 모든 것을 포기해야 한다는 것을 알고 있습니다. 그게 전부입니다." 한 회심자에 관해 하비는 다음과 같이 썼다. "그는 평범한 〈버닝 부시〉로서 큰 소리로 외치고 기도하며 주님을 찬양하며 방을 뛰어다니다가 영광스러운 승리를 거두었습니다." 루이스 보벨Louis Boebel과 찰스 짐머만Charles Zimmerman과 그 가족, 에스더 스타인을 포함한 37명이 부흥의 결과로 워케샤 공동체에 합류했다. "예수를 위해 모든 것을 포기하라"는 MCA의 가르침을 확증하면서 장로교 최초의 〈크리스천 엔데버 소사이어티〉Christian Endeavor Society를 조직한 것으로 알려진 스타인은 아프리카에서 〈버닝 부시〉 선교사로 12년을 보냈다.[21]

이러한 성공적인 부흥에도 불구하고 꾸준한 회심자와 농장 및 소규모 밀워키 정육점 체인과 같은 재산 기부와 함께 성결 운동의 부채는 20만 달러 이상으로 증가했다.[22] 이 모든 것이 하비에게 큰 타격을 입혔다. 1922년 57세의 나이에 그는 MCA 캠프 집회에서 설교하던 중 심장마비를 겪었고 완전히 회복되지 못했다. 그는 예수의 재림이 임박하면 빚이 탕감될 것이라고 용감하게 주장했고, 재정 상황이 악화되는 동안 사기를 유지하려고 노력했다.

MCA 3대 지도자가 된 히치콕

경제적 생존의 문제는 젊은 세대의 문제와 같은 다른 모든 관심사를 압도하게 되었다. 그들은 대부분 공개적으로 반란을 일으키기 직전인 파운틴 스프링 하우스의 보호된 환경에서만 자란 사람들이었다. MCA 내에서 하비를 비판하는 사람들은 점점 더 운동의 재정 위기의 주요 원인이 그의 관대함이라고 확신하게 되었다. 1925년 위기 상황이 심화되자 아마도 하비의 가장 큰 비판자였던 히치콕은 〈버닝 부시〉 운동의 공동체적 특징을 과격하게 축소할 것을 제안했다. 그는 워케샤 공동체의 교육, 출판 및 농업 활동을 수행하는 데 필요하지 않은 모든 건강한 사람들을 스스로 지원하기 위해 파견할 것을 제안했다. 그의 제안은 MCA의 재정적 딜레마를 해결하기 위한 씨앗을 제공했다. 10월에 급하게 소집된 교회의 안수받은 목사 모임에서 하비 부부는 회장 겸 회계직을 사임했다. 놀랍게도 그들은 히치콕이 회장이 될 것을 제안했다. 그는 4명의 이사와 함께 선출되었다. 제이 하워드 반스$^{\text{J. Howard Barnes}}$는 부회장 겸 총무로, 이 더블유 스미스는 재무로, 동생 헨리 하비는 비서실장으로 그리고 존 존슨이 선임되었다. 하비 부부는 루이지애나에서 은퇴하기 위해 공동체를 떠났다.[23]

1926년 1월 22일 에드윈 엘 하비가 사망했다. 새 행정부가 출범하면서 MCA가 이미 중대한 변화를 겪고 있는 가운데, 파운틴 스프링 하우스에서 창립자의 장례식을 치르고 워케샤의 프레이리 혼 공동묘지에 안장되는 것은 더욱 의미가 깊었다. 그것은 표면적으로는 하비와 그의 사역, 그가 창간한 정기 간행물, 미국과 해외에서의 성결 운동의 사명에 대한 헌사였다. 그러나 장례식은 공동체 구성원들에게 급진적 성결에 대한 자신의 확언과 워케샤에서 하나님의 "특이한 백성"의 사명에 운명을 걸기로 한 결정을 공개적으로 정당화할 수 있는 기회를 제공했다. 거의 천 명에 가까운 참석자들은 성결 운동의 신자들을 대표했으며, 그들은 두 명의 방문객에게 많은 관심을 기울였다. 하나는 이전에 논의된 아프리카계 미국인으로 시카고에 있는 하비의 뿌리를 생생하게 상기시켜 주는 사람이다. 다른 한 사람은 나사렛교회 이사회 의장인 위엄 있는 프랭크 메신저였는데, 그는 MCA의 영광스러운 시절에 대한 좋은 추억을 갖고 1913년에 성경 본문 달력 출판을 중단하겠다는 하비의 결정에 대한 실망을 밝힌 인물이다.[24]

적절하게도 이 예배에는 하비의 젊은 시절의 감리교 찬송가와 그가 이끌었던 운동의 회원들이 작곡한 노래가 포함되었다. 그

중에는 그가 가장 좋아하는 것 중 하나인 "나는 좁은 길을 떠날 수 없네"는 플로라 루카스 팔머$^{Flora\ Lucas\ Palmer}$가 작사하고 팔머와 헬가 스타벨이 부른 곡이다. 그는 경험 많은 설교자이자 1906년 크랜든 부흥과 같은 영광스러운 MCA 부흥의 베테랑이었다. 몇 년 전, 스타벨은 메트로폴리탄 감리교회 주일학교에 등록한 최초의 어린이 중 한 명이었다. 협회 부회장인 하워드 반스가 추도사를 했다. 1902년 MCA의 락포드 대회에서 회심한 반스는 초기 〈버닝 부시〉 운동의 자발적인 기쁨에 매료되었던 것을 기억했다. 그는 하비를 "사랑스러운 남자"로 기억했다. 이미 새 회장의 일부 정책에 반대하는 것으로 알려졌던 반스는 MCA 신도들에게 성결 운동의 진정한 사랑은 그 사람이 아니라 그의 메시지에 있다는 점을 도전적으로 상기시켰다. 마리안 매디슨$^{Marian\ Madison}$은 반스의 메시지를 다음과 같이 요약했다. "많은 사람을 십자가의 길로 인도한 그분은 그들을 사랑하고 자신$^{(하비)}$의 상실을 애도하는 사람들이 더욱 경건하고 열렬히 그리스도의 발자취를 따르기를 원하실 것입니다." 찬송가가 끝난 후, MCA의 신임 회장인 히치콕은 인생의 짧음에 대해 연설했으며, 비판자들을 향해 변화하는 상황에 계속 적응해야 한다고 말했다. 존 존슨의 기도로 예배를 마쳤다. 변화를 요구하는 히치콕의 요구에 응하여 존슨은 성결 운동이 "좁은 길"을 좋아한다는 점을 확인했다. 예배에서 분명히 밝혔듯이, 〈버닝 부시〉 운동을 근본적으로 재구성하려는 히치콕의 계획의 성공은 1926년 1월에 이미 예상된 결론은 아니었다.[25]

히치콕의 재정 개혁과
새로운 리더십

위스콘신주 크랜던 출신의 사업가이자 장로교 장로였던 히치콕은 협회의 채권자들을 만나는 것이 그의 첫 번째 업무였다. 압류를 막기 위해 그는 즉시 일련의 재정 개혁을 시작했다. 특히 그는 구매와 결산을 담당하는 출판부를 독립적인 기반으로 두었다. 공동체의 경제 위기의 실제 원인은 기술과 야망이 거의 없는 개인에게 주택을 제공하는 하비의 정책이라는 믿음에 따라 그는 거의 모든 신체 건강한 회원을 출판물 판매에 나서게 했다. 그는 또한 대가족, 특히 워케샤 공동체에 필요한 기술이 부족한 부모의 가족이 공동체 외부에서 일자리를 찾도록 장려하기 시작했다. 놀랍게도 일부 사람들이 공동체에 상당한 양의 재산을 제공했음에도 불구하고 실망하긴 했지만 불평하는 사람은 거의 없었다. 훨씬 더 논란의 여지가 있는 결정으로, 공동체는 노인들을 위한 집을 폐쇄했다. 히치콕에 대한 가장 신랄한 비판가 중 일부가 노인들을 위한 공공 주택에 있다는 사실은 쉽게 잊히지 않았다. 신임 회장의 계획에 대한 성공 여부는 부분적으로 히치콕이 1925년 캠프 집회의 마지막 예배에서 "이제 마지막 시간이다."라는 제목으로 능숙하게 전달한 메시지 덕분이었다. 히치콕은 설교에서 그리스도께서 반역적인 예루살렘을 보고 우시는 모습을 묘사했다. 공동체의 미래에 다가올 압류의 실제 위협을 알고 있는 〈버닝 부시〉 내부자들에게 메시지의 의미는 설명이 거의 필요하지 않았다. 상황이 바뀌지 않는 한 이것은 워케샤에서 열리는 마지막 캠프 집회가 될 것이다.[26]

시간이 지나면서 많은 사람이 히치콕의 신학과 비전에 의문을 제기했지만, 그의 자금 조달 능력에 대해서는 누구도 의문을 제기하지 않았다. 〈버닝 부시〉가 1929년에 언급했듯이, "그는 놀랄 만큼 담대하게 사람들의 주머니에서 돈을 꺼내는 설교를 할 수 있습니다." 1920년대 후반까지 파운틴 스프링 하우스에 거주하는 사람은 200명 미만이었다. 놀랍게도 특히 대공황을 고려할 때 히치콕의 개혁은 경제적 기적을 가져왔다. 전체 부채는 1930년대 초에 청산되었다.[27]

히치콕의 정책만으로는 복음 예술 달력, 출판물, 인사말 카드, 벽 기념품 및 동화책 판매의 놀라운 증가를 설명할 수 없다. 사실 MCA의 경제적 부활은 주로 급여를 받지 못한 문서전도자의 사심 없는 영업 인력의 헌신에서 비롯되었다. 그들은 집집마다 물건을 팔면서 선교부나 저렴한 호텔, 후원자들과 함께 생활하는 경우가 많았다. 수익금은 "선교"라고 불리는 지역 사무소 설립, 리더십 및 경영 훈련(성경학교), 신제품 개발에 투자되었다. 이러한 경제 부흥 과정은 〈버닝 부시〉 운동을 다음과 같은 종교 단체로 재탄생시켰다. 하비 시대에 마케팅 영업사원들이 전도에 전념했던 것과는 대조적으로, 이제 젊은 문서전도자들은 개인 전도에 참여하는 것을 단념하고 판매에 집중하라는 촉구를 받았다.[28]

1926년부터 1928년까지 성경학교와 교회 일꾼들 사이를 휩쓸었던 주목할 만한 종교적 부흥이 일어나면서 전도는 이제 내부적으로 다시 초점을 맞추게 되었다. 부흥은 공동체의 부채가 영적 무기력의 결과이며 따라서 회개를 요구한다는 히치콕의 확신에 뿌리를 두고 있다. 히치콕은 1926년 봄에 "돈을 다루는 데 부주의한 사람을 보여주세요. 그러면 나는 영적인 삶에 부주의한 사람을 보여 드리겠습니다."라고 경고했다. 적대자들을 능숙하게 소외시키고 신임 회장이 성공하기를 바라는 거트루드 하비의 열망을 이용하여 히치콕과 몇몇 주요 동역자들(히치콕 부인, 하워드 반스 부회장, 이 더블유 스미스, 교회 재무 담당자, 괴짜 웨일즈의 회심자 제이 에이 윌리엄스 포함)은 교회, 특히 지도자들이 회개를 구해야 할 필요성을 반복해서 강조했다. 유능한 부흥 설교자인 히치콕은 강렬한 영적 각성을 위한 무대를 능숙하게 마련했다. 그의 비판자들에게 주요한 설교 기회를 거의 주지 않은 채 그와 그의 동료들은 공동체의 설교를 독점했다.

1927년 캠프 집회에서 히치콕은 성결 운동의 경제 회복, 3,500명 이상의 참석, 교회의 영적 나태에 초점을 맞춘 급진적인 설교에 힘입어 반대자들에게 용서를 구할 것을 촉구했다. 캠프 집회의 마지막 수요일에 히치콕이 "기쁨"에 관한 두 시간짜리 강력한 메시지에서 절정에 이르렀다. 영적 무관심으로 인해 성결 운동이 경제적, 영적 마비 상태에 빠진 교회 지도자들에게 회개해야 한다고 제안한 것이다. 성경의 다윗 왕이 용서를 구하면서 깊은 회개를 보였고, 하나님께로의 회복을 경험하고 큰 기쁨을 누린 것과 마찬가지다.

헨리 하비, 더블유 티 페텡길, 아서 브레이, 존 웨슬리 허바트(1919년 후반에 임마누엘 교회에서 MCA로 돌아온 자들)와 같은 신뢰받는 지도자들이 자발적으로 영적 실패를 공개적으로 고백하면서 그 반응은 캠프 집회를 열광시켰다.

용서를 경험한 사람들은 다윗처럼 그러한 영광스러운 구원을 가시적으로 보여줄 것이라는 히치콕의 주장에 대응하여, 존경받는 지도자들과 교사들은 기꺼이 "예수를 위한 바보"가 되었다. 아서 브레이가 기억했듯이, 히치콕의 라이벌이 아닌 어떤 리더가 우연히 차를 담은 주전자를 머리에 이고 장막 주위를 뛰어다녔다. 브레이의 기억에 따르면, 그 결과는 히치콕의 반대자들에게는 굴욕이었고, 아마도 의도치 않게 성결 운동의 전도의 초점이 자기 자녀들에게 다시 맞춰지게 된 것이었다.[29]

1928년 1월, 새로운 지도자의 영적인 힘과 헨리 하비, 허바트, 페텡길과 같은 회개한 지도자들을 회복시키는 그의 관대함에 경외감을 느낀 성결 운동의 자녀들은 부흥의 두 번째 단계에 휩싸였다. 특히 히치콕의 설교에 감동받은 사람들은 19세의 인기 있는 고등학교 교사이자 타고난 지도자인 하워드 비처[Howard A. Bitzer]와 창립자의 두 조카인 헨리 하비 주니어[Henry L. Harvey Jr.], 특히 에드윈 에프 하비와 길버트 블린[Gilbert Blinn]이었다. 1928년 캠프 집회 당시에는 거의 모든 고등학생이 기독교인임을 고백하고 있었다. 거트루드 하비는 깊이 감사하며 다음과 같이 썼다. "우리 젊은이들은 자신의 삶을 하나님께 바쳤으며 세상을 우리의 주 그리스도를 위해 곡식을 모으는 밭으로 봅니다." 그들의 교사인 비처와 성결 운동의 정신적, 현세적 지도자인 히치콕에게 열렬히 충성한 젊은이들은 엄격한 규율과 문서 전도자로서의 오랜 시간을 열정적으로 받아들였다. 거의 70년이 지난 후, 1928년 여름에 구원과 성화를 경험한 사람들의 간증 속에서 부흥의 감동이 계속 이어졌다. 결과적으로, 부모들은 자녀들의 영적인 헌신에 감사하며 종종 힘들고 지치는 생산과 전도 작업에서 새로운 지도자를 더욱 기꺼이 따르게 되었다.[30]

히치콕의 젊은 지도자들의 급속한 발전은 부분적으로 권력을 강화하려는 그의 시도의 결과였다. 설립자 에드윈 엘 하비의 형제로서 히치콕의 타고난 경쟁자였던 헨리 엘 하비 시니어 Henry L. Harvey Sr.는 1927년 이사회에서 해임되었다. 성결 경험의 상실을 고백하면서 헨리 하비 시니어는 이사회에서 다시 복귀한 페텡길로 교체되었다. 1년 후, 여전히 히치콕의 위협으로 여겨지던 존 존슨이 이사회에서 히치콕의 충성주의자인 이 에이 윌리엄스 E. A. Williams로 교체되었다. 1930년대 초, 하워드 반스는 히치콕이 주도한 1926년 계획의 충실한 지지자였지만 성결 운동의 전반적인 방향에 의문을 제기하기 시작했다. 지도부는 신속하게 행동했고 반스는 뉴멕시코로 좌천되었으며 1933년에 부회장직에서 해임되었다. 이 무렵, MCA 창립자 에드윈 엘 하비 시대의 영적 실패에 대한 히치콕의 반복적인 공격에 좌절한 하비의 부인 거트루드 하비는 시카고로 가서 은퇴했다. MCA에 새로운 질서가 시작되었다.[31]

히치콕이 주도한 변화와
교리 혁신

1930년 가을, 히치콕이 주도한 변화는 MCA의 장정에 반영되었다. 성결 운동의 첫 번째 공식 규율은 사유 재산에 대한 MCA의 전통적인 거부를 근본적으로 수정했다. 〈버닝 부시〉 지도자들은 "모든 것을 버리라"는 전통적인 MCA 교리를 가르친다고 계속 주장했지만, 교회는 더 이상 사람들에게 소유물을 포기하고 성경 학교로 이주하도록 장려하지는 않았다. 실제로 교회는 두 가지 수준의 회원을 만들었다. 첫 번째는 목사, 여집사, 선교사, 인쇄업자, 문서 전도인, 파운틴 스프링 하우스 거주자를 포함한 교회 사역자들로 구성되었다. 수도원에 있는 사람들과 마찬가지로 이 사람들은 급여를 받지 못했으며, 교회에 들어올 때 가지고 있던 모든 소유물을 반납해야 했다. 두 번째 수준은 여러 범주로 구성된다. 성결 운동에 충실한 워케샤에서 파견된 사람들, 〈버닝 부시〉 사역에 참석한 지지자들 그리고 연례 장막 집회에만 참석할 수 있는 사람들이 그들이다. 이 사람들은 다른 복음주의 교단의 구성원들이 일반적으로 그들의 교회를 지원하는 것과 마찬가지로 재정적 지원을 제공할 것으로 기대되었다. 윌리엄 갓비와 같은 전통적인 성결 전도자들과 유사하게, MCA는 이제 교회가 아닌 사역자들이 하나님께서 그들에게 주신 부의 청지기라고 가르쳤다. 성결 운동 정책의 급진적인 반전이 장정에 표현되었듯이, "자신의 한계까지 바치는 것은 각 사람의 의무입니다." 더욱 놀라운 것은 십일조에 대한 〈버닝 부시〉의 엄격한 공격을 고려할 때, 이제 교회는 "모든 수입의 적어도 10분의 1은 하나님께 드려야 한다."고 주장했다.³²

텍사스 불라드와 파운틴 스프링 하우스에서 발생한 성결 운동의 부채 경험에 대응하여 MCA는 이제 돈을 빌리는 것은 비성경적이며 복음 전파에 방해가 된다고 가르쳤다. 정책이 더욱 반전되면서, 남편들은 사도행전 2:44-45의 가르침에도 불구하고 "가족의 생활필수품"을 마련할 책임이 남편에게 있다는 말을 들었다. 사실 한때 충실한 사람들에게 모든 것을 팔고 워케샤의 하나님의 백성과 합류하도록 촉구했던 바로 그 운동은 이제 "주님의 백성이나 그분의 교회에 의존하게 되는 것은 믿음의 타락의 표시이자 타락의 증거"라고 주장했다. 당연히 모든 사람이 새로운 정책을 기꺼이 받아들이지는 않았다. 1931년 2월, 여러 명의 어린 자녀를 둔 파운틴 스프링 하우스의 전 거주자였던 크리스천 리터^{Christian Ritter}는 〈버닝 부시〉가 워케샤를 떠나 일자리를 구하라는 요구에 초기에 저항했다가 가족이 상당한 고통을 겪게 되었다고 썼다. 그러나 그가 하나님의 백성의 징계를 받아들이자 주님께서는 기적적으로 그에게 활자 인쇄공이라는 직업을 주셨다. 냉소적인 사람은 리터의 직업이 기적의 결과라기보다는 인쇄업자로서의 기술의 결과였다고 결론짓고 싶은 유혹을 받을 수도 있지만, 그가 얻은 교훈은 "하나님과 그분의 교회에 대한 순종"이 "하늘의 문"을 열었다는 것이다. 리터의 경험은 독특한 것이 아니었다. 1930년대의 어려운 10년 동안, "보냄을 받은" 사람 중 많은 사람이 비슷한 하나님의

구원 이야기를 들었다.³³

히치콕 시대의 가장 주목할 만한 교리 혁신은 결혼에 관한 것이다. MCA는 개인 노동자의 필요보다 교회의 필요를 더 중요하게 여기며, 근본적인 문제는 개인이 교회에 "유용한가"라고 주장했다. 새로운 규율은 결혼을 고려하는 모든 회원에게 "MCA에서 가장 경건한 사람들"의 승인을 받도록 요구했다. 비록 이 정책이 장정에 명시되어 있지는 않지만, 히치콕 부부는 실제로 완전히 성결한 남자와 여자만이 결혼 후보자라고 가르쳤다. 당연히 마음의 성결에 대한 결정은 주관적이었기 때문에 사실상 이 정책은 MCA 내에서 회장과 그의 부인에게 결혼에 대한 통제권을 부여한 것이다. 그 후 20년 동안 그들은 영적으로 결혼에 적합한 사람은 거의 없다고 생각했다. 교회의 경제적 중추인 문서전도자들에게는 일반적으로 특권이 주어지지 않았다. 많은 젊은 여성과 남성이 기꺼이 독신 규율을 받아들였음에도 불구하고, 아서 브레이는 이 정책의 결과로 1937년까지 최대 500명이 이 운동에 의해 손실되었다고 믿었다. 결과적으로 유토피아적 공동체는 오히려 개신교 종교 조직이 되어 버렸다. 공격적인 전도 활동을 중단한 〈버닝 부시〉 운동은 회심자를 거의 끌어들이지 못했다. 세 번째 세대에게 불꽃을 성공적으로 전달할 수 없었기 때문에 1992년까지 〈버닝 부시〉 운동의 회원 수는 72명으로 줄었다.³⁴

MCA 성결 운동에 대한
역사적 평가

한 세대 동안 MCA는 놀라운 여정을 경험했다. 두 명의 존경할 만한 도시 감리교인 지망생이었던 에드윈 엘 하비와 듀크 파슨이 만든 복음 전도 단체인 메트로폴리탄 감리교 선교부는 비버리 캐러딘, 이 에프 워커, 헨리 클레이 모리슨, 셋 리스, 찰스 카우만 부부, 버드 로빈슨, 앨마 화이트, 에이 지 가르, 글렌 에이 쿡, 프랭크 메신저와 같은 북미 종교의 토속적 영웅들의 놀라운 출연의 장을 만들어 주었다. MCA는 19세기 미국 진보 시대의 가장 역동적인 종교 세력과 교류하면서 종교, 경제, 교육 및 의학 분야에서 신흥 전문 엘리트들에게 도전했다. 성결 운동은 특별한 경제적 자원과 독창적인 추종자들의 축복을 받았다. MCA는 복음주의 공동체주의의 한 현상일 뿐이었지만, 미국 역사상 가장 크고 성공적인 공동체 단체 중 하나를 설립했다. 주목할 만한 종교 정기 간행물을 창간하면서 이 운동은 가스펠 음악을 형성하는 데 도움을 주었고, 새로운 상업용 종교 제품^(예: 성경 본문 달력)을 대중화했으며, 전 세계적인 오순절 부흥에 영향을 미침으로써 20세기 기독교 역사 역사의 진행에 깊은 영향을 미쳤다.

솔직히 말해서 이것은 하비와 파슨의 목표가 아니었다. 19세기 미국 진보 시대의 유토피아적 몽상가로서 그들은 예수께서 육체적으로 시작하실 메시아 통치에 적합한 독특하고 완전히 성화된 사람들을 준비시키려고 노력했다. 당연히 그러한 왕국에 대한 약속이 사라지면서 그들의 성결과 오순절 상속자들을 포함한 그들의 후손들은 보다 온건한 목표에 안주하게 되었다. 대중들로부터 존경심을 받고, 학문과 문화에 있어서 더 큰 자리를 추구하면서 그들의 후손은 19세기 진보 시대 완전주의에 대한 공동체적, 토속적 차원을 무시하기로 결정했다. 다른 운동과 마찬가지로 이러한 역사적 기억상실에는 대가가 있었다. 놀랍게도 많은 사람이 성결 운동은 개신교 정통의 한 현상일 뿐이라고 주장하지만, 버드 로빈슨과 같은 예상치 못한 인물들의 지속적인 능력과 창의적 천재성 그리고 레티 카우만과 오스왈드 챔버스$^{Oswald\ Chambers}$의 거룩하고 경건한 저술들의 지속적이고 대중적인 매력은 설명할 수 없는 많은 미스터리로 남아 있다. 아이러니하게도 성결 운동의 후계자들은 사회적, 지적 타당성을 추구함에도 불구하고, 그들은 자신들을 낳은 운동이 19세기 진보 시대를 덮고 있던 낙관주의적인 경제적 전제 자체를 근본적으로 위협하면서도 대중 예술 형식$^{(예:\ 음악,\ 만화,\ 달력)}$을 악용했다는 사실에 대해서는 거의 이해하지 못한다. 그들은 풍부한 종교적 유산을 능숙하게 활용하여 자기 자신과 "예수를 위해 모든 것을 버리려는" 사람의 존엄성을 주장하고자 했던 그 시대의 산물이었다.

후기

히치콕의 해임과 분열

　1950년에 MCA 이사회는 히치콕의 비타협적이고 독재적인 스타일에 오랫동안 불만을 품고 그를 회장직에서 해임했다. 이에 반대하여 많은 성결 운동의 청년들을 포함한 히치콕 충성파들은 웨슬리안 언약교회를 조직했다. 시카고 밀워키, 덴버, 세인트루이스, 미시간주 디어본에 교회를 세웠고, 일리노이주 포토맥에 고등학교를 세웠으며, 멕시코와 뉴멕시코의 나바호 원주민 가운데 선교부를 세웠다. 웨슬리안 언약교회는 1920년대 후반 히치콕이 세운 패턴을 충실히 따랐으며, 달력과 출판물을 집집마다 판매했다. 교회 회원들은 비용을 충당할 만큼 충분한 수입이 제공되지 않을 때만 전도 활동을 포기했다. 1978년 웨슬리 언약교회는 북미 복음주의 교회와 합병되었다.[1]

히치콕 충성파들의 이탈은 MCA 회원 자격을 감소시켰고 1956년 교회가 파운틴 스프링 하우스를 매각하기로 결정하는 데 중요한 요인이 되었다. MCA는 일리노이주 던디로 이전하여 서적, 종교 예술품, 선물 제품 및 신뢰할 수 있는 성경 달력을 계속 판매했다. 1961년에 MCA는 북미 15개 교회에 443명의 교인이 있다고 보고했다.[2]

1970년대 이후
<버닝 부시> 운동의 경향

1970년대에 <버닝 부시> 운동은 던디 부동산을 매각했다. MCA는 위스콘신주 레이크 제네바에 있는 오래된 리조트 호텔을 인수하여 은퇴한 선교사들을 위한 집을 유지하고, 덜 논란의 여지가 있는 <버닝 부시>를 계속해서 출판했다. 레이크 제네바 부동산은 2000년에 매각되었고, 밀워키에 있는 북미의 마지막 MCA 교회는 2004년에 교회 건물을 매각했다. 매각 자금은 북인도에 있는 MCA 병원의 의사를 고용하는 데 사용되었다. MCA 기록 보관소는 캘리포니아주 패서디나에 있는 풀러 신학대학원으로 이전되었다.

히치콕 시대 〈버닝 부시〉 운동의 가장 두드러진 특징은 해외 선교를 강조했다는 점이다. 비록 교인 수를 결정하기는 어렵지만 북인도에서는 비처 기념 학교와 제이 에스 위플 병원^{J. S. Whipple Hospital}을 운영하는 교회의 교인 수가 5만 명이 넘는 것으로 추산된다. 교회 회원의 대다수는 인도 남부에 위치하고 있다. 남아프리카공화국의 메트로폴리탄 복음주의 교단에는 6개의 회중교회와 600명이 넘는 교인이 있다. 스와질란드에서는 회원 수가 천 명이 넘는다. 멕시코에는 MCA가 20개가 넘는 교회가 있다. 북미 기관은 계속해서 제한된 재정 지원을 제공하고 있지만, 교회에는 현지 국가 지도자가 있으며 대부분 자립하고 있다.[3]

〈버닝 부시〉 운동에서 양육된 많은 사람이 다른 설립된 성결 단체에서 집을 찾았고, 독립적인 사역단체를 설립했으며, 사업과 학계에서 뛰어난 경력을 쌓았다. 이와 관련하여 특히 주목할 만한 것은 아서 브레이, 듀크 파슨, 플로이드 글렌 런스베리^{Floyd Glenn Lounsbury}, 헨리 하비 주니어, 에드윈 및 릴리안 존슨 하비^{Edwin F. and Lillian Johnson Harvey}의 경력이다. 1937년 MCA를 떠난 후 아서 브레이^(1911~1993)는 올리벳 나사렛 대학에 다녔으며 잠시 동안 위스콘신주 오클레어에 있는 나사렛교회의 목사였다. 1941년 웨슬리안 감리교회에 합류한 후 브레이는 어퍼 아이오와 대학교에서 학사 학위를 받았다. 1945년에 브레이와 윌버 데이튼^{Wilber T. Dayton}은 일리노이주 오크 파크에 웨슬리안 감리교 회중교회를 설립했다. 브레이는 1950년부터 1968년까지 웨슬리안 감리교회의 일리노이 연회 회장으로 섬겼다. 연회 회장으로 재직하는 동안 12개가 넘는 새로운 교회를 개척한 브레이는 건강이 나빠질 때까지 계속해서 활동적인 목사로 활동하는 중요한 교단 지도자로 떠올랐다. 그는 1991년에 은퇴한다.

마찬가지로 흥미로운 것은 파슨 가족의 여정이었다. MCA에서 분리된 후 파슨의 장남 버나드 파슨^{Bernard Farson}은 〈메신저 출판사〉의 인쇄부서로 취업한 많은 전 〈버닝 부시〉 직원 중 한 명이 되었다. 1927년 듀크 파슨과 몇몇 충실한 지지자들은 캘리포니아 주 로스앤젤레스로 이주했다. 〈임마누엘 헤럴드〉^{Immanuel Herald}의 출판을 계속하면서 파슨은 독립적인 성결 교회의 목사가 되었으며, 1929년 사망할 때까지 그 직위를 맡았다. 〈버닝 부시〉 운동의 신학과 정신에 충실한 〈임마누엘 헤럴드〉는 마틴 냅처럼 그 사역을 정당화했다. "뿌리 뽑고, 무너뜨리고, 파괴하라"는 예레미야의 예언적 요청에 따라 버드 로빈슨, 헨리 클레이 모리슨, 나사렛교회와 같은 옛 MCA의 적들을 신랄하게 공격했다. 파슨은 1928년에 이렇게 썼다. "참된 기독교인의 품성과 경험을 구축하는 실제 작업이 시작되기 전에 이전 것들을 파헤치고 버려야 하며, 이전 것은 사라져야 합니다. 그러면 새로운 삶이 시작될 수 있습니다." 흥미롭게도 1906년 MCA의 로스앤젤레스 캠페인이 실패했다는 점을 감안할 때 파슨의 캘리포니아 해체 작업의 주요 업무는 이혼 문제에 대한 나사렛교회의 타협 주장에 맞서 십자군을 시작하는

것이었다.⁴

듀크 파슨과 그의 후손들

듀크 파슨의 비타협 정신은 성결 급진주의자로서의 가족의 쓰라린 경험으로 인해 수정되었지만, 그의 후손들의 삶에서 계속되었다. 깊은 환멸을 느낀 아들 워렌과 듀크 파슨 주니어는 유니테리언주의를 위해 복음주의 기독교를 버렸다. 상업 예술가이자 작곡가이자 시인인 듀크 파슨 주니어는 〈버닝 부시〉 운동에서의 형성 경험에서 결코 자신을 완전히 분리할 수 없었지만, 사람들에게 종교적 광신주의의 위험성을 경고하는 데 일생을 바쳤다. 듀크 파슨의 아들 리차드는 그의 아버지와 할아버지의 급진주의를 이어갔다. 심리학자로서 그는 아동 및 동물 권리 운동의 노골적인 리더였다.⁵

파슨 장로의 세 자녀 중 장남인 버나드 파슨Bernard Farson은 전혀 다른 길을 선택했다. 1928년에 그는 캘리포니아 글렌데일에서 〈쳐치 프레스〉Church Press를 설립했다. 버나드 파슨은 〈버닝 부시〉 출판 사업의 감독관을 잠시 역임한 숙련된 인쇄업자로서 남부 캘리포니아에서 중요한 복음주의 지도자로 떠올랐다. 그는 지금의 바이올라 대학이 된 로스앤젤레스 성경연구소의 이사로 봉사했으며, 남부 캘리포니아에 있는 수많은 복음주의 지도자의 친구가 되었다. 케직 전통의 수정된 성결 교리를 확인하면서 버나드 파슨은 〈처치 프레스〉의 근본주의, 성결, 오순절 그리고 기존의 교파 사이를 유연하게 오고 갔다. MCA 보스턴 선교단에서 회심한 그의 아내 메이 아서May Arthur는 다른 길을 따랐다. 그녀는 1928년 에이미 셈플 맥퍼슨Aimee Semple McPherson이 집례한 예배에서 신체적 치유를 경험했으며, 헌신적인 종교적 급진주의자로 남았다. MCA를 통해 발전시킨 종교적 신념에 따라 그녀는 1950년 암으로 사망했으며 끝까지 치료를 거부했다. 버나드와 메이의 아들이자 그의 할아버지 듀크 파슨의 빈번한 동반자인 케네스 파슨Kenneth Farson은 가족의 지속적인 불화 상태를 물려받았다. 그는 2차 세계대전 중 징병에 저항했다는 이유로 투옥되었고 나중에 아버지의 뒤를 이어 교회 출판부의 책임자가 되었다. 둘째 아들인 앨런 파슨Allan Farson은 가족 친구이자 동료 평화주의자의 동조자이자 〈위클리프 바이블 트랜스레이터스〉Wycliffe Bible Translators의 공동 창립자인 윌리엄 "엉클 캄" 타운센드William "Uncle Cam" Townsend의 도움으로 멕시코에서 〈위클리프〉의 인쇄 겸 성경 번역자로 일함으로써 군 복무를 피했다. 전쟁 후 앨런은 쿠에르나바카에서 주요 스페인어 복음주의 출판 사업 중 하나인 〈티포그라피카 인디제나〉Tipográfica Indígena를 조직했다. 1968년에 쿠에르나브카Cuernavca 사업을 멕시코 동료들에게 맡기고 앨런은 〈처치 프레스〉의 운영에서 형을 돕기 위해 글렌데일로 돌아왔다. 메신저 출판사와 마찬가지로 〈버닝 부시〉 운동의 이민자들은 〈처치 프레스〉의 핵심적인 노동력이었다.[6]

MCA가 낳은
유명 인물들

파슨 가족 외에도 MCA에 의해 양육된 다른 사람들은 복음주의 궤도 밖에서 놀라운 경력을 쌓았다. 언어 인류학의 창시자 중 한 명인 플로이드 글렌 런스베리$^{Floyd\ Glenn\ Lounsbury(1914~1998)}$가 아마도 가장 주목할 만한 인물일 것이다. 그는 MCA 후원자 가족에 의해 위스콘신주 스티븐스 포인트 근처 농장에서 자랐으며 워케샤에 있는 성경학교에서 조기 교육을 받았다. 위스콘신 대학 학생으로서 그는 WPA가 자금을 지원하는 오네이다^{Oneida} 언어 및 민속 지식 프로젝트를 수행해 달라는 요청을 받았다. 그의 위스콘신 대학교 석사 논문[1946]과 예일 대학교 박사 논문[1949]은 해당 분야의 획기적인 연구였다. 상당한 존경을 받는 런스베리는 1947년부터 1979년까지 예일 대학교 교수로 근무했다. 그는 사망 당시 예일의 명예 교수였다.

1931년부터 1943년까지 인도 선교사로 활동한 헨리 하비 주니어$^{Henry\ L.\ Harvey\ Jr.(1912~1994)}$는 1936년 MCA가 남인도로 확장되는 일을 담당했다. 미국으로 돌아온 헨리 하비 주니어는 노스웨스턴 대학교를 졸업했다. 시카고 지역에서 중요한 복음주의 지도자가 된 그는 결국 미군이 한국에 남겨둔 아이들을 돌보기 위해 설립한 복음주의 아동 발달 기관인 〈컴패션〉^{Compassion}의 회장으로 임명되었다.

〈버닝 부시〉 전통을 가장 흥미롭고 충실하게 표현한 것 중에는 에드윈 에프 하비(1908-1983)와 릴리안 존슨 하비(1911-2008)의 사역이 있다. 그의 삼촌 에드윈 엘 하비와 그녀의 아버지 존 존슨의 급진주의를 물려받은 이들 부부 팀은 1930년대 중반부터 1950년대 초반까지 스코틀랜드 글래스고에서 MCA 선교와 성경학교를 이끌었다. 많은 MCA 회원은 에드윈 에프 하비를 그의 삼촌 에드윈 엘 하비와 히치콕의 자연스러운 후계자로 여겼다. 그들의 영적 멘토인 히치콕에게 여전히 충실하고 전도에 대한 운동의 명백한 관심이 줄어드는 것에 좌절한 그들은 1950년대 초에 MCA에서 분리되었다. MCA가 영국 제도에서 편집한 정기 간행물의 이름을 따서 명명된 〈무브〉MOVE: Message of Victory Evangelism를 조직하면서 에드윈 에프 하비 부부는 특히 1960년대 후반 영국 북부에서 상당한 성공을 거둔 광범위한 순회 전도 및 출판 사역을 시작했다. 하비 부부는 〈버닝 부시〉 운동의 정신과 교리적 강조는 유지하되 배타성은 포기했다. 1990년대 중반 초기 신앙 선교사들의 전통에 따라 아내 릴리안 존슨 하비는 여전히 자유 의지 헌금과 출판물 판매를 통해 자신의 사역을 지원하고 있었다. 오늘날 그녀의 딸이자 사위인 트루디 테이트Trudy Tait와 배리 테이트Barry Tait는 영국, 동유럽, 미국에서 계속해서 전도와 봉사의 사역을 수행하고 있다. 공동체적 성결 전통에 깊이 뿌리박고 예수, 초대교회, 존 웨슬리, 조지 뮬러의 경제적 가르침을 바탕으로 릴리안 하비가 생애 말년에 전한 메시지는 누가복음 예수의 전통에 있었다. 이른바 "사람의 생명이 그 소유의 넉넉한 데 있지 아니하니라."는 믿음이었다.[7]

주 註

머리말

1 Mark A. Noll, *The Rise of Evangelicalism: The Age of Edwards, Whitefield and the Wesleys* (Downers Grove, Ill.: InterVarsity, 2003), 15, 17.

2 Carey McWilliams, *The Education of Carey McWilliams* (New York: Simon and Schuster, 1979), 321-24.

3 Timothy L. Smith, *Revivalism and Social Reform in Mid-nineteenth Century America* (New York: Abingdon, 1957); and Donald W. Dayton, Discovering an Evangelical Heritage (New York: Harper and Row, 1976).

| 서론 | 19세기 미국 진보 시대 성결 급진주의 운동의 흐름 |

1 Jack London, "Holy Jumpers Conduct Their Services," *Boston American*, 19 December 1905.

2 Timothy L. Smith, *Called unto Holiness: The Story of the Nazarenes: The Formative Years* (Kansas City, Mo.: Nazarene Publishing House, 1962). 19세기 홀리 롤러의 역사적 배경에 대해서는 Melvin E. Dieter, *The Holiness Revival of the Nineteenth Century* (Lanham, Md.: Scarecrow, 1996)를 참조하라. 성결 운동의 문화와 영성에 대한 가장 좋은 논의는 Charles Edwin Jones, *Perfectionist Persuasion: The Holiness Movement and American Methodism*, 1867-1936 (Metuchen, N.J.: Scarecrow, 1974)을 참조하라.

3 William Warren Sweet, *The Story of Religion in America* (New York: Harper and Brothers, 1950), 422. 홀리 롤러의 이미지에 대한 통찰력 있는 학술적 논의는 Sean McCloud, *Divine Hierarchies: Class in American Religion and Religious Studies* (Chapel Hill: University of North Carolina Press, 2007), 9-101을 참조하라.

4 메트로폴리탄교회연합에 대한 일반적인 소개는 William Kostlevy, "The Burning Bush Movement: A Wisconsin Utopian Religious Community," *Wisconsin Magazine of History 83* (Summer 2000): 227-57를 참조하라. MCA와 긴밀하게 연관된 두 번째 "점퍼" 그룹은 불기둥이었다. 이들에 대한 정보는 Susie C. Stanley, "Alma White: The Politics of Dissent," in *Portraits of a Generation: Early Pentecostal Leaders*, ed. James R. Goff Jr. and Grant Wacker, 71-83 (Fayetteville: University of Arkansas Press, 2002)를 참조하라. 워블리에 대해서는 Melvyn Dubofsky, *We Shall Be All: A History of the Industrial Workers of the World* (Chicago: Quadrangle, 1969)를 참조하라.

5 이 부분은 Dubofsky의 *We Shall Be All*에서 구세군을 언급하면서 언급되고 있다.

6 Franklin Rosemont, *Joe Hill: The IWW and the Making of a Revolutionary Workingclass Counterculture* (Chicago: Charles H. Kerr, 2003), 309; and Oscar Arnal, "A New Society within the Shell of the Old: Millenarianism of the Wobblies," *Studies in Religion 8* (1979): 69. 모든 좌파 역사가가 20세기 초 종교적 천년왕국주의자들에게 혁명적 행동의 능력을 부여하려는 홉스봄의 주장을 공유하는 것은 아니

다. 크리스토퍼 힐에 따르면 종교적 천년왕국주의는 17세기 영국 내전 동안 혁명 운동이 실패하면서 사라졌다. 이 피 톰슨의 풍성한 사상 속에서 급진적 천년왕국주의 전통은 19세기 초까지 반규율적 완전주의자들 사이에서 살아남았다. 이 책이 강조하는 점 가운데 하나는 점점 늘어나는 문헌 자료를 바탕으로 힐과 톰슨 그리고 그들의 관점을 공유하는 다른 사람들이 과거의 종교적 급진주의자들을 자신들 마음대로 부당하게 특권을 부여하는 반면, 같은 흐름에 대한 최근의 표현들에 대해서는 소외시킨다는 점이다. Christopher Hill, *The English Bible and the Seventeenth-Century Revolution* (New York: Penguin, 1993), 36.

7   Arnal, "A New Society," 73. 나는 불행하게도 워블리가 어떤 의미에서 사회 복음의 온건한 자유주의와 연결되어 있다고 주장하려는 도날드 윈터스 주니어의 워블리 연구는 설득력이 없다고 생각한다. Winters, *The Soul of the Wobblies: The I.W.W., Religion and American Culture in the Progressive Era, 1905-1917* (Westport, Conn.: Greenwood, 1985).

8   Arnal, "A New Society," 79.

9   Timothy Patrick McCarthy and John C. McMillian, eds. *The Radical Reader: A Documentary History of the American Radical Tradition* (New York: New Press, 2003). See also Laurence R. Veysey, comp., *The Perfectionists: Radical Social Thought in the North, 1815-1860* (New York: John Wiley, 1973); and John L. Thomas, "Romantic Reform in America 1815-1865," *American Quarterly 17* (Winter 1965): 656-81.

10 Merrill Elmer Gaddis, "Christian Perfectionism in America" (PhD diss., University of Chicago, 1929).

11 R. Laurence Moore, *Religious Outsiders and the Making of Americans* (New York: Oxford University Press, 1986).

12 텍사스주 벨튼의 매우 흥미로운 초기 여성 공동체, 구세군 농장 식민지, 메인주 프랭크 샌드포드의 샤일로 커뮤니티, 일리노이주 자이온 등을 포함한 많은 성결 운동 공동체 사회에 대한 자료는 Robert S. Fogarty, *All Things New: American Communes and Utopian Movements, 1860-1914* (Chicago: University of Chicago Press, 1990)에서 찾을 수 있다. 또한 Donald E. Pitzer, ed., *America's Communal Utopias* (Chapel Hill: University of North Carolina Press, 1997)를 참조하라. 구세군 농장 식민지에 대한 가장 완전한 저술은 Clark C. Spence, *The Salvation Army Farm Colonies* (Tucson: University of Arizona Press, 1985)를 참조하라. 포터의 인용문은 Glenn Porter, "Industrialization and the Rise of Big Business," in *The Gilded Age: Essays on the Origins of*

Modern America, ed. Charles W. Calhoun (Wilmington, Del.: Scholar Resources, 1996), 2에서 발췌한 것이다.

13 John Humphrey Noyes, *History of American Socialisms* (Philadelphia: J. B. Lippincott, 1870; repr., New York: Dover, 1966), 25-27.

14 부스의 인용문은 Aaron Ignatius Abell, *The Urban Impact on American Protestantism*, 1865-1900 (Cambridge, Mass.: Harvard University Press, 1943), 119에서 발췌한 것이다.

15 Howard A. Snyder, *Populist Saints: B. T. and Ellen Roberts and the First Free Methodists* (Grand Rapids, Mich.: Eerdmans, 2006); and William Kostlevy, "Benjamin Titus Roberts and the Preferential Option for the Poor in the Early Free Methodist Church," in *Poverty and Ecclesiology: Nineteenth-Century Evangelicals in the Light of Liberation Theology*, ed. Anthony L. Dunnavant, 51-67 (Collegeville: Minn.: Liturgical, 1992).

16 William Kostlevy, "Culture, Class and Gender in the Progressive Era: The Social Thought of the Free Methodist Church in the Age of Gladden, Strong and Rauschenbusch," in *Perspectives on the Social Gospel*, ed. Christopher H. Evans, 157-82 (Lewiston, N.Y.: Edwin Mellen, 1999).

17 Earnest Christian, June 1872, 190; and February 1865, 60.

18 Kostlevy, "Benjamin Titus Roberts and the Preferential Option for the Poor," 51에서 인용함.

19 C. M. Damon, *Sketches and Incidents; or Reminiscences of Interest in the Life of the Author* (Chicago: Free Methodist Publishing House, 1900), 249, 307-8; and Annual Minutes, Free Methodist Church, 1916, 322.

20 The Engels quotation is from Frederick Coutts, *Bread for My Neighbour: An Appreciation of the Social Influence of William Booth* (London: Hodder and Stoughton, 1978), 11. See also Pamela J. Walker, *Pulling the Devil's Kingdom Down: The Salvation Army in Victorian Britain* (Berkeley and Los Angeles: University of California Press, 2001); and Lillian Taiz, *Hallelujah Lads and Lasses: Remaking the Salvation Army in America*, 1880-1930 (Chapel Hill: University of North Carolina Press, 2001).

21 Donald W. Dayton, *Discovering an Evangelical Heritage* (New York:

Harper and Row, 1976), 116.

22　Walker, Pulling The Devil's Kingdom Down, 130; and Donald W. Dayton, "Good News to the Poor: The Methodist Experience after Wesley," in *A Portion for the Poor: Good News to the Poor in the Wesleyan Tradition*, ed. M. Douglas Meeks (Nashville: Kingswood, 1995), 88.

23　Dayton, *Discovering an Evangelical Heritage*, 117; Taiz, *Hallelujah Lads and Lasses*, 50-52, 15; and Walker, *Pulling the Devil's Kingdom Down*, 215.

24　Taiz, *Hallelujah Lads and Lasses*, 107; and Dayton, *Discovering an Evangelical Heritage*, 118. 가장 어두운 영국 프로그램은 구세군이 시작한 사회 개혁 캠페인으로, 윌리엄 부스가 쓴 베스트셀러 책에서 이름을 따왔고 1890년에 출판되었다. 이 프로그램에는 매우 가난한 사람들에게 음식, 옷, 집을 제공하고, 실업자를 위한 취업 사무소를 만들고, 더 근본적으로는 도시 빈민을 농촌 농업 지역으로 재정착시키는 것이 포함되었다. 〈뉴욕 타임즈〉에서 인용한 내용은 태이즈에게서 찾을 수 있다.

25　구세군을 사회적 기독교의 표현으로 보는 현대적 예는 Josiah Strong, *Religious Movements for Social Betterment* (New York: Baker and Taylor, 1900), 120-32에서 찾을 수 있다. 구세군을 사회 복음의 일부로 보는 초기 학자들의 경향에 대한 사례는 Abell, *The Urban Impact of American Protestantism*에서 발견된다.

26　Randall J. Stephens, *The Fire Spreads: Holiness and Pentecostalism in the American South* (Cambridge, Mass.: Harvard University Press, 2008).

27　성결 운동에서 전천년설의 부상에 대해서는 Donald W. Dayton, *Theological Roots of Pentecostalism* (Grand Rapids, Mich.: Zondervan, 1987), 143-71; D. William Faupel, *The Everlasting Gospel: The Significance of Eschatology in the Development of Pentecostal Thought* (Sheffield: Sheffield Academic Press, 1996), 77-114를 참조하고, 1장에서 자세히 논했다.

28　진보 경향의 사회적 견해의 쇠퇴 원인으로서의 전천년설의 부상은 Dayton, *Discovering an Evangelical Heritage*, 121-35에서 논의된다. 북부 성결 승리주의의 예는 Jesse T. Peck, *The History of the Great Republic, Considered from a Christian Stand-Point* (New York: Broughton and Wyman, 1868)에서 찾을 수 있다. 그 인용문은 A. Sims, *Behold the Bridegroom Cometh; or Some Remarkable and Incontrovertible Signs Which Herald the Near Approach of the Son*

29   L. L. Pickett, *The Blessed Hope of His Glorious Appearing* (Louisville: Pickett, 1901), 37-38; L. L. Pickett, *The Renewed Earth; or The Coming and Reign of Jesus Christ* (Louisville: Pickett, 1903), 30-31; and H. C. Morrison, *Will God Set Up a Visible Kingdom on Earth?* (Louisville: Pentecostal Publishing Company, 1934), 75-76. 진보적 시대의 많은 개신교인에게 "주님의 재림의 도덕적, 구원적 의미"에 대한 부분은 Grant Wacker, "The Holy Spirit and the Spirit of the Age," 57에서 처음 제기되었다.

30   William Kostlevy, "The Illusions of Perfectionism: E. Stanley Jones and Reinhold Niebuhr," *Wesleyan Theological Journal 42* (Fall 2007): 182-91.

of Man (Kingston, Ontario: By the Author, 1900), 107에서 발췌한 것이다. 전천년설이 "이념적 절망"과 관련이 없다는 나의 주장은 Grant Wacker, "The Holy Spirit and the Spirit of the Age in American Protestantism, 1880-1910," *Journal of American History 72*(1985년 6월): 58에서 제기했다.

01 마틴 웰스 냅과 급진적 성결 운동의 기원

1   냅의 인용문은 "Objections to the So-Called Apostles Creed," *Revivalist*, 15 November 1900, 7; "A Holy Ghost Movement," *Revivalist*, 1 February 1900, 8; and "Holy Ghost Evangelists," *Revivalist*, 22 February 1900, 8에서 발췌했다.

2   Martin Wells Knapp, *Lightning Bolts from Pentecostal Skies; or Devices of the Devil Unmasked* (Cincinnati: Office of the Revivalist), 1898, 7.

3   NHA의 첫 번째 연대기 작가이자 비서였던 조지 휴즈가 기독교적 완전성에 대한 전통적인 감리교 교리를 장려하기 위한 캠프 집회가 필요하다고 말한 이유 중에는 "남북전쟁에 따른 비도덕주의적 영향", "교회 건축 양식과 예배 형식에 대한 지나친 욕심, 시대 정신에 따라가려는 사역, 세상적인 방식으로 교회 재정을 관리하는 경향" 그리고 전통적인 캠프 모임을 "놀이와 즐거운 사교의 장소"로 전락시킨 데에 있다. (George Hughes,

Days of Power in the Forest Temple: A Review of the Wonderful Work of God at Fourteen National Camp-Meetings, from 1867-1872 [Boston: John Bent, 1873], 10-31). 존 브룩스도 비슷한 견해를 표명했는데, 그는 특히 도시 지역에서 급속하게 쇠퇴하는 경건성은 "자만심을 채우기 위해 화려하고 값비싼 신전을 세우고 부유하고 대단한 사람들의 호의와 지지를 구걸하는" 기독교와 관련이 있다고 주장했다. (John P. Brooks, "What Are the Chief Hindrances to the Progress of the Work of Sanctification among Believers?" Proceedings of Holiness Conference Held at Cincinnati, November 26, 1877, and at New York, December 17, 1877 [Philadelphia: National Publishing Association for the Promotion of Holiness, 1878], 9). NHA 형성의 역사에 대해서는 Charles Edwin Jones, *Perfectionist Persuasion: The Holiness Movement and American Methodism, 1867-1936* (Metuchen, N.J.: Scarecrow, 1974), 16-24와 함께 Melvin E. Dieter, *The Holiness Revival of the Nineteenth Century* (Lanham, Md.: Scarecrow, 1996), 98-103를 참조하라.

4 소위 "탈퇴주의"에 관한 가장 심도 깊은 논의는 Jones, *Perfectionist Persuasion*, 47-61; and Dieter, *Holiness Revival*, 236-95에서 찾을 수 있다.

5 유럽에서의 성결 운동의 부흥 역사는 Dieter, *Holiness Revival*, 156-203에서 잘 다루고 있다. 아울러, 매우 탁월하고 주관적인 해석을 내놓고 있는 *Benjamin Breckinridge Warfield, in his Perfectionism, vol. I* (New York: Oxford University Press, 1931), 305-95를 참조하라. 다양한 천년왕국 이론에 대해서는 Paul S. Boyer, *When Time Shall Be No More: Prophecy Belief in Modern American Culture* (Cambridge, Mass.: Belknap Press of Harvard University Press, 1992)를 참조하라.

6 케직 운동에 대해서는 David D. Bundy, *Keswick: A Bibliographic Introduction to the Higher Life Movements* (Wilmore, Ky.: B. L. Fisher Library, Asbury Theological Seminary, 1975); Ernest R. Sandeen, *The Roots of Fundamentalism: British and American Millenarianism, 1800-1930* (Grand Rapids, Mich.: Baker, 1978), 176-81; and George M. Marsden, *Fundamentalism and American Culture: The Shaping of Twentieth-Century Evangelicalism, 1870-1925* (New York: Oxford University Press, 1980), 72-101을 참조하라.

7 "섭리 운동"이라는 문구는 기독교 선교 동맹의 초기 역사에서 따온 것이다. G. P. Pardington, *Twenty-Five Wonderful Years, 1889-1914: A Popular Sketch of the Christian and Missionary Alliance* (New York: Christian Alliance, 1914; repr., New York: Garland, 1984), 13.

8 동맹(Alliance)의 표준 역사는 Robert L. Niklaus, John S. Sawin,

and Samuel J. Stoesz, *All for Jesus: God at Work in the Christian and Missionary Alliance over One Hundred Years* (Camp Hill, Penn.: Christian Publications, 1996)이다. 심슨의 표준 전기는 A. E. Thompson, *A. B. Simpson: His Life and Work*, rev. ed. (Camp Hill, Penn.: Christian Publications, 1960)이다. 사중복음에 대한 가장 유용한 논의는 Donald W. Dayton, *Theological Roots of Pentecostalism* (Grand Rapids, Mich.: Zondervan, 1987), 21-25과 데이턴의 제자 중 한 명인 Meesaeng Lee Choi, *The Rise of the Korean Holiness Church in Relation to the American Holiness Movement* (Lanham, Md.: Scarecrow, 2008), 9-33에서 참조할 수 있다.

9 　성결 운동의 급속한 성장은 Timothy L. Smith, *Called unto Holiness: The Story of the Nazarenes: The Formative Years* (Kansas City, Mo.: Nazarene Publishing House, 1962), 38-42에서 논의된다. 성결 운동의 평신도 리더십에 대해서는 Dieter, *Holiness Revival*, 41-42를 참조하라.

10 　John Leland Peters, *Christian Perfection and American Methodism* (Grand Rapids, Mich.: Francis Asbury Press of Zondervan Publishing House, 1985), 166. 감리교 밖에서도 유사한 힘이 작용했다. 오벌린 칼리지에서 헨리 쳐칠 킹이 이끄는 행정부는 학교를 주관적인 영성에 대한 강조에서 벗어나 윤리적 행위에 대한 강조로 결정적으로 옮겨갔다. John Barnard, *From Evangelicalism to Progressivism at Oberlin College, 1866-1917* (Columbus: Ohio State University Press, 1969).

11 　Peters, *Christian Perfection and American Methodism*. 그리고 형제단과 관련해서는 Elbert Russell, *The History of Quakerism* (New York: Macmillan, 1943), 505-7과 Thomas D. Hamm, *The Transformation of American Quakerism: Orthodox Friends, 1800-1907* (Bloomington: Indiana University Press, 1988), 145-73을 참조하라.

12 　조지아에서의 갈등은 성결 운동이 북부 감리교회를 대표하는 현상으로서 여성 사역과 같은 새로운 관행을 지지한다는 혐의를 받으면서 복잡해졌다. Briane K. Turley, *A Wheel within a Wheel: Southern Methodism and the Georgia Holiness Association* (Macon, Ga.: Mercer University Press, 1999), 144-45.

13 　텍사스에서의 논쟁은 Smith, *Called unto Holiness*, 41-42와 Jones, *Perfectionist Persuasion*, 93-95를 참조하라.

14 　L. L. Pickett, *A Plea for the Present Day Holiness Movement* (Louisville: Pickett, 1896), 69, 82. 모리슨의 추방에 대해서는 Percival A. Wesche, *Henry Clay Morrison, Crusader Saint* (Wilmore, Ky.: Asbury Theological Seminary, 1963), 82-92를 참조하라. 아울러,

Henry Clay Morrison, *Some Chapters of My Life Story* (Louisville: Pentecostal Publishing Company, 1941), 176도 살펴보라.

15 이러한 발전에 관한 인용문과 가장 좋은 논의는 Smith, *Called unto Holiness*, 54-59에 실려 있다. 아울러, Jones, *Perfectionist Persuasion*, 90-93도 참조하라. 교회 건축에 대해서는 또한 Hughes, *Days of Power*, 13-17을 참조하라.

16 See the report of the New England Union Holiness Convention in Beulah Items, April 1889; and also see Smith, Called unto Holiness, 54-59.

17 개인적인 간증은 모든 성결 운동의 정기간행물에 실리는 두드러진 특성이자 자주 책 형태로 인쇄되었다. 가장 중요한 컬렉션으로는 Phoebe Palmer, ed., *Pioneer Experiences; or, The Gift of Power Received by Faith: Illustrated and Confirmed by the Testimony of Eighty Living Ministers of Various Denominations* (New York: W. C. Palmer, 1868)가 있다. 동일한 간증들이 일부 포함된 이전의 저작들을 보려면, *The Riches of Grace; or The Blessing of Perfect Love, as Experienced, Enjoyed, and Recorded by Sixty-Two Living Witnesses* (Brooklyn: Henry J. Fox, 1853)를 보면 된다. 또 다른 중요한 저작으로는 S. Olin Garrison, *Forty Witnesses Covering the Whole Range of Christian Experience* (New York: Hunt and Eaton, 1888)와 J. Gilchrist Lawson, *Deeper Experiences of Famous Christians, Gleaned from Their Biographies, Autobiographies, and Writings* (Chicago: Glad Tidings, 1911)이 있다.

18 See James Mudge, *Growth in Holiness toward Perfection; or Progressive Sanctification* (New York: Hunt and Eaton, 1895), 271-72, 7.9.

19 Daniel Steele, *A Defense of Christian Perfection*; or, A Criticism of Dr. James Mudge's "Growth in Holiness toward Perfection" (New York: Hunt and Eaton, 1896). 17, 121-22, 128-32. See also Lewis R. Dunn, *A Manual of Holiness and Review of Dr. James B. Mudge* (Cincinnati: Jennings and Pye, 1895).

20 "성령의 증거" 교리는 개인이 직접적인 신성한 계시를 받을 수 있다고 주장한다. Borden P. Bowne, *The Christian Life: A Study* (Cincinnati: Curts and Jennings, 1899), 91, 95. 보운과 성결 운동에 대해서는 Peters, *Christian Perfection*, 166-67을 참조하라. 보운에 대한 제임스의 주장에 대해서는 William James, *Varieties of Religious Experience: A Study in Human Nature* (New York: Longmans, Green, 1902), 502를 참조하라. 보운의 표준 전기는 Francis John McConnell, *Borden Parker*

	Bowne: His Life and His Philosophy (New York: Abingdon, 1929)이다.
21	Borden P. Bowne, *The Atonement* (Cincinnati: Curts and Jennings, 1900), 66, 69. 22. Bowne, *Christian Life*, 58.
22	Bowne, *Christian Life*, 58.
23	George W. Wilson, *A Review of Prof. Borden P. Bowne's "Studies of the Christian Life"* (Boston: Christian Witness, 1900), 46-47. See also George W. Wilson, *Methodist Theology vs. Methodist Theologians: A Review of Several Methodist Writers* (Cincinnati: Jennings and Pye, 1904).
24	Daniel Steele, "Bowne on the Atonement," *Zion's Herald*, 4 October 1899, 1264-65.
25	George W. Wilson, *The Sign of Thy Coming; or, Premillennialism, Unscriptural and Unreasonable* (Boston: Christian Witness, 1899); and Daniel Steele, *A Substitute for Holiness; or, Antinomianism Revived; or, The Theology of the So-Called Plymouth Brethren Examined and Refuted* (Chicago: Christian Witness, 1899; repr., New York: Garland, 1984). 아울러, 스틸의 1878년 예언 컨퍼런스에 대한 분석은 "The Prophetic Conference," *Zion's Herald*, 28 November 1878와 그의 마지막 출판물 "Why I Am Not a Premillennialist," *Methodist Review 93* (May 1911): 405-15을 참조하라. 성결 운동에 널리 유포된 또 다른 반천년주의적(anti-premillennial) 저술은 S. M. Merrill's *The Second Coming of Christ, Considered in Its Relation to the Millennium, the Resurrection and the Judgment* (Cincinnati: Cranston and Stowe, 1879)이다.
26	전천년설에 대한 가장 중요한 역사적 해석들은 Sandeen, *The Roots of Fundamentalism; Marsden, Fundamentalism and American Culture*; Timothy P. Weber, *Living in the Shadow of the Second Coming: American Premillennialism, 1875-1982*; enlarged ed. (Grand Rapids, Mich.: Academie, 1983)가 있다. 적어도 부분적으로는 그 시대의 문화적 위기에 대한 창조적 대응으로 이해해야 한다는 나의 견해를 공유하는 근본주의에 대한 또 다른 해석을 보려면 Mark A. Noll, *A History of Christianity in the United States and Canada* (Grand Rapids, Mich.: Eerdmans, 1992), 376-89를 참조하라.
27	리스는 1888년에 전천년설과 신유를 받아들였다고 밝혔다. *Revivalist*, November 1897. 성결 형제단에 의한 전천년설의 조기 수용에 대해서는 Hamm, *Transformation of American Quakerism*, 107을 참조하라.

28   In W. B. Godbey and Seth C. Rees, *The Return of Jesus* (Cincinnati: God's Revivalist Office, 1898), 16, 75.

29   후천년설에서 전천년설로의 전환에서 결정적인 해는 1896년으로 보이는데, 아마도 갓비의 영향을 받아 인기 있는 전도자 비버리 캐러딘, 지 디 왓슨, 엘 엘 피켓, 마틴 웰스 냅이 새로운 가르침을 공개적으로 받아들였을 것이다. 갓비는 1884년에 전천년설을 받아들였다고 밝혔지만, 학자들은 1896년에 그의 신약 주석이 출판될 때까지 그가 이 교리를 가르쳤다는 기록을 찾지 못했다. 마틴 웰스 냅이 출판한 갓비 주석의 흥미로운 특징은 널리 퍼진 전천년설 지향성인데, 이는 부분적으로 첫 번째 권이 요한계시록을 다루고 있다는 사실에서 입증된다. 토마스 넬슨은 자유 감리교 분파인 세계 오순절 교단의 지도자로, 1896년에 전천년설에 대한 책을 출판했다. 1900년까지 헨리 클레이 모리슨과 캐나다 자유 감리교 앨버트 심스와 같은 중요한 성결 운동 지도자들이 전천년설의 대의에 가담했다. 성결 운동에서 부상하는 전천년설에 대해서는 Dayton, *Theological Roots of Pentecostalism*, 143-71과 D. William Faupel, *The Everlasting Gospel: The Significance of Eschatology in the Development of Pentecostal Thought* (Sheffield: Sheffield Academic Press, 1996), 156-95을 참조하라. 특별히 유용한 자료로는 Kenneth Orville Brown, "Leadership in the National Holiness Association with Special Reference to Eschatology, 1867-1919" (PhD diss., Drew University, 1988)가 있다.

30   냅의 표준 전기는 A. M. Hills, *A Hero of Faith and Prayer; or, The Life of Rev. Martin Wells Knapp* (Cincinnati: Mrs. M.W. Knapp, 1902)이다.

31   Martin Wells Knapp, *Christ Crowned Within* (Albion, Mich.: Revivalist Office, 1888), 54-55, 197-98.

32   Hills, *Hero of Faith and Prayer*, 80.

33   "Jeremiah's Revival Commission," *Revivalist*, January 1890, 1.

34   Martin Wells Knapp, *Impressions* (Cincinnati: Revivalist Publishing House, 1892), 70-81, 48. 이 책은 1984년 틴데일 하우스(Tyndale House)에서 재인쇄되었고, 인기 있는 복음주의 라디오 진행자인 제임스 돕슨의 지지를 받았다. 하나님의 신적인 인도하심이라는 주제는 복음주의와 성결 운동에서 계속 논란의 대상이 되어 왔다.

35   미국 남부와 북부를 잇는 경계 도시인 신시내티는 남부와 북부 성결 운동의 자연스러운 만남의 장소였다. 오하이오 남부는 오랫동안 성결 운동의 중심지였다. 1870년대 후반에 클린턴 카운티의 형제단들 사이에서 성결 운동이 일어났고, 오하이오 힐스버러에 있는 감리교회의 성결 지도자들은

초기 10년 동안 여성 기독교 금주 연합의 결성에서 핵심적인 역할을 했다. 이웃 켄터키에서는 폭발적 열정을 가진 갓비가 이끄는 성결 운동이 최근에 들어서야 남감리교회 회원들 사이에서 상당한 진전을 이루었다. 그러나 1890년대에 운동 센터가 루이빌과 렉싱턴 남쪽의 윌모어에 설립되었고, 1890년에 애즈베리 대학이 설립되었고, 주로 남감리교회의 교구가 되었다.

36 *Revivalist*, June 1893.

37 "The International Revival League," *Revivalist*, November 1893.

38 "Loyalty to the Church," *Revivalist*, September 1894.

39 토마스 햄은 성결 운동의 영향을 받은 퀘이커교도들이 형제회의 역사적인 절대평화주의 사상을 포기했다고 주장했다. 이것은 과장된 주장이다. 1940년대까지 리스와 냅이 설립한 필그림 성결교회는 교인들에게 전쟁에 참여하지 말 것을 촉구했다. 임마누엘 협회와 그레이스 태버내클 교회와 같은 보수적이고 급진적인 분파의 필그림 성결교회는 공식적으로 기독교의 전쟁 참여에 반대하고 있다.

40 셋 리스와 훌다 존슨 리스에 대한 전기 자료는 Paul S. Rees, *Seth Cook Rees, the Warrior Saint* (Indianapolis: Pilgrim Book Room, 1934); Paul Westphal Thomas and Paul William Thomas, *The Days of Our Pilgrimage: The History of the Pilgrim Holiness Church* (Marion, Ind.: Wesley, 1976), 9-22; and in Byron J. Rees, *Hulda: The Pentecostal Prophetess; or A Sketch of the Life and Triumph of Mrs. Hulda A. Rees, Together with Seventeen of Her Sermons* (Philadelphia: Christian Standard, 1898)에서 찾아볼 수 있다.

41 리스가 1896년 신시내티에서 행한 사역에 대한 설명은 Rees, *Seth C. Rees*, 56에서 찾을 수 있다. 이 사역을 담은 책은 Seth C. Rees, *The Ideal Pentecostal Church* (Cincinnati: M. W. Knapp, 1897), 8, 116-18로 출판되었다. 리스의 반교회적 성향의 전형적인 모습은 1898년 여성 사역을 옹호한 것이다. "사랑하는 여러분, 우리가 오순절로 돌아갈 때 우리는 남자를 위한 성직 안수를 기다릴 수 없습니다. 우리는 인간의 인정을 기다릴 수 없습니다. 우리는 타락한 교회가 우리를 성직 안수하기를 기다릴 수 없습니다. 우리는 하나님께서 그것을 우리 안에 두셨고 우리는 그것을 표현해야 하기 때문에 설교해야 합니다." (Seth C. Rees, *Fire From Heaven* [Cincinnati: M. W. Knapp, 1899], 255).

42 Hills, *A Hero of Faith and Prayer*, 154-56에서 인용. 케네스 브라운은 냅이 1896년 어느 때인가 전천년설자가 되었다고 주장한다. Brown, "Leadership in the National Holiness Association," 269-70.

43   "Pentecostal Holiness Union and Prayer League (International)," *Revivalist*, June 1897.

44   *Constitution and By-laws of the International Holiness Union and Prayer League* (Cincinnati: np, 1897). See also Thomas and Thomas, *Days of Our Pilgrimage*, 13-22.

45   Sidney E. Ahlstrom, *A Religious History of the American People* (New Haven, Conn.: Yale University Press, 1972), 805-24; and Peter W. Williams, *America's Religions: Traditions and Cultures* (New York: Macmillan, 1990), 252-65.

46   가장 주목할 만한 어휘 변화는 1890년대에 성결 운동에서 "오순절주의"라는 용어를 널리 채택한 것이다. 이 주제는 Dayton, *Theological Roots of Pentecostalism*, 90-113에서 상당히 자세히 논의된다. 19세기 후반의 성결 운동과 보든 보운과 같은 점증하는 감리교의 개인적 자유주의가 그 시대의 도전에 대한 혁신적인 대응을 나타낸다는 나의 일반적인 주장은 성결 운동에서 시적인 담론의 변화를 연구한 스티븐 데일 쿨리에 의해 지지되고 있다. Steven Dale Cooley, "The Possibilities of Grace: Poetic Discourse and Reflection in Methodist/Holiness Revivalism" (PhD diss., University of Chicago, 1991).

47   Knapp, *Lightning Bolts from Pentecostal Skies*, 7.

48   Ibid., 80-85, 25, 211-12. 이 책에는 성화, 회심, 신유, 재림, 교회의 본질, 가정생활, 성령의 은사, 사역의 본질, 거짓 사역자 등에 관한 장이 실려 있다.

49   Ibid., 9, 11.

50   이것은 냅이 시각 자료를 사용한 처음 사례가 아니었다. 그는 랜턴 슬라이드와 챠트를 사용했고, "죄책감을 불러일으키는" 그림과 복음성가가 담긴 부흥 전단지를 배포하기도 했다. 냅은 *Pentecostal Messengers* (Cincinnati: Revivalist Office, 1899), 66-67에서 삽화 사용에 대해 논했다. 랜턴 슬라이드 사용에 대한 논의는 Hills, *Hero of Faith and Prayer*, 77에서 찾을 수 있다. 냅의 가장 중요한 삽화 그림이라 할 "파괴되든지 구출되든지"는 1898년 〈죽음의 강〉이라는 제목으로 출판되었다. 높이 22인치, 너비 28인치의 다색 벽면 챠트로 배포되었다. 그것은 영원한 절망의 폭포 위로 희생자들을 실어나르는 죽음의 강을 묘사했다. 이 그림의 대형 캔버스 버전은 20세기까지 성결 캠프 집회에서 사용되었다. Martin Wells Knapp, *The River of Death and its Branches* (Cincinnati: Office of the Revivalist, 1898)에 유통된 버전도 참조하라. 캠프 집회에서 사용된 캔버스 버전의 사례는 Arthur Greene Papers, B. L. Fisher Library, Asbury Theological Seminary, Wilmore, Ky.에서 찾을 수 있다.

51   Knapp, *Lightning Bolts from Pentecostal Skies*, 89.

52   Ibid., 91. 사례비에 대한 냅의 견해는 Hills, *A Hero of Faith and Prayer*, 330에서 밝히고 있다.

53   선교에 대해서는 다음 자료들을 참조하라. Hills, *A Hero of Faith and Prayer*, 159-60; Knapp, *Lightning Bolts from Pentecostal Skies*, 227-28, 307; and Lloyd Raymond Day, "A History of God's Bible School in Cincinnati, 1900-1949" (Master's thesis, University of Cincinnati, 1949), 21.

54   Martin Wells Knapp, *Pentecostal Aggressiveness; or Why I Conducted the Meetings of the Chesapeake Holiness Union at Bowens, Maryland* (Cincinnati: By the Author, 1899). See also Hills, *Hero of Faith and Prayer*, 160-82; and accounts in the *Revivalist*, 2 August 1899; and 10 August 1899.

55   Martin Wells Knapp, "Demonstrations Opposed," *Revivalist*, 28 September 1899, 9.

56   "Forms of Fanaticism," *Revivalist*, 19 October 1899, 8. Also see Hills, *Hero of Faith and Prayer*, 263.

57   "Pentecostal Letters Selected from the Correspondence of M. W. Knapp," *Full Salvation Quarterly* 5 (January 1902): 34. 리드의 인용문은 Isaiah Reid, "Needs for 1900," *Christian Witness*, 18 January 1900, 4에서 찾아볼 수 있다. 사도신경에 대한 성결 급진주의의 입장을 보려면 Lucius Hawkins, "The Creeds vs. the Bible," *Revivalist*, 20 September 1900, 7를 참조하라. 아울러, "Objections to the So-Called Apostles Creed," *Revivalist*, 15 November 1900, 7과 the front-page cartoon of the *Revivalist*, 29 November 1900도 함께 보라.

58   Hills, *Hero of Faith and Prayer*, 183, 334. NHA의 쇠퇴의 역사를 보려면 Isaiah Reid, "The Holiness Movement and the New Year," *Christian Witness*, 18 January 1900, 4과 "The Once Prosperous Holiness Movement," *Christian Witness*, 8 February 1900. 9를 살펴보라. 천년왕국 진영의 발전상을 보려면 "Unscriptural Divorces," *Revivalist*, 8 February 1900, 8를 참조하라.

59   *Revivalist*, 2 August 1900, 8; and 20 September 1900, 8; and Isaiah Reid, "The Holiness Movement Not a Church," *Christian Witness*, 9 August 1900, 4-5. See also "Among the Holiness Periodicals," *Christian Witness*, 18 October 1900, 5.

60   Seth C. Rees, "Independent Holiness Churches," *Revivalist*, 4 October 1900, 2.

61 F. M. Messenger, "A Revival Which Is Greatly Needed," *Christian Witness*, 18 August 1898, 2-3. See also F. M. Messenger, "Sanctified Believers," *Revivalist*, 20 September 1900, 4. On the North Grosvenordale church, see "New England Notes," *Christian Witness*, 3 May 1900, 5.

62 F. M. Messenger, "A Layman's View," *Revivalist*, 8 February 1900.

63 Seth C. Rees, "Buffalo Rock Camp Meeting," *Revivalist*, 27 September 8; and L. B. Kent, "Pentecostal Buffalo Rock," *Christian Witness*, 4 October 1900, II. 1900.

64 "Revival Reports," *Revivalist*, 10 May 1900, 11; Seth C. Rees, "The Chicago Convention," *Revivalist*, 13 December 1900, 8. See also Byron J. Rees, "Notes by the Way," *Revivalist*, 20 December 1900, 13.

0/2 진주 빛 하얀 도시를 향한 행진

1 캐러딘에 대해서는 Beverly Carradine, *Graphic Scenes* (Cincinnati: God's Revivalist Office, 1911)과 Martin Wells Knapp, *Pentecostal Preachers* (Salem, Ohio: Convention Bookstore, n.d.), 10-14를 참조하라. 세인트 루이스에서의 캐러딘의 사역에 대해서는 L. L. Pickett, *A Plea for the Present Holiness Movement* (Louisville: Pickett,.1896), 13-14를 보라. 캐러딘이 사회주의적 행동주의를 비판했다고 해서 그의 사역이 1889년 이후 오로지 개인적 회심에만 집중했다는 것을 의미하지는 않는다는 것을 이해하는 것이 중요하다. 반대로, 성결 설교자로서 그는 온전한 성화의 경험을 통한 개인의 완전함이 지상의 천국으로 직접 이어진다고 믿었다.

2 "Concerning Dr. Beverly Carradine," *Burning Bush*, 7 December 1911, 3.

3 하비가 온전한 성화를 경험하기 위해 겪은 투쟁에 대해서는 Bernard Farson, *Autobiographical Letters*, William Kostlevy Papers, Fuller Theological Seminary, Pasadena, Calif를 참조하라. 인용문은 Edwin L. Harvey, *Sermons on Bible Characters* (Waukesha, Wisc.: Metropolitan Church Association, 1909), 186에서 발췌하였다. 아울러,

하비가 자신의 경험에 대해 설명한 내용은 "God Answering by Fire, or the Great Chicago Revival," *God's Revivalist*, 30 May 1901에서 살펴보라.

4   세계 콜럼버스 박람회에 대해서는 David F. Burg, *Chicago's White City of 1893* (Lexington: University Press of Kentucky, 1976)와 Donald L. Miller, *City of the Century: The Epic of Chicago and the Making of America* (New York: Simon and Schuster, 1996), 488-532에서의 논의를 참조하라. 시카고가 갖고 있는 경제적 의미와 "화이트 시티"라는 상징의 중요성에 대해 특히 도움이 될 자료는 William Cronon, *Nature's Metropolis: Chicago and the Great West* (New York: Norton, 1991), 340-69이다. 인용문은 341쪽에 있다. 미국의 종교적 과제에 대해서는 Reid Badger, *The Great American Fair: The World's Columbian Exposition and American Culture* (Chicago: Nelson Hall, 1979), 126을 참조하라.

5   무디에 대해서는 James F. Findlay Jr., *Dwight L. Moody: American Evangelist, 1837-1899* (Chicago: University of Chicago Press, 1969), 401을 참조하라. 더 유용한 설명으로는 Thekla Ellen Joiner, *Sin in the City: Chicago and Revivalism, 1880-1920* (Columbia: University of Missouri Press, 2007), 63-108이 있다. 부흥에 관한 자세한 내용은 H. B. Hartzler, *Moody in Chicago; or The World's Fair Gospel Campaign* (Chicago: Bible Institute Colportage Association, 1894)가 여전히 매우 유용하다. 또한 Arthur Percy Fitt, *Moody Still Lives: Word Pictures of D. L. Moody* (New York: Fleming H. Revell, 1936), 99-110를 참조하라. 주일에 박람회 문을 여는 것에 대한 논쟁에 대해서는 Alexis McCrossen, Holy Day, *Holiday: The American Sunday* (Ithaca, N.Y.: Cornell University Press, 2000), 71-78을 참조하라.

6   Joiner, *Sin in the City*, 79-80 Miller, *City of the Century*, 533-39; and W. T. Stead, *If Christ Came to Chicago* (Chicago: Laird and Lee, 1894; repr., New York: Living Books, 1964).

7   H. H. Moore, *The Republic to Methodism* (Cincinnati: Cranston and Stowe, 1891), 10. 감리교의 급속한 성장에 대한 유사한 인용문은 윌리엄 워런 스윗의 회의적이고 학술적인 글에서 찾을 수 있다. 그의 *Methodism in American History* (New York: Methodist Book Concern, 1933), 334를 참조하라. 감리교와 절제에 대해서는 Henry Wheeler, *Methodism and the Temperance Reformation* (Cincinnati: Walden and Stowe, 1882)를 살펴보라.

8   Moore, *Republic to Methodism*, 14, 284, 16. 감리교 역사가들은 감리교의 반가톨릭주의를 자주 무시해 왔다. 예외가 있다면 제이 고든 멜튼

	의 일리노이 감리교 역사서인 *Log Cabins to Steeples: The Complete Story of the United Methodist Way in Illinois, Including All Constituent Elements of the United Methodist Church* (Nashville: Parthenon, 1974), 294-303이 있다.
9	시카고의 감리교에 대해서는 Melton, *Log Cabins to Steeples*, 185-207을 참조하라. 복음주의자들, 특히 감리교도들의 문화적 중요성에 대해서는 James Gilbert, *Perfect Cities: Chicago's Utopias of 1893* (Chicago: University of Chicago Press, 1991), 23-44를 찾아보라.
10	1세기 동안의 도시의 성장, 쇠퇴 그리고 변화하는 문화적 관습이 천상의 에반스톤이라는 비전을 많이 지워버리긴 했지만, 에반스톤의 감리교적 흔적은 여전히 남아 있다. 더 이상 건조한 도시는 아니지만, 에반스톤은 여전히 WCTC의 본거지이며, 뎀스터, 포스터, 오링턴, 심슨, 애즈베리, 웨슬리와 같은 감리교 거물들의 이름이 새겨진 거리는 주의 깊은 방문객에게 감리교가 첫 세대 미국인들에게 미친 영향이 어떠했는지 잘 보여준다. Frances E. Willard, *A Classic Town: The Story of Evanston* (Chicago: Woman's Temperance Publishing Association, 1892), 5, 166, 89. 에반스톤이 현재 감리교적 과거를 긍정하기를 꺼리는 것에 대해서는 Melton, *Log Cabins to Steeples*, 198-204을 참조하라.
11	데스 플레인스 캠프 그라운드에 대해서는 Almer M. Pennewell, *The Methodist Movement in Northern Illinois* (Sycamore, Ill.: Sycamore Tribune, 1942), 273-84; and Willard, *A Classic Town*, 210-12를 참조하라.
12	Thomas Emerson Lenhart, "Methodist Piety in an Industrializing Society: Chicago 1865-1914" (PhD diss., Northwestern University, 1981), 52-59.
13	Pennewell, *The Methodist Movement in Northern Illinois*, 198-200.
14	Melton, *Log Cabins to Steeples*, 208-23; and H. K. Carroll, *The Religious Forces of the United States, Enumerated, Classified and Described on the Basis of the Government Census of 1890* (New York: Christian Literature, 1893), 232.
15	*Minutes of the Rock River Annual Conference of the Methodist Episcopal Church*, 1896, 114, 68. 1897년 시카고 선교 및 교회 확장 협회는 수입 22,000달러의 절반이 보헤미안, 프랑스, 이탈리아 및 기타 가난한 사람들에게 지출되었다고 주장했다. "Chicago Methodist Mission Work," *Northwest Christian Advocate*, 1897년 5월 19일 참조. 1905년 협회의 통신 비서인 에 디 트레블러는 최근의 거의 모든 교회가 "노동 계층 사이에 위치해 있다."고 주장했다. 그러나 티모시 모리스는 이 주장이

거짓이라고 지적한다. Timothy R. Morriss, "1b Provide for All Classes: The Methodist Church and Class in Chicago, 1871-1939" (PhD diss., Yale University, 3007), 180. 가톨릭교회가 무지하고 편협하며, 부도덕성을 낳았다는 전형적인 견해는 Moore, *Republic to Methodism*, 10-18에서 찾을 수 있다.

16   Stead, *If Christ Came to Chicago*, 368, 400, 403.

17   시카고에서의 감리교가 펼친 정착 사역에 대한 논의는 Morriss, "To Provide for All Classes," a39-45를 참조하라.

18   Ibid, 266-70.

19   Stead, *If Christ Came to Chicago*, 403.

20   Smith, *Called unto Holiness*, 133=31.

21   메트로폴리탄 감리교 선교부 초기 역사에 대한 기본 자료는 부족하다. 특히 유용한 것은 듀크 파슨의 아들 버나드 파슨이 1946년에 아들 케네스에게 쓴 자서전적인 편지들이다. 이 편지들은 Bernard Farson, "Autobiographical Letters."의 이름으로 언급될 것이다. 이 편지들의 사본은 캘리포니아 파사데나에 있는 풀러 신학대학원의 윌리엄 코슬레비 논문집에 있다. 〈버닝 부시〉에 실린 여러 기사도 도움이 될 수 있다. 여기에는 에드윈 엘 하비 부인이 쓴 Mrs. E. L. Harvey, "Our Work from Its Beginning," *Burning Bush*, 3 June 1920, 8-9와 "Birth and Growth of the Metropolitan Church," *Burning Bush*, 11 June 1931 그리고 Marian Madison, "Career of a Methodist," *Burning Bush*, 13 June 1950, 4-7이 포함된다. 하비에 대한 일부 전기 자료는 1901년 5월 30일자 "God Answering by Fire," 30 May 1901, 3에 실려 있다.

22   Madison, "Career of a Methodist, 5."

23   Mrs. B. L. Harvey, "Our Work from Its Beginning," 8-9.

24   Farson, "Autobiographical Letters." 주일학교에 다니는 어린이의 수는 500명에서 1,000명 사이로 보고되고 있다.

25   시카고 감리교회에서 파슨의 역할에 대해서는 "Chicago and Vicinity," *Northwest Christian Advocate*, 11 August 1897을 참조하라. 현재 그의 집이 있었던 오크 파크에 있는 오크 파크 역사회(Oak Park Historical Society)가 있는 존 파슨에 대한 정보는 Jean Guarino, "A Man for All Seasons: John Farson," *Illinois Magazine*, March-April 1989, 8-10에서 찾을 수 있다. 존 파슨은 정말 다채로운 성격을 가진 충성스런 감리교 신자였다. 증언에 따르면, 그는 형보다 종교적 견해에 있어서 좀 더 온건한 것으로 알려져 있다.

26   "National Holiness Camp Meeting at Des Plaines," *Northwest Christian*

Advocate, 18 August 1897. "기도를 통해"라는 문구는 온전한 성화의 경험에 앞서 집중적으로 기도하는 기간을 묘사하는 일반적인 표현이었다.

27   "Chicago and Vicinity," *Christian Witness*, 9 December 1897.

28   워커의 메트로폴리탄 감리교회에서의 사역에 대한 설명은 S. Rice, "Chicago and Vicinity," *Christian Witness*, 23 June 1898; 30 June 1898에 나와 있다. 워커와 MCA의 오랜 관계는 "Editorial: Dr. Edward F. Walker," *Burning Bush*, 18 August 1918에 논의되어 있다. 약력에 대한 정보는 Delbert R. Rose Papers, Asbury Theological Seminary, Wilmore, Ky에서 찾아볼 수 있다. 아울러, Delbert R. Rose, "Dr. Edward F. Walker: An Exegete Par Excellence," *Herald*, 5 November 1969를 참조하라. 또한 Christian Holiness Association Papers, B. L. Fisher Library, Asbury Theological Seminary, Wilmore, Ky에 있는 약력 파일을 살펴보라.

29   Harvey, "Birth and Growth of the Metropolitan Church, 5." 또한 H. C. Morrison, "The Meeting in Chicago," *Pentecostal Herald*, 6 December 1899, 8을 참조하라. 시카고 감리교 경건의 본질은 Lenhart, "Methodist Piety in an Industrializing Society," 203-62에서 논의되고 있다. 감리교 경건의 변화하는 특성은 〈노스웨스트 크리스천 애드보케이트(Northwest Christian Advocate)〉에 잘 반영되어 있으며, 교회 성장을 점점 더 전도와 동일시 하고, 전통적이고 완벽주의적이고, 감리교적인 어휘를 케직 경건의 핵심 용어로 대체했다. 이는 이 신문의 "더 높은 삶"이라는 칼럼에서 잘 드러나고 있다.

30   성막 개념은 마땅히 받아야 할 관심을 받지 못했다. Robert L. Niklaus, John S. Sawin, and Samuel J. Stoesz, *All For Jesus: God at Work in the Christian and Missionary Alliance over One Hundred Years* (Camp Hill, Penn.: Christian Publications, 1996), 150-51.

31   모리슨의 시카고 캠페인에 대해서는 *Christian Witness*, 9 November 1899, 9를 참조하라. 하비의 집회에 대한 생각은 〈버닝 부시〉의 여러 사설에 담겨 있다. "For Every One That Doeth Evil Hateth the Light," *Burning Bush*, 30 October 1903, 4: "A Review of the Years," *Burning Bush*, 12 January 1922, 4; and "Concerning Dr. Beverly Carradine," *Burning Bush*, 7 December 1911, 4. 아울러, Morrison, "The Meeting in Chicago, 8,"도 참조하라.

32   Morrison, "The Meeting in Chicago, 8."

33   하비 부부가 경제 문제에 관심을 더 갖게 된 것은 "Chicago and Vicinity," *Christian Witness*, 12 October 1899, 8에서 논의된다. 하비 부부의 재산에 대해서는 Morrison, "The Meeting in Chicago."를 참조하라. 캐러딘의 시카고 회의의 결론은 "Chicago and Vicinity," *Christian Witness*, 12 April 1900, 8에서 논의된다.

34   "Revival Reports," *Revivalist*, 10 May 1990, 11.

35   〈시카고 트리뷴(The Chicago Tribune)〉은 파슨이 주에서 가장 아름다운 장소 가운데 하나가 "맥주 정원"과 "도박 리조트"가 되는 것을 막기 위해 그 부지를 매입했다고 보도했다. "Help Save Chicago," *Chicago Tribune*, 1 March 1901, 1.

36   L. B. Kent, "The Buffalo Rock Camp Meeting," Christian Witness, 20 September 1900, 13.

37   Ibid. 버팔로 락 캠프 미팅에 대해서는 L. B. Kent, "The Pentecostal Buffalo Rock Meeting," *Christian Witness*, 4 October 1900, 11; Seth C. Rees, "Buffalo Rock Camp Meeting," Revivalist, 27 September 1900, 8을 참조하라. 거지 나사로에 대한 하비의 설교 버전은 하비의 성경 인물에 대한 설교 219-42을 참조하라. 신자가 자기를 십자가에 못 박아야 한다는 하비의 가르침에 대해서는 그의 "Real Crucifixion," Burning Bush, 6 October 1904, 5를 참조하라.

38   선교에서의 신앙 원칙에 대해서는 Thomas and Thomas, *The Days of Our Pilgrimage*, 34-35를 참조하라.

39   Seth C. Rees, "The Chicago Convention," *Revivalist*, 13 December 1990, 12.

40   안수식에 대해서는 Lettie B. Cowman, *Charles E. Cowman: Missionary Warrior with Portraits, Illustrations and Maps* (Los Angeles: Oriental Missionary Society, 1939), 114를 참조하라. 스토커는 전 세계 선교 여행을 한 후 그 이야기를 출판하여 널리 알려졌는데, 그는 거의 60년 동안 성결 운동의 강력한 존재로 남아 있다. 카우만 부부는 동양선교회(OMS)를 설립했다(현재는 국제 OMS). 이들 선교의 가장 큰 성공은 한국에서였는데, 한국에서 세 번째로 큰 교단인 기독교대한성결교회와 아시아에서 가장 큰 신학대학 가운데 하나인 서울신학대학교를 설립하면서 이루어졌다. 동시에 중요한 일은 1928년부터 1949년까지 동양선교회의 회장을 지낸 레티 버드 카우만의 개인적인 사역이었다. 그녀의 신앙 저술인 "Streams in the Desert"는 20세기에 가장 많이 팔린 복음주의 신앙 서적이 되었다. 동양선교회의 표준 역사는 Robert D. Wood, *In These Mortal Hands: The Story of the Oriental Missionary Society*, the First 50 Years (Greenwood, Ind.: OMS International, 1983)이다. 스토커는 Charles H. Stalker, *Twice around the World with the Holy Ghost; or Impressions and Convictions of the Mission Field* (Columbus, Ohio: By the Author, 1906), 16에서 시카고 부흥 운동에 대해 간략하게 언급하고 있다. 흥미롭게도 바이런 리스(1877~1920)는 세계 일주 여행을 한 후 성결 운동에서 탈퇴했다. 그 후 리스는 윌리엄스 대학의 영문학 교수가 되었고, 19세기 미국 문학의 권위자가 되었으며, 소로의 『월든』 표준판 편집자를 지냈다.

41 "The New Testament Church," *Revivalist*, 27 December 1900, 1. 냅이 감리교에서 탈퇴하기로 한 결정은 Martin Wells Knapp, "Why I Withdrew from the Methodist Episcopal Church," *God's Revivalist*, 17 January 1901, 8-9에 자세하게 설명하고 있다. 아울러, A. M. Hills, *A Hero of Faith and Prayer; or The Life of Rev. Martin Wells Knapp*, (Cincinnati, Mrs. M. W. Knapp, 1902), 215-35에 인용된 자료도 참조하라. 1901년 봄에 냅은 *Poison in the Methodist Pan* (Cincinnati: God's Revivalist, 1901)이라는 제목의 소책자를 출판했는데, 그중 일부는 "A Ringing Warning," *God's Revivalist*, 28 February 1901, 8에 실려 있다.

42 E. L. Harvey, "Storms," *Revivalist*, 27 December 1900, 3. MCA가 감리교에서 철수한 것에 대해서는 *Discipline of the Metropolitan Church Association of Wisconsin, Adopted November 15 1930* (Waukesha, Wisc.: Metropolitan Church Association, 1931), 6; Minutes of the Sixty-Second Session of the Rock River Annual Conference of the Methodist Episcopal Church, 23을 참조하라.

43 이 상황에 대한 리스의 묘사는 "Business Men and Revivals," *God's Revivalist*, 28 March 1901, I에 잘 나와 있다.

44 20세기 초반에는 도시 근로자들을 위한 정오 복음 전도 집회가 적지 않았다. 그 사례로 Charles Stelzle, "The Obligation of the Church to the Laboring Man," in *Catching Men: Studies in Vital Evangelism*, ed. J. P. Brushingham, 178 (Cincinnati: Jennings and Graham, 1906)을 참조하라.

45 "Chicago Holiness Convention," *God's Revivalist*, 14 February 1901, 10.

46 회심한 매춘부를 위한 "쉼터"를 설립하는 운동에서 리스의 리더십은 Rees, *Seth Cook Rees*, 64-77에서 논의된다. 아울러, 리스의 사역에 대한 감각적인 설명은 Seth C. Rees, *Miracles in the Slums, or Thrilling Stories of Those Rescued from the Cesspools of Iniquity, and Touching Incidents in the Lives of the Unfortunate* (Chicago: Seth C. Rees, 1905)를 참조하라. 이 이야기들은 Jones, *Perfectionist Persuasion*, 189-94에 요약되어 있다. 휘트모어의 사역과 다른 완전주의 선교와 관련한 사역에 대해서는 Norris A. Magnuson, *Salvation in the Slums: Evangelical Social Work, 1865-1920* (Metuchen, N.J.: Scarecrow, 1977), 20-23, 79-90에서 논의되고 있다.

47 S. B. Shaw, ed., *Echoes of the General Holiness Assembly Held in Chicago*, May 3-13, 1901 (Chicago: S. B. Shaw, 1901), 10.

03 화이트 시티에 임한 오순절 역사

1 "To Help Save Chicago," *Chicago Daily News*, 1 March 1901, 1. 회심자의 수에 대한 설명은 "God Answering by Fire, or the Great Chicago Revival," *God's Revivalist*, 30 May 1901, 6을 참조하라.

2 "To Help Save Chicago," 1. See also "That Chicago Wager," *God's Revivalist*, 11 April 1901, 1.

3 "Fifteen Souls against $1,000," *Chicago Tribune*, 2 March 1901, 1. 내기에 대한 세부 내용은 "A Regrettable Case," *Northwest Christian Advocate*, 13 March 1901, 5에 잘 나와 있다. "죽은 교회"에 대한 파슨의 비판은 "Holiness Convention Ends Today as Result of Church Official's Indifference," *Chicago Tribune*, II March 1901, 4를 참조하라. MCA는 파슨이 내기를 철회한 후에야 셰필드 애버뉴 교회에서 예배를 드렸다. "Call a Holiness Meeting," *Chicago Daily News*, 25 March 1901.

4 내기에 대해서는 F. M. Messenger, "The Chicago Convention," *God's Revivalist*, 21 March 1901, 13; "God Answering by Fire," 2; 그리고 특히 파슨의 회고적인 논평이라 할 "A Story Worth Re-telling," *Immanuel Herald*, April 1926, 5-7을 참조하라. 시카고 부흥의 가장 주목할 만한 회심자 가운데 한 명은 글렌 쿡으로, 그는 초기 오순절 교단의 중요한 지도자가 되었다. Glenn A. Cook, "Story of My Life," *Burning Bush*, 3 July 1902, II.

5 Messenger, "The Chicago Convention," 13; "God Answering by Fire," 2; and especially, Farson, "A Story Worth Re-telling," 5-7.

6 "설교자-배우들"이라는 용어는 로렌스 무어의 통찰력 가득한 작품인 R. Laurence Moore, *Selling God: American Religion in the Marketplace of Culture* (New York: Oxford University Press, 1994)에서 찾을 수 있다. 여기서 결론적인 논평은 "God Answering by Fire," 2에서 발췌한 것이다.

7 W. B. Yates, comp., *Successful Evangelism; or, Life and Labors of Rev. E. A. Fergerson* (Malden, Mass.: Glory, 1912), 102에서 인용한 것이다.

8 Ibid., 218-19, 31-48. See also "End of the Revival," *Chicago Daily News*, II March 1901. See also John Lakin Brasher, *Glimpses* (Cincinnati: Revivalist Press, 1954), 34-37.

9   돌보우의 스타일에 대해서는 브래셔가 다음과 같이 기록하고 있다. "그는 사역 초기에 교회에 가서 부흥회를 인도했다고 한다. 첫 예배에는 몇 몇만 앉아 있었다. 그는 설교단에 올라가 사람들을 바라보면서 물구나무를 서서 제단 위로 공중 제비를 돌고, 한 통로로 내려가 다른 통로로 올라가면서 다시 연단 위로 올라갔다. 그런 다음 그는 물구나무를 서서 그들에게 발을 흔들고 '내일 밤에 또 다른 예배가 있을 것'이라고 알렸다. 다음 날 밤은 사람들로 가득찼다."(J. L. Brasher, Glimpses, 51).

10 돌보우에 대해서는 Andrew J. Dolbow, *Story of My Life: Its Dark and Bright Side* (Chicago: Christian Witness, 1895); and Brasher, Glimpses, 50-52. On Dolbow's work in the Chicago revival, see "God Answering by Fire," 1을 참조하라.

11 이 인용문은 "God Answering by Fire," 3에서 발췌한 것이다. 로빈슨에 대한 학술적 전기는 없다. 가장 유용한 전기로는 그의 사위가 쓴 George C. Wise, *Rev. Bud Robinson* (Louisville: Pentecostal Publishing Company, 1946)이다. 아울러, 로빈슨의 초기 자서전이라 할 수 있는 Bud Robinson, *Sunshine and Smiles: Life Story, Flash Lights, Sayings and Sermons* (Chicago: Christian Witness, 1903)도 매우 유용하다. 로빈슨이 성화 체험을 한 날짜는 "Reports," God's Revivalist, 24 October 1901, 11에서 찾을 수 있다. 그의 초기 생활에 대한 중요한 세부 내용을 제공해 줄 수 있는 미확인 신문 기사로는 "Big Crowd Last Evening at Mechanics' Hall," located in the Hannah Whithall Smith Religious Fanaticism Collection, Asbury Theological Seminary, Wilmore, Ky가 있다. 좀 가치가 떨어지는 자서전은 Bud Robinson, *My Life's Story* (Louisville: Pentecostal Publishing Company, 1928) 이다. 로빈슨의 효과가 미국의 민속 유머에서 기인한다는 것을 알려주는 중요한 기사는 Mallalieu A. Wilson, "Backwoods Preacher of the Southwest," *Preacher's Magazine*, January-February 1953, 22-27이다. 또한 Brasher, *Glimpses*, 40-43과 James McGraw, "The Preaching of Bud Robinson," *Preacher's Magazine*, January 1954, 9-12를 참조하라.

12 "God Answering by Fire," 1, 3.

13 로빈슨의 스타일에 대한 설명은 주로 Wilson, "Backwoods Preacher," 27에서 따온 것이다. 통계자료는 "Bud Robinson," *Herald of Holiness*, 7 December 1942, 9에서 찾을 수 있다. 비슷한 통계가 뉴욕 타임즈의 로빈슨 부고 기사인 *New York Times*, 4 November 1942, 24에서 인용되었다. 버드 로빈슨은 이 에이 퍼거슨에 대한 찬사에서 시카고 부흥을 언급하고 있다. Yates, *Successful Evangelism*, 33. 이 설명에서 로빈슨은 시카고 부흥 첫 11일 동안 1,000명의 영혼이 구원을 받았다고 말한다.

14 "Holiness Convention Ends Today," *Chicago Tribune*, 11 March 1901, 4. 아울러, Messenger, "The Chicago Convention," 13과 "A Tempestuous Ordination," *God's Revivalist*, 28 March 1901, 1을 참조하라. 감리교회 안에서 조지 컬프의 중요성에 대해서는 Jones, *Perfectionist Persuasion*, 170을 참조하라.

15 "진주빛 하얀 도시"는 원래 "하늘에서 내려오는 도시"로 알려졌으며, 뉴욕 페리스버그에서 침례교 신자로 자란 성결 전도자이자 찬양 인도자인 아서 잉글러(1873~1935)가 만들었다. 1894년에 전도자가 된 후 잉글러는 콜로라도로 이사하여 성결 전도인 제임스 하웰의 찬양 인도자가 되었다. 1901년 봄 하웰과 잉글러는 시카고 부흥이 시작되었을 때 시카고에 있었고, 잉글러가 "진주빛 도시"를 쓴 곳이 바로 여기였다. 잉글러는 1906년까지 MCA에서 활동했다. 잉글러와 그의 삶에 대해서는 Arthur F. Ingler, "My Experience," *Burning Bush*, 21 April 1904, 9-10과 "The Home-Going of Rev. Arthur Forrest Ingler," *God's Revivalist*, 3 October 1935, 15를 참조하라. 그는 MCA의 첫 번째와 두 번째 노래책을 편집했다. 1906년에 그는 MCA와의 관계를 끊었다. 결국 나사렛교회에 합류한 잉글러는 많은 성결 운동 노래의 작곡가였고, 널리 사용되는 여러 노래책의 편집자로 일했다. "진주 빛 하얀 도시"는 그가 지은 가장 널리 알려진 작품이었다. 이 찬송가의 첫 번째 버전은 MCA의 첫 번째 노래책인 *Burning Bush Songs*, No. 1 (Chicago: Metropolitan Church Association, 1902), 14에 실려있다. 그가 편집한 *Canaan Melodies* (Kansas City, Mo.: Publishing House of the Pentecostal Church of the Nazarene, n.d.), 88에도 실려있다. 성결 운동 찬송가의 변화하는 특성에 대한 예는 잉글러의 찬송가를 이전의 성결 운동 찬송가인 "Beulah Land" (1875)와 비교해 보면 알 수 있다. 성결 운동에서 "Beulah Land" 은유에 대한 탁월한 논의는 Jones, *Perfectionist Persuasion*, 25-34를 참조하라.

16 나는 윌리엄 코슬레비의 책 *Holiness Manuscripts: A Guide to Sources Documenting the Wesleyan Holiness Movement in the United States and Canada* (Metuchen, N.J.: Scarecrow, 1994), 12-15에서 "성결 운동의 역사학"이라는 부분에서 성결 운동의 역사 속에 나타난 경제적 해석을 논의했다. 또한 Seth C. Rees, "God's Choice," *God's Revivalist*, 13 June 1901, 2를 참조하라. 갓비의 인용문은 그의 글 "Does Preaching the Coming of the Lord Impede Revivals?" *God's Revivalist*, 13 June 1901, 1에서 발췌한 것이다.

17 노베리의 인용문과 시카고 대회 직후에 대해서는 "Chicago and Vicinity," *Christian Witness*, 4 April 1901, 8과 "Business Men and Revival," *God's Revivalist*, 28 March 1901, 1을 참조하라. 또한, Seth C. Rees, "From, the Field," *God's Revivalist*, 28 March 1901, 12를 참조하라.

18   길보른의 인용문은 "Reports," *God's Revivalist*, 4 April 1901, 11에 나와 있다.

19   총회 명단에 나타난 주요 교파로는 자유감리교, 웨슬레안 감리교, 오순절 교단 그리고 다양한 구조 사역 단체와 또다른 소규모 그룹들이 포함되어 있다. S. B. Shaw, ed., *Echoes of the General Holiness Assembly Held in Chicago, May 3-13, 1901* (Chicago: S. B. Shaw, 1901), 23-27.

20   "Our Creed," *Christian Witness*, 14 March 1901, 8. 이른바 "부수적인 문제"에 대한 강력한 지지는 시카고 대회의 한 보고서에 반영되어 있다. "구원 위원회"가 공식적으로 천년왕국설과 신유를 받아들였다고 보고했을 때 "아멘과 하나님 영광이 터져 나왔다"는 것은 사람들이 논쟁의 여지가 있는 교리를 지지한다는 것을 의미한다고 언급했다. (W. E. Shepard, "Echoes from the Assembly," *Nazarene Messenger*, 23 May 1901, 2에서 보고되었다.)

21   Seth C. Rees, "Chicago Holiness General Assembly," *God's Revivalist*, 4 April 1901, 2.

22   John T. Hatfield, "Beyond the Rockies," *Nazarene Messenger*, 2 May 1901. 1; "Doctrine and Experience of Holiness," *Northwest Christian Advocate*, 15 May 1901, 1. 로빈슨이 브러싱햄을 성결하게 만들기 위해 시도한 내용에 대해서는 "Fifteen Souls against $1,000.00."를 참조하라.

23   총회의 조직에 대해서는 Shaw, *Echoes*, 21-38, 155와 "Holiness General Assembly," *Christian Witness*, 16 May 1901, 1, 4를 참조하라. 총회 기간 동안 리스가 한 설교에 대해서는 "Sermon by Brother Rees," *God's Revivalist*, 30 May 1901, 4를 참조하라.

24   "Revival Shorn of Peace," *Chicago Tribune*, 5 May 1901, 14; and "Holiness Convention Begins," *Chicago Daily News*, 3 May 1901.

25   W. E. Shepard, "Holiness General Assembly," *Nazarene Messenger*, 16 May 1901, 2.

26   "Dr. E. F. Walker," *Burning Bush*, 8 August 1918, 4-5. 앨마 화이트가 General Holiness Assembly에 참여한 것에 대해서는 Susie Cunningham Stanley, *Feminist Pillar of Fire: The Life of Alma White* (Cleveland: Pilgrim, 1993), 44-47을 참조하라.

27   W. E. Shepard, "The Work in Chicago," *Nazarene Messenger*, 9 May 1901, 8.

28   Shepard, "Echoes from the Assembly," 2. 사라 쿡에 관한 이야기는 세 퍼드로부터 나왔다. W. E. Shepard, "Tabernacling in Chicago, Illinois," *Nazarene Messenger*, 7 June 1901, 2.

29   Seth C. Rees, "The Chicago General Assembly," *God's Revivalist*, 30 May 1901, 12.

30   리드의 논평은 Shaw, *Echoes*, 325-26. 31에 나와 있다. W. B. Godbey, "Salvation Park Camp-Meeting," *God's Revivalist*, 18 July 1901, 13. 32. "God Answering by Fire," 1, 6. 시카고 대회 기간 동안 냅의 건강 상태에 대해서는 Hills, *Hero of Faith and Prayer*, 238을 참조하라.

31   W. B. Godbey, "Salvation Park Camp-Meetings", *God's Revivalist 18, July*, 1901. 13.

32   "God's Answering by Fire Ⅰ. 6, On Knapp's physical state during the Chicago Convention, see Hills, *Hero of Faith and Prayer*.

04 보스턴을 침공하다: "오순절 댄서들"

1   리스의 여름 일정에 대해서는 "Reports," *God's Revivalist* 13 June 1901, 11; 18 July 1901, 11과 15 August 1901, 11을 참조하라.

2   "Church Is Disturbed," *Boston Herald*, 9 December 1901, 2

3   Seth C. Rees, "The Battle before Boston," *God's Revivalist*, 9 January 1902, 12. MCA가 교회로부터 추방된 것에 대해서는 "Put Out of Church," *Boston Herald*, 10 December 1901, 2를 참조하라.

4   "Zeal in a New Home," *Boston Herald*, 12 December 1901, 1.

5   Rees, "Battle before Boston," 12. Paul S. Rees, *Seth Cook Rees, the Warrior Saint* (Indianapolis: Pilgrim Book Room, 1934), 60-61에서 인용됨.

6   Seth C. Rees, "Pentecost," *God's Revivalist*, 23 January 1902, 2. 초기 오순절주의 회복주의에 대해서는 Grant Wacker, *Heaven Below: Early Pentecostals and American Culture* (Cambridge, Mass.: Harvard University Press, 2001), 3-4, 71-72를 참조하라.

7   하비에게 자신의 사역을 이끌어줄 것을 바라는 냅의 요청에 대해서는 "Martin Wells Knapp," *Burning Bush*, 25 September 1902, 4를 참조하라. 냅의 후계자들에 대해서는 A. M. Hills, *A Hero of Faith and Prayer; or, The Life of Rev. Martin Wells Knapp* (Cincinnati: Mrs. W. Knapp, 1902), 295를 참조하라. 냅의 시신을 화장하기로 한 결정에 대해서는 갓비가 Hills, *A Hero of Faith and Prayer*, 320-24에서, 냅의 아내는 "The White Path," *God's Revivalist*, 13 February 1902, 4에서 옹호하고 있다.

8   Hills, *A Hero of Faith and Prayer*, 321. 퀸의 자기 자신과 스토리에 대한 변호는 "Sister Mary Storey's Experience," *God's Revivalist*, 23 January 1902, 5와 "Pray, Pray, Pray," *God's Revivalist*, 23 January 1902, 11에 실려있다. 스토리가 성결 총회를 보이콧하기를 거부한 것과 그 결과에 대한 그녀의 견해에 대해서는 M. G. Standley, *My Life as I Have Lived It for Christ and Others* (n.p.: By the Author, 1949), 83을 참조하라.

9   힐스가 냅의 전기를 쓰라는 요청을 받고 깜짝 놀란 것은 *A Hero of Faith and Prayer*, 11-12 서문에 기록되어 있다. 성결 총회의 대부분의 지도자와는 달리 회중교도였던 힐스는 냅이 감리교를 떠날 권리를 옹호했다. A. M. Hills, "Excessive Church Loyalty and the Sad Fruit It Bears," *God's Revivalist*, 30 May 1901, 12-13.

10 포터의 진술은 Hills, *A Hero of Faith and Prayer*, 398에서 찾을 수 있다. MCA가 베시 퀸을 바라보는 관점은 "The Inception of the Revivalist," *Burning Bush*, 14 January 1915에 언급되어 있다. 1902년 8월 포터는 에드윈 하비와 거트루드 하비 부부에게 더 이상 하나님의 성경학교와 같은 "세속적인 관심사"를 위해 일할 수 없다는 내용의 편지를 보냈다. 자신을 성령으로 충만한 사람이자 아주 건강한 훌륭한 일꾼이라고 묘사한 그녀는 MCA에서 사역할 수 있게 해달라고 요청했다. 결국 그녀는 MCA에서 30년 이상 남아 있었다. F. L. Potter to E. L. and Mrs. Harvey, 18 August 1902, photocopy in William Kostlevy Papers, Fuller Theological Seminary, Pasadena, Calif.

11 퀸과 스탠들리의 결혼에 대해서는 Seth C. Rees, "A Pentecostal Wedding," *God's Revivalist*, 19 June 1902, 7을 참조하라. 논란이 된 기사는 Bessie [Queen], "Why I Am Married," *God's Revivalist*, 28 November 1901, 5이다. 냅의 죽음을 둘러싼 신시내티의 소문에 대한 정보는 "The Inception of the Revivalist," 4에서 발췌한 것이다. MCA는 냅의 진정한 상속자라고 주장했기 때문에 처음에는 냅과 퀸의 관계에 대한 소문을 퍼뜨리는 데 주저했다. 그러나 결국 〈버닝 부시〉는 그런 이야기를 실었다. "The Cincinnati Skeleton," *Burning Bush*, 1 June 1905, 4.

MCA에서 플로렌스 포터의 역할에 대한 나의 자료 출처는 에드윈 하비의 조카 에드윈 에프 하비와 결혼한 릴리안 하비와 MCA의 전 회원이었던 아서 브레이(1911~1994)와의 개인 인터뷰에서 나왔다. 릴리안 하비와의 전화 통화에서 플로렌스 포터가 냅과 퀸의 관계가 부적절했으며 냅이 그러한 무분별함을 에드윈 하비에게 고백했다는 것을 확실히 알 수 있었다. 이는 내가 1991년 11월 8일 플로리다 브룩스빌에서 진행한 아서 브레이와의 인터뷰, 녹음 테이프(William Kostlevy Papers, Fuller Theological Seminary, Pasadena, Calif.)에서 확인된다.

12 나는 특별히 성결 운동에서 편집자의 중요한 역할에 대한 통찰력을 준 찰스 존스에게 많은 빚을 졌다. 사실, 개개인의 충성심을 언급할 때 정기 간행물의 이름을 사용하는 것은 그리 드문 일은 아니었다. 예를 들어, 하나님의 교회(앤더슨) 회원은 "복음의 나팔을 부는 사람들"이었고, 〈버닝 부시〉의 독자는 "버닝 부시의 사람들"이었다. 또한 하나님의 교회(성결)와 같은 교파에서는 편집자의 직책이 매우 중요하게 여겨졌기 때문에 선출을 통해 얻게 되는 직책이었다. 베시 퀸 스탠들리의 엄청난 중요성에도 불구하고 그녀에 대한 전기적인 자료는 거의 없다. 엠 지 스탠들리의 자서전은 어느 정도 가치는 있지만, 냅이 죽은 지 거의 50년 후에 쓰였고, 스탠들리가 하나님의 성경학교의 학장직에서 물러나게 된 권력 투쟁 중에 쓰인 것이다. Standley, *My Life as I Have Lived It*, 58-79.

13 냅이 감리교에서 탈퇴했음에도 불구하고 성결 급진주의자들은 오래된 복음주의 교단에서 계속 회원 자격을 유지하는 문제에 대해 통일된 전선을 보이지 않았다. 사실, 국제사도성결연맹 IAHU가 성직자에게 적극적으로 안수하고, 회중을 설립하고, 선교사를 파송하는 동안, 남부의 성결 운동에서 존경받는 아버지라 할 윌리엄 갓비와 같은 지지자들은 냅이 "탈퇴주의"에 반대하는 비종파적 인물이라고 주장했다. 남감리교회에서 자신의 회원 자격을 유지한 갓비는 냅이 감리교에서 분리하기로 한 결정은 단지 하나님의 성경학교에 다니는 학생들에게 안정적인 교회를 제공하기 위한 방편일 뿐이라고 주장했다. 〈갓스 리바이벌리스트〉의 독자들에게 IAHU의 회장이 셋 리스가 여전히 오하이오 연례모임 형제회의 정식 회원이라는 사실을 상기시키며, 갓비는 "탈퇴주의자들"은 독립적인 회중을 조직한 사람들이 아니라 모든 교회 조직에서 분리된 사람들이라고 주장했다. 갓비의 입장은 스토리와 공유되었는데, 스토리는 계속해서 감리교회에서 자신의 회원 자격을 유지했다. 사실 냅은 "탈퇴주의자"라는 딱지를 피하고 싶어했지만 훨씬 더 급진적인 입장을 취했다. 그는 충실한 교회(사도행전 2장에 묘사된 교회)의 독특한 특성은 목적의 일치라고 믿게 되었다. 냅은 이 조건이 대부분 복음주의 교회의 교구에 거주하는 "세례받은 이교도들" 사이에서는 충족될 수 없다고 주장했다. 냅은 "그것(시카고 부흥)은 오순절에 터진 대부흥의 연장선이며, 오순절 조건이 충족되는 곳에서는 오순절이 반복된다는 것을 증명한다"라고 썼다. 급진적인 성결 운동의 아버지에게 메트

로폴리탄 감리교회는 충실한 기독교 교회의 모델이 되었다. 갓비의 견해는 "Salvation Park Camp-Meeting," *God's Revivalist*, 18 July 1901, 13에서 발췌한 것이다. 오순절을 반복하는 조건에 대한 냅의 견해는 "What God's Word Says about Church Relations," *God's Revivalist*, 13 June 1901, 8에서 볼 수 있다.

14 Hills, *A Hero of Faith and Prayer*, 232-35. 광신주의에 대한 경고를 담은 〈갓스 리바이벌리스트〉의 기사에 대해서는 다음의 것들을 참조하라. "Thumping Preachers," 30 January 1902, 1; "Revival Orthodoxy," 10 April 1902, 1; W. B. Godbey, "Side Tracks: Fanaticism," *God's Revivalist*, 17 April 1902, 1-2; and E. L. Harvey, "Secret Societies," *God's Revivalist*, 16 January 1902, 4.

15 리스의 명성에 대해서는 Smith, *Called unto Holiness*, 272-97을 참조하라.

16 폴 리스는 아버지 셋 리스에 대한 전기에서 1901년 시카고와 보스턴 부흥에 대한 이야기를 여러 페이지에 걸쳐 포함시켰다. 아버지가 MCA에서 탈퇴한 이유를 설명하면서 폴 리스는 "이러한 대회에서 어떤 사람들의 경우 영적인 것보다 육체적인 감정적 과잉이 있었다고 말하는 것이 공정한 것 같다. 결국 버닝 부시 운동을 이끌던 '파슨과 하비' 세력이 문제를 극단적으로 끌고 가는 바람에 셋 리스가 리더십의 건전성에 대한 신뢰를 잃을 때까지에는 그리 오랜 시간이 걸리지 않았다. 분리는 불가피한 수순이었다."(Rees, Seth Cook Rees, 61-62). 1902년 3월 초, 셋 리스는 텍사스 홀리니스 대학교에서 연설했다. 리스가 시카고로 돌아온 직후에 내린 MCA와의 분리 결정에 대학 총장이자 냅의 전기 작가인 힐스가 어떤 역할을 했는지 우리는 추측만 할 수 있을 뿐이다. Seth C. Rees, "The Battle of Greenville," *God's Revivalist*, 13 March 1902, 12.

17 MCA가 〈리바이벌리스트〉로 하여금 가능한 한 오랫동안 MCA의 재정 자원으로 유지하려 했다는 견해에 대해서는 "Dr. Torrey's Grandchild," *Burning Bush*, 17 September 1903, 6을 참조하라. MCA와 결별한 이후에도 〈갓스 리바이벌리스트〉 독자들은 리바이벌리스트 운동에 참여하는 사람들이 가장 급진적인 성결의 사람들이라는 확신을 갖고 있었다. "A Dangerous Side-Track," *God's Revivalist*, 24 July 1902, I.

18 메신저가 하나님의 성경학교에 재정을 기부한 것에 대해서는 Standley, *My Life as I Have Lived It*, 53; Seth C. Rees, "Independent Holiness Churches," *Revivalist*, 4 October 1900, 2를 참조하라.

19 MCA, 리스, 냅의 신시내티 후계자들 사이에서 벌인 자신들의 지지를 위한 투쟁에 대한 흥미로운 정보의 출처는 1902년 3월부터 6월까지 〈나자렌 메신저〉에 실린 셰퍼드의 주간 칼럼이다. 셰퍼드는 오스틴 성결교회에서 일시적으로 목사직을 제안받고 신시내티에서 청빙을 받은 후 〈버닝 부시〉의 공

동 편집장 대행이 되었다. MCA를 위한 리스의 마지막 설교에 대해서는 W. E. Shepard, "Chicago, Illinois," *Nazarene Messenger*, 4 April 1902, 5를 참조하라. MCA와의 결별에 대해서는 "Austin Holiness Church," *God's Revivalist*, 24 April 1902, 3을 참조하라. 비록 셋 리스는 1935년 사망할 때까지 성결 운동 지도자로 계속 활동했지만 MCA에서 보낸 1년 동안 이룩한 복음 전도의 성공은 결코 재현하지 못했다. 1905년 IAHU에서 분리된 그는 결국 나사렛 오순절 교회에 합류했다. 캘리포니아 파사디나로 이사한 이후 그는 나사렛 교단의 목사가 되었다. 1917년 리스의 교회는 이 에프 워커의 지시에 따라 무례하고 무질서하게 조직되었다. 그에 대한 고발들 가운데 하나는 〈버닝 부시〉 운동과 관련된 것이었다. 리스는 얼마 지나지 않아 캘리포니아 파사디나에서 필그림교회를 조직했다. 1925년 본질적으로 규모가 큰 회중을 갖고 있던 필그림교회는 필그림 성결교회와 합병했다.

20 보스턴에서의 예배에 대한 설명은 Rees, *Seth Cook Rees*, 61; "Continued the Dance," and "Revivalists Renew Efforts in New Hall," clippings in the Hannah Whitall Smith Religious Fanaticism Collection, Asbury Theological Seminary, Wilmore, Ky.; and "Zeal in a New Home," 1을 참조하라. 점퍼들과 오순절 신자들 사이의 연관성에 대해서는 Jennie A. Jolley, comp., *As an Angel of Light; or, Bible Tongues and Holiness and Their Counterfeits* (New York: Vantage, 1964), 23-24를 참조하라.

21 Rees, *The Ideal Pentecostal Church*, 47; "Pentecostal Demonstrations," *God's Revivalist*, 21 November 1901, 1; and "Instruction," *God's Revivalist*, 5 June 1902, 2. 감리교 전통에서 신체적인 발현 행위의 중요성에 대해서는 Winthrop S. Hudson, "Shouting Methodists," *Encounter* 29 (Winter 1968): 73-84; and Ann Taves, *Fits, Trances and Visions: Experiencing Religion and Explaining Experience from Wesley to James* (Princeton, N.J.: Princeton University Press, 1999), 77-117, 232-40을 참조하라.

22 "Revival Demonstration," *God's Revivalist*, 21 November 1901, 1. 이 사설은 "Brother Knapp's Teaching on Revival Demonstration," *God's Revivalist*, 26 February 1903, 1에 재인쇄되었다.

23 Jolley, *As an Angel of Light*, 23-24. MCA의 점프에 대한 신문 화보를 보려면 "Zeal in a New Home," I; and "Jack London Sees Physical Culture Boom in Holy Jump," *Burning Bush*, 4 January 1906, 10을 참조하라. 이 이 셸하머의 딸 에스더 셸하머 제임스는 MCA 지도자가 셸하머가 점프하는 것을 보고서 자신이 복음전도자로서 성결해졌다고 생각했다고 회상한다. Esther Shelhamer James, interview by the author, 15 February 1995, Wilmore, Ky., tape recording, William Kostlevy Papers, Fuller Theological Seminary, Pasadena, Calif.

24 Henry L. Harvey Sr., "Preparing for Holy Ghost Baptism," *Burning Bush*, 14 February 1918, 2.

25 영적 점프에 대한 MCA의 견해를 뒷받침하는 성경 구절에 대해서는 C. M. S., "Demonstration," *Burning Bush*, 12 April 1906, 4-5를 참조하라. 워커의 해석은 "Holy Joy," *Burning Bush*, 17 July 1902, 5에서 따온 것이다. New Revised Standard Version of the Bible에서 누가복음 6:23은 "그날에 기뻐하고 기쁨으로 뛰어오르라"로 번역되었다. 마지막 인용문은 "Emotions in Religion," *Burning Bush*, 5 July 1928, 4에서 발췌한 것이다.

26 Henry L. Harvey Sr., "A Reasonable Faith," *Burning Bush*, 16 November 1916, 2; and Henry L. Harvey Sr. "Holy Joy," *Burning Bush*, 17 July 1902, 5.

27 G. W. Henry, *History of the Jumpers; or, Shouting Genuine and Spurious: A History of the Outward Demonstrations of the Spirit* (Waukesha, Wisc.: Metropolitan Church Association, 1909), 7. 역설적이게도 MCA에서 점프와 다른 신체적 표현의 쇠퇴는 성결 운동의 전반적인 표현의 쇠퇴와 맞물려 있다. 나사렛교회, 자유 감리교회, 감리교회에 남아 있는 충실한 성결 지지자와 같은 확실한 성결 교파가 소리 지르는 것과 당시에는 창피스러워했던 다른 영적 표현을 조용하지만 효과적으로 제거했을 때, 존경받는 MCA 지도자이자 인도의 전 선교사인 헨리 하비 주니어는 MCA에서 유사한 운동을 이끌었다. 1950년대까지 점프는 단순히 MCA 고유의 전통 가운데 일부가 되었다. 신체적인 표현들은 대체로 성결 급진주의자들에 반대하는 사람들, 즉 오하이오주 데이튼에서 열리는 보수적 성결 추종자들의 연례 모임인 교회간 성결대회에 참여한 사람들과 시카고와 보스턴 부흥에서 보여준 MCA와 놀라운 정도로 유사한 오순절 치유 사역을 펼치는 오순절 단체의 사람들에게 남겨졌다.

05 "사람들을 위한 표준"

1 L. L. Pickett, *The Blessed Hope of His Glorious Appearing* (Louisville: Pickett, 1901), vii.

2 See the account of Pickett's article in the *Nazarene Messenger*, 14 August 1902, 6.

3   L. L. Pickett, *Our King Cometh* (Louisville: Pentecostal Publishing Company, 1903), 56; and L. L. Pickett, *The Renewed Earth; or The Coming and Reign of Jesus Christ* (Louisville: Pickett, 1903), 37-38. 오랜 기간 켄터키 WCTC 회장을 지낸 아내 루디 데이 피켓과 함께 헌신적으로 사회 운동가로 활약했던 엘 엘 피켓은 켄터키 금주당에서 활동하며 주 차원의 공직에 여러 번 출마했다. 아들 제이 와스콤 피켓은 인도에서 선교 감독으로 섬겼다. 둘째 아들 디츠 피켓은 오랜 기간 전국적 단체인 금주 세계 연맹의 간부로 일했다. 피켓은 1903년에 다음과 같은 말을 했다. "록펠러는 대중으로부터 주당 백만 달러를 뜯어낼 만큼 석유 가격을 올려 놓고, 주일이면 주일학교에서 가르치거나 시카고 대학교에 기부함으로써 양심을 달래고 있다. 백만장자들은 그리스도라면 사업을 어떻게 수행했을까 라는 질문은 거의 하지 않는다." Pickett, *The Renewed Earth*, 155. 피켓에 대한 다른 전기 자료는 Arthur G. McPhee, *The Road to Delhi: J. Waskom Pickett Remembered* (Bangalore, India: SAIACS, 2005)에서 찾을 수 있다.

4   1905년 3월 30일 〈버닝 부시〉에 보도된 대로, 〈버닝 부시〉가 수년 동안 반복해서 언급했듯이, 〈킹스 헤럴드〉는 짧은 역사를 가지고 있다. 1910년 이전에 그것은 발행이 중단되었다.

5   〈리바이벌리스트〉의 위임에 대해서는 "Jeremiah's Revival Commission," *Revivalist*, January 1890, 1; and for its restatement in the paper after it became a weekly in 1899, see "Destructive," *Revivalist*, 5 January 1899, 1을 참조하라. 〈버닝 부시〉에 대해서는 "Introduction," *Burning Bush*, 29 May 1902, 5를 참조하라. 브레이의 논평은 A. C. Bray, "Our Paper's Mission," *Burning Bush*, 26 May 1910, 4에서 발췌한 것이다. 아울러, "The Work of the Burning Bush: Jeremiah's Commission," *Burning Bush*, 29 June 1916, 4도 참조하라.

6   〈버닝 부시〉와 관련한 다른 〈리바이벌리스트〉 작가로는 루이스 미첼, 아이 게이 마틴, 아서 에프 잉글러, 존 웨슬리 리, 티 하트필드, 아서 그린, 디 에스 커티스 그리고 가장 주목할 만한 인물인 에프 엠 메신저가 있다.

7   흥미롭게도 셰퍼드는 〈버닝 부시〉에서 책임을 맡은 후에도 피니어스 브리시의 〈나자렌 메신저〉의 책임 편집자로 계속 일을 했다. 그의 이름은 1903년 봄까지 신문 편집자 명단에서 삭제되지 않았지만 그의 마지막 칼럼은 1902년 가을에 실렸다. 인용문은 W. E. Shepard, "The Holiness Movement," *Nazarene Messenger*, 29 May 1902, 5에서 발췌한 것이다. 교회 문제에 대한 셰퍼드의 입장은 "Come-inism," *Burning Bush*, 26 June 1902, 4에서 확인할 수 있다. 1902년까지 셰퍼드는 *Holiness Typology* (San Francisco: By the Author, 1896)와 *Wrested Scriptures Made Plain* 혹은 *Help for Holiness Skeptics* (Louisville: Pickett Publishing Company, 1900)라는 두 권의 중요한 책을 썼다.

8   "Introduction," 5.

9   〈버닝 부시〉의 성장에 대해서는 "Our Anniversary," *Burning Bush*, 23 June 1904, 9-10; "The Birthday of the Burning Bush," *Burning Bush*, 5 June 1913, 5; and Mrs. E. L. Harvey, "The Burning Bush, 1902-1927," *Burning Bush*, 2 June 1927, 6, 9를 참조하라. 이 신문의 유통에 대해서는 "Back Biting in Free Methodist Church," *Burning Bush*, 8 August 1912, 5-6을 참조하라. 20세기 초 20년 동안 발행이 중단된 성결 정기 간행물 중에는 〈가이드 투 홀리니스〉와 〈크리스천 스탠다드〉와 같은 전국성결연합에서 낸 것들이다. 동시에 〈크리스천 위트니스〉의 유통은 예외적이지 않았다. 성공적인 정기 간행물을 만드는 데 실패한 전도자 중에는 셋 리스와 엘 엘 피켓이 있다.

10 폭로 저널리즘이 19세기 복음주의에서 유래했다는 요점은 Richard Hofstadter, *The Age of Reform: From Bryan to F.D.R.* (New York: Knopf, 1955), 186-214에 나와 있다. 폭로자와 다른 진보주의 시대 개혁가들의 종교적 뿌리와 폭로자가 폭로를 그 자체의 목적으로 보는 경향에 대해서는 Robert M. Crunden, *Ministers of Reform: The Progressives' Achievement in American Civilization, 1889-1920* (Urbana: University of Illinois Press, 1984), 165를 참조하라. 존 번연의 천로역정에서 나오는 "폭로자"라는 용어 자체는 폭로자와 독자들의 도덕주의적이고 복음주의적인 세계를 보여준다. 인용문은 "죄를 폭로하는 것이 잘못된 것인가?"에서 따온 것이다. *Burning Bush*, 22 December 1904, 7.

11 "Christian Witness," *Burning Bush*, 18 December 1902, 3.

12 "Who Are the Real Come-Outers," *Burning Bush*, 30 October 1902, 1; "The Church Situation," *Burning Bush*, 29 January 1903, 1, 4; and "Captured by Babylon," *Burning Bush*, 4 February 1904, 1.

13 문화적 인물로서의 성결 전도자에 대해서는 Bud Robinson, *A Pitcher of Cream* (Louisville: Pentecostal Publishing Company, 1906)을 참조하라. 쇼의 사진에 대한 광고는 S. B. Shaw, ed., *Echoes of the General Holiness Assembly Held in Chicago, May 3-13, 1901* (Chicago: S. B. Shaw, 1901)의 마지막에 실려 있다.

14 만화 사용에 대해서는 "The Thirtieth Anniversary of the Birth of the Burning Bush and Its Mission through the Years," *Burning Bush*, 26 May 1932, 8-9를 참조하라. 만화의 출처에 대한 논의는 E. L. Harvey, "Herod and Pilate Unity," *Burning Bush*, 8 September 1904, 7을 참조하라. 인용문은 "Another Pictorial Lesson," *Burning Bush*, 10 May 1906, 4에서 발췌한 것이다.

15 MCA 캠프 집회에서 나온 새로운 가르침의 사례로는 재산(1902, 1903), 이혼(1903), 노동 조합(1904)이 있다. 〈버닝 부시〉 기념호는 MCA 가르침의 진화를 추적하는 훌륭한 도구다. 예를 들어, 1914년까지 〈버닝 부시〉의 메시지는 이혼과 재혼 그리고 노동 조합에 반대하는 것으로 나타난다. 더 포괄적인 것은 이혼과 재혼, 자신의 소유물을 포기하는 것, 신유, 전천년설을 포함한 1920년 목록이다. J. H. Barnes, "The Burning Bush and Its Contemporaries," *Burning Bush*, 28 May 1914, 5; and E. L. Harvey, "The Bush Still Burning," *Burning Bush*, 3 June 1920, 5-6. 가장 포괄적인 목록 가운데 하나가 1913년에 나타났다. 여기에는 이혼과 재혼에 대한 반대, 부동산과 보석을 포함한 자신의 소유물을 포기하는 것에 대한 지지, 노동 조합과 비밀결사에 대한 반대, "방언의 은사"에 대한 반대, 칭의에 이은 두 번째 은혜의 역사로서의 성화에 대한 확인이 포함되어 있다.

16 1902년 8월 14일자 〈버닝 부시〉에 실린 버팔로 락 캠프 집회 광고를 보라.

17 하나님의 신실한 남은 자가 되라는 소명은 특히 파슨이 버팔로 락에서 전한 메시지에서 강력하게 나타난다. D. M. Farson, "The Signs of Pentecost," *Burning Bush*, 2 October 1902, 2. 〈버닝 부시〉 9월 18일자에는 목사 3명이 교파 소속을 포기했다고 나와 있다. 그들은 시카고 제일자유감리교회의 목사인 씨 더블유 레이맨, 락 리버 총회 소속 랭글리 감리교회 목사인 엘 에이 락웰, 시카고 회중교회 목사인 엘 에이 타운젠트였다. 인용문은 "Victory," *Burning Bush*, 18 September 1902, 3에서 발췌한 것이다.

18 John Wesley Lee, "The Faith Life," *Burning Bush*, 18 September 1902, 5; and "Mrs. Kent White," *Burning Bush*, 18 September 1902, 4, 6.

19 E. L. Harvey, "The Uncontainable Blessing," *Burning Bush*, 11 September 1902, II.

20 W. E. Shepard, "How to Get Sanctified," *Burning Bush*, 18 September 1902. 이 설교의 다른 버전은 Shaw, *Echoes of the General Holiness Assembly*, 250-63에 있고, 가장 완전한 버전은 W. E. Shepard, *How to Get Sanctified* (Cincinnati: Revivalist Press, 1916)에 있다. MCA에 들어온 재산의 정도에 대해서는 "Victory," 3; and W. E. Shepard, "Bloomfield, Iowa," *Nazarene Messenger*, 25 September 1902, 7을 참조하라.

21 인용문은 "The Unique School," *Burning Bush*, 20 November 1902, 7과 1902년 8월과 9월에 〈버닝 부시〉의 여러 호에 실린 전면 광고에서 발췌한 것이다. 등록자 수는 "Bible Students and Instructors," *Burning*

	Bush, 4 June 1903, 3에서 발췌한 것이다. 1920년대에는 등록자가 150명으로 늘어났다. A. M. A., "The Bible School," *Burning Bush*, 16 July 1925, 4.
22	셰퍼드가 학교에서 첫 학기 동안 만든 기본 교리 교과서는 여전히 인쇄되어 있다. 처음에는 W. E. Shepard, *Bible Lessons* (Waukesha, Wisc.: Burning Bush, 1905)라는 이름으로 출판되었고, 2차 개정판은 1907년에 MCA에서 발행되었다. 1934년에 MCA의 남아프리카 선교부는 1907년판을 재발행했다. 현재는 *Bible Lessons: a Treatise on Evidences of Religion, Sin, Repentance, Consecration, and Holiness* (Salem, Ohio: Allegheny, 1989)라는 이름으로 제공되고 있다.
23	Mrs. M. J. Ewald, "Reminiscences of the Bible School," *Burning Bush*, 28 May 1914, 6-7.
24	1902년 여름까지 교회 주변 지역 사람들이 교회를 폐쇄해 달라는 청원을 했다고 보도되었다. "The Sunday Chronicle," *Burning Bush*, 30 October 1902, 9. MCA는 일리노이주 락포드와 시카고에 상당한 수의 젊은 여성 회심자들을 보유하고 있었다. "The Work at Rockford Continues," *Burning Bush*, 13 November 1902, 3.
25	애니 제이콥슨에 대한 정보는 "Young Woman Arrested because She Sees Visions and Hears Voices," *Chicago-American*, 20 October 1902; "Pentecost in Chicago," *Burning Bush*, 23 October 1902, 6-7에서 얻을 수 있다. 〈선데이 크로니클〉의 기사는 〈버닝 부시〉에서 재인쇄되었다. "The Sunday Chronicle," *Burning Bush* 23 October 1902, 9.
26	"From Brewery to Bible School," *Burning Bush*, 13 November 1902, 3-4. 홀링스워쓰의 성화 경험에 대한 보고서는 "The Unique School," 7에서 발췌한 것이다.
27	고아원에 대해서는 "Buffalo Rock Orphanage," *Burning Bush*, 21 May 1903, 2-3을 참조하라. 시카고에서의 가정 선교 사역에 대한 논의는 "Our Anniversary," *Burning Bush*, 4 June 1902, 4-5에 잘 나와 있다. 구조 사역에 대한 셋 리스의 참여는 Paul S. Rees, *Seth Cook Rees, the Warrior Saint* (Indianapolis: Pilgrim Book Room, 1934), 64-67에서 논의된다.
28	Gustaf Swenson, "From Our Missionary in Sweden," *Burning Bush*, 4 June 1903, 4. 인도에서의 교회 사역은 Katherine Workman, "M.C.A. Missionary Work in India" (unpublished manuscript in the Metropolitan Church Association Papers, Fuller Theological Seminary, Pasadena, Calif., 1950s), 2에서 논의되고 있다.

29   락포드 집회에 대해서는 "The Rockford Convention," *Burning Bush*, 16 October 1902, 2-6을 참조하라. 키와니 집회에 대해서는 "The Kewanee Convention," *Burning Bush*, 30 October 1902, 2-5를 참조하라. 댄빌 집회에 대해서는 "The Danville Convention," *Burning Bush*, 13 November 1902, 2-4를 참조하라. 하비의 인용문은 "Pulls Angels Down to Hell," *Rockford Register-Gazette*, 11 October 1902, 1에서 발췌한 것이다. 파슨의 글은 "Farson Says Hell's Only Mile Away," *Rockford Republic*, 11 October 1902, 1에서 발췌한 것이다. 〈리퍼블릭〉에서 하비의 설교를 특별히 흥미롭게 설명한 부분은 다음과 같다. "하비는 설교자의 매너를 가지고 있지 않았다. 그는 스타일 면에서는 그루터기 연설가에 가깝다. 그는 배우의 얼굴과 운동 선수의 동작을 가지고 있다. 그가 어젯밤 연단에서 뛰어내린 높이는 최소 4피트는 되었다."Heaven to Have No Strike," *Rockford Republic*, 10 October 1902, 1). 가을 대회에서 주목할 만한 특징은 치유를 위한 특별 예배와 MCA의 일반적인 신체적 표현이었다. 〈버닝 부시〉는 라신 집회에서의 모습을 다음과 같이 보도했다. "걷고, 달리고, 뛰었다. 하나님의 영광이 임했다. 한 형제는 하나님의 힘 아래서 얼마 동안 누워 있었고 의식을 잃은 듯 했다." "The Racine Convention," *Burning Bush*, 27 November 1902, 6.

30   메신저가 탈퇴주의 정서의 발전에 미친 역할에 대해서는 1장을 참조하라. 뉴잉글랜드의 성결 운동에 대해서는 Timothy L. Smith, *Called unto Holiness, The Story of the Nazarenes, The Formative Years* (Kansas City, Mo.: Nazarene Publishing House, 1962), 54-90과 James R. Cameron, *Eastern Nazarene College: The First Fifty Years, 1900-1950* (Kansas City, Mo.: Nazarene Publishing House, 1968), 11-50을 참조하라.

31   스프링필드 집회에 대해서는 "Stopped by Police," *Burning Bush*, 11 December 1902, 2-5.

32   Ibid.

33   "Down in Connecticut," *Burning Bush*, 1 January 1903, 2.

34   MCA에서 그린의 몰락에 대해서는 "North Attleboro, Mass.," *Burning Bush*, 9 June 1904, 4-6을 참조하라. 아울러, "The Elder Brothers," *Burning Bush*, 4 August 1904, 4도 참조하라. 이 기사에서는 리스가 그린에게 버닝 부시 운동과 어떤 교제를 하더라도 국제사도성결연맹 IAHU에서 배척당할 것이라고 썼다고 보도한다.

35   미첼은 〈불라 크리스천〉과 〈갓스 리바이벌리스트〉의 정규 작가였다. 그는 1935년 사망할 때까지 MCA에 남아있었다. 커티스는 1909년까지 MCA에 남아 있었다. 감리교로 떠나기로 한 그의 결정에 대해서는 L. F.

Mitchel, "A Living Death," *Beulah Christian*, 3 August 1901, 3을 참조하라. 지금은 이스턴 나자렌 대학이 된 오순절 칼리지 연구소는 1919년 매사추세츠주의 울러스턴으로 이전했다.

36 수잔 포그에 대해서는 "Down in Connecticut," 3; Cameron, *The First Fifty Years*, 25; and Louis F. Mitchel, comp., *Nuggets No.2 from Black Susan* (Springfield, Mass.: Christian Worker's Union, 1902)을 참조하라.

37 "Bro. F. M. Messenger Tells of the Meeting," *Burning Bush*, 1 January 1903, 4.

38 포그는 MCA 역사상 가장 눈에 띄는 아프리카계 미국인이었지만, 그녀가 유일한 사람은 아니었다. 보고서에 따르면, 중서부와 뉴잉글랜드에서 있었던 MCA 집회는 인종적으로 통합되어 있었다. 1903년 콜로라도 스프링스에서 MCA와 불기둥의 연합 대회가 아프리카 감리교회에서 열렸다. 포그를 제외하고 가장 중요한 아프리카계 미국인 MCA 지도자는 윌리엄 와일리로, 그는 로드 아일랜드 프로비던스에서 수년간 MCA 지도자로 일했다. MCA 지도자 중에서 에드윈 엘 하비는 특히 아프리카계 미국인이 당하는 곤경에 대해 염려했다. 사실 하비는 한때 살인 혐의로 거짓 고발된 흑인을 변호하기 위해 변호사를 고용하기도 했다. 그 남자는 무죄 판결을 받았고 나중에 하비의 장례식에 참석했다. Edwin. F. Harvey, "Deeper Truths for Christians," *Message of Victory*, January-March 1980, 1.

39 메신저의 공장 관리자로서의 경험에 대해서는 〈버닝 부시〉에 메신저에 대한 기사의 일부로 게재된 Putnam Patriot의 기사를 참조하라. "F. M. Messenger," *Burning Bush*, 6 June 1903, 4. 또한 "Down in Connecticut," 2-3도 참조하라.

40 노스 그로스베너에서의 메신저의 경력에 대한 가장 흥미로운 자료는 MCA에서 발행한 자서전으로, 사람들의 이름을 바꾸어서 부르기는 했지만 다른 부분에 있어서는 정확했다고 주장한다. F. M. Messenger, *Catacombs of Worldly Success; or History of Coarsellor Dell* (Waukesha, Wisc.: Metropolitan Church Association, 1910), 34, 78-89. 그로스베너-대일 컴퍼니에서 메신저의 해고에 대한 편지는 F. M. Messenger, "Sowing to the Flesh," *Burning Bush*, 15 December 1904, II에 게재되었다.

41 메신저 가족이 개인 재산을 포기하기로 한 결정에 대해서는 Mrs. F. M. Messenger, "Since Giving Up All for Jesus," *Burning Bush*, 7 September 1905, 5를 참조하라. 여전히 메신저 라인으로 알려진 이 달력은 인디애나폴리스에 본사를 둔 노르우드 컴퍼니에서 발행하며, 특히 장의사를 통해 교회에 판매된다. 이 회사의 인쇄 공장은 인디애나주 오번에 있다.

06 "예수를 위해 모든 것을 버리다"

1   피니의 첫 번째 인용문은 가장 일반적으로 사용되는 성결 편집판 가운데 하나인 Charles G. Finney, *Lectures on Revivals of Religion* (Louisville: Pentecostal Publishing Company, 1868), 377에서 발췌한 것이다. 경제 문제에 대한 피니의 견해에 대한 가장 좋은 논의 중 하나는 이 주제에 대해 무시받았던 그의 글 가운데 일부를 다시 출판한 Charles G. Finney, *The Promise of the Spirit*, ed. Timothy L. Smith (Minneapolis: Bethany Fellowship, 1980), 21, 87, 89-90에서 찾을 수 있다. 일반적으로 도피주의 혹은 아편주의 정도로 여겨지는 복음주의자들의 경제관은 여전히 크게 탐구되지 않은 상태다. 예컨대, 1831년 뉴욕 로체스터에서 일어난 부흥에 대한 폴 존슨의 논란이 많은 해석에 크게 기대어 찰스 셀러스는 찰스 피니의 중요성은 복음주의자가 자본주의를 일반 대중에게 안전한 제도로 만들었다는 사실에 있다고 주장한다. 피니에 대한 셀러스의 논의는 *The Market Revolution: Jacksonian America, 1815-1846* (New York: Oxford University Press, 1991), 225-37에서 찾을 수 있다. 최근 몇 년 동안 공화국 초기에 시장의 급속한 성장에 집착한 학자들은 개별 학자들의 이념적 전제에 따라 복음주의가 비난을 받거나 칭찬을 받아야 한다고 주장했다. 이에 대한 괜찮은 토론은 Curtis D. Johnson, "Supply-Side and Demand-Side Revivalism? Evaluating the Social Influences on New York State Evangelism in the 1830s," *Social Science History* 19 (Spring 1995): 1-30에서 찾을 수 있다. 사실 남북전쟁 전 복음주의자들의 사회적 영향력에 대한 상당한 문헌에도 불구하고, 그들의 실제적인 경제관념에 대한 진지한 연구는 거의 이루어지지 않았다. 이것은 일차 자료가 부족해서가 아니다. 복음주의자들의 경제 관련 저술에 대한 나의 노출은 제한적이기는 하지만, 상당한 관련 문헌이 있음을 보여준다. William C. Kostlevy, "Benjamin Titus Roberts and the Preferential Option for the Poor in the Early Free Methodist Church," in *Poverty and Ecclesiology: Nineteenth-Century Evangelicals in the Light of Liberation Theology*, ed. Anthony L. Dunnavant, 51-67 (Collegeville, Minn.: Liturgical, 1992)를 참조하라. 나는 복음주의가 복잡하고 다차원적인 운동으로서 단일한 경제적 이해나 결과로 축소될 수 없는 다양한 경제적 의제를 가지고 있다고 생각한다.

2   성결과 오순절주의 단체가 더 넓은 문화권에서 받아들여지면서, 시온, 실로, MCA와 같은 공동체가 수행한 중요한 역할은 집단 기억에서 사라졌다. 시온과 관련이 있는 하나님의 성회 지도자들에 대해서는 Edith L. Blumhofer, *The Assemblies of God: A Chapter in the Story of*

American Pentecostalism, Volume 1 to 1941 (Springfield, Mo.: Gospel Publishing House, 1989), 113-16을 참조하라. 에이 제이 톰린슨은 하나님의 교회(클리브랜드)의 창립자이며, 회심 전에 잠시나마 인민당 정치 후보로 활동한 사람으로, 프랭크 샌드포드의 영향을 받아 노스캐롤라이나 컬버트슨에 성경학교, 고아원, 공동체를 조직했다. 톰린슨의 공동체 실험에 대해서는 R. G. Robins, *A. J. Tomlinson: Plainfolk Modernist* (New York: Oxford University Press, 2004), 129-43을 참조하라. 더블유 이 셰퍼드, 버드 로빈슨, 에프 엠 메신저, 에이 에프 잉글러와 같은 초기 나사렛교회 지도자들의 삶에서 MCA의 역할은 학자들의 주목을 받지 못했다.

3   흥미롭게도, 남북전쟁 전 완전주의에 대한 문헌에서 공동체 사회는 완전주의의 논리적 결과로 자주 다루어진다. John L. Thomas, "Romantic Reform in America, 1815-1865" *American Quarterly* 17 (Winter 1965): 656-81을 참조하라. 공동체 사회에 대한 문헌이 증가하고 있음에도 불구하고 복음주의 공동체 단체는 여전히 상당 부분 문서화되지 않은 상태다. 이 기간 동안 활동했던 성결 운동 단체 중에서 1871년에 사법인이 된 오네이다와 텍사스주 벨톤의 여성 단체 "우먼스 커먼웰스"만이 공동체 사회에 대한 문헌에 완전히 통합되었다. 성결 운동과 긴밀한 관계를 맺은 잘 알려진 다른 단체로는 메인주 샤일로의 프랭크 샌포드 공동체와 일리노이주 자이온의 알렉산더 도위 공동체가 있다. 구세군은 콜로라도주 애미티에 있는 세 개의 농장 식민지를 운영했는데, 도시의 부유함에서 벗어나고자 하는 진지한 욕구를 가진 사람들을 위한 곳이었다. 특히 개혁된 알코올 중독자를 위한 유사한 공동체가 로스앤젤레스 근처에 성결주의와 오순절주의 동조자인 피니스 요아쿰에 의해 설립되었다. 앨마 화이트의 불기둥교회는 여러 공동체를 설립했는데, 특히 콜로라도주 웨스트민스터와 뉴저지주 사례밧이 있다. 모든 회원이 개인 재산을 포기해야 한다고 가르치지는 않았지만, 하나님의 교회(앤더슨)는 1890년대부터 1920년대까지 40개가 넘는 공동체형 도시 선교사 훈련원을 운영했다. 크리스천 연합의 그리스도 교회 목사인 헨리 클레이 리스는 〈버닝 부시〉를 읽고 1917년 오하이오주 워싱턴 법원에서 사유 재산을 포기하는 단체를 설립했다. 우먼스 커먼웰스, 구세군 농장 식민지, 샤일로 그리고 그 당시의 다른 공동체 단체에 대한 자료는 Robert S. Fogarty, *All Things New. American Communes and Utopian Movements, 1860-1914* (Chicago: University of Chicago Press, 1990)에서 찾을 수 있다. 구세군 농장 식민지에 대한 가장 완벽한 책은 Clark C. Spence, *The Salvation Army Farm Colonies* (Tucson: University of Arizona Press, 1985)이다. 하나님의 교회의 공동체적 경험에 대해서는 John W. V. Smith, *The Quest for Holiness and Unity: A Centennial History of the Church of God* (Anderson, Indiana) (Anderson: Ind.: Warner, 1980), 230-44을 참조하라. 그리고 인디애나주 앤더슨의 복음의 나팔 공동체에 대해 특히 도움이 되는 책은 Harold L. Phillips, *Miracle

of Survival (Anderson, Ind.: Warner, 1979), 147-53이다. 프랭크 샌포드의 영향력 있는 실로 공동체에 대해서는 Frank S. Murray, *The Sublimity of Faith: The Life and Work of Frank W. Sandford* (Amherst, N.H.: Kingdom, 1981)의 공식 해석과 Shirley Nelson의 매우 비판적인 책 *Fair, Clear, and Terrible: The Story of Shiloh, Maine* (Latham, N.Y.: British American, 1989)를 참조하라. 피니스 이 요쿰에 대해서는 Robert V. Hine, *California's Utopian Colonies* (Berkeley and Los Angeles: University of California Press, 1983), 153-54를 참조하라. 기도의 집에 대해서는 Kenneth Brown and P. Lewis Brevard, *From Out of the Past: History of the Churches of Christ in Christian Union* (Circleville, Ohio: Circle, 1980)을 참조하라.

4 공동체적 천년왕국 사회를 기록하고 있는 문헌에 대한 소개는 Paul Boyer, *When Time Shall Be No More: Prophecy Belief in Modern American Culture* (Cambridge, Mass.: Belknap Press of Harvard University Press, 1992), 1-112에서 찾을 수 있다. 웨슬리의 견해에 대해서는 Arthur C. Bray, "Give Up All-by John Wesley" *Burning Bush*, 22 January 1914, 5를 참조하라. 웨슬리가 사도행전 2장의 모델에 따라 공동체를 조직하려 했던 시도에 대해서는 Henry D. Rack, *Reasonable Enthusiast: John Wesley and the Rise of Methodism* (Nashville: Abingdon, 1993), 364-65를 참조하라.

5 청지기 역사에 대한 유용한 자료는 George A. E. Salstrand, *The Story of Stewardship in the United States of America* (Grand Rapids, Mich.: Baker, 1956), 25-27에서 찾을 수 있다. 제임스 윌리암 리는 피니의 사역과 오벌린 칼리지의 "개혁주의적 열정"이 그의 "만물에 대한 하나님의 소유권" 교리에 뿌리를 두고 있다고 주장한다. James William Lee, "The Development of Theology at Oberlin" (PhD diss., Drew University, 1952). 케직에 대해서는 David D. Bundy, *Keswick: A Bibliographic Introduction to the Higher Life Movements* (Wilmore, Ky.: B. L. Fisher Library, Asbury Theological Seminary, 1975)를 참조하라. 항복 교리는 미국의 기독교에서 놀라울 정도로 오랫동안 지속되었다. 예를 들어, 자본주의에 대한 의심이 잘 기록된 미국 성결 운동의 특이한 열매라 할 수 있는 스탠리 존스는 20세기까지 주류 감리교 청중들에게 케직 담론을 지속적으로 설명했다. E. Stanley Jones, *Victory through Surrender* (Nashville: Abingdon, 1966).

6 파커의 인용문은 1877년 11월 26일 신시내티에서 열린 성결 대회 회의록과 1877년 12월 17일 뉴욕에서 열린 성결 대회 회의록, 202에서 발췌한 것이다. 냅의 인용문은 *Lightning Bolts from Pentecostal Skies; or Devices of the Devil Unmasked* (Cincinnati: Office of the Revivalist, 1898), 89에서 발췌한 것이다. 감리교가 19세기 내내 일반 서민의 교회라

는 본래의 목적에서 꾸준히 후퇴했음에도 불구하고, 중요한 장소에서도 많은 목소리들이 교회에 "세상에 보물을 쌓아 두는 것"이 얼마나 위험한 일인지에 대해 경고했다. 그러한 저자 가운데 한 명인 토마스 랄스톤은 성결 운동 진영에서 널리 읽혔으며, 사도행전 2장이 그리스도인의 공동생활에 대한 정상적인 윤리적 기준이라고 주장하기도 했다. Thomas N. Ralston, *Elements of Divinity; or, A Concise and Comprehensive View of Bible Theology* (Nashville: Publishing House of the M. E. Church, South, 1878), 848-55.

7   십일조의 증가에 대해서는 James Hudnut-Beumler, *In Pursuit of the Almighty's Dollar: A History of Money and American Protestantism* (Chapel Hill: University of North Carolina Press, 2007), 47-75와 George Salstrand의 여전히 유용한 고전인 *The Story of Stewardship*, 41-46을 참조하라.

8   에스 비 쇼의 책은 여러 차례 출판되었는데, 적어도 두 번은 〈갓스 리바이벌리스트 출판사〉에서였다. 첫 번째 판은 S. B. Shaw, *God's Financial Plan; or Temporal Prosperity the Result of Faithful Stewardship* (Grand Rapids, Mich.: S. B. Shaw, 1897)이다. 십일조를 바치지 않는 사람들에 대한 하나님의 복수 이야기가 포함된 저서로는 십일조에 대한 나사렛교회의 고전 두 권이 있다. J. W. Goodwin, *Tithing: The Touchstone of Stewardship* (Kansas City, Mo.: Nazarene Publishing House, n.d.); and Jarrette E. Aycock, *Tithing: Your Questions Answered* (Kansas City, Mo.: Beacon Hill, 1955). 십일조에 대한 나사렛교회의 문헌만 해도 방대하다. 십일조에 대한 성결 운동 문헌은 Charles Edwin Jones, *The Wesleyan Holiness Movement: A Comprehensive Guide*, 2 vols. (Lanham, Md.: Scarecrow, 2005)를 참조하라. 나사렛교회에서 창고 십일조는 처음에 "의무는 아니지만 최상의" 원칙으로 제시되었다. 1964년까지 창고 십일조는 교회 지원의 "성경적이고 실용적인" 수단으로 설명되었다. *Manual, Pentecostal Church of the Nazarene* (Los Angeles: Nazarene Publishing Company, 1907), 31; and *Manual of the Church of the Nazarene* (Kansas City, Mo.: Nazarene Publishing House, 1964), 48. 1903년에 〈버닝 부시〉 출신인 아이 지 마틴이 나사렛교회에서 목회자로 안수를 받았다. 피니어스 브리시는 안수식 메시지에서 창고 십일조를 새로운 교단의 중심 가르침으로 강조했다. I. G. Martin, *My Scrapbook* (Mansfield, Ill.: By the Author, 1936), 56. 창고 십일조는 국제사도성결교회(International Apostolic Holiness Church)의 역사 초기에 가르쳐졌다. *Manual of the International Apostolic Holiness Church* (Cincinnati: God's Revivalist Press, 1914), 36-37. 창고 십일조를 점진적으로 받아들인 전형적인 성결 교단의 재정적 어려움에 대해서는 Wayne E. Caldwell, ed.,

Reformers and Revivalists: The History of the Wesleyan Church (Indianapolis: Wesley, 1992), 140을 참조하라.

9   W. Schell, "The Tithing System Abolished," *Gospel Trumpet*, June-July 1992, 8-9에서 재인쇄됨. 에이 제이 톰린슨은 각각 성경에서 유래했다고 주장하는 세 가지 헌금 제도를 소개한다. 십일조, 모든 것을 팔아 교회에 기부하는 것 그리고 양심에 따르는 것이다. A. J. Tomlinson, *The Last Great Conflict* (Cleveland, Tenn.: Press of Walter E. Rodgers, 1913; repr., Cleveland, Tenn.: White Wing, 1984), 185-86.

10 흥미롭게도, MCA가 창고 십일조를 거부한 것은 예수님을 위해 모든 것을 포기해야 한다는 주장이 커지면서 생겨난 것이다. 사실, 1902년 여름, 찰스 에프 바이겔은 MCA 대회에서 십일조를 주장하기도 했다. "Chicago Holiness Convention," *Burning Bush*, 12 June 1902, 1. 성결, 천년왕국 주의 그리고 회복이라는 주제를 하나로 묶은 세 가지 사례는 "The Whole Gospel," *Burning Bush*, 2 July 1908, 5; "True Giving," *Burning Bush*, 24 July 1909, 5-6; and F. M. Messenger, "Saving Faith and Savings Banks," *Burning Bush*, 28 October 1909, 4이다. 레먼의 인용문은 F. M. Lehman, "The Property Question," *Burning Bush*, 3 August 1905, 6-8에서 발췌한 것이다. 수년 후, 거트루드 하비는 여전히 창고 십일조 교리를 공격하고 있었다. 그녀가 1924년 MCA 캠프 집회에서 관찰했듯이, "'10분의 1을 바치라'고 설교하는 사람들은 구약의 설교자들이고 그들은 사람들을 천국으로 데려갈 수 없습니다. 왜냐하면 우리는 예수님을 기쁘게 하기 위해 신약으로 올라가야 하기 때문입니다."(Mrs. E. L. Harvey, "The New Testament Standard," *Burning Bush*, 4 September 1924, 3). 세속 언론에는 파슨이 상당한 재산을 포기한 것에 대한 여러 가지 기사가 실렸다. 특히 흥미로운 것은 위스콘신주 워키샤에 있는 워키샤 카운티 역사 협회의 메트로폴리탄교회연합(MCA) 파일에 있는 신원 확인이 되지 않은 신문 기사는 "파슨은 지금 가난하다"이다.

11 성경학교가 "사도적 노선"으로 운영된다는 첫 번째 언급은 1904년 6월 23일 〈버닝 부시〉에 있다. 〈버닝 부시〉에 실린 다른 중요한 초기 기사로는 다음과 같은 것들이 있다. Mrs. E. L. Harvey, "Faith Line," *Burning Bush*, 28 July 1904, 3; E. L. Harvey, "Real Crucifixion," 6 October 1904, 5; "Bring in the Tithes," 6 October 1906, 9; and F. M. Messenger, "The Money Question," *Burning Bush*, 3 November 1904, 9. 마지막 인용문은 "Holy Giving," *Burning Bush*, 20 July 1905, 6에서 발췌한 것이다.

12 회원에 대한 통계는 U.S. Bureau of the Census, Census of Religious Bodies, 1906, vol. 2 (Washington, D.C.: U.S. Government Printing Office, 1910), 281-82에 나와 있다. 인구 과밀 상황에 대해서는 F. M.

Messenger, "Waukesha," *Burning Bush*, 16 November 1905, 7을 참조하라. 하비가 소유한 호텔 수는 Henry L. Harvey Jr., interview by the author, 15 September 1991, Hartford, Conn., tape recording, William Kostlevy Papers, Fuller Theological Seminary, Pasadena, Calif에서 발췌한 것이다.

13 MCA가 버팔로 락으로 이전한다는 계획은 Mrs. E. L. Harvey, "Our Near Exodus," *Burning Bush*, 1 June 1905, 8-9; and in "Our New Home," *Burning Bush*, 8 June 1905에서 논의된다. 워케샤로의 이전 발표는 "Our New Location," *Burning Bush*, 7 September 1905, 10에서 언급되고 있다.

14 Marian L. Madison, *The Fountain Spring House*, 1961, 저자 소유의 4페이지짜리 팜플렛. 협상에 대한 자세한 내용은 "Cities Which Thou Buildest Not," *Burning Bush*, 7 September 1905, 8-11에 나와 있다.

15 Madison, "Fountain Spring House." MCA는 공격적 전도로 악명이 높았다. 나사렛교회 목사는 아서 엘 브레이에게 20세기의 첫 20년 동안 중서부에서 기차를 타면 버닝 부시 전도자를 만나지 않고는 불가능해 보였다고 말한 바 있다. Arthur L. Bray, interview by the author, 8 November 1991, Brooksville, Fla., tape recording, *William Kostlevy Papers*, Fuller Theological Seminary, Pasadena, Calif.

16 이 정보는 헨리 엘 하비 주니어와의 인터뷰에서 발췌한 것이다. interviews with Henry L. Harvey Jr., interview by the author, 15 September 1991, Hartford, Conn., tape recording; Edna Hounshell Clark, interview by the author, August 1991, Oshkosh, Wisc., tape recording; Ruth Capsel Hobbes, interview by the author, August 1991, Lake Geneva, Wisc., tape recording; Kenneth Kendall, interview by the author, August 1991, Milwaukee, Wisc., tape recording. All recordings are located in the *William Kostlevy Papers*, Fuller Theological Seminary, Pasadena, Calif.

17 통계 자료는 Census of Religious Bodies: 1906, vol. 2, 281; L. F. Mitchel, "Retrospect," *Burning Bush*, 5 January 1928, 10; Mrs. F. M. Messenger, "Among Our Families," *Burning Bush*, 8 April 1909, 9; Henry Norman, "Our Fifth Anniversary in Waukesha," *Burning Bush*, 23 March 1911, 15; and "Thanksgiving," *Burning Bush*, 28 November 1912, 4에서 발췌한 것이다.

18 음식과 의복의 평등에 대한 필요성에 대한 최초의 〈버닝 부시〉 기사는 Mrs. F. M. Messenger, "Equal Division," *Burning Bush*, 16 February 1905, 12다. 음식과 의복의 양에 대한 정보는 Mrs. E. L. Harvey, "Having

All Things in Common," *Burning Bush*, 8 July 1909, 8-9에서 찾을 수 있다.

19 Grace Smith, "A Day at the Bible School," *Burning Bush*, 18 November 1909, 8; and "Holiness Band Here," *Waukesha Freeman*, 4 January 1906, 1. 일상생활이 비록 격렬해 보일 수 있지만, 공동체를 지향하지 않는 성결의 사람들도 매일 기도하고, 끝없이 이어지는 캠프 집회, 부흥회, 기도모임, 매주 예배를 드림으로써 반복적인 종교적 삶을 살았다는 것을 기억해야 한다.

20 Hobbes, interview by the author, August 1991, Lake Geneva, Wisc., tape recording, William Kostlevy Papers, Fuller Theological Seminary, Pasadena, Calif.; and "In Memory," *Burning Bush*, 5 December 1957, 21, 31.

21 William T. Pettengill, "Bible School Music," *Burning Bush*, 16 July 1925, 7. 학업 과정에서 음악의 위치에 대해서는 *Metropolitan Bible School, Situated at Waukesha, Wisconsin* (Waukesha, Wisc.: Metropolitan Church Association, n.d.)의 전단지를 참조하라. 아울러, Arthur F. Ingler, ed., *Burning Bush Songs*, No. 1 (Chicago: Metropolitan Church Association, 1902); Arthur F. Ingler, ed., *Joybells of Canaan; or Burning Bush Songs*, No. 2 (Waukesha, Wisc.: Metropolitan Church Association, 1905); *The Highway and the Way; or Burning Bush Songs*, No. 3 (Waukesha, Wisc.: Metropolitan Church Association, 1907); *Milk and Honey; or Burning Bush Songs*, No. 4 (Waukesha, Wisc.: Metropolitan Church Association, 1911); and *The New and Living Way; or Burning Bush Songs*, No. 5 (Waukesha, Wisc.: Metropolitan Church Association, 1913)을 참조하라. 플로라 루카스 팔머에 대해서는 *Burning Bush* (October 1972)에서 그녀의 부고란을 참조하라.

22 잉글러에 대해서는 chapter 4; and M. K. Moulton, "Ingler," *Herald of Holiness*, 28 September 1935를 참조하라. MCA를 떠난 후, 잉글러는 널리 사용되는 노래책인 가나안 멜로디를 편집했다. 레먼에 대해서는 Phillip Stanley Kerr, *Music in Evangelism and Stories of Famous Christian Songs* (Glendale, Calif.: Gospel Music Publishers, 1959), 153을 참조하라.

23 미첼에 대해서는 L. F. Mitchel, "Shall We Keep On?" *Burning Bush*, 9 February 1917, 9; L. F. Mitchel, "Reminiscences of the Burning Bush Camp Meetings," *Burning Bush*, 20 July 1920, 8, 14; L. F. Mitchel, "A Music Teacher's Conversion," *Burning Bush*, 23 April 1925, 9; and Louis F. Mitchel, "Retrospect," 10을 참조하라. 미첼의 신학을 포착할

수 있는 두 개의 찬송가는 "O Love of God" and "The Story of Jesus," Milk and Honey에 각각 32번과 45번이다.

24 페텡길에 대해서는 W. T. Pettengill, "Strict Independency," *Burning Bush*, 23 October 1913, 5; and "Gathering at the River," *Burning Bush*, 6 December 1956, 19-20을 참조하라. "Pentecostal Power" The New and Living Way의 찬송가 70장이다. 페텡길이 죽은 후 MCA 는 그의 찬송가 모음집 *Collected for Keeps: Hymns of W. T. Pettengill* (Dundee, Ill.: Metropolitan Church Association, n.d.)을 출판했다.

25 해리스에 대해서는 Kerr, *Music in Evangelism*, 197을 참조하라. 그리고 Grant Wacker, *Heaven Below: Early Pentecostals and American Culture* (Cambridge, Mass.: Harvard University Press, 2001), 232에서 간략히 논의된 자료를 살펴보라.

26 해리스와 에드윈 엘 하비 간의 서신을 참조하라. Metropolitan Church Association Papers, Fuller Theological Seminary, especially 1909-10; and the correspondence between E. L. Harvey and Henry Date, June 1910, Metropolitan Church Association Papers, Fuller Theological Seminary, Pasadena, Calif.

27 공동체 생활의 초기 희생자에 대해서는 "There's Death in the Pot," *Burning Bush*, 7 June 1906, 4-5를 참조하라. 찬송가 작가로서 큰 성공을 거두었음에도 불구하고 레만의 목회 경력은 스캔들과 논란으로 어려움을 겪었다. 그러한 논란 중 하나는 주식 매각과 관련이 있었다. F. M. Lehman, "Confession," *Herald of Holiness*, 29 December 1915, 6. 레만과 셰퍼드의 이탈에 대해서는 "There's Death in the Pot," 4-5를 참조하라. 셰퍼드에 대해서는 "Burning Bush Backsliders," *Burning Bush*, 22 May 1919, 5; and W. E. Shepard, *Fanaticism: What It Is, How to Avoid It, How to Correct It* (Kansas City, Mo.: Nazarene Publishing House, n.d.)를 참조하라. Bible Lessons의 이용 가능한 판본들 중에 가장 접근하기 쉬운 것은 *Bible Lessons: A Treatise on Evidences of Religion, Sin, Repentance, Consecration, and Holiness* (Salem, Ohio: Allegheny, 1989)이다.

28 E. L. Harvey, "Real Crucifixion," 5; and "The Property Question," *Burning Bush*, 15 December 1904, 6-7. 레만은 "The Tithing System," *Burning Bush*, 13 April 1905, 4-5에서 누가복음 14:33을 MCA를 옹호하는 구절로 처음 사용했다. Lehman, "The Property Question," 6-7에서 그것이 더 자세히 설명되고 있다. 같은 호 "Wesley on Riches," 5-6도 참조하라.

29 특히 에드윈 엘 하비 부인의 고린도후서 8:9에 대한 설교를 참조하라.

Mrs. E. L. Harvey, "His Poverty Is Our Riches," *Burning Bush*, 8 July 1909, 2-3; Charles T. Hollingsworth, "Giving All," *Burning Bush*, 9 December 1909, 9.

30 〈버닝 부시〉와는 대조적으로, 중서부 감리교회의 출판물인 〈노스웨스트 크리스천 애드보케이트〉는 1901년에 부자가 교회에 중요한 기여를 할 수 있다고 주장했다. 3월 6일, 표지에 제이 피 모건이 실렸다. MCA가 자신의 입장을 옹호하는 데 사용한 성경 본문 목록은 Charles T. Hollingsworth, "Forsaking All-A Bible Doctrine," *Burning Bush*, 29 January 1920, 9, 15에 나와 있다. 부자가 된다는 것에 대해서는 E. L. Harvey, "The Price of Discipleship," *Burning Bush*, 15 January 1910, 2-3을 참조하라. 첫 번째 인용문은 "Rich People," *Burning Bush*, 21 August 1919, 4-5에서 발췌한 것이다.

31 Donald S. Lundin, "The Lord's Poor," *Burning Bush*, 11 May 1911, II, 14. MCA가 가난한 사람에게 돈을 주는 것을 거부한 예로는 F. M. Messenger, "Giving Our Best," *Burning Bush*, 14 November 1912, 3에 나와 있다. "가난한 자를 위해"라는 글은 〈버닝 부시〉에 여러 차례 실렸다. "For the Poor," *Burning Bush*, 1 August 1912, 12. 복음주의 진영에서 "가난한 자를 위한 우선적 선택"에 대한 또 다른 예로는 Kostlevy, "Benjamin Titus Roberts and the Preferential Option for the Poor."를 참조하라.

32 믿음이 문제의 근본적 문제라고 주장하는 〈버닝 부시〉 기사 중에서는 에프 엠 메신저의 세 가지 사설을 참조하라. F. M. Messenger, "Saving Faith and Savings Banks," 4; "Faith," *Burning Bush*, 3 February 1910, 4; and "Treasures," *Burning Bush*, 5 May 1910, 4. 하비의 인용문은 "Some of Harvey's Sayings," *Burning Bush*, 13 August 1903, 5에서 발췌한 것이다.

33 Donald S. Lundin, "Giving Up All," *Burning Bush*, 24 October 1912, 8. 목스타드의 메시지는 "Behold, We Have Forsaken All and Followed Thee," *Burning Bush*, 14 October 1915, 4에 보도되었다.

34 신유에 대한 MCA 문헌은 방대하다. 특히 이 주제에 전념한 〈버닝 부시〉의 1913년 8월 21일 호를 참조하라. 모든 것을 버리는 것과 치유 사이의 연관성을 설명하는 데 가장 유용한 기사 중 하나는 "The Faith Line," *Burning Bush*, 20 April 1905, 9이다. 또한 도움이 될 만한 다른 사설은 "Divine Healing," *Burning Bush*, 6 May 1915, 4-5이다. 인용문은 The Discipline of the Metropolitan Church Association of Wisconsin, Adopted November 1930, 15에서 발췌한 것이다. MCA의 역사에는 신유에 대한 이야기로 가득하다. 특히 주목할 만한 이야기는 거트루드 하비, 더블유 이 셰퍼드, 에이 씨 브레이의 이야기다. 흥미롭게도, MCA의 의학

치료에 대한 반대는 1933년에 갑자기 끝났다. 1932년에 헨리 엘 하비 주니어와 젊고 불같은 사람 호워드 비쳐가 인도에 선교사로 파견되었다. 비쳐가 천연두로 사망한 반면, 비밀리에 천연두 예방 접종을 받았던 하비는 건강한 상태를 유지하게 되었고 치유에 대한 정책이 바뀌었다. 교회는 더 이상 약물과 의약품 사용을 비성경적이라고 생각하지 않는다. *Discipline and Rules for Christian Conduct of the Metropolitan Church Association* (Waukesha, Wisc.: Metropolitan Church Association, 1952), 19-20; and Henry L. Harvey Jr., interview by the author, 15 September 1991, Brooksville, Fla., tape recording, William Kostlevy Papers, Fuller Theological Seminary, Pasadena, Calif. MCA는 20세기 신유의 역사에서 중요한 역할을 했지만, 거의 알려지지 않았다. MCA 지도자 에이 지 가르와 저명한 지도자 알 엘 에릭슨의 아들인 클라렌스 에릭슨은 1910년대와 1920년대에 신유 사역을 설립하는 데 중요한 역할을 했는데, 그는 2차 세계대전 후 위대한 치유 부흥의 선구자였다.

35 Juanita Owen, *Where Flows the Ganges: The Story of John Samuel Whipple, Missionary to India* (Brainerd, Minn.: Lakeland Color, 1978); Alice Whipple, interview by the author, August 1991, Lake Geneva, Wisc., tape recording; and Muriel Whipple Haddon, interview by the author, 15 September 1991, Mystic, Conn., tape recording. 모든 인터뷰는 William Kostlevy Papers, Fuller Theological Seminary, Pasadena, Calif에 수록되어 있다.

36 Martha A. Dammarell, "Crandon," *Burning Bush*, 4 July 1907. 4-5: Helga A. Stabell. "Results of Crandon Revival," *Burning Bush*, 12 March 1908, 8; and also Hobbes, interview with the author, August 1991, Lake Geneva, Wisc., William Kostlevy Papers, Fuller Theological Seminary, Pasadena, Calif. On Smith, see Mrs. B. L. Harvey, "The Old Time Power," *Burning Bush*, 30 August 1906, 9.

37 George W. Barker Sr. to the Burning Bush, Waukesha, Wisconsin, 20 May 1908. *Metropolitan Church Association Papers*, Fuller Theological Seminary, Pasadena, Calif.

38 Daniel Steele, "Saving Faith," *Christian Standard*, 9 October 1909, 2. 또한 *Christian Standard*, 8 July 1911을 참조하라. 아울러, 스탠다드의 입장에 대한 응답은 "Communism," *Burning Bush*, 18 July 1912, 5에서 참조하라. 저자가 찾아낸 MCA 입장에 대한 또 다른 공격은 "Fanaticism," *Pentecostal Messenger*, 15 July 1913과 "Treasures in Heaven," *Religious Telescope*, 23 February 1910에 실려 있다. 페팅길의 인용문은 W. T. Pettengill, "Beating the Bush" *Burning Bush*, 16 October 1913, 5에서 따온 것이다. 은유에 대한 논의에 대해서는 Steven

Dale Cooley, "The Possibilities of Grace: Poetic Discourse and Reflection in Methodist/Holiness Revivalism" (PhD diss., University of Chicago, 1991)을 참조하라.

39 MCA와 오순절 연합의 초기 협력과 이후의 분열에 대해서는 Susie Cunningham Stanley, *Feminist Pillar of Fire: The Life of Alma White* (Cleveland: Pilgrim, 1993), 53-65를 참조하라. 두 그룹 간의 이후 갈등을 감안할 때 특히 흥미로운 점은 화이트의 자서전 초판으로, 그녀가 1901년 시카고에서 열린 성결 총회에 참석했을 때 메트로폴리탄 성결교회에 대한 긍정적인 인상을 이야기한 것이다. Mrs. Mollie Alma White, *Looking Back from Beulah* (Denver: Pentecostal Union, 1902), 252-56. 이 페이지는 1909년판에서는 삭제되었다. 화이트의 자서전 초판은 MCA에서 배포했다. 불기둥교회의 예배를 형성하는 데 있어서 MCA의 역할은 Frank Bartleman, *From Plow to Pulpit: From Maine to California* (Los Angeles: By the Author, 1924), 90-112에서 뒷받침되고 있다. 또한 영국에서의 캠페인에 대해서는 "From the London Dailies," *Burning Bush*, 5 January 1905, 4-6을 참조하라.

40 에릭슨과 메신저의 진술은 "Who Tells the Truth," *Burning Bush*, 15 February 1906, 6에 인쇄되어 있다. 파슨에게 보낸 편지 사본과 메트로폴리탄 성경학교에 대한 지원서는 *Burning Bush*, 18 January 1906, 2, 5에 게재되었다.

41 MCA의 입장은 "Dialogue Made from Conversation, Letters and Facts," *Burning Bush*, 18 January 1906, 7에 잘 드러나 있다.

42 버닝 부시 운동과 화이트의 오순절 연합이 불화하고 있다는 첫 번째 공식적 발표는 1905년 11월 9일 〈버닝 부시〉에 실린 전면 성명서였다. 일반적인 〈버닝 부시〉의 폭로와는 달리, 구체적인 비난은 없었는데, 아마도 화이트가 화해할 수 있기를 여전히 바랐기 때문일 것이다. 〈버닝 부시〉의 폭로성에 대한 MCA의 응답은 "A Comforting Thought," *Burning Bush*, 18 January 1906, 5에 잘 드러나 있다. 앨마 화이트가 이 사건을 해석한 내용은 Alma White, *The Story of My Life and the Pillar of Fire*, vol. 4 (Zarephath, N.J.: Pillar of Fire, 1928), 261-88에 나와 있다.

43 로스엔젤리스의 위기에 대해서는 "Mrs. Kent White." *Burning Bush*, 25 January 1906, 4, 6-7; and "God Working with Us," *Burning Bush*, 15 February 1906, 1-7을 참조하라. 씨 케이 잉글러는 불기둥교회에 남았지만, 아서 에프 잉글러는 오순절주의에 관심을 가진 후 오순절 나사렛교회에 합류했다. 1960년대 후반, 위스콘신주 리치랜드 센터의 감리교 주일학교 교사에 의해 〈버닝 부시〉와 MCA를 소개받았던 게리 보웰은 시애틀에 있는 불기둥교회에 참석했다. 두 그룹 간의 이전에 있었던 갈등을 알지 못했던 보웰은 그들의 유사점에 깊은 인상을 받았다. 적어도 불기둥교

회 목사가 버닝 부시 운동을 잘은 모르지만 위험한 컬트라고 설교하기 전까지는 말이다. (Gary Bowell, interview by the author, August 1991, Richland Center, Wisc., tape recording. William Kostlevy Papers, Puller Theological Seminary, Pasadena, Calif.) 앨마 화이트가 MCA에서 분리된 것은 90년 전이었지만, 화이트에 대한 많은 이야기가 1990년대 초까지 MCA에서 계속 떠돌았다. 아울러, 바운드 브룩 부지는 여전히 불기둥교회의 중요한 중심지이며, 이 교단에서 가장 큰 회중이 있는 곳이다. 오늘날 불기둥교회는 북미 지역에서 1,000명도 채 되지 않는 회원을 보유하고 있지만, 미국 밖에서는 중요한 사역을 하고 있다. 불기둥교회에 대한 나의 연구는 불기둥 목사이자 불기둥 관련 섬머셋 크리스천 칼리지의 전 총장인 로버트 크루버와의 우정에서 큰 도움을 받았다. 또한 아서 엘 브레이, 루스 캡셀 홉스, 앨리스 위플, 게리 보웰과의 인터뷰에도 많은 빚을 졌다.

07 MCA와 현대 미국 종교 문화의 형성

1 A. G. Garr to Henry Harvey, 13 May 1907, Metropolitan Church Association Papers, Fuller Theological Seminary, Pasadena, Calif.

2 릴리안 앤더슨의 아버지가 감리교 감독이었다는 항간의 소문은 사실이 아니다.

3 로스앤젤레스 캠페인에 대해서는 W. E. Shepard, "From Los Angeles," *Burning Bush*, 7 April 1904, 4-5; and W. E. Shepard, "The Los Angeles Convention," *Burning Bush*, 28 July 1904, 5를 참조하라. 로스앤젤레스 외에서도 MCA는 예배를 드렸고, 산호세와 새크라멘토에 선교부를 설립하려고 시도했다. 덴버에서 앨마 화이트의 오순절 연합과 함께 일했고 불기둥교회를 광신적으로 여겼던 성결 순회 전도자인 프랭크 바틀먼은 산호세에서 〈버닝 부시〉 광신주의를 경고하는 5,000권의 전도지를 배포했다. Frank Bartleman, *Prom Plow to Pulpit: From Maine to California* (Los Angeles: By the Author, 1924), 119-21.

4 에이 지 가르와 릴리안 가르의 성공에 대해서는 "Los Angeles Again: Another Nazarene Converted," *Burning Bush*, 15 December 1905, 6을 참조하라. 또한 가르 부부의 스타일을 잘 보여주는 것은 릴리안 앤더슨 가르가 헨리 클레이 모리슨의 〈펜타코스탈 헤럴드〉지에 정기적으로 글을 기고하던 자신의 아버지 티 에이치 비 앤더슨이 습관적으로 담배를 피웠다는 사

실을 밝힌 것이다. 릴리안 가르는 아버지가 담배를 피운다는 사실을 알고 있던 모리슨이 아버지의 영적 필요에 무관심하다고 비난했다. *Burning Bush*, 30 March 1995. 앤더슨에 대해서는 T. H. B. Anderson, *Experience of Rev. T. H. B. Anderson, D. D.* (n.p.: By the author, n.d.)을 참조하라. 허버트 버품(Herbert Buffum, 1879~1939)은 오순절주의에서 가장 유명한 작곡가 가운데 한 명이 되었고, 1만 곡이 넘는 노래를 작곡했다.

5   Allan Farson, *Ken Farson, 1917-1988: A Book of Memories* (Glendale, Calif.: By the Author, 1991), 8, 16. 이혼 문제에 대한 듀크 파슨의 지속적인 흥미에 대해서는 "More about the Tidwell-Nazarene Church Matter," *Immanuel Herald*, 11 March 1928, 7-11, 22-23을 참조하라. 1958년 MCA는 재혼에 반대하는 급진적인 성결 논문을 출판했다. Glenn Griffith, *Until Death Do Us Part* (Dundee, Ill.: Metropolitan Press, 1958).

6   셰퍼드는 결국 나사렛교회로 되돌아갔다. "There's Death in the Pot," *Burning Bush*, 7 June 1906, 4-5. 에이 지 가르와 릴리안 가르에 대한 나의 연구에서 나는 그들의 아들 에이 지 가르 주니어의 도움을 많이 받았다. (interview by the author, January 1993, Charlotte, N.C., tape recording, William Kostlevy Papers, Fuller Theological Seminary, Pasadena, Calif.). 또한 가르에 대해서는 William A. Ward, *The Trailblazer. The History of Dr. A. G. Garr and Garr Auditorium* (Concord, N.C.: By the Author, n.d.)를 참조하라. 가르가 6월 16일에 방언을 받았다는 와드의 주장은 가르가 헨리 하비에게 보낸 편지에서 확인된다. 다른 출처, 특히 1907년 6월 20일자 〈버닝 부시〉에 인용된 〈펜테코스탈 파워〉의 기사는 날짜를 6월 14일로 제시한다. 6월 16일이라는 날짜는 가르가 프랭크 바틀먼보다 하루 늦게 방언의 은사를 받았음을 보여주는데, 프랭크 바틀먼은 6월 15일에 방언의 은사를 받았다고 주장했다. Frank Bartleman, *Witness to Pentecost: The Life of Frank Bartleman* (New York: Garland, 1985), 56. 4월 초에 글렌 에이 쿡은 집회에 참석했지만 세 번째 축복에 대한 편견 때문에 그때는 오순절 은사를 받지 못했다고 보고했다. Glenn A. Cook "Receiving the Holy Ghost," *Apostolic Faith*, November 1906, 2. 오순절주의의 기원에 관해서는 로버트 맵스 앤더슨의 초기 작품이지만 여전히 가치가 있는 Robert Mapes Anderson, *Vision of the Disinherited: The Making of American Pentecostalism* (New York: Oxford University Press, 1979), 66-68을 참조하라. 그리고 D. William Faupel, *The Everlasting Gospel: The Significance of Eschatology in the Development of Pentecostal Thought* (Sheffield: Sheffield Academic Press, 1996); and Grant Wacker, *Heaven Below. Early Pentecostals and American Culture* (Cambridge, Mass.: Harvard University Press, 2001)도 참조하라.

7	시카고 집회에 대해서는 "The Third Blessing," *Burning Bush*, 19 July 1906, 1-2; 그리고 같은 호의 "A. G. Garr," 2를 참조하라.
8	가르 부부가 댄빌에서의 경험에 대해 직접 보고한 내용은 "Good News from Danville, VA," *Apostolic Faith*, September 1906, 4에 나와 있으며, 흥미롭게도 에이 지 가르 부부가 "Pentecost in Danville, VA," *Apostolic Faith*, October 1906, 2에서 덜 낙관적으로 보고한 내용도 나와 있다.
9	가르가 1907년 하비에게 보낸 편지에서 MCA가 MCA 소유 재산을 훔치려 했다는 주장을 부인했다. MCA는 버지니아주 댄빌에 계속 남아있었다. 1911년 에드윈 엘 하비 부부는 가르가 입힌 피해에도 불구하고 댄빌에서 "방언의 망상"이 사라지고 있다고 보고했다. Mr. and Mrs. Harvey, The Virginia Campaign, *Burning Bush*, 23 February 1911, 8-9. 왁커는 개인적 자율성에 대해 논의하면서 *Garr in Heaven Below*, 212-16에서 인용문을 사용한다. 노르웨이 오순절 선구자 토마스 발 바랫의 유사한 경험은 David D. Bundy, "Visions of Apostolic Mission: Scandinavian Pentecostal Mission to 1935" (PhD diss., Uppsala University, 2009), 173-77에 잘 나와 있다.
10	가르 부부가 현지어를 말하지 못함으로 인해 〈버닝 부시〉 선교사를 그들의 대의에 끌어들일 수 있는 기회를 망친 듯하다. 이것은 MCA에서 자주 반복되는 이야기이며, 오순절주의를 거부하는 운동들이 중요한 이유로 내거는 근거로 계속 인용되고 있다. 인도적 시각을 볼 수 있게 해준 부분에 대해서 나는 특히 앨리스 위플에게 빚을 졌다. 원본 기사는 캘커타 오순절 교단의 정기 간행물인 〈펜테코스탈 파워〉에 처음 게재되었고, "God's Two Gifts of Tongues," *Burning Bush*, 20 June 1907, 4-5에서 더 큰 기사의 일부로 재인쇄되었다.
11	가르 부부가 인도에서 겪은 경험에 대한 자신의 설명은 B. F. Lawrence, *The Apostolic Faith Restored* (St. Louis: Gospel Publishing House, 1916), 96-105에 처음 실렸으며, Donald W. Dayton, comp., *Three Early Pentecostal Tracts* (New York: Garland, 1985)에서도 찾아볼 수 있다.
12	Ward, *Trailblazer*, 7-8. 프랭크 바틀먼은 가르와 마찬가지로 교회가 인간적 리더십으로부터 해방된 것이 아주사 스트리트 부흥의 열매라고 생각했다. Bartleman, *Witness to Pentecost*, 58, 155-60. 가르 스타일의 전형은 1925년 오리건주 클래머스 폴스에서 있었던 그들의 부흥이었다. 가르 부부는 성경 구절을 측면에 고정하고 가르 복음전도단의 이야기를 담은 차를 타고 마을에 도착했지만 건물을 빌릴 수 없었고, 그저 빈터에서 예배를 시작했다. (Robert Bryant Mitchell, *Heritage and Horizons; The History of the Open Bible Standard Churches* [Des Moines: Open Bible, 1982], 76-77).

13 "The Third Blessing," 4. 아주사 스트리트 부흥이 늦게 시작된 것에 대해서는 Anderson, *Vision of the Disinherited*, 66-68을 참조하라. 인종에 대한 MCA의 입장을 잘 보여주는 예로는 감리교회의 인종적 태도를 비판하는 짧은 인용문을 들 수 있다. "하나님 감사합니다. 우리는 피부색에 선을 긋지 않고 죄와 불경건함에 선을 긋습니다."(*Burning Bush*, 21 February 1907, 7). 이혼과 재혼 문제에 대한 세이무어의 집착에 대해서는 W. J. Seymour, "The Marriage Tie," *Apostolic Faith*, 21 September 1907, 3을 참조하라. 오리건주 포틀랜드에 있는 사도신앙교회의 가르침에 대해서는 *A Historical Account of the Apostolic Faith: A Trinitarian-Fundamental Evangelistic Organization* (Portland, Ore.: Apostolic Faith Publishing House, 1965), 48-50을 참조하라.

14 파햄에 대해서는 James R. Goff Jr., *Fields White unto Harvest: Charles F. Parham and the Missionary Origins of Pentecostalism* (Fayetteville: University of Arkansas Press, 1988)을 참조하라. MCA가 오순절주의에 대해 처음으로 확장적으로 공격한 것은 1907년 1월 24일자 〈버닝 부시〉에 실린 4~8호 기사다. 글랜 에이 쿡의 이야기는 특히 흥미로운 내용 중 하나다. 쿡은 아주사 스트리트에서 재정과 메시지를 담당했다. 결국 그는 오순절 메시지를 인디애나폴리스로 가져갔고, 그곳에서 1914년에 시작된 "하나됨(Oneness)" 오순절 운동의 지도자가 되었다. 추적하기는 어렵지만, MCA와 그의 역사는 특히 격동적이었다. 유죄 판결을 받은 방화범 쿡은 1901년 시카고 부흥 때 회심했다. 그는 MCA에서 인쇄공으로 일했고 〈버닝 부시〉에 여러 기사를 썼다. MCA에 따르면, 쿡은 1906년 떠날 때 MCA에 500달러를 빚졌다. 1908년에 쿡은 에드윈 엘 하비에게 편지를 썼다. 이에 대해 하비는 쿡에게 갚지 않은 빚을 상기시키고 편지를 끝맺었다. "당신의 뜨겁고, 불타고, 정직하고, 두 번째 축복이며, 진실을 채우고, 빚을 갚는 복음을 위해"(E. L. Harvey to Glenn A. Cook, 24 April 1908, Metropolitan Church Association Papers, Fuller Theological Seminary, Pasadena, Calif.). 쿡에 대해서는 "How I Received the Los Angeles Gift of Tongues," *Burning Bush*, 24 January 1907, 6-7을 참조하라.

15 F. M. Messenger, "Counterfeit Gift of Tongues," *Burning Bush*, 19 September 1907, 5-7. 그 후 몇 년 동안 MCA는 오순절주의에 빠진 사람이 거의 없었다. 흥미롭게도 버닝 부시 운동에서 가장 성공적인 전도자 가운데 한 명인 알 엘 에릭슨은 오순절주의를 받아들였다. 그러나 에릭슨의 이야기는 비극적인 것이었다. 1907년 아내가 죽은 직후, 그는 성적인 스캔들로 MCA에서 추방되었다. 결국 오순절 운동에 합류하여 시카고에서 잠시 목사로 시무했다. 1914년 그의 교회에 초청된 특별 설교자로는 MCA 시절 오랜 친구인 에이 지 가르와 켄트 화이트가 포함되었다. "Tongues Inconsistency," *Burning Bush*, 2 July 1914, 4. 에릭슨은 다시 성 스캔들에 연루된 후 1915년 교회에서 해임되었다. 1944년 그는

노스캐롤라이나 샬럿에서 사망했다. 앞서 언급했듯이, 에릭슨의 딸이자 에지 가르의 두 번째 아내인 한나는 1944년부터 1976년까지 가르 기념교회의 목사로 시무했다. 에릭슨의 아들 클라렌스 에릭슨은 인디애나폴리스와 시카고에서 목사로 시무했다. 그는 아버지와 한나처럼 유명한 신유 사역자였다.

16 MCA가 워케샤에 정착한 것에 대해서는 G. H. Koenig, "The Jumpers Jarred Waukesha," *Waukesha (Wisconsin) Freeman*, 20 March 1982를 참조하라.

17 "From Milwaukee Sentinel," *Burning Bush*, 7 June 1906, 8-9, 13.

18 L. F. Mitchel, "Riot in Waukesha," *Burning Bush*, 26 July 1906, 4-5; and "Holy Jumpers Egged by Mob," *Milwaukee Sentinel*, 23 August 1906. 1906년 캠프 집회에 대해서는 "Camp Meeting Number," *Burning Bush*, 30 August 1906을 참조하라.

19 체포된 17명의 학생에 대해서는 *Burning Bush*, 13 June 1907; and 20 June 1907을 참조하라. 블린과 메이능의 체포에 대해서는 Clara L. Huntington, "The Battle Hot," *Burning Bush*, 11 July 1907, 4를 참조하라. 메신저의 체포에 대해서는 *Burning Bush*, 11 July 1907, 9; F. M. Messenger, "Arrest and Confinement," *Burning Bush*, 18 July 1907, 5-7; and "Acquitted," *Burning Bush*, 3 October 1907, 5를 참조하라. 워케샤에서 MCA의 첫 번째 회심자의 장례는 "Mrs. McGraw's Death," *Burning Bush*, 18 July 1918, 11을 참조하라.

20 W. C. Dixon, Red Cloud, to E. L. Harvey, Waukesha, 24 May 1910; Mr. and Mrs. A. A. Parsons, Red Cloud, to Burning Bush People, Waukesha, 23 June 1910, Metropolitan Church Association Papers, Fuller Theological Seminary, Pasadena, Calif. 레드 클라우드는 네브라스카-캔자스주 경계에 있다. 이곳은 상업의 중심지이며 웹스터 카운티 소재지다. 이곳은 작가 윌라 캐더의 집이 있는 곳으로 가장 잘 알려져 있다.

21 Martha Bray, Red Cloud, to Gertrude Harvey, Waukesha, 12 September 1910, Metropolitan Church Association Papers, Fuller Theological Seminary, Pasadena, Calif.

22 Ibid.

23 모든 사람이 부흥 운동을 긍정적으로 받아들인 것은 아니다. 예를 들어, 브레이는 "한 젊은 여성이 제단에 와서 맑게 기도하고 있었는데, 그녀의 어머니가 집회장 앞에 서서 딸을 불렀다. 나는 마차로 가서 어머니가 격노한 것을 보았다. 그녀는 마차에서 뛰어내려 집회장으로 달려가서 문제를 삼겠다고 다짐하고 제단으로 달려가 딸을 끌고 갔다." (Arthur C. Bray, Red

Cloud, to E. L. Harvey, Waukesha, 17 September 1910, Metropolitan Church Association Papers, Fuller Theological Seminary, Pasadena, Calif.).

24   Martha Bray, Red Cloud, to Gertrude Harvey, Waukesha, 12 September 1910, Metropolitan Church Association Papers, Fuller Theological Seminary, Pasadena, Calif.

25   Ed F. Deright, Red Cloud, to E. L. Harvey, Waukesha, undated, Metropolitan Church Association Papers, Fuller Theological Seminary, Pasadena, Calif.

26   [Deright], Red Cloud to E. L. Harvey, Waukesha, 20 September 1910, Metropolitan Church Association Papers, Fuller Theological Seminary, Pasadena, Calif.

27   Red Cloud Advertiser, 23 September 1910. 버닝 부시 운동이 리드 부지를 인수한 것에 대한 지역 사회의 반응에 대해서는 Webster County Argus, 23 September 1910을 참조하라.

28   Ed F. Deright and Arthur C. Bray, Red Cloud, to Burning Bush, Waukesha, typescript of telegram, 21 September 1910, Metropolitan Church Association Papers, Fuller Theological Seminary, Pasadena, Calif.

29   Undated and handwritten text of telegram to Deright and Bray, Red Cloud, Metropolitan Church Association Papers, Fuller Theological Seminary, Pasadena, Calif. 마태복음 10장 23절에서 예수님은 제자들에게 한 도시에서 박해를 받으면 다른 도시로 피하라고 말씀하셨다. 왜냐하면 그들의 메시지가 필요한 다른 많은 곳이 있기 때문이다.

30   Arthur C. Bray, Red Cloud, to E. L. Harvey, Waukesha, 24 September 1910, Metropolitan Church Association Papers, Fuller Theological Seminary, Pasadena, Calif.

31   Arthur C. Bray, Red Cloud, to E. L. Harvey, Waukesha, 26 September 1910, Metropolitan Church Association Papers, Fuller Theological Seminary, Pasadena, Calif.

32   Arthur C. Bray, Esbon, Kans., to E. L. Harvey, Waukesha, 4 October 1910; Martha Bray, Red Cloud, to Gertrude Harvey, Waukesha, 4 October 1910, Metropolitan Church Association Papers, Fuller Theological Seminary, Pasadena, Calif.

33   Arthur C. Bray, Red Cloud, to E. L. Harvey, Waukesha, 6 October

1910, Metropolitan Church Association Papers, Fuller Theological Seminary, Pasadena, Calif.

34 Ibid.

35 Arthur C. Bray, Red Cloud, to E. L. Harvey, Waukesha, 13 October 1910; Ed F. Deright, Red Cloud, to E. L. Harvey, Waukesha, 14 October 1910; Martha Bray, Red Cloud, to Gertrude Harvey, Waukesha, 14 October 1910, Metropolitan Church Association Papers, Fuller Theological Seminary, Pasadena, Calif.

36 Arthur C. Bray, Red Cloud, to E. L. Harvey, Waukesha, 18 October 1910; Ed F. Deright, Red Cloud, to E. L. Harvey, Waukesha, 26 October 1910. Arthur C. Bray, Red Cloud, to E. L. Harvey, Waukesha, 29 October 1910, Metropolitan Church Association Papers, Fuller Theological Seminary, Pasadena, Calif.

37 흥미롭게도, 1910년의 혼란에도 불구하고 몇 년 후 MCA는 레드 클라우드에 선교사를 파견해 달라는 또 다른 요청을 받았다. 누군가가 파견되었다는 증거는 없다. 파슨 가족은 사건 이후 몇 년 동안 MCA와 계속 서신을 주고받았다. 선교 사역에 관한 한 브레이 부부의 삶은 짧았다. 1912년, 의료 치료를 거부하는 MCA의 관행을 따르던 마르다가 사망하면서 남편과 함께 한 살도 안 된 아들도 남겨졌다. 아서 씨 브레이는 1937년 사망할 때까지 〈버닝 부시〉에 남아 교사이자 전도자로 봉사했다. 신자들이 모든 것을 예수님께 바치라고 요구하는 그의 날카로운 어조를 생각한다면, 아이러니하게 이 에프 드라이트는 1913년에 〈버닝 부시〉를 떠났다.

38 성경 본문 달력의 진화에 대해서는 〈버닝 부시〉 가을호에 실린 달력 광고를 참조하라. 〈국제 주일 학교 교육〉은 주일학교 수업을 조정하기 위한 에큐메니칼 차원에서 매주 수업에 공통된 성경 본문을 사용했다.

39 Martin Wells Knapp, *Pentecostal Letters* (Cincinnati: Office of God's Revivalist. 1902). 메신저가 달력을 해석하고 판매한 것에 대해서는 W. G. Schurman, "The Home-Going of Brother Messenger," *Herald of Holiness*, 4 March 1931, 10을 참조하라. 메신저 자신의 실수에 대한 고백에 대해서는 F. M. Messenger, "My Confession," *Herald of Holiness*, 21 January 1914, 10을 참조하라. 나는 메신저의 고백록을 찾아준 찰스 이 존스에게 감사한다. 에드윈 엘 하비가 워케샤 우편국장 에이치 이 블래어에게 보낸 편지에는 메신저가 처음에 일리노이주 시온 시티로 이전했다고 나와 있다. 편지에서 하비는 우체국 직원이 지역 이발소의 고객들에게 메신저가 MCA를 영구히 떠난다는 소식을 즉시 알렸다고 불평했다. E. L. Harvey to H. E. Blair, 14 April 1913, Metropolitan Church Association Papers, Fuller Theological Seminary, Pasadena, Calif.

메신저가 나사렛교회의 연금 플랜 개발에서 한 역할에 대해서는 John C. Oster, Serving Those Who Serve: 75 Years of Pensions and Benefits (Kansas City, Mo.: Board of Pensions and Benefits USA, Church of the Nazarene, 1993), 18-20을 참조하라.

40 John S. Whipple to E. L. Harvey, 6 February 1918, Metropolitan Church Association Papers, Fuller Theological Seminary, Pasadena, Calif.

41 호프만과 플록호스트의 작업은 Colleen McDannell, *Material Christianity: Religion and Popular Culture in America* (New Haven, Conn.: Yale University Press, 1995)에서 논의된다. 틸리히에 대해서는 Sally M. Promey, "Interchangeable Art: Warner Sallman and the Critics of Mass Culture," in *Icons of American Protestantism: The Work of Warner Sallman*, ed. David Morgan (New Haven, Conn.: Yale University Press, 1996), 156-57을 참조하라. 이 기사에서 언급된 달력 사본은 Metropolitan Church Association Papers, Fuller Theological Seminary, Pasadena, Calif에 있다.

42 샐먼에 대한 정보는 McDannell, *Material Christianity*, 27, 189-92, 240; David Morgan, ed., *Icons of American Protestantism: The Work of Warner Sallman* (New Haven, Conn.: Yale University Press, 1996); and Stephen Prothero, *American Jesus: How the Son of God Became a National Icon* (New York: Farrar, Straus, and Giroux, 2003), 117-23을 참조하라. 게이블린은 McDannell, *Material Christianity*, 7에서 인용되었다.

08 꺼졌다 다시 불타오르는 불

1 에드윈 에프 하비의 감정은 "Deeper Truths for Christians," *Message of Victory* (January-March 1980): 1에 표현되어 있다. 장례식에서 메신저와 아프리카계 미국인의 추억은 케네스 켄달이 회상하고 있다. Kenneth Kendall, interview by the author, August 1991, Milwaukee, Wisc., tape recording, William Kostlevy Papers, Fuller Theological Seminary, Pasadena, Calif. 이 이야기를 언급한 다른 사람으로는 헨리 엘 하비 주니어와 릴리안 존슨 하비가 있다. (interviews by the

author, April 1991 and 22 November 1995, Hampton, Tenn., tape recording, William Kostlevy Papers, Fuller Theological Seminary, Pasadena, Calif.) 그리고 아서 엘 브레이(interview by the author, 8 November 1991, Brooksville, Fla., tape recording, William Kostlevy Papers, Fuller Theological Seminary, Pasadena, Calif.)도 있다.

2   MCA의 불라드 공동체는 실제로 수년 동안 MCA가 실험했던 워케샤 공동체보다 더 유명하다. 이는 주로 에드윈 스밀의 1947년 기사 Edwin Smyrl, "The Burning Bush," *Southwestern Historical Quarterly* 50 (January 1947): 335-43의 결과다. 다른 정보는 Earle Walker, "Religious Group Established Colony in Bullard Area Half Century Ago," *Tyler Courier Times*, 23 September 1962; Bob Bowman, The 35 Best Ghost Towns in East Texas (Lufkin, Tex.: Best of East Texas, 1988); Thelma Chambers Cravy ed., *The Bullard Area: Its History and People, 1800-1977* (Bullard, Tex.: Community Library Assoc., 1978), 23-25; and Tom Bailey, *Cults and Country People* (n.p.: By the Author, 1980), 16-31에서 찾을 수 있다. 이 모든 자료는 Bullard (Texas) Community Library: Burning Bush Collection에서 이용할 수 있다.

3   MCA가 텍사스 부지를 조직한 것에 대해서는 Mrs. Henry L. Harvey, "Six Months in East Texas," *Burning Bush*, 13 August 1914, 8; and "All Aboard for Texas," *Burning Bush*, 29 April 1915, 4를 참조하라.

4   Smyrl, "The Burning Bush," 335-343. Also see Allan Farson, *Ken Farson, 1917-1988: A Book of Memories* (Glendale, Calif.: By the Author, 1991), 3-7.

5   1916년 MCA에 대해서는 E. L. Harvey, "Various Branches of Our Work," *Burning Bush*, 15 June 1916, 4-5; and U. S. Bureau of the Census, Religious Bodies, 1916, vol. 2 (Washington, D.C.: U.S. Government Printing Office, 1919), 282-83을 참조하라.

6   Edna Hounshell Clark, interview by the author, August 1991, Oshkosh, Wisc., tape recording, William Kostlevy Papers, Fuller Theological Seminary, Pasadena, Calif. "급진적 복음주의"에서 여성의 우월성에 대해서는 Grant Wacker, *Heaven Below: Early Pentecostals and American Culture* (Cambridge, Mass.: Harvard University Press, 2001)을 참조하라. 웨스트버지니아 석탄 지역에서의 MCA 활동에 대해서는 W. S. Hitchcock, "Among the Hills of Amy, West Virginia," *Burning Bush*, 6 August 1914, 8; and "The Missionary Field-at Home and Abroad," *Burning Bush*, 18 February 1915, 7을 참조하라. 릴리안 하비는 그녀의 아버지 존 티 존슨이 모든 것을 버리고 교리를 강력하게

설교했기 때문에 여러 차례 위협을 받았다고 보고했다. (Lillian Johnson Harvey, interview by the author, 22 November 1995, Hampton, Tenn., tape recording, William Kostlevy Papers, Fuller Theological Seminary, Pasadena, Calif.).

7   A. C. Bray, "Evangelism in Texas," *Burning Bush*, 8 July 1915, 8; and H. L. Callaway, "Burning Bush Revival in Texas," *Burning Bush*, 16 September 1915, 7. 1915년 캠프 집회에 대해서는 *Burning Bush*, 21 October 1915, 15를 참조하라.

8   MCA에 대한 법적 조치가 임박했다는 소문을 퍼뜨린 사람은 바로 당시 우들론 오순절 나사렛교회(일리노이주 시카고)의 목사였던 더블유 이 셰퍼드였던 것 같다. D. M. Farson, "The Conspiracy Case," *Burning Bush*, 10 May 1917, 4.

9   이 소송은 1916년 12월 28일자 〈버닝 부시〉에서 처음 언급되었다. 이 사건에 대한 MCA의 대응은 D. M. Farson, "The Conspiracy," *Burning Bush*, 8 March 1917, 6에 나와 있다.

10 이 소송에 대해서는 D. M. Farson, "The Conspiracy Case," *Burning Bush*, 18 January 1917, 4-5; 25 January 1917, 5-6; and 1 February 1917, 4-5를 참조하라. 인용문은 2월 1일 자에서 발췌한 것이다.

11 W. T. Pettengill, "Our Front Page Picture," *Burning Bush*, 5 November 1914, 4; and "The Methodists and the War," *Burning Bush*, 3 December 1914, 5. 1918년 9월 26일자 〈버닝 부시〉에서 하비는 전쟁의 악에 대한 신문의 온건한 입장을 옹호했다(page 5). MCA와 전쟁에 대한 다른 자료는 Bernard Farson, *Autobiographical Letters*, William Kostlevy Papers, Fuller Theological Seminary, Pasadena, Calif.에서 찾을 수 있다. 워케샤의 식량과 연료 부족에 대해서는 Mrs. E. L. Harvey, "Fuel Shortage-God's Deliverance," *Burning Bush*, 21 March 1918, 8-9를 참조하라.

12 Gertrude Harvey to Mr. and Mrs. J. M. Scarce, 13 October 1918, Metropolitan Church Association Papers, Fuller Theological Seminary, Pasadena, Calif.

13 Gertrude Harvey to Miss J. S. Whipple, 3 December 1918, Metropolitan Church Association Papers, Fuller Theological Seminary, Pasadena, Calif. 1918년 12월 11일, 하비 여사는 엘 더블유 슈워드 여사에게 보낸 편지에서 독감으로 인해 지역 사회에 추가 비용이 발생했다고 언급했다.(Metropolitan Church Association Papers, Fuller Theological Seminary, Pasadena, Calif.) 독감 전염병은 주로 20~40세 사이의 젊은 층에서 발생하는 경향이 있었고, 버닝 부시 공동체의 어린이와 노인은 살아남았을 가능성이 크다.

14   파슨의 채권 사업 실패와 불라드 공동체 실험의 종식에 대해서는 Farson, Ken Farson, 7; and Smyrl, "The Burning Bush," 342-43을 참조하라. 불라드의 버닝 부시 공동체에 대한 정보는 Bullard Community Library, Bullard, Texas; and the Smith County Historical Society, Burning Bush File, Tyler, Texas에서 확인할 수 있다.

15   Henry Harvey, *Howard B. Bitzer* (Siwait, Allahabad, India: Metropolitan Church Association, 1936), 78에서 인용됨. 나사렛교회 시카고 중앙 교구에 대해서는 Mark Reynolds Moore, *Fifty Years and Beyond: A History of the Chicago District of the Church of the Nazarene* (Kankakee, Ill.; Chicago Central District of the Church of the Nazarene, 1954), 147-48을 참조하라. 하비의 회고에서 향수에 젖어 돌아선 사례로는 E. L. Harvey, "A Review of the Years," *Burning Bush*, 12 January 1922, 4-5가 있다. 마지막 인용문은 *Burning Bush*, 16 October 1919에서 발췌한 것이다.

16   E. L. Harvey, "Joining the Nazarenes (Process of Questioning Necessary)," *Burning Bush*, 26 August 1920, 1, 4; and E. L. Harvey, "Apology (?) to the Nazarenes," *Burning Bush*, 15 December 1921, 4.

17   미시간의 북쪽 반도 지역에서 일어난 버닝 부시 운동 사역에 대해서는 E. L. Harvey, "The Meeting in Manistique," *Burning Bush*, 4 December 1919, 12-13; and "The Gospel at Your Door," *Burning Bush*, 25 April 1929, 9를 참조하라.

18   히치콕의 사역에 대해서는 "A Revival at New Salem," *Burning Bush*, 2 June 1921, 6; and Mrs. John T. Johnson, "Friday-Home Mission Day," *Burning Bush*, 10 September 1925, 8을 참조하라. 디트로이트 사역에 대해서는 W. T. Pettengill, "Detroit Mission Church," *Burning Bush*, 1 July 1926, 1, 6을 참조하라. 존 티 존슨에 대한 자료는 1991년 4월 테네시주 햄튼에서 릴리안 존슨 하비와의 인터뷰에서 녹음한 내용이다. William Kostlevy Papers, Fuller Theological Seminary, Pasadena, Calif.

19   보스코벨 부흥에서 애너만의 역할에 대해서는 "The Chain God Forged," *Burning Bush*, 10 November 1927을 참조하라.

20   루이스 괴츠에 대해서는 "In Memoriam," *Burning Bush*, 13 October 1932, 15; "In Memory," *Burning Bush*, 28 December 1950, 12; and Dorothy Goetz Ison, interview by the author, August 1991, Muskego, Wisc., tape recording, William Kostlevy Papers, Fuller Theological Seminary, Pasadena, Calif를 참조하라.

21 "The Harvest-field, Victory at Boscobel." *Burning Bush*, 6 May 1920, 4: "The Chain God Forged." 6; 그리고 루이스 보벨의 아들을 기리는 추모비. Albert L. Boebel, "Memorial," *Church Herald and Holiness Banner*, 4 November 1965, 12.

22 아서 엘 브레이는 실제 부채가 30만 달러에 달했다고 밝혔다. interview by the author, 8 November 1991, Brooksville, Fla., tape recording. William Kostlevy Papers, Fuller Theological Seminary, Pasadena, Calif.

23 비록 히치콕 행정부의 시각으로 각색되기는 했지만, 최고의 정보 출처는 Harvey, *Howard B. Bitzer*, 114-16에서 찾을 수 있다.

24 장례식에 대한 묘사는 케네스 켄달, 헨리 엘 하비 주니어, 릴리안 존슨 하비 그리고 아서 엘 브레이와의 인터뷰에 빚을 졌다. (interview by the author, August 1991, Milwaukee, Wisc., tape recording), Henry L. Harvey Jr. (interview by the author, 15 September 1991, Hartford, Conn., tape recording), Lillian Johnson Harvey (interviews by the author, April 1991 and 22 November 1995, Hampton, Tenn., tape recordings), and Arthur L. Bray (interview by the author, 8 November 1991, Brooksville, Fla., tape recording). 모든 테이프 녹음은 William Kostlevy Papers, Fuller Theological Seminary, Pasadena, Calif에 있다. 하비의 죽음에 대한 발표는 "Rev. Edwin L. Harvey, Deceased," *Burning Bush*, 4 February 1926, 4에 나와 있다.

25 하비의 장례식에 대해서는 〈버닝 부시〉 1926년 3월 4일자 기사를 참조하라. 특히 관련성이 높은 기사는 Marian Madison, "The Last Tribute of His People," *Burning Bush*, 4 March 1926, 9, 16; J. Howard Barnes, "Personal Glimpses," 14; J. T. Johnson, "God's Blessing Invoked," 14; Bernard Totzke, "Editorial: Brother Harvey's Last Days," 4-5; and W. S. Hitchcock, "The Brevity of Life," 2-3, 15에 실려 있다. 이 호에는 Helga A. Stabell, "My Introduction and My Farewell to Brother Harvey," 8, 15; and Martin Wells Knapp's old secretary F. L. Potter, "Living Influence," 7-8을 포함하여 성결 운동 역사에 대한 상당한 자료가 있다. 또한 엘 에프 미첼의 하비에 대한 감동적인 헌사 "A Fragrant Memory," *Burning Bush*, 20 January 1927, 4를 참조하라.

26 1925년 캠프 집회에서 히치콕이 전한 메시지에 대해서는 Leslie F. Ingram, "Sunday-The Last Day of the Feast," *Burning Bush*, 10 September 1925, 16; and Harvey, *Howard B. Bitzer*, 115를 참조하라.

27 Harvey, *Howard B. Bitzer*, 119-20. 히치콕이 돈을 모금할 수 있었던 능력에 대해서는 John Wesley Hubbart, "The Opening Service of the

Camp Meeting," *Burning Bush*, 15 August 1929, 9를 참조하라. 에드나 하운셀 클라크, 그녀의 남편 그리고 그녀의 어린 가족은 워케샤에서 "파견"된 사람들 가운데 하나였다. 그녀는 워케샤에서 보낸 시간을 그리워하며, 성결 운동의 지지자로 남았다. (interview by the author, August 1991, Oshkosh, Wisc., tape recording, William Kostlevy Papers, Fuller Theological Seminary, Pasadena, Calif.). 당시 히치콕이 하비를 대신했을 때 성경학교 학생이었던 뮤리엘 위플 핫돈은 새로운 행정부에 대해 훨씬 더 비판적이었다. (interview by the author, 15 September 1991, Mystic, Conn., tape recording, William Kostlevy Papers, Fuller Theological Seminary, Pasadena, Calif.).

28 루이스 괴츠와 헨리 엘 하비와 같은 베테랑 MCA 지도자들은 노방 전도자들처럼 직접 찾아다니면서 복음을 전파하려고 적극적으로 노력했다. 젊은 노방 전도자들은 판매에 집중했다. 그들은 종종 저녁과 주일 복음 전도 예배에 참여했다. 1927년 위스콘신 중부 그린우드 지역 사회와 1931년 위스콘신 북동부 질레트 지역 사회 근처에서 일어난 중요한 부흥은 그들이 수행한 전도 예배의 결과였다. 1941년 히치콕은 북미 전도 활동을 모두 포기했다.

29 1927년 캠프 집회에 대해서는 〈버닝 부시〉의 9월 1일과 9월 8일자 기사를 참조하라. 인용문은 Mrs. Charles Sammis, "Wednesday Worship," *Burning Bush*, 1 September 1927, 8에서 발췌한 것이다. 부흥에 대해서는 Harvey, *Howard B. Bitzer*, 180-218를 참조하라. 나는 특히 고인이 된 헨리 엘 하비 주니어와 아서 엘 브레이의 사려 깊은 의견에 빚을 졌다.

30 Mrs. E. L. Harvey, "Thursday, Friday, and Saturday of the Camp," *Burning Bush*, 23 August 1928, 9. 또한 나는 케네스 켄달, 루스 캡셀 홉스와의 인터뷰에도 빚을 졌다. (interview by the author, August 1991, Lake Geneva, Wisc., tape recording, William Kostlevy Papers, Fuller Theological Seminary, Pasadena, Calif.).

31 1931년, 헨리 엘 하비 시니어는 수년 간 형의 충성스러운 동료였지만, 여전히 자신의 신앙이 "실패"했음을 공개적으로 인정했다. Henry L. Harvey Sr., "I Touched a Button," *Burning Bush*, 8 January 1931, 7.

32 1930년 11월 15일에 채택된 위스콘신 MCA 규율 (Waukesha, Wisc.: Metropolitan Church Association, 1931), 14, 22. 〈버닝 부시〉에 실린 기사 중 교회의 가르침이 변하지 않았다고 주장한 기사로는 W. S. Hitchcock, "The Property Question," *Burning Bush*, 8 March 1928, 4 가 있다.

33 MCA 규율집, 23-25; Christian Ritter, "A Hard-Time Testimony," *Burning Bush*, 26 February 1931, 7.

34 MCA 규율집, 17, 23. 1937년 워케샤의 교사인 아서 엘 브레이는 결혼할 수 있다는 말을 들었다. 일부 교회 회원들에게 맞추어진 이중 기준에 대한 좌절감으로 그는 성결 운동에서 떠나게 되었다. 결혼이라는 주제는 나의 인터뷰에서 자주 등장했다. 헨리 엘 하비 주니어와 크레오 피터스 하비는 헨리가 크레오를 인도로 보내 자신을 도와달라고 요청한 즐거웠던 이야기, 그녀에게 청혼한 이야기, 그녀가 수락한 이야기, 워케샤에 보낸 약혼을 알리는 편지를 들려주었다(Henry L. Harvey Jr. and Creo Peters Harvey, interview by the author, 15 September 1991, Hartford, Conn., tape recording, William Kostlevy Papers, Fuller Theological Seminary, Pasadena, Calif.). 브레이가 제안했듯이, 버닝 부시 운동의 가장 주목할 만한 특징 가운데 하나는 구성원들의 헌신이었다. 나는 특히 MCA의 결혼 정책에 대한 설명을 해준 아서 엘 브레이, 케네스와 마벨 켄달, 엘버트와 도로시 아이슨, 헨리 엘 하비와 크레오 피터스 하비, 루스 홉스에게 빚을 졌다(Elbert Ison, interview by the author, August 1991, Muskego, Wisc., tape recording, William Kostlevy Papers, Fuller Theological Seminary, Pasadena, Calif.); Mabel Kendall, interview by the author, August 1991, Milwaukee, Wisc., tape recording, William Kostlevy Papers, Fuller Theological Seminary, Pasadena, Calif.).

후기

1 U. S. Bureau of the Census, *Religious Bodies, 1936, Part II* (Washington: Government Printing Office, 1941), 665-667. "Ten Years Ago," *Waukesha Freeman*, 2 August 1950. 웨슬리언 언약 교회에 대해서는 John M. Pike, *Preachers of Salvation: The History of the Evangelical Church* (Milwaukie, OR: Evangelical Church of North America, 1984), 398-401을 참조하라. 또한 나는 케네스 켄달이 1993년에 쓴 간단한 타자 원고인 "History of the Wesleyan Covenant Church"를 가지고 있다.

2 Frank Spencer Mead, *Handbook of Denominations in the United States*, 2nd ed (New York: Abingdon Press, 1961), 105.

3 MCA 사역에 대해서는 Annual Missionary Brochure, 1988-2003을 참조하라.

4   인용문은 "Constructive Holiness-Jeremiah's Commission," *Immanuel Herald*, May 1928, 1-2에서 발췌한 것이다. 〈임마누엘 헤럴드〉에 실린 이혼에 관한 기사로는 "More About the Tidwell-Nazarene Church Matter," *Immanuel Herald*, March 1928, 7-11 and "Nazarene Church and the Tidwell Divorce and Re-marriage Case," *Immanuel Herald*, April 1928, 11, 21-23이 있다.

5   Allan Farson, *Ken Farson, 1917-1988: A Book of Memories* (Glendale, Calif.: By the author, 1991), 30. 캘리포니아 라호야에 있는 〈Western Behavior Sciences Institute〉의 공동 창립자이자 이사회 의장인 리차드 파슨은 *Birthrights* (New York: Macmillan Publishing Company, 1968)의 저자다. 1936년 듀크 파슨 주니어는 MCA에서의 자신의 경험, 하나님의 성경학교와 불기둥교회에 대해 들은 이야기를 사실과 허구를 섞어 종교 공동체에서 자란 경험에 대한 이야기를 썼다. Duke Farson, *Raised a Communist: Life in a Religious Commune* (Los Angeles: Farson Studio Publications, 1936). 파슨은 이 작품의 모델이 모두 MCA, 불기둥교회, 하나님의 성경학교에서 가져온 것이라고 주장했지만, 이 기관을 의도적으로 섞었기 때문에 나는 이 작품을 사용하기 어려웠다. 내가 그녀에게 쓴 편지에 대한 답장에서 듀크 파슨 주니어의 딸 프랜시스 잉그램은 그녀의 아버지가 "자신이 어린 시절에 견뎌낸 기독교 종교와 관련된 형식과 미신에 대한 근본주의자들의 부담을 덜어주기 위해 많은 글을 썼다"고 밝혔다. Letter to the author, March 6, 1992.

6   1988년 케네스 파슨이 사망한 후, 앨런 파슨은 그의 형과 가족의 여정에 대한 전기적인 글을 준비했다. 이 섹션의 많은 정보는 앨런 파슨에게 얻은 것이다. 버나드 파슨의 가족에 대한 자료는 Farson, *Ken Farson*을 참조하라.

7   릴리안 하비의 마지막 책 가운데 하나는 돈에 대한 성결과 복음적 가르침을 모은 것이었다. 그 책에서 릴리안 하비는 공동체주의 모델을 강조하지는 않았지만, 예수의 경제적 가르침이 그의 사역의 핵심적인 측면이라고 주장했다. 초기 MCA와 마찬가지로, 그녀는 예수가 부유한 젊은 부자 청년에게 하신 조언이 가장 중요한 규범이라고 믿었다. 우리 자신의 영적 의무를 다한 후에는 다른 모든 재정적 자원이 사역을 수행하고 인간의 필요를 충족시키는 데 사용되어야 한다. Lillian G. Harvey, *Covetousness: The Sin Very Few Ever Confess* (Hampton, Tenn: Harvey & Tait, 1995), 37. Also see, Edwin F. Harvey, "Radical Religion," *Burning Bush*, 25 May 1933, 4.

참고문헌

1. 아카이브 자료

1) ASBURY THEOLOGICAL SEMINARY
 Christian Holiness Association Collection
 Arthur Greene Papers
 Delbert R. Rose Papers
 Hannah Whital Smith Religious Fanaticism Collection

2) BULLARD (TEXAS) COMMUNITY LIBRARY
 Burning Bush Collection

3) FULLER THEOLOGICAL SEMINARY
 William Kostlevy Papers

Metropolitan Church Association Papers
COUNTY (TEXAS) HISTORICAL SOCIETY
Burning Bush File

5) WAUKESHA COUNTY (WISCONSIN) HISTORICAL SOCIETY
Metropolitan Church Association Collection

2. 저자 인터뷰

Bowell, Gary. Interview by the author. Tape recording. August 1991. Richland Center, Wisc. William Kostlevy Papers, Fuller Theological Seminary, Pasadena, Calif.

Bray, Arthur L. Interview by the author. Tape recording. 8 November 1991. Brooksville, Fla. William Kostlevy Papers, Fuller Theological Seminary, Pasadena, Calif.

Clark, Edna Hounshell. Interview by the author. Tape recording. August 1991. Oshkosh, Wisc. William Kostlevy Papers, Fuller Theological Seminary, Pasadena, Calif. Garr. A. G. Jr. Interview by the author. Tape recording. January 1993. Charlotte, N.C.

William Kostlevy Papers, Fuller Theological Seminary, Pasadena, Calif.

Haddon, Muriel Whipple. Interview by the author. Tape recording. 15 September 1991. Mystic, Conn. William Kostlevy Papers, Fuller Theological Seminary, Pasadena, Calif.

Harvey, Creo Peters. Interview by the author. Tape recording. 15 September 1991. Hartford, Conn. William Kostlevy Papers, Fuller Theological Seminary, Pasadena, Calif.

Harvey, Henry Jr. Interview by the author. Tape recording. 15 September 1991. Hartford, Conn. William Kostlevy Papers, Fuller Theological Seminary, Pasadena, Calif.

Harvey, Lillian Johnson. Interviews by the author. Tape recordings. April 1991 and 22.

November 1995. Hampton, Tenn. William Kostlevy Papers, Fuller Theological Seminary, Pasadena, Calif.

Hobbes, Ruth Capsel. Interview by the author. Tape recording. August 1991. Lake Geneva, Wisc. William Kostlevy Papers, Fuller Theological Seminary, Pasadena, Calif.

Ison, Dorothy Goetz. Interview by the author. Tape recording. August 1991. Muskego, Wisc. William Kostlevy Papers, Fuller Theological Seminary, Pasadena, Calif.

Ison, Elbert. Interview by the author. Tape recording. August 1991. Muskego, Wisc. William Kostlevy Papers, Fuller Theological Seminary, Pasadena, Calif.

James, Esther Shelhamer. Interview by the author. Tape recording. 15 February 1995. Wilmore, Ky. William Kostlevy Papers, Fuller Theological Seminary, Pasadena, Calif.

Kendall, Kenneth. Interview by the author. Tape recording. August 1991. Milwaukee, Wisc. William Kostlevy Papers, Fuller Theological Seminary, Pasadena, Calif.

Kendall, Mabel. Interview by the author. Tape recording. August 1991. Milwaukee, Wisc. William Kostlevy Papers, Fuller Theological Seminary, Pasadena, Calif.

Whipple, Alice. Interview by the author. Tape recording. August 1991. Lake Geneva, Wisc. William Kostlevy Papers, Fuller Theological Seminary, Pasadena, Calif.

3. 1차 자료: 일반 정기간행물

Annual Minutes, Free Methodist Church, 1916.
Annual Missionary Brochure (Metropolitan Church Association) (1988-2003)
Apostolic Faith (1906-8)
Beulah Christian (1900-1902)
Beulah Items (1889)

Boston Herald (1901)

Burning Bush (1902-present)

Chicago Daily News (1901)

Chicago Tribune (1901)

Christian Witness (18908-1918)

Barnest Christian (1861-93)

God's Revivalist (1901-31)

Guide to Holiness (1900-1901)

Herald of Holiness (1914-42)

Immanuel Herald (1919-29)

Milwaukee Sentinel (1906)

Minutes of the Rock River Annual Conference of the Methodist Episcopal Church (1890-1903)

Nazarene Messenger (1900-1912)

The New York Times (1942)

Northwest Christian Advocate (1893-1903)

Pentecostal Herald (1897-1915)

Pentecostal Messenger (1909-13)

Revivalist (1890-1900)

Waukesha (Wisconsin) Freeman (1906-7, 1926)

Zion's Herald (1893-98)

4. 1차 자료: 단행본 저술

Anderson, T. H. B. *Experience of Rev. T. H. B. Anderson. D.D.* n.p.: By the Author, n.d.

Aycock, Jarrette E. *Tithing: Your Questions Answered.* Kansas City. Mo.: Beacon Hill, 1955.

Bartleman, Frank. *From Plow to Pulpit: From Maine to California.* Los Angeles: By the Author, 1924.

_____. *Witness to Pentecost: The Life of Frank Bartleman.* New York:

Garland, 1985. Bowne, Borden P. *The Atonement*. Cincinnati: Curts and Jennings, 1900.

_____. *The Christian Life: A Study*. Cincinnati: Curts and Jennings, 1899.

Brasher, John Lakin. *Glimpses*. Cincinnati: Revivalist Press, 1954.

Brushingham, J. P. *Catching Men: Studies in Vital Evangelism*. Cincinnati: Jennings and Graham, 1906.

Carradine, Beverly. *Graphic Scenes*. Cincinnati: God's Revivalist Office, 1911.

Carroll, H. K. *The Religious Forces of the United States, Enumerated, Classified and Described on the Basis of the Government Census of 1890*. New York: Christian Literature, 1893.

Collected for Keeps: *Hymns of W. T. Pettengill*. Dundee, Ill.: Metropolitan Church Association, n.d.

Constitution and By-Laws of the International Holiness Union and Prayer League. Cincinnati: n.p., 1897.

Cowman, Lettie B. *Charles E. Cowman: Missionary, Warrior with Portraits, Illustrations and Maps*. Los Angeles: Oriental Missionary Society, 1939.

Damon, C. M. *Sketches and Incidents; or Reminiscences of Interest in the Life of the Author*. Chicago: Free Methodist Publishing House, 1900.

Dayton, Donald W., comp. *Three Early Pentecostal Tracts*. New York: Garland, 1985.

Discipline and Rules for Christian Conduct of the Metropolitan Church Association. Waukesha, Wisc.: Metropolitan Church Association, 1952.

Discipline of the Metropolitan Church Association of Wisconsin, Adopted November 15 1930 Waukesha, Wisc.: Metropolitan Church Association, 1931.

Dolbow, Andrew J. *Story of My Life: Its Dark and Bright Side*. Chicago: Christian Witness, 1895.

Dunn, Lewis R. *Manual of Holiness and Review of Dr. James B. Mudge*. Cincinnati: Jennings and Pye, 1895.

Farson, Allan. *Ken Farson, 1917-1988: A Book of Memories*. Glendale, Calif.: By the Author, 1991.

Farson, Duke. *Raised a Communist: Life in a Religious Commune*. Los Angeles: Farson Studio Publications, 1936.

Farson, *Richard. Birthrights*. New York: Macmillan, 1974.

Finney, Charles G. *Lectures on Revivals of Religion*. Louisville: Pentecostal Publishing Company, 1868.

_____. *The Promise of the Spirit*, edited by Timothy L. Smith. Minneapolis: Bethany Fellowship, 1980.

Fitt, Arthur Percy. *Moody Still Lives: Word Pictures of D. L. Moody*. New York: Fleming H. Revell, 1936.

Garrison, S. Olin. *Forty Witnesses Covering the Whole Range of Christian Experience*. New York: Hunt and Eaton, 1888.

Godbey, W. B., and Seth C. Rees. *The Return of Jesus*. Cincinnati: God's Revivalist Office, 1898.

Goodwin, J. W. *Tithing: The Touchstone of Stewardship*. Kansas City, Mo.: Nazarene Publishing House, n.d.

Haddon, Muriel Whipple. *Homespun Lore*. Mystic, Conn.: By the Author, 1998.

Hartzler, H. B. *Moody in Chicago; or The World's Fair Gospel Campaign*. Chicago: Bible Institute Colportage Association, 1894.

Harvey, Edwin L. *Sermons on Bible Characters*. Waukesha, Wisc.: Metropolitan Church Association, 1909.

Harvey, Henry. *Howard B. Bitzer*. Siwait, Allahabad, India: Metropolitan Church Association, 1936.

Harvey, Lillian G. *Covetousness: The Sin Very Few Ever Confess*. Hampton, Tenn.: Harvey and Tait, 1995.

Henry, G. W. *History of the Jumpers; or, Shouting Genuine and Spurious: A History of the Outward Demonstrations of the Spirit*. Waukesha, Wisc.: Metropolitan Church Association, 1909.

The Highway and the Way; or Burning Bush Songs, No. 3. Waukesha, Wisc.: Metropolitan Church Association, 1907.

Hills, A. M. *A Hero of Faith and Prayer; or, The Life of Rev. Martin Wells Knapp*. Cincinnati: Mrs. M. W. Knapp, 1902.

Historic Account of the Apostolic Faith Church: A Trinitarian-Fundamentalist Evangelistic Organization. Portland, Ore.: Apostolic Faith Church, 1965.

Hughes, George. *Days of Power in the Forest Temple: A Review of the Wonderful Work of God at Fourteen National Camp-Meetings, from 1867-1872*. Boston: John Bent, 1873.

Ingler, Arthur F. *Burning Bush Songs, No. 1*. Chicago: Metropolitan Church Association, 1902.

_____. *Canaan Melodies*. Kansas City, Mo.: Publishing House of the Pentecostal Church of the Nazarene, n.d.

_____. ed. *Joy-bells of Canaan; or Burning Bush Songs, No. 2*. Waukesha, Wisc.: Metropolitan Church Association, 1905.

James, William. *Varieties of Religious Experience: A Study in Human Nature*. New York: Longmans, Green, 1902.

Jolley, Jennie A., comp. *As an Angel of Light; or, Bible Tongues and Holiness and Their Counterfeits*. New York: Vantage, 1964.

Knapp, Martin Wells. *Christ Crowned Within*. Albion, Mich.: Revivalist Office, 1888.

_____. *Impressions*. Cincinnati: Revivalist Publishing House, 1892.

_____. *Lightning Bolts from Pentecostal Skies; or, Devices of the Devil Unmasked*. Cincinnati: Office of the Revivalist, 1898.

_____. *Pentecostal Aggressiveness; or Why I Conducted the Meetings of the Chesapeake Holiness Union at Bowens*, Maryland. Cincinnati: By the Author, 1899.

_____. *Pentecostal Letters*. Cincinnati: Office of God's Revivalist, 1902.

_____. *Pentecostal Messengers*. Cincinnati: Revivalist Office, 1899.

_____. *Pentecostal Preachers*. Salem, Ohio: Convention Bookstore, n.d.

_____. *The River of Death and Its Branches*. Cincinnati: Office of the Revivalist, 1898.

Lawson, J. Gilchrist. *Deeper Experiences of Famous Christians, Gleaned from Their Biographies, Autobiographies, and Writings*. Chicago: Glad Tidings, 1911.

Madison, Marian L. *The Fountain Spring House*. n.p., n.d., 1961.

Merrill, S. M. *The Second Coming of Christ, Considered in Its Relation to the Millennium, the Resurrection and the Judgment*. Cincinnati: Cranston and Stowe, 1879.

Messenger, F. M. *Catacombs of Worldly Success; or History of Coarseller Dell*. Waukesha, Wisc.: Metropolitan Church Association, 1910.

Metropolitan Church Association. *Bible Lessons: A Treatise on Evidences of Religion, Sin, Repentance, Consecration, and Holiness*. Salem, Ohio: Allegheny, 1989.

Milk and Honey; or Burning Bush Songs, No. 4. Waukesha, Wisc.: Metropolitan Church Association, 1911.

Mitchel, Louis F., comp. *Nuggets No. 2 from Black Susan*. Springfield, Mass.: Christian Workers Union, 1902.

Moore, H. H. *The Republic to Methodism*. Cincinnati: Cranston and Stowe, 1891.

Moore, Mark Reynolds. *Fifty Years and Beyond: A History of the Chicago District of the Church of the Nazarene*. Kankakee, Ill.: Chicago Central District of the Church of the Nazarene, 1954.

Morrison, Henry Clay. *Some Chapters of My Life Story*. Louisville: Pentecostal Publishing Company, 1941.

_____. *Will God Set Up a Visible Kingdom on Earth on Earth?* Louisville: Pentecostal Publishing Company, 1934.

Mudge, James. *Growth in Holiness toward Perfection; or Progressive Sanctification*. New York: Hunt and Eaton, 1895.

The New and Living Way; or Burning Bush Songs, No. 5. Waukesha, Wisc.: Metropolitan Church Association, 1913.

Noyes, John Humphrey. *History of American Socialisms*. Philadelphia: J. B. Lippincott, 1870; repr., New York: Dover, 1966.

Owen, Juanita. *Where Flows the Ganges: The Story of John Samuel Whipple, Missionary to India*. Brainerd, Minn.: Lakeland Color, 1978.

Page, C. R., and C. K. Ingler, eds. *Alma White's Evangelism: Press Reports. 2 vols*. Zarephath, N.J.: Pillar of Fire, 1939.

Palmer, Phoebe, ed. *Pioneer Experiences; or, The Gift of Power Received by Faith: Illustrated and Confirmed by the Testimony of Eighty Living Ministers of Various Denominations*. New York: W. C. Palmer, 1868.

Pardington, G. P. *Twenty-Five Wonderful Years, 1889-1914: A Popular Sketch of the Christian and Missionary Alliance*. New York: Christian Alliance, 1914; repr., New York: Garland, 1984.

Pickett, L. L. *The Blessed Hope of His Glorious Appearing*. Louisville: Pickett, 1901. A Plea for the Present Day Holiness Movement. Louisville: Pickett, 1896.

_____. *The Renewed Earth; or The Coming and Reign of Jesus Christ*. Louisville: Pickett, 1903.

Proceedings of Holiness Conferences Held at Cincinnati, November 26, 1877, and at New York, December 17, 1877. Philadelphia: National Publishing Association for the Promotion of Holiness, 1878.

Ralston, Thomas N. *Elements of Divinity; or, A Concise and Comprehensive View of Bible Theology*. Nashville: Publishing House of the M. E. Church, South, 1878.

Rees, Byron J. *Hulda: The Pentecostal Prophetess; or A Sketch of the Life and Triumph of Mrs. Hulda Rees, Together with Seventeen of Her Sermons*. Philadelphia: Christian Standard, 1898.

Rees, Paul S. *Seth Cook Rees, the Warrior Saint*. Indianapolis: Pilgrim Book Room, 1934.

Rees, Seth C. *Fire from Heaven*. Cincinnati: M. W. Knapp, 1899.

_____. *The Ideal Pentecostal Church*. Cincinnati: M. W. Knapp, 1897.

_____. *Miracles in the Slums, or Thrilling Stories of Those Rescued from the Cesspools of Iniquity, and Touching Incidents in the Lives of the Unfortunate*. Chicago: Seth C. Rees, 1905.

The Riches of Grace; or The Blessing of Perfect Love, as Experienced, Enjoyed, and Recorded by Sixty-Two Living Witnesses. Brooklyn: Henry J. Fox, 1853.

Robinson, Bud. *My Life's Story*. Louisville: Pentecostal Publishing Company, 1928.

_____. *A Pitcher of Cream*. Louisville: Pentecostal Publishing Company, 1906.

_____. *Sunshine and Smiles: Life Story, Flash Lights, Sayings and Sermons*. Chicago: Christian Witness, 1903.

Shaw, S. B., ed. *Echoes of the General Holiness Assembly Held in Chicago, May 3-13, 1901*. Chicago: S. B. Shaw, 1901.

_____. *God's Financial Plan; or Temporal Prosperity the Result of Faithful Stewardship*. Grand Rapids, Mich.: S. B. Shaw, 1897.

Shepard, W. E. *Bible Lessons*. Waukesha, Wisc.: Burning Bush, 1905.

_____. *Fanaticism: What It Is, How to Avoid It, How to Correct It*. Kansas City, Mo.: Nazarene Publishing House, n.d.

_____. *Holiness Typology*. San Francisco: By the Author, 1896.

_____. *How to Get Sanctified*. Cincinnati: Revivalist Press, 1916.

_____. *Wrested Scriptures Made Plain; or Help for Holiness Skeptics*. Louisville: Pickett, 1900.

Stalker, Charles H. *Twice around the World with the Holy Ghost; or Impressions and Convictions of the Mission Field*. Columbus, Ohio: By the Author, 1906.

Standley, M. G. *My Life as I Have Lived It for Christ and Others*. n.p.: By the Author, 1949.

Stead, W. T. *If Christ Came to Chicago*. Chicago: Laird and Lee, 1894; repr., New York: Living Books, 1964.

Steele, Daniel. *A Defense of Christian Perfection; or, A Criticism of Dr. James Mudge's "Growth in Holiness toward Perfection."* New York: Hunt and Eaton, 1896.

_____. *A Substitute for Holiness; or, Antinomianism Revived; or, The Theology of the So-Called Plymouth Brethren Examined and Refuted*. Chicago: Christian Witness, 1899; repr. New York: Garland, 1984.

Tomlinson, A. J. *The Last Great Conflict*. Cleveland, Tenn.: Press of Walter E. Rodgers, 1913; repr., Cleveland, Tenn.: White Wing, 1984.

U.S. Bureau of the Census. *Religious Bodies, 1906. 2 vols*. Washington, D.C.: U.S. Government Printing Office, 1910.

_____. *Religious Bodies, 1916*. 2 vols. Washington, D.C.: U.S. Government Printing Office, 1919.

_____. *Religious Bodies, 1926*. 2 vols. Washington, D.C.: U.S. Government Printing Office, 1929-30.

_____. *Religious Bodies, 1936*. 2 vols. Washington, D.C.: U.S. Government Printing Office, 1941.

Warfield, Benjamin Breckinridge. *Perfectionism*. 2 vols. New York: Oxford University Press, 1931.

Wheeler, Henry. *Methodism and the Temperance Reformation*. Cincinnati: Walden and Stowe, 1882.

White, Alma. *The Story of My Life and the Pillar of Fire*. 6 vols. Zarephath, N.J.: Pillar of Fire, 1928.

White, Mollie Alma. *Looking Back from Beulah*. Denver: Pentecostal Union, 1902.

Willard, Frances E. *A Classic Town: The Story of Evanston*. Chicago: Woman's Temperance Publishing Association, 1892.

Wilson, George W. *Methodist Theology vs. Methodist Theologians: A Review of Several Methodist Writers*. Cincinnati: Jennings and Pye, 1904.

_____. *A Review of Borden P. Bowne's "Studies of the Christian Life."* Boston: Christian Witness, 1900.

_____. *The Sign of Thy Coming; or, Premillennialism, Unscriptural and Unreasonable*. Boston: Christian Witness, 1899.

Wise, George C. Rev. *Bud Robinson*. Louisville: Pentecostal Publishing Company, 1946.

Yates, W. B., comp. *Successful Evangelism; or The Life and Labors of Rev. E. A. Fergerson*. Malden, Mass.: Glory, 1912.

5. 1차 자료: 논문

Barnes, J. Howard. "Personal Glimpses." *Burning Bush* (4 March 1926): 14.

Bray, A. C. "Evangelism in Texas." *Burning Bush* (8 July 1915): 8.

_____. "Give Up All-by John Wesley." *Burning Bush* (22 January 1914): 4-5.
_____. "Our Paper's Mission." *Burning Bush* (26 May 1910): 4.
"Bud Robinson." *Herald of Holiness* (7 December 1942): 1-9.
Callaway, H. L. "Burning Bush Revival in Texas." *Burning Bush* (16 September 1915): 7.
Cook, Glenn A. "Receiving the Holy Ghost." *Apostolic Faith* (November 1906): 2.
_____. "Story of My Life." *Burning Bush* (3 July 1902): 11.
Dammarell, Martha A. "Crandon." *Burning Bush* (4 July 1907): 4-5.
Farson, D. M. "The Conspiracy Case." *Burning Bush* (18 January 1917): 4-5.
_____. "The Conspiracy Case." *Burning Bush* (8 March 1917): 6.
_____. "The Conspiracy Case." *Burning Bush* (10 May 1917): 4-5.
_____. "The Signs of Pentecost." *Burning Bush* (2 October 1902): 1-2.
"God Answering by Fire, or the Great Chicago Revival." *God's Revivalist* (30 May 1901): 1-9.
Godbey, W. B. "Does Preaching the Coming of the Lord Impede Revivals?" *God's Revivalist* (13 June 1901): 1.
_____. "Salvation Park Camp-Meeting." *God's Revivalist* (18 July 1901): 13.
_____. "Side Tracks: Fanaticism." *God's Revivalist* (17 April 1902): 1-2.
Harvey, E. L. "Apology (?) to the Nazarenes." *Burning Bush* (15 December 1921): 4.
_____. "Herod and Pilate Unity." *Burning Bush* (8 September 1904): 7.
_____. "Joining the Nazarenes (Process of Questioning Necessary)." *Burning Bush* (26 August 1920): 1, 4.
_____. "The Meeting in Manistique." *Burning Bush* (4 December 1919): 12-13.
_____. "The Price of Discipleship." *Burning Bush* (15 January 1910): 2-3.
_____. "Real Crucifixion." *Burning Bush* (6 October 1904): 5-6.
_____. "Secret Societies." *God's Revivalist* (16 January 1902): 4.
_____. "Storms." *Revivalist* (27 December 1900): 3.
_____. "The Uncontainable Blessing." *Burning Bush* (11 September 1902): 11.
Harvey, Edwin F. "Deeper Truths for Christians." *Message of Victory* (January-March 1980): 1.

_____. "Radical Religion." *Burning Bush* (25 May 1933): 4.
Harvey, Mrs. E. L. "Birth and Growth of the Metropolitan Church." *Burning Bush* (11 June 1931).
_____. "The Burning Bush, 1902-1927." *Burning Bush* (2 June 1927): 6, 9.
_____. "Faith Line." Burning Bush (28 July 1904): 3.
_____. "Fuel Shortage-God's Deliverance." *Burning Bush* (21 March 1918): 8-9.
_____. "Having All Things in Common." *Burning Bush* (8 July 1909): 8-9.
_____. "His Property Is Our Riches." *Burning Bush* (8 July 1909): 2-3.
_____. "The New Testament Standard." Burning Bush (4. September 1924): 3.
_____. "The Old Time Power." *Burning Bush* (30 August 1906): 9.
_____. "Our Near Exodus." *Burning Bush* (1 June 1905): 8-9.
_____. "Our Work from Its Beginning." *Burning Bush* (3 June 1920): 8-9.
_____. "Thursday, Friday, and Saturday of the Camp." *Burning Bush* (23 August 1928): 8-9.
_____. "Various Branches of Our Work." *Burning Bush* (15 June 1916): 4-5.
Harvey, Henry L. Sr. "I Touched a Button." *Burning Bush* (8 January 1931): 7.
_____. "Preparing for Holy Ghost Baptism." *Burning Bush* (14 February 1918): 1-2.
_____. "A Reasonable Faith." *Burning Bush* (16 November 1916): 1-2.
Harvey, Mrs. Henry L. "Six Months in East Texas." *Burning Bush* (13 August 1914): 8.
Hatfield, John T. "Beyond the Rockies." *Nazarene Messenger* (2 May 1901): 1.
Hawkins, Lucius. "The Creeds vs. the Bible." *Revivalist* (20 September 1900): 7.
Hills, A. M. "Excessive Church Loyalty and the Sad Fruit It Bears." *God's Revivalist* (30 May 1901): 12-13.
Hitchcock, W. S. "Among the Hills of Amy, West Virginia." *Burning Bush* (6 August 1914): 8.
_____. "The Brevity of Life." *Burning Bush* (4 March 1926): 2-3, 15.
Hollingsworth, Charles T. "Forsaking All-A Bible Doctrine." *Burning Bush* (29 January 1920): 9, 15.

_____. "Giving All." *Burning Bush* (9 December 1909): 9.
Huntington, Clara L. "The Battle Hot." *Burning Bush* (11 July 1907): 4.
Ingler, Arthur F. "My Experience." *Burning Bush* (21 April 1904): 9-10.
Ingram, Leslie F. "Sunday-The Last Day of the Feast." *Burning Bush* (10 September 1925): 16.
"Jeremiah's Revival Commission." *Revivalist* (January 1890): 1.
Johnson, J. T. "God's Blessing Invoked." *Burning Bush* (4 March 1926): 14.
Johnson, Mrs. John T. "Friday-Home Mission Day." *Burning Bush* (10 September 1925): 8.
Kent, L. B. "The Pentecostal Buffalo Rock." *Christian Witness* (4 October 1900): 11. Knapp, Martin Wells. "Demonstrations Opposed." *Revivalist* (28 September 1899): 9.
_____. "Forms of Fanaticism." *Revivalist* (19 October 1899): 8.
_____."The Pentecostal Letters Selected from the Correspondence of M. W. Knapp." *Full Salvation Quarterly 5* (January 1902), 34).
_____. "What God's Word Says about Church Relations." *God's Revivalist* (13 June 1901): 8.
_____. "Why I Withdrew from the Methodist Episcopal Church." *God's Revivalist* (17 January 1901): 8-9.
Knapp, Mrs. Martin Wells. "The White Path." *God's Revivalist* (13 February 1902): 4.
Lee, John Wesley. "The Faith Life." *Burning Bush* (18 September 1902): 5.
Lehman, F. M. "Confession." *Herald of Holiness* (29 December 1915): 6.
_____. "The Property Question." *Burning Bush* (3 August 1905): 6-8.
_____. "The Tithing System." *Burning Bush* (13 April 1905): 4-5.
Lundin, Donald S. "Giving Up All." *Burning Bush* (24 October 1912): 8.
_____. "The Lord's Poor." *Burning Bush* (11 May 1911): 11, 14.
Madison, Marian. "Career of a Methodist." *Burning Bush* (13 June 1950): 5.
_____. "The Last Tribute of His People." *Burning Bush* (4 March 1926): 9, 16.
"Martin Wells Knapp." *Burning Bush* (25 September 1902): 4.
Messenger, F. M. "Arrest and Confinement." *Burning Bush* (18 July 1907): 5-7.
_____. "The Chicago Convention." *God's Revivalist* (21 March 1901): 12-13.

_____. "Counterfeit Gift of Tongues." *Burning Bush* (19 September 1907): 5-7.
_____. "Giving Our Best." *Burning Bush* (14 November 1912): 2-3.
_____. "A Layman's View." *Revivalist* (8 February 1900).
_____. "The Money Question." *Burning Bush* (3 November 1904): 9.
_____. "My Confession." *Herald of Holiness* (21 January 1914): 10.
_____. "A Revival Which Is Greatly Needed." *Christian Witness* (18 August 1898): 2-3.
_____. "Sanctified Believers." *Revivalist* (20 September 1900): 4.
_____. "Saving Faith and Savings Banks." *Burning Bush* (28 October 1909): 4.
_____. "Sowing to the Flesh." *Burning Bush* (15 December 1904): 11.
_____. "Waukesha." *Burning Bush* (16 November 1905): 7.
Messenger, Mrs. F. M. "Among Our Families." *Burning Bush* (8 April 1909): 9-10.
_____. "Equal Division." *Burning Bush* (16 February 1905): 12.
_____. "Since Giving Up All for Jesus." *Burning Bush* (7 September 1905): 5.
Mitchel, L. F. "A Fragrant Memory." *Burning Bush* (20 January 1927): 4.
_____. "A Living Death." *Beulah Christian* (3 August 1901): 3.
_____. "A Music Teacher's Conversion." *Burning Bush* (23 April 1925): 9.
_____. "Reminiscences of the Burning Bush Camp Meetings." *Burning Bush* (20 July 1920): 8, 14.
_____. "Retrospect." *Burning Bush* (5 January 1928): 10.
_____. "Riot in Waukesha." *Burning Bush* (26 July 1906): 4-5.
_____. "Shall We Keep On?" *Burning Bush* (9 February 1917): 9.
Morrison, H. C. "The Meeting in Chicago." *Pentecostal Herald* (6 December 1899): 8.
Moulton, M. K. "Ingler." *Herald of Holiness* (28 September 1935).
Norman, Henry. "Our Fifth Anniversary in Waukesha." *Burning Bush* (23 March 19119, 15.
"Our Creed." *Christian Witness* (14 March 1901): 8.
Pettengill, W. T. "Beating the Bush." *Burning Bush* (16 October 1913): 5.
_____. "Detroit Mission Church." *Burning Bush* (1 July 1926): 1,6.
_____. "Our Front Page Picture." *Burning Bush* (5 November 1914): 4.

Potter, F. L. "Living Influence." *Burning Bush* (4 March 1926): 7-8.
Queen, Bessie. "Pray, Pray, Pray." *God's Revivalist* (23 January 1902): 11.
_____. "Why I Am Married." *God's Revivalist* (28 November 1901): 5.
Rees, Byron J. "Notes by the Way." *Revivalist* (20 December 1900): 13.
Rees, Seth C. "The Battle before Boston." *God's Revivalist* (9 January 1902): 12.
_____. "The Battle for Greenville." *God's Revivalist* (13 March 1902): 12.
_____. "Buffalo Rock Camp Meeting." *Revivalist* (27 September 1900): 8.
_____. "The Chicago Convention." *Revivalist* (13 December 1900): 12.
_____. "Chicago Holiness General Assembly." *God's Revivalist* (4 April 1901): 2.
_____. "God's Choice." *God's Revivalist* (13 June 1901): 2-3.
_____. "Independent Holiness Churches." *Revivalist* (4 October 1900): 2.
_____. "Instruction." *God's Revivalist* (5 June 1902): 2.
_____. "Pentecost." *God's Revivalist* (23 January 1902): 2-3.
_____. "Pentecostal Demonstrations." *God's Revivalist* (21 November 1901): 1-2.
_____. "A Pentecostal Wedding." *God's Revivalist* (19 June 1902): 7.
Reid, Isaiah. "The Holiness Movement and the New Year." *Christian Witness* (18 January 1900): 4.
_____. "The Holiness Movement Not a Church." *Christian Witness* (9 August 1900): 4-5.
_____. "Needs for 1900." *Christian Witness* (18 January 1900): 4.
Ritter, Christian. "A Hard-Time Testimony." *Burning Bush* (26 February 1931), 7.
Sammis, Mrs. Charles. "Wednesday Worship." *Burning Bush* (1 September 1927): 8.
Schell, W. "The Tithing System Abolished." *Gospel Trumpet* (June-July 1992): 8-9.
Schurman, W. G. "The Home-Going of Brother Messenger." *Herald of Holiness* (4 March 1931):10.
Seymour, W. J. "The Marriage Tie." *Apostolic Faith* (21 September 1907): 3.
Shepard, W. E. "Bloomfield, Iowa." *Nazarene Messenger* (25 September 1902): 7.
_____. "Chicago, Illinois." *Nazarene Messenger* (4 April 1902): 5.
_____. "Come-inism." B*urning Bush* (26 June 1902): 4.
_____. "Echoes from the Assembly." *Nazarene Messenger* (23 May 1901): 2.

_____. "From Los Angeles." *Burning Bush* (7 April 1904): 4-5.

_____. "Holiness General Assembly." *Nazarene Messenger* (16 May 1901): 2.

_____. "The Holiness Movement." *Nazarene Messenger* (29 May 1902): 5.

_____. "How to Get Sanctified." *Burning Bush* (18 September 1902): 8.

_____. "The Los Angeles Convention." *Burning Bush* (28 July 1904): 5.

_____. "Tabernacling in Chicago, Illinois." *Nazarene Messenger* (7 June 1901): 2.

_____. "The Work in Chicago." *Nazarene Messenger* (9 May 1901): 8.

Smith, Grace. "A Day at the Bible School." *Burning Bush* (18 November 1909): 8-9.

Stabell, Helga A. "Results of Crandon Revival." *Burning Bush* (12 March 1908): 8.

Steele, Daniel. "Bowne on the Atonement." *Zion's Herald* (4 October 1899): 1264-65.

_____. "Saving Faith." *Christian Standard* (9 October 1909): 2.

_____. "Why I Am Not a Premillennialist." *Methodist Review 93* (May 1911): 405-15.

Storey, Mary. "Sister Mary Storey's Experience." *God's Revivalist* (23 January 1902): 5.

Swenson, Gustaf. "From Our Missionary in Sweden." *Burning Bush* (4 June 1903): 4.

Totzke, Bernard. "Editorial: Brother Harvey's Last Days." *Burning Bush* (4 March 1926): 4-5.

"The Unique School," *Burning Bush* (20 November 1902): 7.

6. 2차 자료: 단행본 저술

Abell, Aaron Ignatius. *The Urban Impact on American Protestantism, 1865-1900*. Cambridge, Mass.: Harvard University Press, 1943.

Ahlstrom, Sidney E. *A Religious History of the American People*. New Haven, Conn.: Yale University Press, 1972.

Anderson, Robert Mapes. *Vision of the Disinherited: The Making of American Pentecostalism*. New York: Oxford University Press, 1979.

Badger, Reid. *The Great American Fair: The World's Columbian Exposition and American Culture*. Chicago: Nelson Hall, 1979.

Bailey, Tom. *Cults and Country People*. n.p.: By the Author, 1980.

Barnard, John. *From Evangelicalism to Progressivism at Oberlin College, 1866-1917*. Columbus: Ohio State University Press, 1969.

Blumhofer, Edith L. *The Assemblies of God: A Chapter in the Story of American Pentecostalism, Volume 1 to 1941*. Springfield, Mo.: Gospel Publishing House, 1989.

Bowman, Bob. *The 35 Best Ghost Towns in East Texas*. Lufkin, Tex.: Best of East Texas, 1988.

Boyer, Paul S. *When Time Shall Be No More: Prophecy Belief in Modern American Culture*. Cambridge, Mass.: Belknap Press of Harvard University Press, 1992.

Bundy, David D. *Keswick: A Bibliographic Introduction to the Higher Life Movements*. Wilmore, Ky.: B. L. Fisher Library, Asbury Theological Seminary, 1975.

Burg, David F. *Chicago's White City of 1893*. Lexington: University Press of Kentucky, 1976.

Caldwell, Wayne E., ed. *Reformers and Revivalists: The History of the Wesleyan Church*. Indianapolis: Wesley, 1992.

Cameron, James R. *Eastern Nazarene College: The First Fifty Years, 1900-1950*. Kansas City, Mo.: Nazarene Publishing House, 1968.

Choi, Meesaeng Lee. *The Rise of the Korean Holiness Church in Relation to the American Holiness Movement*. Lanham, Md.: Scarecrow, 2008.

Coutts, Frederick. *Bread for My Neighbour: An Appreciation of the Social Influence of William Booth*. London: Hodder and Stoughton, 1978.

Cravy, Thelma Chambers, ed. *The Bullard Area: Its History and People, 1800-1977*. Bullard, Tex.: Community Library Association, 1979.

Cronon, William. *Nature's Metropolis: Chicago and the Great West*. New York: Norton, 1991.

Crunden, Robert M. *Ministers of Reform: The Progressives' Achievement in American Civilization*, 1889-1920. Urbana: University of Illinois Press, 1984.

Dayton, Donald W. *Discovering an Evangelical Heritage*. New York: Harper and Row, 1976.

_____. *The Theological Roots of Pentecostalism*. Grand Rapids, Mich.: Zondervan 1987.

Dieter, Melvin E. *The Holiness Revival of the Nineteenth Century*. Lanham, Md: Scarecrow, 1996.

Dubofsky, Melvyn. *We Shall Be All: A History of the Industrial Workers of the World*. Chicago: Quadrangle, 1969.

Faupel, D. William. *The Everlasting Gospel: The Significance of Eschatology in the Development of Pentecostal Thought*. Sheffield: Sheffield Academic Press, 1996.

Findlay, James F., Jr. *Dwight L. Moody: American Evangelist, 1837-1899*. Chicago: University of Chicago Press, 1969.

Fogarty, Robert S. *All Things New American Communes and Utopian Movements, 1860-1914*. Chicago: University of Chicago Press, 1990.

Gilbert, James. *Perfect Cities: Chicago's Utopias of 1893*. Chicago: University of Chicago Press, 1991.

Goff, James R. Jr. *Fields White unto Harvest: Charles F. Parham and the Missionary Origins of Pentecostalism*. Fayetteville: University of Arkansas Press, 1988.

Hamm, Thomas D. *The Transformation of American Quakerism: Orthodox Friends, 1800-1907*. Bloomington: Indiana University Press, 1988.

Hine, Robert V. *California's Utopian Colonies*. Berkeley and Los Angeles: University of California Press, 1983.

Hofstadter, Richard. *The Age of Reform: From Bryan to F.D.R.* New York: Knopf, 1955.

Hudnut-Beumler, James. *In Pursuit of the Almighty's Dollar: A History of Money and American Protestantism*. Chapel Hill: University of North Carolina Press, 2007.

Joiner, Thekla Ellen. *Sin in the City: Chicago and Revivalism, 1880-1920*. Columbia: University of Missouri Press, 2007.

Jones, Charles Edwin. *Perfectionist Persuasion: The Holiness Movement and American Methodism, 1867-1936*. Metuchen, N.J.: Scarecrow, 1974.

_____. *The Wesleyan Holiness Movement: A Comprehensive Guide*. 2 vols. Lanham, Md.: Scarecrow, 2005.

Kerr, Phillip Stanley. *Music in Evangelism and Stories of Famous Christian Songs*. Glendale, Calif.: Gospel Music Publishers, 1959.

Kostlevy, William. *Holiness Manuscripts: A Guide to Sources Documenting the Wesleyan Holiness Movement in the United States and Canada*. Metuchen, N.J.: Scarecrow, 1994.

Magnuson, Norris. A. *Salvation in the Slums: Evangelical Social Work, 1865-1920*. Metuchen, N.J.: Scarecrow, 1977.

Marsden, George M. *Fundamentalism and American Culture: The Shaping of Twentieth Century Evangelicalism, 1870-1925*. New York: Oxford University Press, 1980.

McCloud, Sean. *Divine Hierarchies: Class in American Religion and Religious Studies*. Chapel Hill: University of North Carolina Press, 2007.

McConnell, Francis John. *Borden Parker Bowne: His Life and His Philosophy*. New York: Abingdon, 1929.

McCrossen, Alexis. *Holy Day, Holiday: The American Sunday*. Ithaca, N.Y.: Cornell University Press, 2000.

McDannell, Colleen. *Material Christianity: Religion and Popular Culture in America*. New Haven, Conn.: Yale University Press, 1995.

McPhee, Arthur G. *The Road to Delhi: J. Waskom Pickett Remembered*. Bangalore, India: SAIACS, 2005.

McWilliams, Carey. *The Education of Carey McWilliams*. New York: Simon and Schuster, 1979.

Mead, Frank Spencer. *Handbook of Denominations in the United States*. 2nd ed. New York: Abingdon, 1961.

Melton, J. Gordon. *Log Cabins to Steeples: The Complete Story of the United Methodist Way in Illinois, Including All Constituent Elements of the United Methodist Church*. Nashville: Parthenon, 1974.

Miller, Donald L. *City of the Century: The Epic of Chicago and the Making of America*. New York: Simon and Schuster, 1996.

Mitchell, Robert Bryant. H*eritage and Horizons: The History of the Open Bible Standard Churches*. Des Moines: Open Bible, 1982.

Moore, R. Laurence. *Religious Outsiders and the Making of Americans*. New York: Oxford University Press, 1986.

_____. *Selling God: American Religion in the Marketplace of Culture*. New York: Oxford University Press, 1994.

Murray, Frank S. *The Sublimity of Faith: The Life and Work of Frank W. Sandford*. Amherst, N.H.: Kingdom, 1981.

Nelson, Shirley. *Fair, Clear, and Terrible: The Story of Shiloh, Maine*. Latham, N.Y: British American, 1989.

Niklaus, Robert L., John S. Sawin, and Samuel J. Stoesz. *All for Jesus: God at Work in the Christian and Missionary Alliance over One Hundred Years*. Camp Hill, Penn.: Christian Publications, 1996.

Noll, Mark A. *A History of Christianity in the United States and Canada*. Grand Rapids, Mich.: Eerdmans, 1992.

_____. *The Rise of Evangelicalism: The Age of Edwards, Whitefield and the Wesleys*. Downers Grove, Ill.: InterVarsity, 2003.

Oster, John C. *Serving Those Who Serve: 75 Years of Pensions and Benefits*. Kansas City, Mo.: Board of Pensions and Benefits USA, Church of the Nazarene, 1993.

Pennewell, Almer M. *The Methodist Movement in Northern Illinois*. Sycamore, Ill.: Sycamore Tribune, 1942.

Peters, John Leland. *Christian Perfection and American Methodism*. Grand Rapids, Mich.: Francis Asbury Press of Zondervan Publishing House, 1985.

Phillips, Harold L. *Miracle of Survival*. Anderson, Ind.: Warner, 1979.

Pike, John M. *Preachers of Salvation: The History of the Evangelical Church*. Milwaukie, Ore.: Evangelical Church of North America, 1984.

Pitzer, Donald E., ed. *America's Communal Utopias*. Chapel Hill: University of North Carolina Press, 1997.

Prothero, Stephen. *American Jesus: How the Son of God Became a National Icon*. New York: Farrar, Straus, and Giroux, 2003.

Rack, Henry D. *Reasonable Enthusiast: John Wesley and the Rise of Methodism*. Nashville: Abingdon, 1993.

Robins, R. G. *A. J. Tomlinson: Plainfolk Modernist*. New York: Oxford University Press, 2004.

Rosemont, Franklin. *Joe Hill: The IWW and the Making of a Revolutionary Workingclass Counterculture*. Chicago: Charles H. Kerr, 2003.

Russell, Elbert. *The History of Quakerism*. New York: Macmillan, 1943.

Salstrand, George A. E. *The Story of Stewardship in the United States of America*. Grand Rapids, Mich.: Baker, 1956.

Sandeen, Ernest R. *The Roots of Fundamentalism: British and American Millenarianism, 1800-1930*. Grand Rapids, Mich.: Baker, 1978.

Sellers, Charles *The Market Revolution: Jacksonian America, 1815-1846*. New York: Oxford University Press, 1991.

Smith, Timothy L. *Called unto Holiness, The Story of the Nazarenes: The Formative Years*. Kansas City, Mo.: Nazarene Publishing House, 1962.

_____. *Revivalism and Social Reform in Mid-Nineteenth-Century America*. New York: Abingdon, 1957.

Snyder, Howard A. *Populist Saints: B. T. and Ellen Roberts and the First Free Methodists*. Grand Rapids, Mich.: Eerdmans, 2006.

Stanley, Susie. *Cunningham Feminist Pillar of Fire: The Life of Alma White*. Cleveland: Pilgrim, 1993.

Stephens, Randall J. *The Fire Spreads: Holiness and Pentecostalism in the American South*. Cambridge, Mass.: Harvard University Press, 2008.

Sweet, William Warren. *Methodism in American History*. New York: Methodist Book Concern, 1933.

_____. *The Story of Religion in America*. New York: Harper and Brothers, 1950.

Taiz, Lillian. *Hallelujah Lads and Lasses: Remaking the Salvation Army in America, 1880-1930*. Chapel Hill: University of North Carolina Press, 2001.

Taves, Ann. *Fits, Trances and Visions: Experiencing Religion and Explaining Experience from Wesley to James*. Princeton, N.J.: Princeton University Press, 1999.

Thomas, Paul Westphal, and Paul William Thomas. *The Days of Our Pilgrimage: The History of the Pilgrim Holiness Church*. Marion, Ind.: Wesley, 1976.

Thompson, A. E. *A. B. Simpson: His Life and Work, Rev.* ed. Camp Hill, Penn.: Christian Publications, 1960.

Turley, Briane K. *A Wheel Within a Wheel: Southern Methodism and the Georgia Holiness Association*. Macon, Ga.: Mercer University Press, 1999.

Wacker, Grant. *Heaven Below: Early Pentecostals and American Culture*. Cambridge, Mass.: Harvard University Press, 2001.

Walker, Pamela J. *Pulling the Devil's Kingdom Down: The Salvation Army in Victorian Britain*. Berkeley and Los Angeles: University of California Press, 2001.

Ward, William A. *The Trailblazer: The History of Dr. A. G. Garr and Garr Auditorium*. Concord, N.C.: By the Author, n.d.

Weber, Timothy P. *Living in the Shadow of the Second Coming: American Premillennialism, 1875-1982*. Grand Rapids, Mich.: Academie, 1983.

Wesche, Percival A. *Henry Clay Morrison, Crusader Saint*. Wilmore, Ky.: Asbury Theological Seminary, 1963.

Williams, Peter W. *America's Religions: Traditions and Cultures*. New York: Macmillan, 1990.

Winters, Donald E. Jr. *The Soul of the Wobblies: The I.W.W., Religion and American Culture in the Progressive Era, 1905-1917*. Westport, Conn.: Greenwood, 1985.

Wood, Robert D. *In These Mortal Hands: The Story of the Oriental Missionary Society, the First 50 Years*. Greenwood, Ind.: OMS International, 1983.

7. 2차 자료: 논문

Arnal, Oscar. "A New Society within the Shell of the Old: Millenarianism of the Wobblies." *Studies in Religion 8* (1979): 67-81.

Dayton, Donald W. "Good News to the Poor: The Methodist Experience after Wesley." In *A Portion for the Poor: Good News to the Poor in the Wesleyan Tradition*, edited by M. Douglas Meeks, 65-96. Nashville: Kingswood, 1995.

Guarino, Jean. "A Man for All Seasons: John Farson." *Illinois Magazine* (MarchApril 1989): 8-10.

Hudson, Winthrop S. "Shouting Methodists." *Encounter 29* (Winter 1968): 73-84.

Johnson, Curtis D. "Supply-Side and Demand-Side Revivalism? Evaluating the Social Influences on New York State Evangelism in the 1830s." *Social Science History 19* (Spring 1995): 1-30.

Koenig, G. H. "The Jumpers Jarred Waukesha." *Waukesha (Wisconsin) Freeman* (20 March 1982).

Kostlevy, William. "Benjamin Titus Roberts and the Preferential Option for the Poor in the Early Free Methodist Church." In *Poverty and Ecclesiology: Nineteenth-Century Evangelicals in the Light of Liberation Theology*, edited by Anthony L. Dunnavant, 51-67. Collegeville, Minn.: Liturgical, 1992.

_____. "The Burning Bush Movement: A Wisconsin Utopian Religious Community." *Wisconsin Magazine of History 83* (Summer 2000): 227-57.

_____. "Historiography of the Holiness Movement." In *Holiness Manuscripts: A Guide to Sources Documenting the Wesleyan Holiness Movement in the United States and Canada*, 1-40. Metuchen, N.J.: Scarecrow, 1994.

_____. "The Illusions of Perfectionism: E. Stanley Jones and Reinhold Niebuhr," *Wesleyan Theological Journal 42* (Fall 2007): 182-91.

McGraw, James. "The Preaching of Bud Robinson." *Preacher's Magazine* (January 1954): 9-12.

Porter, Glenn. "Industrialization and the Rise of Big Business." *In The Gilded Age: Essays on the Origins of Modern America*, edited by Charles W. Calhoun, 1-18. Wilmington, Del.: Scholar Resources, 1996.

Promey, Sally M. "Interchangeable Art: Warner Sallman and the Critics of Mass Culture." *In Icons of American Protestantism: The Art of Warner Sallman*, edited by David Morgan, 148-80. New Haven, Conn.: Yale University Press, 1996.

Smyrl, Edwin. "The Burning Bush." *Southwestern Historical Quarterly 50* (January 1947): 335-43.

Stanley, Susie C. "Alma White: The Politics of Dissent." *In Portraits of a Generation: Early Pentecostal Leaders*, edited by James R. Goff Jr. and Grant Wacker, 71-83. Fayetteville: University of Arkansas Press, 2002.

Thomas, John L. "Romantic Reform in America, 1815-1865." *American Quarterly 17* (Winter 1965): 656-81.

Wacker, Grant. "The Holy Spirit and the Spirit of the Age in American Protestantism, 1880-1910," *Journal of American History 72* (June 1985): 45-62.

Wilson, Mallalieu A. "Backwoods Preacher of the Southwest." *Preacher's Magazine* (January-February 1953): 22-27.

8. 2차 자료: 미간행 자료

Brown, Kenneth Orville "Leadership in the National Holiness Association with Special Reference to Eschatology, 1867-1919." PhD diss., Drew University, 1988.

Bundy, David D. "Visions of Apostolic Mission: Scandinavian Pentecostal Mission to 1935." PhD diss., Uppsala University, 2009.

Cooley, Steven Dale "The Possibilities of Grace: Poetic Discourse and Reflection in Methodist/Holiness Revivalism." PhD diss., University of Chicago, 1991.

Day, Lloyd Raymond. "A History of God's Bible School in Cincinnati, 1900-1949." Master's thesis, University of Cincinnati, 1949.

Gaddis, Merrill Elmer "Christian Perfectionism in America." PhD diss., University of Chicago, 1929.

Lee, James William. "The Development of Theology at Oberlin." PhD diss., Drew University, 1952.

Lenhart, Thomas Emerson. "Methodist Piety in an Industrializing Society, Chicago, 1865-1914. PhD diss., Northwestern University, 1981.

Morriss, Timothy R. "To Provide for All Classes: The Methodist Church and Class in Chicago, 1871-1939." PhD diss., Yale University, 2007.

찾아보기

ㄱ

가스펠 음악(Gospel music)	009, 230, 231, 309
감리교 감독교회(Methodist Episcopal Church)	335, 339
갓스 리바이벌리스트(God's Revivalist)	083, 129, 142, 165, 166, 168, 170, 172, 175, 206, 209, 229, 261, 275, 346, 347, 354, 359
거트루드 하비(Gertrude Harvey)	122, 191, 196, 245, 345
게리 보웰(Gary Bowell)	366, 367
고아원(Orphanage)	193, 200, 201, 217, 222, 258, 353, 357

구세군(Salvation Army)　　　037, 038, 042, 048, 049, 050, 051, 052, 65, 109, 110, 111, 201, 289, 320, 321, 323, 357

구스타프 스웬슨(Gustaf Swenson)　　　201

국제 부흥 기도 연맹(International Revival Prayer League)　　　074

국제부흥연맹(International Revival League)　　　074, 330

그랜트 워커(Grant Wacker)　　　257, 286

그로스베너데일(Grosvenordale)　　　206, 208, 209

그린우드(Greenwood)　　　379

글래스고(Glasgow)　　　318

글렌 쿡(Glenn A. Cook)　　　253, 263, 340

기독교노동조합(Christian Worker's Union)　　　205, 355

기독교 선교 연합(CMA: Christian and Missionary Alliance)
　　　061, 078, 325, 326, 337

길버트 블린(Gilbert Blinn)　　　304

ㄴ

나사렛교회(Church of the Nazarene)　　　012, 252, 253, 276, 293, 294, 296, 299, 313, 314, 342, 349, 357, 359, 361, 366, 374, 376, 377

나사렛 오순절교회(Pentecostal Church of the Nazarene)　　　118

남아프리카(South Africa)　　　313, 353

노스 애틀보로(North Attleboro)　　　087, 172, 204, 206

뉴 살렘(New Salem)　　　295, 377

뉴욕(New York)　　061, 072, 103, 127, 178, 206, 214, 230, 244, 342, 356, 358

뉴잉글랜드(New England)　　008, 061, 063, 065, 066, 067, 069, 074, 087, 088, 089, 103, 104, 163, 172, 174, 203, 204, 205, 206, 207, 208, 210, 354, 355

뉴포트(Newport)　　240

ㄷ

다니엘 하비(Daniel Harvey)　　112
대니엘 스틸(Daniel Steele)　　063, 067, 068, 070, 086, 241
댄빌[Danville(Illinois)]　　200, 202, 296
댄빌[Danville(Virginia)]　　250, 253, 256, 354, 369
더글라스 캠프 미팅(Douglas Camp Meeting)　　088, 209
더블유 씨 딕슨(W. C. Dixon)　　267, 268
더블유 에스 히치콕(W. S. Hitchcock)　　239, 295, 298, 299, 300, 301, 302, 303, 304, 305, 306, 308, 311, 312, 313, 318, 377, 378, 379
더블유 이 셰퍼드(W. E. Shepard)　　152, 185, 357, 364, 376
더블유 티 호그(W. T. Hogue)　　150
던디(Dundee)　　312, 363, 368
데스 플레인스 캠프 미팅(Des Plaines Camp Meeting)　　105
데이비드 업데그라프(David B. Updegraff)　　071
덴버(Denver)　　038, 172, 210, 246, 261, 268, 311, 367

도널드 데이턴(Donald W. Dayton)　011, 012, 017, 019, 049, 051, 326

독감(Influenza)　291, 376

동양선교회(Oriental Missionary Society)　008, 149, 338

두간 클락(Dougan Clark)　063, 064

듀크 파슨(Duke Farson)　016, 021, 043, 088, 089, 097, 112, 115, 117, 118, 119, 121, 123, 124, 125, 134, 185, 199, 204, 220, 227, 247, 250, 253, 254, 255, 264, 265, 283, 284, 291, 292, 309, 313, 314, 315, 316, 336, 368, 381

듀크 파슨 주니어(Duke Farson Jr.)　227, 315, 381

디어본(Dearborn)　311

디 에스 커티스(D. S. Curtis)　206, 350, 354

디 엘 무디(D. L. Moody)　058, 100, 189

디츠 피켓(Deets Pickett)　350

디트로이트(Detroit)　230, 295, 377

ㄹ

라마바이(Ramabai)　258

라신(Racine)　202, 354

라파예트(Lafayette)　246

락 리버 총회(Rock River Conference)　113, 119, 129, 203, 352

락포드(Rockford)　300, 353, 354

레드 클라우드(Red Cloud)　267, 268, 269, 270, 271, 272, 273, 274, 371, 373

레슬리 잉그램(Leslie Ingram)	294
레이크 제네바(Lake Geneva)	312
레티 카우만(Lettie Cowman)	008, 090, 149, 171, 201, 310
로렌스 무어(R. Laurence Moore)	041, 340
로스앤젤레스(Los Angeles)	154, 245, 246, 250, 251, 252, 253, 254, 255, 256, 261, 262, 263, 292, 314, 315, 357, 367
루시 글렌(Lucy Glenn Knapp)	072
루이스 괴츠(Louis Goetz)	296, 297, 377, 379
루이스 미첼(Louis F. Mitchel)	172, 206, 228, 229, 230, 252, 253, 350, 354, 362, 378
루이스 보벨(Louis Boebel)	297, 378
루카스 팔머(Flora Lucas Palmer)	300, 362
리바이벌리스트(Revivalist)	009, 073, 074, 077, 078, 082, 083, 086, 087, 089, 123, 126, 127, 128, 129, 138, 142, 165, 166, 167, 168, 169, 170, 172, 175, 179, 183, 184, 186, 204, 206, 209, 211, 261, 275, 346, 347, 350, 354, 359
리즈(Leeds)	230
리차드 파슨(Richard Farson)	381
릴리안 앤더슨 가르(Lillian Anderson Garr)	185, 259, 367
릴리안 존슨 하비(Lillian Johnson Harvey)	295, 313, 318, 374, 377, 378
릴리안 타이즈(Lillian Taiz)	048, 049, 050

마르다 브레이(Martha Dammarell Bray)　268, 269, 270, 272, 273, 373

마리안 매디슨(Marian Madison)　300

마틴 냅(Martin Wells Knapp)　007, 008, 055, 062, 072, 075, 082, 085, 123, 126, 127, 134, 164, 174, 179, 182, 217, 261, 275, 314

만화(Cartoons)　006, 043, 044, 056, 135, 181, 183, 188, 189, 190, 242, 246, 251, 293, 310, 351

맨체스터(Manchester)　205

메레디스 스탠들리(Meredith G. Standley)　166

메리 스토리(Mary Storey)　007, 165, 166, 189

메릴 가디스(Merrill Gaddis)　041

메신저 출판사(Messenger Publishing Company)　275, 277, 288, 293, 314, 316

메이 아서(May Arthur Farson)　316

메트로폴리탄 감리교 선교부(MMM: Metropolitan Methodist Mission)　089, 091, 096, 111, 112, 113, 114, 115, 116, 117, 118, 309, 336

메트로폴리탄교회연합(MCA: Metropolitan Church Association)　006, 007, 008, 012, 016, 018, 020, 021, 035, 036, 037, 042, 043, 044, 045, 058, 059, 060, 062, 078, 079, 080, 082, 096, 097, 098, 111, 117, 118, 124, 125, 127, 129, 130, 133, 134, 136, 137, 138, 140, 143, 145, 148, 150, 151, 152, 154, 157, 162, 165, 166, 167, 168, 170, 171, 172, 173, 174, 175, 176, 177, 178, 179, 182, 185, 186, 187, 188, 190, 191, 192, 193, 196, 197, 198, 199, 200, 201, 202, 203, 204, 205, 206, 207, 208, 210, 214, 215, 216, 217, 219, 220, 221, 222, 223, 224, 225, 226, 227, 228, 229, 230, 231, 232,

233, 234, 235, 237, 238, 239, 240, 241, 242, 243, 244, 245, 246, 247, 249, 250, 251, 252, 253, 254, 255, 256, 257, 259, 260, 261, 262, 264, 265, 266, 267, 268, 269, 270, 272, 273, 275, 276, 277, 279, 281, 282, 285, 286, 287, 288, 289, 290, 291, 292, 293, 294, 295, 296, 297, 298, 299, 300, 302, 303, 305, 306, 307, 308, 309, 311, 312, 313, 314, 316, 317, 318, 320, 337, 339, 340, 342, 344, 345, 346, 347, 348, 349, 352, 353, 354, 355, 356, 357, 360, 361, 362, 363, 364, 365, 366, 367, 368, 369, 370, 371, 373, 375, 376, 379, 380, 381

메트로폴리탄 성결 훈련 학교(Metropolitan Holiness Training School)   083, 165, 196, 197, 198, 199, 200, 201, 210, 220, 221, 222, 223, 225, 226, 227, 229, 232, 243, 252, 265, 268, 272, 273, 284, 285, 290, 291, 296, 302, 306, 317, 318

멕시코(Mexico)   311, 313, 316

무브(MOVE: Message of Victory Evangelism)   318

뮤리엘 위플 핫돈(Muriel Whipple Haddon)   379

밀워키(Milwaukeen)   222, 240, 265, 285, 295, 297, 311, 312

ㅂ

바운드 브룩(Bound Brook)   243, 244, 246, 367

바이런 리스(Byron Rees)   127, 338

반가톨릭주의(Anti-Catholicism)   334

방언(Glossolalia)   007, 080, 085, 249, 250, 255, 256, 257, 258, 260, 261, 262, 352, 368, 369

배리 테이트(Barry Tait)   318

버나드 파슨(Bernard Farson)   114, 314, 315, 316, 336, 381

버닝 부시(Burning Bush)	009, 021, 037, 043, 044, 093, 124, 175, 177, 178, 179, 181, 182, 183, 184, 186, 187, 188, 189, 190, 191, 197, 198, 200, 201, 202, 205, 207, 210, 220, 221, 222, 223, 224, 226, 227, 228, 229, 231, 232, 233, 234, 235, 238, 239, 240, 242, 243, 244, 245, 246, 249, 250, 251, 252, 253, 255, 256, 257, 258, 259, 260, 261, 262, 263, 264, 265, 267, 269, 270, 271, 272, 274, 276, 277, 286, 287, 288, 289, 292, 293, 294, 297, 298, 300, 301, 302, 306, 307, 308, 312, 313, 314, 315, 316, 318
버드 로빈슨(Robinson Bud Reuben A.)	130, 136, 138, 142, 162, 191, 206, 309, 310, 314, 341, 357
버팔로 락 캠프 미팅(Buffalo Rock Camp Meeting)	089, 124, 191, 210, 222, 226, 229, 250, 338, 352
버팔로 락(Buffalo Rock)	191, 193, 194, 195, 196, 200, 222, 352, 361
베시 퀸(Bessie Queen)	007, 166, 169, 189, 345, 346
보든 보운(Borden P. Bowne)	063, 068, 069, 070, 327, 331
보스웰(Bothwell)	240
보스코벨(Boscobel)	296, 297, 377
보스턴 대학교(Boston University)	063, 069
보스턴 대회(Boston Convention)	202, 205
보스턴(Boston)	008, 035, 066, 090, 116, 160, 161, 162, 163, 164, 171, 172, 173, 174, 202, 204, 206, 230, 240, 267, 285, 296, 316, 347, 348, 349
복음 예술 달력(Gospel Art Calendar)	279, 302
복음주의 교회(Evangelical Church)	148, 163, 312, 346, 380

부처 파슨(Annie Butcher Farson)	253
불기둥 교회(Pillar of Fire Church)	154
브니엘 성결 교회(Peniel Holiness Church)	207
브러싱햄(John P. Brushingham)	343
비 에스 테일러(B. S. Taylor)	153
비처 기념 학교(Bitzer Memorial School)	313
비 티 로버츠(B. T. Roberts)	045, 235

ㅅ

사도신앙교회(Apostolic Faith Church)	261, 370
사도적 신앙 운동(Apostolic Faith Movement)	261, 262
사라토가 스프링스(Saratoga Springs)	206
사유 재산(Private property)	037, 039, 040, 044, 045, 058, 082, 182, 211, 213, 215, 217, 220, 236, 286, 296, 306, 357
사회주의(Socialism)	038, 043, 045, 047, 048, 050, 051, 054, 333
산호세(San Jose)	367
새크라멘토(Sacramento)	367
샬럿(Charlotte)	259, 371
성경 본문 달력(Scripture Text Calendar)	274, 276, 277, 279, 280, 282, 287, 288, 299, 309, 373
세계산업노동(Industrial Workers of the World)	038
세계 콜럼비아 박람회(World's Columbian Exposition)	334, 400
세이무어(William J. Seymour)	370

세인트루이스(St. Louis)	095, 096, 311
셈플 맥퍼슨(Aimee Semple McPherson)	316
셋 리스(Seth C. Rees)	007, 012, 062, 071, 075, 089, 122, 125, 127, 160, 162, 163, 165, 166, 169, 170, 171, 172, 174, 183, 184, 201, 330, 346, 347, 348, 351, 353
셰필드 애비뉴 감리교회(Sheffield Avenue Methodist Church)	136, 149
수지 크래프트(Susie Kraft)	201
스탠리 존스(E. Stanley Jones)	054, 358
스테드(W. T. Stead)	101, 109, 110, 111
스프링필드(Springfield)	204, 205, 354
시카고 대회(Chicago Convention)	138, 144, 157, 202, 342, 343, 344
신시내티(Cincinnati)	058, 073, 074, 076, 077, 083, 085, 087, 111, 123, 126, 164, 165, 168, 170, 171, 172, 185, 204, 261, 268, 275, 329, 330, 345, 347, 358
신유(Faith healing)	007, 008, 037, 056, 061, 062, 076, 077, 078, 084, 086, 117, 150, 151, 154, 155, 158, 186, 215, 229, 238, 250, 258, 259, 279, 328, 331, 343, 352, 364, 365, 371
실증적 예배(Demonstrative worship)	084, 118, 121, 123, 174, 176, 177, 178, 186, 260, 263, 286
십일조(Tithing)	213, 218, 219, 220, 263, 307, 359, 360

씨 더블유 로서(C. W. Rosse)　　　　　　　　　　　246
씨 엠 데이먼(C. M. Damon)　　　　　　　　　　　047
씨 케이 잉글러(C. K. Ingler)　　　　　　　　245, 366

ㅇ

아서 그린(Arthur Greene)　　　　　　087, 172, 206, 350
아서 브레이(Arthur C. Bray)　　　　184, 243, 350, 364, 373
아서 엘 브레이(Arthur L. Bray)　021, 361, 367, 375, 378, 379, 380
아이 게이 마틴(I. Guy Martin)　　　　　　　　　228, 350
아주사 스트리트 부흥 운동(Azusa Street Revival)　250, 254, 259, 261
아프리카계 미국인(African Americans)　047, 054, 102, 104, 105, 143, 177, 230, 261, 266, 281, 299, 355, 374
안나 호프네이글(Anna Hoffnagle)　　　　　　　　　　204
알 엘 에릭슨(R. L. Erickson)　　　　　　238, 266, 365, 370
알프레드 스미스(Alfred Smith)　　　　　　　　　　　239
애니 제이콥슨(Annie Jacobson)　　　　　　199, 200, 353
앤디 돌보우(Andie Dolbow)　130, 138, 140, 141, 144, 146, 147, 162, 341
앨런 파슨(Allan Farson)　　　　　　　　　021, 316, 381
앨리스 위플(Alice Whipple)　　　　　　　　　　367, 369
앨마 화이트(Alma White)　154, 172, 182, 191, 192, 194, 200, 204, 207, 210, 242, 243, 246, 252, 264, 286, 309, 343, 357, 366, 367

어네스트 포드햄(Ernest Osborne Fordham)	240
에드나 하운셸(Edna Hounshell)	286, 361, 375, 379
에드워드 드라이트(Edward F. Deright)	268, 269, 270, 271, 273, 274, 288, 373
에드워드 에프 워커(Edward F. Walker)	117, 118, 120, 131, 177, 189
에드워드 워커(Edward F. Walker)	117, 309, 337, 348, 349
에릭 홉스바움(Eric Hobsbawm)	039, 049
에반스톤(Evanston)	063, 103, 104, 105, 335
에스더 스타인(Esther Stein)	297
에스 비 쇼(S. B. Shaw)	131, 149, 359
에스 에스 맥클루(S. S. McClure)	187
에스 지 오티스(S. G. Otis)	205, 206
에이 비 심슨(A. B. Simpson)	060, 076, 119
에이 엠 힐스(A. M. Hills)	007, 150, 184
에이 지 가르(A. G. Garr)	185, 191, 242, 249, 264, 309, 365, 367, 368, 369, 370
에이치 에이치 무어(H. H. Moore)	101
에프 엠 레먼(F. M. Lehman)	219, 360, 362
에프 하비(Edwin F. Harvey)	021, 281, 304, 318, 346, 374
엘라 핸슨(Ella Hanson)	201
엘리자베스 메이눙(Elizabeth Meinung)	266
엘리자베스 블린(Elizabeth Blinn)	266
엘버트 러셀(Elbert Russell)	063
엘 비 켄트(L. B. Kent)	125, 243

엘 엘 피켓(L. L. Pickett)	053, 329, 350, 351
엘 하비(Edwin L. Harvey)	043, 089, 094, 096, 097, 112, 113, 115, 116, 119, 121, 122, 162, 163, 167, 169, 173, 182, 185, 191, 194, 227, 230, 236, 245, 247, 281, 282, 284, 291, 297, 299, 305, 309, 318, 336, 355, 363, 369, 370, 373
엠 제이 이왈드 여사(Mrs. M. J. Ewald)	198
여성 기독교 절제 연맹(Woman's Christian Temperance Union)	104
여성 사역(Women's ministry)	008, 326, 330
오순절 대학 연구소(Pentecostal Collegiate Institute)	206
오순절 연합(Pentecostal Union)	172, 192, 242, 243, 244, 245, 261, 366, 367
오순절주의(Pentecostalism)	057, 080, 085, 165, 254, 256, 257, 259, 261, 262, 263, 331, 344, 356, 357, 366, 368, 369, 370
온전한 성화(Entire sanctification)	058, 186, 226, 333, 337
워너 샐먼(Warner Sallman)	278, 374
워렌(Warren Bitzer)	295
워렌(Warren Farson)	227, 290, 291, 315
워블리(Wobblies)	037, 038, 039, 040, 044, 045, 320, 321
워케샤(Waukesha)	018, 038, 044, 210, 216, 221, 222, 223, 224, 225, 226, 227, 230, 232, 233, 234, 237, 238, 242, 245, 259, 264, 265, 266, 267, 268, 269, 270, 271, 272, 273, 274, 276, 282, 284, 285, 288, 290, 291, 296, 297, 298, 299, 301, 302, 306, 307, 360, 361, 371, 373, 375, 376, 379, 380

워털루(Waterloo) 295

웨스턴 애비뉴 감리교회(Western Avenue Methodist Episcopal Church) 111

웨슬리안 감리교회(Wesleyan Methodist Church) 011, 313, 314

웨슬리안 언약교회(Wesleyan Covenant Church) 311, 312

윌리엄 갓비(W. B. Godbey) 007, 068, 071, 131, 138, 148, 157, 166, 169, 170, 183, 184, 306, 329, 330, 342, 345, 346, 347

윌리엄 그로스베너(William Grosvenor) 209

윌리엄 부스(William Booth) 045, 048, 049, 050, 051, 323

윌리엄 페텡길(William T. Pettengill) 227, 228, 229, 231, 241

이 더블유 스미스(E. W. Smith) 288, 299, 303

이민자(Immigrants) 061, 101, 103, 106, 107, 108, 114, 116, 138, 147, 156, 198, 199, 316

이사야 리드(Isaiah Reid) 071, 086, 150, 156

이 에이 길보른(E. A. Kilbourne) 008

이 이 셀하머(E. E. Shelhamer) 175, 348

이혼과 재혼(Divorce and remarriage) 252, 253, 254, 261, 294, 352, 370

인도(India) 021, 044, 054, 067, 201, 208, 238, 249, 250, 256, 257, 258, 259, 267, 277, 285, 349, 350, 353, 365, 369, 380

일반성결총회(General Holiness Assembly) 339, 343, 351, 352

1차 세계대전(World War I) 040, 042, 277, 289, 296

임마누엘 교회(Immanuel Church) 076, 292, 303

임마누엘 기념 달력(Immanuel Souvenir Calendar) 292

ㅈ

자유감리교회(Free Methodist Church)　011, 042, 045, 046, 047,
　　　　051, 052, 192, 230, 352

자이온(Zion)　321, 357

장막(Tabernacle)　084, 100, 119, 120, 122, 123, 124, 148, 192,
　　　　204, 252, 259, 284, 304, 306

잭 런던(Jack London)　035, 037

전국성결연합(NHA: National Holiness Association)
　007, 008, 011, 056, 057, 059, 062, 065, 070, 074, 075, 077, 078,
　079, 084, 085, 086, 087, 088, 090, 106, 116, 117, 122, 125, 128,
　130, 131, 146, 149, 150, 151, 152, 155, 157, 174, 189, 205, 206,
　234, 241, 254, 324, 325, 332, 351

전천년주의(Premillennialism)　053, 070, 071, 078, 086

제니 졸리(Jennie Arnold Jolley)　175

제이 에스 위플 병원(J. S. Whipple Hospital)　313

제이 에이 우드(J. A. Wood)　150

제이 에이 윌리엄스(J. A. Williams)　303

제이 엘 밴데버(J. L. Vandever)　285, 292

제이 와스콤 피켓(J. Waskom Pickett)　350

제이 하워드 반스(J. Howard Barnes)　299, 300, 303, 305

제임스 머지(James Mudge)　067

조셉 스미스(Joseph H. Smith)　183, 252

조지 뮬러(George Müller)　193, 217, 318

조지 바커(George W. Barker)　239, 240

조지 비쳐(George Bitzer)	295
조지 왓슨(George D. Watson)	071
조지 윌슨(George W. Wilson)	069, 070
조지 컬프(George B. Kulp)	146, 342
조지타운(Georgetown)	142, 143
조지 휴즈(George Hughes)	152, 155, 324
조 힐(Joe Hill)	033, 037
존 노베리(John Norberry)	088, 146, 148, 162, 206
존 브룩스(John P. Brooks)	325
존 웨슬리 리(John Wesley Lee)	191, 193, 204, 350
존 웨슬리 허바트(John Wesley Hubbart)	243, 246, 266, 291, 292, 303, 304
존 웨슬리 휴즈(John Wesley Hughes)	181
존 웨슬리(John Wesley)	016, 067, 215, 233, 257
존 위플(John S. Whipple)	277
존 티 존슨(John T. Johnson)	375, 377
존 파슨(John Farson)	118, 336
존 파커(John Parker)	217
존 페닝턴(John Pennington)	172
중앙 복음주의 성결 연합(Central Evangelical Holiness Association)	066
지 더블유 헨리(G. W. Henry)	178
진주빛 하얀 도시(The Pearly White City)	342
질레트(Gillette)	379

ㅊ

찬송가(Hymnody)	146, 219, 228, 230, 299, 300, 342, 363
찰스 스토커(Charles Stalker)	126, 127, 182
찰스 존스(Charles E. Jones)	019
찰스 짐머만(Charles Zimmerman)	297
찰스 카우만(Charles Cowman)	008, 126, 201, 309
찰스 파햄(Charles Parham)	262
찰스 포드햄(Charles B. Fordham)	240
찰스 피니(Charles G. Finney)	007, 040, 043, 049, 058, 061, 137, 148, 149, 174, 213, 217, 247, 356, 358
찰스 홀링스워쓰(Charles Hollingsworth)	200, 227, 233, 265, 353
천년왕국주의(Millenarianism)	045, 052, 215, 219, 320, 321, 360
청지기직(Stewardship)	082, 217
체사피크 성결 연합(Chesapeake Holiness Union)	084
쳐치 프레스(Church Press)	315, 316

ㅋ

카우프만(A. H. Kaufman)	146
캐러딘(Beverly Carradine)	071, 074, 095, 096, 097, 116, 120, 122, 135, 138, 183, 309, 329, 333, 337
캐롤린 개렛슨(Carolyn Garretson)	243, 244
캐서린 리드(Catherine Reed)	268

캘커타(Calcutta)	249, 258, 262, 369
캡셀(Charles L. Capsel)	226, 227
케네스 파슨(Kenneth Farson)	316, 381
켄터키주 루이자(Kentucky Louisa)	240
퀘이커 타운(Quakertown)	238, 239
퀘이커(Quakers)	071, 075, 076, 126, 147, 156, 162, 164, 170, 330
크랜든(Wisconsin Crandon)	239, 240, 293, 300
크로논(William Cronon)	099, 334, 400
크리스천 리터(Christian Ritter)	307
크리스토퍼 힐(Christopher Hill)	039, 321
클라라 페텡길(Clara Libby Pettengill)	229
클라렌스 에릭슨(Clarence Erickson)	365, 371
클레이 모리슨(Clay Morrison)	008, 016, 053, 065, 120, 139, 180, 183, 252, 309, 314, 329, 367
키와니(Kewanee)	354

ㄹ

탈퇴주의(Comeouterism)	059, 066, 073, 128, 149, 169, 185, 204, 325, 346, 354
토로 해리스(Thoro Harris)	230
토론토(Toronto)	230
톰슨(E. P. Thompson)	039, 049
트루디 테이트(Trudy Tait)	318
티모시 스미스(Timothy L Smith)	006, 017, 036, 111

ㅍ

파멜라 워커(Pamela Walker) 048

파슨, 리치 & 컴퍼니(Farson, Leach, & Company) 112

파운틴 스프링 하우스(Fountain Spring House)
216, 221, 222, 223, 224, 225, 237, 264, 265, 275, 276, 282, 290, 298, 299, 302, 306, 307, 312

파울러(C. J. Fowler) 152, 189

파크 스트리트 회중교회(Park Street Congregational Church) 163

퍼거슨(E. A. Fergerson)　130, 138, 139, 140, 144, 146, 147, 162, 182, 183, 191, 237, 341

페인스빌(Paynesville) 285

평화주의(Pacifism) 054, 316

포그(Susan Fogg) 206, 207, 208, 286, 355

포츠머스 캠프(Portsmouth Camp) 162

폭로 저널리즘(Muckraking Journalism) 351

폴 리스(Paul S. Rees) 159, 160, 347

풀러신학대학원(Fuller Theological Seminary)
020, 313, 333, 336, 345, 346, 348, 353, 361, 362, 363, 365, 367, 368, 370, 371, 372, 373, 374, 375, 376, 377, 378, 379, 380

프랜시스 윌라드(Frances E. Willard) 104, 105

프랭크 개블라인(Frank Gaebelein) 279

프랭크 먼시(Frank Munsey) 187

프랭크 메신저(Frank M. Messenge)　087, 088, 089, 162, 169, 171, 172, 187, 190, 204, 206, 207, 208, 210, 213, 220, 221, 222, 223, 224, 227, 231, 236, 237,

찾아보기　427

	238, 242, 243, 244, 245, 254, 259, 264, 266, 274, 275, 276, 277, 278, 279, 285, 287, 288, 289, 299, 309, 354, 355, 373
프랭크 바틀먼(Frank Bartlemen)	367, 368, 369
프랭크 샌드포드(Frank Sandford)	263, 357, 358
프로비던스(Providence)	066, 076, 111, 129, 172, 204, 228, 355
프리다 리스(Frida Marie Stromberg Rees)	162
플로렌스 크로포드(Florence L Crawford)	261
플로렌스 포터(Florence L. Potter)	167, 186, 346
플로이드 글렌 런스베리(Floyd Glenn Lounsbury)	313, 317
피니어스 브리시(Phineas Bresee)	152, 154, 252, 350, 359
피츠버그(Pittsburgh)	240, 267
피터스 하비(Creo Peters Harvey)	021, 380
필그림 성결교회(Pilgrim Holiness Church)	012, 079, 218, 330, 348

ㅎ

하나님의 성경학교(God's Bible School)	007, 072, 083, 126, 165, 166, 167, 168, 174, 188, 261, 268, 345, 346, 347, 381
하나님의 성회(Assemblies of God)	020, 215, 356
하인리히 호프만(Heinrich Hofmann)	278
하트필드(John T. Hatfield)	125, 151, 350

한나 에릭슨 가르(Hanna Erickson Garr)　　　　　　259, 371
해리 메신저(Harry Messenger)　　　　　　　　　　279
해리 워드(Harry E. Ward)　　　　　　　　　　　　109
허버트 버품(Herbert Buffum)　　　　　　　　　253, 368
험프리 노이스(John Humphrey Noyes)　　　　　040, 042
헨리 데이트(Henry Date)　　　　　　　　　　　　231
헨리 애너만(Henry Anaman)　　　　　　　　　　377
헨리 엘 하비 시니어(Henry L. Harvey Sr.)　　　305, 379
헨리 엘 하비 주니어(Henry L. Harvey Jr.) 361, 365, 374, 378, 379, 380
헬가 스타벨(Helga A. Stabell)　　　　　　　　 239, 300
형제회(Society of Friends)　　　　　　　　062, 330, 346
호워드 비처(Howard Bitzer)　　　　　　　　　295, 365
호프웰(Hopewell)　　　　　　　　　　　　　　　240
홀리 롤러스(Holy Rollers)　　　　　　　　　　037, 038
홀리 점퍼스(Holy Jumpers)　　　　　　037, 042, 058, 161
홀다 존슨 리스(Hulda Johnson Rees)　　　　　076, 330
홀 하우스(Hull House)　　　　　　　　　　109, 110, 114

윌리엄 코슬레비(William Kostlevy) | 지은이

미국의 역사학자이자 신학자로, 미국 종교 운동, 특히 19~20세기 성결 운동과 복음주의 기독교 연구 분야에서 권위 있는 학자다. 특히 메트로폴리탄교회연합(MCA)의 역사적 역할을 재조명한 연구로 학계의 주목을 받았다. 그의 연구와 저술은 미국 복음주의와 성결 운동 그리고 종교 개혁 운동 전반에 걸쳐 깊은 영향을 끼쳤으며, 후학 양성과 아카이브 관리, 학문적 네트워크 구축 등 다양한 분야에서 리더십을 발휘한 인물로 평가받고 있다.

그는 캔자스주 힐스보로의 타보르 대학에서 역사와 정치학을 가르쳤으며, 2013년부터 2021년 4월 은퇴할 때까지 미국 형제교단(Brethren Church) 산하 형제 역사 도서관 및 기록 보관소(BHLA) 책임자로도 활동했다. 지금은 애즈베리 신학대학원에서 방문학자이자 명예 아카이비스트로 활동하며 교육 및 연구 분야에서도 활발히 활동하고 있다.

그는 애즈베리 대학교, 마켓 대학교, 베다니 신학대학원에서 공부하고 노트르담 대학교에서 박사학위(Ph.D)를 받았다. 노트르담 대학교 재학 시절 윌리엄 랜돌프 허스트 펠로우로 선정되는 등 학문적 역량을 인정받았으며, 또한 형제교회에서 안수를 받은 목사이다.

그는 이 책 『홀리 점퍼스』를 비롯하여, 『성결 사본: 미국과 캐나다의 웨슬리안 성결 운동 자료집(Holiness Manuscripts: A Guide to Sources Documenting the Wesleyan Holiness Movement in the United States and Canada)』, 『성결 운동의 A to Z(The A to Z of the Holiness Movement)』, 『성결 운동 역사 사전(Historical Dictionary of the Holiness Movement)』 등 많은 책들을 저술했다.

김상기 박사 | 옮긴이

서울신학대학교 신학과를 졸업하고, 연세대학교 대학원에서 기독교윤리학으로 박사 학위를 받은 후, 미국 샌프란시스코신학대학원에서 수학했다. 지금은 갈릴리겨자나무교회 담임목사로 있으며, 서울신학대학교 글로벌사중복음연구소 연구원으로 일하고 있다.

오주영 박사 | 옮긴이

서울신학대학교 신학과를 졸업하고, 서울신학대학교 대학원에서 예배학으로 박사학위를 받았다. 현재는 엘림교회 담임목사이며, 서울신학대학교에서 예배학을 강의하고 있으며, 서울신학대학교 글로벌사중복음연구소 연구이사로 섬기고 있다.

장혜선 박사 | 옮긴이

서강대학교 생물학과를 졸업하고, 서울신학대학교에서 조직신학으로 박사학위를 받았다. 현재는 새사람교회 담임목사이며, 서울신학대학교에서 조직신학을 강의하고, 글로벌사중복음연구소에서 연구원으로 활동 중이다.

백과전서의 권위자이자 성결 운동 분야의 중요한 참고문헌을 남긴 윌리엄 코슬레비는, 20세기 오순절주의가 탄생하기 이전에 이미 태동했던 급진적인 성결 운동의 형성과 그 의미에 대해 설명합니다.

이 책을 주의 깊게 읽는 독자들은 '거룩한 점퍼들'의 독특한 이야기에서 큰 매력을 느낄 것이며, 복음주의와 그 사회적 실천에 대해 지금까지 당연하게 여겨온 많은 전제가 도전받는 경험을 하게 될 것입니다. 또한, 아시아를 포함한 전 세계에서 이와 유사한 운동들이 어떻게 전개되었는지에 대해서도 많은 것을 배우게 될 것입니다.

나는 이 훌륭한 연구를 열렬히 환영합니다.

도널드 데이턴 Donald W. Dayton
『오순절운동의 신학적 뿌리』의 저자

• • •

『홀리 점퍼스』는 미국 종교사에 깊이 있는 통찰을 제공하는 흥미로운 작품입니다. 이 책은 복음주의자들이 얼마나 다층적이고 복잡한 존재였는지, 그리고 우리가 그들과 그들의 사회적 의제에 대해 얼마나 제한된 이해만을 가지고 있었는지를 분명히 보여줍니다.

로버트 포가티 Robert S. Fogarty
안티오크 리뷰 The Antioch Review 의 편집자

• • •

미국 종교사는 때로 중심이 아닌 주변부를 통해 더 잘 이해될 수 있습니다. 윌리엄 코슬레비의 메트로폴리탄교회연합(Metropolitan Church Association)에 대한 연구는, 이 단체가 비록 미국 종교사의 기록 속에서는 주변부에 머물렀지만, 실제로는 오늘날 미국 종교를 이해하는 데 핵심적인 존재임을 잘 보여줍니다. 통찰력 있고 정교하게 구성된 이 책은 미국 종교의 과거와 현재는 물론, 전 세계에 미치는 영향에 대한 우리의 이해를 크게 향상시켜 줄 것입니다

데이비드 번디 David Bundy
풀러 신학교 Fuller Theological Seminary 도서관 및 정보 기술 부학장 겸 역사학 부교수